Ki...

von der Gründerzeit
bis zum Ersten Weltkrieg

Eine Textsammlung

Mit 24 Abbildungen

In Zusammenarbeit mit Myriam Mieles
herausgegeben von Hans-Heino Ewers

Philipp Reclam jun. Stuttgart

Die Erstellung dieser Textsammlung wurde in großzügiger Weise durch die »Vereinigung von Freunden und Förderern der Johann Wolfgang Goethe-Universität Frankfurt am Main e.V.« gefördert. An der Edition hat außerdem Ralf Schweikart mitgearbeitet.

Universal-Bibliothek Nr. 9328
Alle Rechte vorbehalten
© 1994 Philipp Reclam jun. GmbH & Co., Stuttgart
Umschlagabbildung: Zeichnung von Otto Gebhardt,
aus: Egon Hugo Strasburger, *Hans und Grete*, Stuttgart 1911
Gesamtherstellung: Reclam, Ditzingen. Printed in Germany 1994
RECLAM und UNIVERSAL-BIBLIOTHEK sind eingetragene
Warenzeichen der Philipp Reclam jun. GmbH & Co., Stuttgart
ISBN 3-15-009328-7

Inhalt

Einleitung

Der hier vorgelegte Band bezieht sich auf einen rein politisch definierten Zeitraum, der sich je nach leitendem Gesichtspunkt auf verschiedene Weise in Einzelepochen unterteilen läßt, zudem auf einen Gegenstand, die deutsche Kinder- und Jugendliteratur von 1870 bis 1918, der selbst hochgradig zerklüftet ist, der sich eher als ein Konglomerat divergenter Einzelliteraturen darstellt. Was in den drei vorausgegangenen Textsammlungen zur Kinder- und Jugendliteratur der Aufklärung, der Romantik und des Biedermeier[1] möglich, ja geboten war, eine vergleichsweise geschlossene epochale Deutung wie eine darauf ausgerichtete Präsentation des Gegenstandes, scheint mit Blick auf den hier zur Debatte stehenden Zeitraum ein Unding zu sein. So monolithisch sich auf politischer Ebene das Kaiserreich, ab 1890 der Wilhelminismus ausnehmen mögen, die »deutsche Kultur vor 1914«, so Thomas Nipperdey, »war doch – bei allen bürgerlich nationalistischen und antisozialdemokratischen Grenzen und Konformitätszwängen – eine Kultur des Pluralismus und der Dissense. [...] Nur wenn man die Sache allein unter dem Gesichtspunkt des Politischen ansieht, sieht sie anders aus; da färbt natürlich der radikale Nationalismus mit seinen Ausgrenzungen die Institutionen und die – gleichsam offizielle – Kultur.«[2] Die Vielgestaltigkeit auch der Kinder- und Jugendliteratur dieses Zeitraums gab den Grund dafür ab, dieser Textsammlung nicht den Titel »Kin-

---

1 *Kinder- und Jugendliteratur der Aufklärung*, hrsg. von Hans-Heino Ewers, Stuttgart 1980, bibliogr. erg. Ausg. 1990 (Reclams Universal-Bibliothek, Nr. 9992); *Kinder- und Jugendliteratur der Romantik*, hrsg. von Hans-Heino Ewers, Stuttgart 1984 (Reclams Universal-Bibliothek, Nr. 8026); *Kinder- und Jugendliteratur vom Biedermeier bis zum Realismus*, hrsg. von Klaus-Ulrich Pech, Stuttgart 1985 (Reclams Universal-Bibliothek, Nr. 8087).
2 Thomas Nipperdey, *Deutsche Geschichte 1866–1918*, Bd. 1: *Arbeitswelt und Bürgergeist*, München 1990, S. 823 f.

der- und Jugendliteratur des Kaiserreichs« zu geben, auch
wenn ein erheblicher Teil dieser Literatur damit im Kern
getroffen wäre. Entsprechend anders gewichten sich in dieser Anthologie Einleitung und Zwischentexte. Einen inter-
pretatorischen Rahmen suchen nur die letzteren zu bieten –
in Begrenzung auf das jeweilige Gattungsfeld, während in
der Einleitung nur einzelne übergreifende Gesichtspunkte
zur Sprache gelangen.
Einleitend den Versuch einer Synthese zu unternehmen, erscheint nicht zuletzt angesichts der Forschungslage als wenig ratsam. Die neuere westdeutsche Kinderliteraturge-
schichtsschreibung, die Aufklärung, Romantik und Biedermeier als kinder- und jugendliterarische Epochen neu zu
zeichnen vermochte, läßt eine vergleichbar grundlegende
Studie für die Zeit von der Reichsgründung bis zum Ende
des Ersten Weltkrieges bislang vermissen. Die einzige Ge-
samtdarstellung neueren Datums stammt aus der DDR:
Manfred Altners *Die deutsche Kinder- und Jugendliteratur
zwischen Gründerzeit und Novemberrevolution*[3] von 1981,
innerhalb der von Horst Kunze betreuten »Studien«-Reihe
einer der herausragenden Titel, geht in den Grundpositio-
nen jedoch über Heinrich Wolgast und Hermann Leopold
Köster[4] nicht entscheidend hinaus – abgesehen natürlich
von der eindrucksvollen Erschließung und anderen Bewer-
tung der sozialdemokratischen bzw. »proletarischen« Kin-
der- und Jugendliteratur der Zeit vor 1918. Hier zeigt sich
erneut die ungeheure Wirkungsmächtigkeit der literatur-
kritischen Positionen der beiden Gründungsväter der sogenannten Jugendschriftenbewegung. Das bereits um die Jahr-

---

3 Manfred Altner, *Die deutsche Kinder- und Jugendliteratur zwischen
   Gründerzeit und Novemberrevolution*, Berlin 1981 (Studien zur Geschichte der deutschen Kinder- und Jugendliteratur, 5).
4 Heinrich Wolgast, *Das Elend unserer Jugendliteratur. Ein Beitrag zur
   künstlerischen Erziehung der Jugend*, Hamburg/Leipzig ⁴1910 [die erste Auflage erschien 1896]; Hermann L. Köster, *Geschichte der deutschen Jugendliteratur in Monographien*, Nachdr. der 4. Aufl. von 1927,
   München-Pullach/Berlin 1971 [die erste Auflage erschien 1906–07].

hundertwende von Wolgast und Köster gezeichnete kritische Bild der »spezifischen Jugendliteratur« des späten 19. Jahrhunderts blieb bei Generationen von (nicht nationalkonservativen bzw. nationalistischen) Jugendbuchtheoretikern intakt. In der Ablehnung nationalistischer und militaristischer Tendenzliteratur nahmen Wolgast und Köster schließlich auch so manches vorweg, was in den ideologiekritischen Studien der 70er Jahre zu einzelnen Aspekten der Kinder- und Jugendliteratur vor 1914 herausgearbeitet wurde.[5] Ein Methodenwechsel hin zu einer formen- und funktions- bzw. sozialgeschichtlichen Literaturgeschichtsschreibung hat, was den hier zur Debatte stehenden Zeitraum betrifft, wenn überhaupt, dann nur erst in Ansätzen stattgefunden.

Entsprechend unverändert haben sich Bild und Ansehen dieser kinderliterarischen Epoche bis in die Gegenwart gehalten. Wolgasts Rhetorik lebt fort, wenn der Jugendliteratur dieser Zeit, wie beispielsweise von Richard Bamberger, bescheinigt wird, »den höchsten Grad an innerer Leere und Verlogenheit erreicht« zu haben.[6] Die »spezifische« Kinder- und Jugendliteratur des Kaiserreichs wird identifiziert mit der »hurrapatriotischen« bzw. nationalistischen, ja chauvinistischen Geschichtsliteratur, dem militaristischen Kriegs-, Schlachten- und Flottenroman, sodann dem kolportagehaften exotischen Abenteuerroman, vornehmlich der Wild-West-Erzählung, als spezifischer Knabenlektüre, schließlich dem trivialen Backfischroman als spezifischer Mädchenlektüre. Andere, vergleichsweise positive Erscheinungen dieses Zeitraums werden zu Randphänomenen erklärt, die nicht

5 Vgl. etwa Rudolf Schenda, »Schundliteratur und Kriegsliteratur«, in: *Historische Aspekte zur Jugendliteratur*, hrsg. von Karl Ernst Maier, Stuttgart 1974, S. 72–85, 132–138; Marie-Luise Christadler, *Kriegserziehung im Jugendbuch. Literarische Mobilmachung in Deutschland und Frankreich vor 1914*, Frankfurt a. M. 1978.
6 Richard Bamberger, *Jugendlektüre, Jugendschriftenkunde, Leseunterricht, Literaturerziehung*, Wien ²1965, S. 407.

eigentlich zur Epoche gehören. Zweifelsohne handelt es sich
bei den genannten um zentrale Bereiche der Kinder- und Jugendliteratur dieses Zeitraums. Es sind, von der Backfischliteratur teilweise abgesehen, zudem die jugendliterarischen
Felder, auf dem sich die Schatten der Politik und der politischen Kultur des Kaiserreichs am nachhaltigsten bemerkbar
machen; man darf hier von den Einfallsschneisen des sich
steigernden Nationalismus und Militarismus in den Kinder-
und Jugendliteraturbereich sprechen. Schließlich handelt es
sich um die Gattungen, mit denen das größte Geschäft zu
machen war, die, von der politischen Konjunktur getragen,
zu marktbeherrschenden Erscheinungen heranwuchsen.
Rudolf Schenda hält die Frage für berechtigt, »ob ein Verlag
überhaupt konkurrenzfähig bleiben konnte, wenn er nicht
in das Kriegsgeschäft« einstieg, an der »literarischen Mobilmachung« sich nicht beteiligte.[7]
Dennoch erscheint die ausschließliche Identifizierung der
Kinderliteraturverhältnisse der Zeit von 1870 bis 1918 mit
den genannten Erscheinungen, wie sie seit Wolgasts Zeiten
Usus geworden ist, als problematisch. Sie entspringt eben
jener von Thomas Nipperdey in Frage gestellten Betrachtungsweise der Kultur dieser Zeit »allein unter dem Gesichtspunkt des Politischen« und, so darf in diesem Zusammenhang hinzugefügt werden, dem Gesichtspunkt massen-
kultureller Wirksamkeit. Bei Wolgast selbst ist allerdings
noch ein weiterer Grund im Spiel – seine prinzipielle Ablehnung nämlich aller »spezifischen Jugendliteratur«; da ist
es ein willkommenes Zusatzargument, wenn sich die real-
existierende Jugendliteratur seiner Zeit in Gänze als reaktionäre politische Tendenzliteratur präsentieren läßt. Den
kritischen Studien nach dem Zusammenbruch der Naziherr-
schaft ist an dieser Identifizierung deshalb gelegen, weil sie
es einem erlaubt, auch diesen Bereich der deutschen Kultur
vor 1914 restlos als Vorgeschichte von 1933 zu interpretie-

7 Schenda (Anm. 5) S. 83.

ren. Dieser »Fehlperspektive« hält Nipperdey entgegen: »Die deutsche Kultur vor 1914 war – auch mit ihren politischen Einschlägen – nicht entfernt eine Vorstufe von 1933. Wenn und soweit sie das war, war sie zugleich eine Vorstufe der Weimarer Kultur.«[8] Auf den hier behandelten Gegenstand übertragen heißt dies: sich von jugendliteraturgeschichtlichen Topoi wie dem »trostloser Leere«[9] wie von überzogener Dunkelzeichnung teilweise zu distanzieren, nicht nur der einen, der politisch reaktionären Färbung dieses Literaturbereichs nachzugehen, vielmehr dessen Pluralität ansichtig zu machen, nicht zuletzt die Kinderliteratur speziell der Jahrhundertwende auch als Vorgeschichte, wenn nicht gar als erstes Kapitel der Geschichte der modernen Kinderliteratur des 20. Jahrhunderts zu sehen. Den beiden zuletzt genannten Aspekten wurde in der vorliegenden Textsammlung breiter und umfangreicher nachgegangen, als es mit Blick auf diesen Zeitraum bislang üblich war. Die nationalistische und militaristische Jugendliteratur des Kaiserreichs soll dadurch, daß sie in diesem Band unterrepräsentiert ist, nicht etwa heruntergespielt werden. Die Beschränkung auf wenige Beispiele war unumgänglich, weil nur so bislang weniger Beachtetes und nicht zuletzt auch kinderliterarisch Progressives stärker herauszustellen waren.

Die Betrachtungsweise »allein unter dem Gesichtspunkt des Politischen«, die Aufmerksamkeit vorrangig für die aktuellpolitischen Einfärbungen lassen einen zu schnell die Kontinuität der Kinderliteraturverhältnisse im 19. Jahrhundert übersehen. Aus dem Blickwinkel des Politischen fällt es leichter, um 1870 eine Zäsur anzusetzen, denn aus kulturgeschichtlicher Perspektive. Bedeutet etwa das bereits von Köster konstatierte Faktum, daß »mit dem Jahr 1870« die »Hochflut der geschichtlichen Erzählung« einsetzt, mehr als nur eine Schwerpunktverlagerung innerhalb eines struk-

---

8 Nipperdey (Anm. 2) S. 824.
9 Bamberger (Anm. 6) S. 408.

turell sich gleichbleibenden Systems der Produktion und Distribution »populärer Lesestoffe«[10] speziell für Kinder und Jugendliche? So unbestreitbar es ist, daß »seit 1870 [...] die billigen Lesestoffe in großem Stil als Propagandamittel herangezogen« wurden[11], so wenig kann hier von einem strukturellen Bruch, einer neuen Epoche dieser Literatur die Rede sein. Es fällt denn auch auf zahlreichen Feldern der Kinder- und Jugendliteratur der 70er, 80er und 90er Jahre schwer, mehr als nur Akzentverschiebungen gegenüber den vorangegangenen Jahrzehnten auszumachen.

Seine definitive Gestalt hat das populäre Kinderliteratursystem in den 40er und 50er Jahren des 19. Jahrhunderts, im späten Biedermeier also, erlangt. Wir verdanken Klaus-Ulrich Pech eine profunde, auf den Resultaten sowohl der Biedermeierforschung eines Friedrich Sengle wie der Sozialgeschichte der populären Lesestoffe eines Rudolf Schenda aufbauende Darstellung der Kinder- und Jugendliteratur des frühen und mittleren 19. Jahrhunderts, die alles in den herkömmlichen Jugendliteraturgeschichten dazu Verlautete in den Schatten stellt.[12] Pechs Darstellung mündet in die These, daß die in der Restaurationsepoche herausgebildeten Kinderliteraturverhältnisse sich vom Entstehungskontext gelöst und »in einzelnen Teilen [...] bis weit ins 20. Jahrhundert gehalten haben«. Zahlreiche »eigentümliche biedermeierliche Elemente« hätten sich auf diese Weise als »Spezifikum von Kinderliteratur ganz allgemein« festgesetzt. »Die pädagogisch-didaktischen Komponenten der Kinder- und Jugendliteratur des Biedermeiers und die dazu entwickelten Formen, Motive, Stoffe und Topoi wurden mehr oder

---

10 Rudolf Schenda, *Volk ohne Buch. Studien zur Sozialgeschichte der populären Lesestoffe 1770–1910*, Frankfurt a. M. 1970; hier zit. nach der Taschenbuchausgabe München 1977 (dtv Wissenschaftliche Reihe, Nr. 4282).

11 ebd. S. 38.

12 Pech (Anm. 1) S. 6–56; ders., »Vom Biedermeier zum Realismus«, in: *Geschichte der deutschen Kinder- und Jugendliteratur*, hrsg. von Reiner Wild, Stuttgart 1990, S. 139–178.

weniger unkritisch von allen folgenden Generationen von Kinderbuchautoren aufgegriffen.«[13]

Tatsächlich ist unübersehbar, wie sehr sich in der Kinder- und Jugendliteratur auch noch des hier dokumentierten Zeitraums ein spätes, reifes Biedermeier gehalten, eine der Restaurationszeit entstammende Kindheits- und Familienidyllik[14] bewahrt hat. Dies gilt in besonderer Weise für die Bereiche des Bilderbuchs, der Kinderlyrik, des Märchens, der Tierdichtung wie der Kindererzählung; zeitlich gesehen sowohl für die 70er bis 90er Jahre wie auch für die Zeit nach der Jahrhundertwende, wo gerade die reformpädagogische Initiierung einer neuen »kindertümlichen«, einer »Dichtung vom Kinde aus« zu einem beträchtlichen Teil ein neues kinderliterarisches Biedermeier heraufbeschwor.[15] Die vornehmlich von der Illustrationskunst[16] geleistete durchaus zeitgemäße ästhetische Inszenierung dieser Idyllik darf einen über die Kontinuität in der Substanz nicht hinwegtäuschen. Gewiß macht sich auch in diesem Bereich der »Entsubjektivierungsprozeß der populären Literatur«[17], deren schrittweise Transformation in eine moderne Kulturindustrie bemerkbar. Doch hält sich neben der anschwellenden, nur pro forma noch mit Verfassernamen versehenen, in Wahrheit aber seriellen Massenware ein mittlerer kinder- und jugendliterarischer Sektor, in dem die »Welt von gestern« (Schenda) noch intakt ist. So bestätigt sich Klaus-Ulrich Pechs These, nach der die »pädagogisch bestimmte Kultur des Biedermeier [...] auf keinem anderen Gebiet so

13 Pech (Anm. 1) S. 43 f.

14 Vgl. hierzu: ebd., S. 12 ff.

15 Vgl. Jürgen Oelkers, »Das Bild des Kindes als ästhetisches Objekt. Überlegungen zum Verhältnis von moderner Kunst und Reformpädagogik«, in: J. O., *Erziehung als Paradoxie. Aufsätze zur Kulturpädagogik*, Weinheim 1991, S. 161–178.

16 Vgl. die umfassende Dokumentation von Hans Ries: *Illustration und Illustratoren des Kinder- und Jugendbuchs im deutschsprachigen Raum 1871–1914. Das Bildangebot der wilhelminischen Zeit*, Osnabrück 1992.

17 Schenda (Anm. 10) S. 39.

weitreichende Auswirkungen [hat] wie auf dem der Literatur für junge Leser.«[18] Dem Benutzer der vorliegenden Textsammlung sei deshalb nahegelegt, gleichzeitig den Band zur *Kinder- und Jugendliteratur vom Biedermeier bis zum Realismus* heranzuziehen, dessen Einleitung und Zwischentexte in zahlreichen Aspekten auch für den hier zur Rede stehenden Zeitraum noch gültig sind.

Mit Blick auf Lyrik und Märchendichtung wäre allerdings der Band zur *Kinder- und Jugendliteratur der Romantik*[19] heranzuziehen. Wie bereits im Biedermeier, so bleibt im hier dokumentierten Zeitraum die Kinderlyrik zu einem Teil jedenfalls der romantischen Auffassung von Kinderpoesie am nächsten; ja, sie kehrt um 1900 zurück zur Idee unbeeinträchtigter kindlicher Ausdruckspoesie. Die Erschließung der Märchen wie anderer folkloristischer Gattungen und deren Umwandlung in Kinderliteratur sind auch auf regionaler Ebene im letzten Drittel des 19. Jahrhunderts abgeschlossen; der vorliegende Band beschränkt sich deshalb auf die anspruchsvollere literarische Märchendichtung für Kinder, die sich – etwa im Umfeld der Zeitschrift *Deutsche Jugend* – in biedermeierlichen bzw. poetisch-realistischen Bahnen bewegt, bis sich um die Jahrhundertwende symbolistische und neuromantische Einflüsse geltend machen. Das Gattungsspektrum der Tierdichtung für Kinder hat sich ebenfalls bereits Mitte des Jahrhunderts herausgebildet, was im Biedermeier-Band dokumentiert ist.[20] Neben den fortlebenden idyllischen bis niedlichen Tiergeschichten tauchen nach der Jahrhundertwende Tiererzählungen auf, die vom Überlebenskampf, von natürlicher Auslese künden, die, sei es darwinistischen, sei es vitalistischen Weltanschauungen verpflichtet sind.

18 Pech (Anm. 1) S. 44.
19 Ewers 1984 (Anm. 1) S. 59 ff. (»Ammenverse und Kinderreime, Kinderlieder und Gedichte«), S. 195 ff. (»Märchen«), S. 348 ff. (»Sagen«).
20 Pech (Anm. 1) S. 190 ff. (»Tiergeschichten«); vgl. jedoch auch Ewers 1984 (Anm. 1) S. 469 ff. (»Fabeln«).

Als Hauptgattung der erzählenden Kinderliteratur des ausgehenden 18. und der ersten Hälfte des 19. Jahrhunderts
darf die aus dem Exempel[21] hervorgegangene moralische Erzählung gelten. Deren schrittweise Wandlung in ein domi-
nant unterhaltungsliterarisches Genre[22] dürfte in den 60er
und 70er Jahren des 19. Jahrhunderts endgültig vollzogen
sein, was sich nicht zuletzt an den veränderten Titeln ab-
lesen läßt. Moralisch belehrende Elemente und autoritäre
Züge sind damit nicht schon verschwunden; man stellt sie
bloß nicht mehr heraus und sucht mit der Bezeichnung dessen, wovon erzählt wird, Leser zu gewinnen. Dementspre-
chend wird in der vorliegenden Sammlung die erzählende
Kinder- und Jugendliteratur erstmals nach dem in ihr verge-
genwärtigten epischen Weltausschnitt gegliedert, d. h. einer
Genre-Einteilung gefolgt, die sich auf erwachsenenliterari-
scher Ebene längst durchgesetzt hat. Als gattungsprägende
Schauplätze bzw. Erlebnisräume schälen sich heraus die in-
ner- oder außerhäusliche Welt des kindlichen Spiels, der
familiäre Lebensraum, sodann die Welt des Dorfes bzw.
eines als Heimat erfahrenen ländlichen Bereichs, des weiteren der schulische Erfahrungsraum, insbesondere die Welt
des Gymnasiums als autoritär strukturiertem Staat im
Staate, schließlich die Großstadt bzw. die städtische Umwelt, die städtischen Spiel- und Streifräume der Kinder und
Jugendlichen. Die Einteilung der Epik nach Schauplätzen
deckt sich teilweise mit der nach den jeweils episch ins Zentrum gerückten Lebensaltern. Die um die Jahrhundertwende aufblühende (erwachsenenliterarische) Kindheitsdichtung bleibt nicht ohne Einfluß auf die Kinderliteratur,
und so ist manche Kinder- zugleich als Kindheitserzählung
anzusehen.

---

21 Vgl. hierzu Klaus-Ulrich Pech, »Beispielgeschichten. Anmerkungen
  zu einem Prototyp der Kinder- und Jugendliteratur«, in: *Aufklärung
  und Kinderbuch*, hrsg. von Dagmar Grenz, Pinneberg 1986, S. 79 bis
  118.
22 Pech (Anm. 1) S. 6–10, S. 86–88.

Die Literatur des Jugendalters hat sich seit dem späten
18. Jahrhundert zunehmend geschlechtsspezifisch differen-
ziert. Was die für den hier dokumentierten Zeitraum kul-
turell so überaus signifikante sogenannte Backfisch- oder
Kränzchenliteratur für Mädchen angeht, so muß der Benutzer erneut eine andere Anthologie heranziehen.[23] Männliche
jugendliche Leser werden mit psychologisch-realistischer
Pubertäts- und Adoleszenzliteratur weitgehend verschont
und statt dessen in die exotischen Welten der Abenteuer-
und Kolonialromane oder in die zumeist nationalheroisch
zurechtgebogene Vergangenheit der Geschichtserzählungen
entlockt, wenn sie nicht überhaupt die Welt der (hier nicht
dokumentierten) naturwissenschaftlichen und technischen
Sachliteratur vorziehen. Die wenigen vorhandenen Entwicklungsgeschichten männlicher Jugendlicher führen, von
den tagtraumartigen Tellerwäscherstories einmal abgesehen,
eine vergleichsweise verzagte, angepaßte bzw. »eingefro-
rene« Adoleszenz vor.[24] Die Auseinandersetzung mit den
dramatischen Konflikten und Risiken der modernen, »ver-
längerten« Adoleszenz bleibt auch im hier zur Debatte
stehenden Zeitabschnitt der Erwachsenenliteratur vorbehalten.
Fragt man nach den kinderliterarisch progressiven Erscheinungen dieser Epoche, so bieten sich zwei differente Per-
spektiven an: Zum einen ließe sie sich daraufhin befragen,
welche Rolle sie in der Realisationsgeschichte der modernen kinderliterarischen Reformprogramme spielt, wie sie
von den aus Rousseaus Kindheitslehre schöpfenden Philan-

---

23 Die für Mädchen hervorgebrachte Literatur des hier zur Rede stehenden Zeitraums ist in Beispielen dokumentiert in: *Kinder- und Jugendliteratur: Mädchenliteratur. Vom 18. Jahrhundert bis zum Zweiten
Weltkrieg*, hrsg. von Gisela Wilkending, Stuttgart 1994 (Reclams Universal-Bibliothek, Nr. 8985).
24 Mario Erdheim: »Adoleszenz und Kulturentwicklung«, in: M. E., Die
gesellschaftliche Produktion von Unbewußtheit, Frankfurt a. M. 1982,
Taschenbuchausgabe 1984, ³1990 (suhrkamp taschenbuch wissenschaft, Nr. 465), S. 271–368, hier bes. S. 316 ff.

thropisten einerseits, den spätromantischen Dichtern anderseits entwickelt worden waren.[25] Hervorzuheben wären dann die diversen, nach 1900 einsetzenden Versuche einer kindgerechten, »kindertümlichen«, einer »Dichtung vom Kinde aus«, die einmal stärker neorousseauistische, das andere Mal eher neuromantische Züge tragen. Dies schließt die Vorstellung einer »unzensierten«, antiautoritären kindlichen Ausdruckspoesie ein, auf die man jetzt nicht nur in der Kinderlyrik, etwa derjenigen Paula und Richard Dehmels, stößt, sondern bereits auch in der Prosa – so etwa in *Singinens Geschichten* von Paula Dehmel. Angesprochen ist darüber hinaus das breite Feld der reformpädagogisch inspirierten Kinderliteratur bis hin zu den Versuchen Berthold Ottos und seines Kreises, in der »Mundart« des Kindes zu schreiben. In dieser Perspektive würde die Epoche gelesen als Vorgeschichte einer freien, spielerischen, von der ungebundenen Phantasie getragenen Kinderliteratur der Kindheitsautonomie, wie sie im westlichen deutschen Sprachraum in den späten 50er, den 60er und frühen 70er Jahren, im internationalen Maßstab im Frühwerk Astrid Lindgrens zu ihrem Höhepunkt gelangte.

Zum anderen wäre zu fragen, inwieweit diese Epoche in einzelnen Erscheinungen über die erst stückweise realisierten modernen kinderliterarischen Reformprogramme bereits schon hinausweist. Interessant würde sie in dieser Perspektive für die unmittelbare kinderliterarische Gegenwart seit dem Epocheneinschnitt Ende der 60er, Anfang der 70er Jahre, mit dem sich die Abkehr von einer Kinderliteratur der Kindheitsautonomie vollzog. Tatsächlich darf man bereits die hier dokumentierte Epoche – und nicht erst die der Weimarer Republik – als Vorgeschichte auch des gegenwärtigen kinderliterarischen Zeitalters betrachten; sie ist dies allerdings nicht auf eine direkte, geradlinige Weise. Bereits

---

25 Vgl. die Einleitung zu Ewers 1980 (Anm. 1) S. 5–59, bes. S. 26 ff.; ebenso die Einleitung zu Ewers 1984 (Anm. 1) S. 7–58, bes. S. 38 ff.

Mitte des 19. Jahrhunderts ist die Kinderliteratur nicht
mehr ausschließlich bürgerlich orientiert,[26] und gegen Ende
des Jahrhunderts hat sie vereinzelt auch schon die (tri-
vial-)romantische Sicht des Volks bzw. der unteren Schichten hinter sich gelassen. Man darf hierin einerseits eine
späte Wirkung des Naturalismus sehen – etwa im Fall der
Kinder- und Jugendromane Gustav Falkes –, andererseits
eine Folge der Anvisierung von Proletarierkindern als
Adressaten, vor deren Lebenswirklichkeit sich die trivial-
romantischen Klischees als ebenso schal erweisen wie die
literarische Gestaltung einer vom Ernst des Überlebens-
kampfes separierten kindlichen Spielwelt, wie sie für die ge-
hobene Bürgerwelt typisch ist. Die Rede ist hier von den
frühen Ansätzen zu einer sozialdemokratischen Kinderliteratur, die hier – wie so vieles andere – nur mit wenigen Beispielen vertreten sein kann,[27] aber auch von den Lese- und
Sachtexten der reformpädagogischen Lehrer, die für den
Gebrauch an Schulen zumeist in Arbeitervierteln gedacht
waren. Die Kinderliteratur orientiert sich hier an einem
Kindheitsmuster, wie es typisch für die Unterschichten der
in dieser Zeit explosiv wachsenden Großstädte war. Zu
einer Aussonderung von Kindheit als autonomer Sphäre ist
es hier noch nicht gekommen; die Unterschichtskinder sind
im Gegenteil durch Mithilfe im Haushalt in das familiäre,
durch teilweise Kinderarbeit in das Arbeits- und über den
Straßenraum, der ihnen zum Spiel dient, in das Stadtleben
unmittelbar einbezogen. Die unterschichtstypischen Mög-
lichkeiten kindlicher Teilhabe am gesellschaftlichen Leben
bilden die sozialgeschichtliche Basis eines sozialkritischen
Realismus, der in der Kinderliteratur der Weimarer Republik zu seinem Höhepunkt gelangt. Einen solchen Realis-

---

26 Vgl. hierzu Pech (Anm. 1) S. 21 ff.
27 Vgl. hierzu die im Literaturverzeichnis aufgeführten Dokumentatio-
  nen und Darstellungen der historischen Kinderliteraturforschung der
  DDR (Altner, Friedrich, Holtz-Baumert, Koch, Kunze, Lesanowsky,
  Wegehaupt).

mus fordert die Kinderliteratur nach 1970 zurück, wenngleich dies unter gänzlich veränderten sozialgeschichtlichen Voraussetzungen geschieht; nichtsdestotrotz darf die letztere in der sozialkritischen Kinderliteratur des hier dokumentierten Zeitraums ein Stück eigener Vorgeschichte erblicken.

Hinausgegangen über das moderne, sei es neorousseauistische, sei es neoromantische kinderliterarische Reformprogramm wird schließlich auch dort, wo die kindliche Wesensart jenseits ihrer Stilisierung als von Natur aus gute in ihrer Instinkthaftigkeit ansichtig, wo deren Machttrieb und Sadismus, deren Zerstörungslust, aber auch deren Regressivität wahrgenommen wird. Erneut ist hier Richard Dehmel zu nennen, bei dem die Kindheitsauffassung Friedrich Nietzsches nachwirkt. Der Vorgang gemahnt an die nahezu gleichzeitige Freudsche Entdeckung der kindlichen Sexualität, durch die der rousseauistische wie romantische Mythos vom reinen Kind, den die Reformpädagogik noch mit aller Kraft zu halten sucht, nicht minder heftig destruiert wird als durch Nietzsches Sicht des Kindes als Machtwesen. Das Kind wird hier seiner Exzeptionalität beraubt, auf die Ebene des Erwachsenen heruntergezogen, diesem also prinzipiell gleichgestellt. Auch hierin wird die Jahrhundertwende zu einem Stück Vorgeschichte der Kinderliteratur seit 1970, die eine Literatur der Gleichberechtigung des Kindes mit dem Erwachsenen, eine der Entmythisierung des Kindes ist.

In einer Hinsicht waren das ausgehende 19. und das frühe 20. Jahrhundert von nahezu aller bisherigen Kinderbuchtheorie als Vorgeschichte akzeptiert: insofern nämlich, als sie die Geburtsstunde der sogenannten Jugendschriftenbewegung darstellen. Hierbei wurde allerdings in der Regel so getan, als gehöre die Jugendschriftenbewegung gar nicht dieser kinderliterarischen Epoche an, laufe sie doch auf eine mehr oder weniger vollständige Ablehnung zeitgenössischer Kinder- und Jugendliteratur hinaus. Dabei ist die Ju-

gendschriftenbewegung eine nicht minder epochentypische
Erscheinung und in ihrer Existenz ein weiterer Beleg für
die Nipperdeysche These, wonach die »deutsche Kultur vor
1914« eine »Kultur des Pluralismus und der Dissense«
war. Darüber hinaus muß sie als ein integraler Bestandteil
der Kinderliteraturverhältnisse dieses Zeitraums angesehen
werden. Nicht zuletzt stellt sie eine Macht dar, die auf ihre
Weise Kinderliteratur definiert und hervorbringt. Mit ihrer
Kampfaussage an die »spezifische Jugendliteratur« als solche stellt die Jugendschriftenbewegung, allen voran Heinrich Wolgast[28], die Frage danach, wem die Definitionsmacht
auf diesem literarischen Feld rechtens zuzusprechen sei. Das
nicht erst von Wolgast konstatierte »Elend unserer Jugendliteratur« besteht ja in den Augen der Kritiker nicht zuletzt
darin, daß, wie es Wolfgang Menzel bereits 1828 kritisierte,
»der literarische Unterricht den Pädagogen von den Buchhändlern aus den Händen gewunden« sei und die letzteren
den Markt »mit ihren lüderlichen, von außen gleißenden,
von innen hohlen Fabrikaten« überschwemmen würden.[29]
Neu bei Wolgast ist der Gedanke der gänzlichen Ausschal-
tung aller »spezifischen« Kinder- und Jugendliteratur. Den
besagten Buchhändlern bzw. Verlegern samt ihren Lohn-
schreibern[30] wäre damit auf eine grundsätzliche Weise die
Definitionsmacht entrissen; Kinder- und Jugendliteratur
würde dann entstehen allein durch den Akt der Auswahl
aus einem Literaturangebot, das von seiten der Produzenten
mit keinerlei spezifischer Adressierung versehen sei. Die
Definitionsmacht wäre allein in die Hände der Lehrerschaft
gelegt.

28 Wolgast (Anm. 4) S. 24: »Die Jugendschrift in dichterischer Form muß
   ein Kunstwerk sein. Literarische Kunstwerke gehören aber der allgemeinen Literatur an, und so würde die spezifische Jugendliteratur
   keine Existenzberechtigung besitzen.«
29 Zit. nach Pech (Anm. 12) S. 148.
30 Zum Phänotyp des »populären Autors« seit dem frühen 19. Jahrhundert vgl. Schenda (Anm. 10) S. 147–173; Pech (Anm. 1) S. 11, 35 ff.
   (»Die Autoren und ihre Produktionsbedingungen«).

Tatsächlich machten sich die Vertreter der Jugendschriften-
bewegung daran, der real existierenden »spezifischen« via
Auswahl eine alternative Jugendliteratur entgegenzustellen.
Es begann, so Köster, »ein Forschen nach solchen Dichtun-
gen, die schon für die Jugend lesbar seien«.[31] Fündig wurde
man bei Keller, Raabe, Wildenbruch, Ebner-Eschenbach,
Liliencron und vielen anderen[32], wobei allen voran die
»Entdeckung« von Theodor Storm auf der einen, Peter
Rosegger auf der anderen Seite steht.[33] Man bleibt nach ge-
troffener Auswahl nicht bei der bloßen Lektüreempfehlung
stehen, sondern stellt umfangreiche Anthologien zusammen
und geht dazu über, die als geeignet angesehenen Dichtun-
gen in Reihen billiger Volks- und Schulausgaben mit hohen
Auflagen auf den Markt zu bringen. Wolgast machte 1898
mit einer Ausgabe von Storms *Pole Poppenspäler* den Anfang; es folgten eine Auswahl aus Roseggers Schriften und
eine aus Liliencrons *Kriegsnovellen*.[34]
Gegenüber der Mitte des Jahrhunderts haben sich bei blei-
bender Gegnerschaft zur existierenden, »kommerziellen«
Kinder- und Jugendliteratur die Positionen der Kritik
grundlegend gewandelt. Die restaurative Kritik des Biedermeier stemmte sich gegen den wachsenden Unterhaltungs-
wert der Kinderliteratur – und zwar im Namen der althergebrachten Moraldidaktik. Der den sich widersetzende
Markt war in dieser Konstellation ein durchaus progressi-
ver Faktor: »Pädagogische und literarische Unbekümmert-
heit, entstanden am Ende des Biedermeiers, bedeutete auch
ein Stück Freiheit für die Kinder- und Jugendliteratur.«[35]
Der Markt verlor diese Funktion in dem Augenblick, in

---

31 Köster (Anm. 4) S. 328.
32 Vgl. hierzu ebd., S. 328–331; Altner (Anm. 3) S. 99–109 (»Literarische
   Anleihen und Adaptionen«).
33 Vgl. Wolgast (Anm. 4) S. 248 ff.; W. Lottig: »Storm – Rosegger. Eine
   Betrachtung«, in: *Zur Jugendschriftenfrage. Eine Sammlung von Aufsätzen und Kritiken*, 2., verm. Aufl. Leipzig 1906, S. 19–21.
34 Köster (Anm. 4) S. 329 f.; Bamberger (Anm. 6) S. 428 ff.
35 Pech (Anm. 1) S. 38.

dem unter dem Einfluß der politischen Entwicklung Geschäfte nur noch mit nationalistischer Tendenzliteratur zu machen waren. Die Kritik entzündete sich jetzt in erster Linie am tendenziösen Charakter der existierenden Kinder- und Jugendliteratur und brandmarkte deren reaktionäre politische Indienstnahme; sie tat dies im Namen nicht mehr der Moraldidaktik, sondern innerliterarischer Ansprüche bzw. ästhetischer Prinzipien, so idealistisch und zu diesem Zeitpunkt womöglich überholt diese auch gewesen sein mögen. Mit ihrer Forderung nach Einheit, d. h. ästhetischer Gleichförmigkeit und Gleichrangigkeit von Kinder- und Erwachsenenliteratur, nach Rücknahme der Auseinanderentwicklung beider, ist sie zu den kinderliterarisch progressiven Erscheinungen des hier dokumentierten Zeitraums zu zählen.

Dennoch gehen von ihr in vergleichsweise geringem Maße Impulse für die Kinderliteraturentwicklung der Zeit aus. Mit ihrem grundsätzlichen Vorbehalt gegen alle »spezifische«, d. h. auch qualitativ eigenständige Kinderliteratur hat sie sich ein Dilemma eingehandelt, aus dem sie letztlich keinen überzeugenden Ausweg gefunden hat. Recht bald ist ihr nämlich deutlich geworden, daß beim »Durchforschen« der Erwachsenenliteratur die »Ausbeute« für jüngere Leser bis etwa zum 12. Lebensjahr »nicht allzu groß« ist, die »meisten Werke erst für die reifere Jugend in Betracht« kommen.[36] Heinrich Wolgast zieht anfänglich hieraus die Konsequenz, die Jugend so lange von der Lektüre überhaupt fernzuhalten, bis sie zur Aufnahme echter Dichtkunst befähigt sei; er spricht von der »absoluten Notwendigkeit« einer »Zurückdrängung der privaten Lektüre der Kinder«.[37] In der dritten, 1905 herausgekommenen Auflage seiner »Reformschrift« ringt er sich zu einer Anerkennung der mittlerweile aufgekommenen, in bestimmten Grenzen auch

---

36 Köster (Anm. 4) S. 329.
37 Wolgast (Anm. 4) S. 8.

erfolgreichen »Dichtung vom Kinde aus« durch;[38] doch geschieht dies widerstrebend, in gewissem Ausmaß gegen die eigene Überzeugung. Wegweisende Vorstellungen bezüglich einer Kinderdichtung als Anfängerliteratur, die sich zu einem Kinderliteraturprogramm verdichten ließen, sind bei Wolgast allenfalls in Ansätzen zu finden. Aus heutiger Sicht erweist sich Wolgasts Überzeugung, daß es sich bei der Kinder- und der Erwachsenenliteratur qualitativ um ein und dieselbe Literatur handeln müsse, als historisch verfrüht. Das Zeitalter der Dissoziation von Kindheit und Gesellschaft, der kulturellen, in erster Linie von bürgerlichen Schichten vorgenommenen Inszenierung von Kindheit als Gegenmoderne, ging keineswegs zur Neige, so sehr zu Beginn des 20. Jahrhunderts die alternativen Kindheitsmuster der unteren Schichten in den Vordergrund rückten. Doch sollte das bürgerliche Kindheitsmuster zu Beginn der zweiten Hälfte des 20. Jahrhunderts erst noch eine Ausdehnung erfahren, ehe es dann fundamental in Frage gestellt wurde. Erst im letzten Drittel des 20. Jahrhunderts erlebte die Kinderliteratur die Literarisierung, die Wolgast vor Augen geschwebt hat.[39]

38 Ebd., S. 244 ff.
39 Vgl. hierzu Hans-Heino Ewers, »Zwischen Literaturanspruch und Leserbezug. Zum Normen- und Stilwandel der Kinderliteraturkritik seit den 70er Jahren«, in: *Tausend und ein Buch. Das oesterreichische Magazin für Kinder- und Jugendliteratur*, Nr. 4, 1993, S. 4–14.

Kinderlyrik

In der Literaturgeschichtsschreibung gilt zu Recht das frühe 19. Jahrhundert, insbesondere die 30er und 40er Jahre, als ein Höhepunkt der »neuen«, von der Spätromantik inaugurierten literarischen Kinderlyrik. Es ist die Zeit Friedrich Rückerts, Wilhelm Heys, Friedrich Gülls, Hoffmanns von Fallersleben, August Kopischs und Robert Reinicks. Demgegenüber verblaßt schon die Mitte des Jahrhunderts; wie wenig verknüpft sich wirkungsgeschichtlich etwa mit den Namen von Kinderlyrikern wie Hermann Kletke, Rudolf Löwenstein oder Georg Christian Dieffenbach. Im kinderliterarischen Horizont lebendig geblieben sind aus dieser Zeit Gedichte von Autoren wie Theodor Storm (z. B. »Knecht Ruprecht«, 1862), Theodor Fontane (z. B. »Herr von Ribbeck auf Ribbeck im Havelland«) oder Conrad Ferdinand Meyer (z. B. »Fingerhütchen«). Die 70er und 80er Jahre bringen kinderlyrisch keinen nennenswerten Einschnitt: In ihrem anspruchsvolleren Teil – vornehmlich im Umkreis um die Zeitschrift »Deutsche Jugend« – ist die Kinderlyrik um Anschluß an den sogenannten »poetischen Realismus« bemüht; in ihrer Breite jedoch darf man sie als konformistische Gartenlaubenpoesie charakterisieren. Auffälligstes Kennzeichen ist ihre zur Formelhaftigkeit, zum Klischee erstarrte Bildlichkeit, die weitgehend aus der romantischen und biedermeierlichen Lyrik stammt. Gängig sind vor allem Jahreszeiten- und Festtagsgedichte, Morgen- und Abendgedichte, Natur-, insbesondere Blumengedichte, schließlich Tiergedichte im Übermaß (neben Hof- und Haustieren vor allem Vögel und Schmetterlinge). Auffällig wenig ist von Kindern selbst die Rede; wo dies geschieht, schlägt allzuoft noch die Tradition des Exempelgedichts durch (keineswegs immer so verhalten wie in Trojans »Wilder Franziska«). Vor einer Orientierung an der kindlichen Sprache (wie übrigens auch am volkstümlichen Kinderreim) bewahrt die Gartenlauben-

*lyrik die Selbstverpflichtung auf den vermeintlich »schönen,
poetischen Ausdruck«; letzteres macht sie zur bourgeoisen
Goldschnittpoesie, die sich in die Interieurs der Gründerzeitära nahtlos einfügt.*
*Die hier getroffene Auswahl ist insofern nicht repräsentativ,
als sie mehr an den Absetzbewegungen als an der Goldschnittpoesie selbst interessiert ist. Aus dem Rahmen Fal-
lendes findet sich selbst bei den Größen der Gartenlau-
benkinderlyrik, so bei dem generationsmäßig noch an die
Seite Dieffenbachs gehörenden Julius Sturm (»Der erste
Rauchversuch«, »Katzennot«), bei Johannes Trojan (»Die
Wohnung der Maus«, »Zwergwanderschaft«) wie bei dem
Herausgeber der »Deutschen Jugend« Julius Lohmeyer
(»Unsere Sommer-Villa«). Zum Abweichenden zählen gewiß nicht die patriotischen Töne, die reichhaltig ange-
stimmt werden – kinderlyrisch vorwiegend auf der Ebene
des Knabenspielgedichts (Sturms »Der kleine Kavallerist«,
Blüthgens »Rittersporn«), jugendlyrisch in der traditionsrei-
chen Form des nationalpathetischen Aufrufs (Sturm »An
Deutschlands Jugend«). Aus dem reichhaltigen lyrischen
Werk der Sturm, Trojan, Lohmeyer und zahlreicher anderer
Verseschmiede dieser Zeit hat kinderliterarisch nur wenig
überlebt; ungerecht erscheint einem dies aus heutiger Sicht
eigentlich nur mit Blick auf Victor Blüthgen, der, so James
Krüss, »um einige Grade besser, weil ehrlicher und unmani-
rierter als seine Zeitgenossen« ist. In seinen ersten Versuchen
noch goldschnittpoetisch (z. B. »Ach wer das doch könnte!«),
beginnt er bereits um 1880, sich am volkstümlichen Kinderreim zu orientieren. Blüthgen arbeitet formgeschichtlich
der kinderlyrischen »Reform« um 1900 vor, steht auf der
Schwelle zu ihr, was, wenn auch in geringerem Maß, für
Heinrich Seidel gilt. Eine vergleichbare Schwellenposition
nimmt auch der einer jüngeren Generation zuzurechnende
Gustav Falke ein, der sich als Kinderlyriker Ende der 90er
Jahre zu Wort meldet. Neben der Orientierung am volkstümlichen Kinderreim ist es die »Wiederentdeckung« der*

plattdeutschen Mundartdichtung, die Falkes Kinderlyrik in die Nähe (und auf die Höhe) der Kinderreime eines Klaus Groth bringt.

Will man die kinderlyrische »Reform« um 1900 auf eine Formel bringen, so könnte diese lauten: Rückkehr zu einer Kinderlyrik als einer sei es naiven, sei es in Ansätzen schon bewußten, reflektierten Ausdruckspoesie, wie sie erstmals von der romantischen Kinderliteraturreform auf die Tagesordnung gesetzt worden war. Die Kritik der Jahrhundertwende prägt für eine solche Poesie die Formel der »Dichtung vom Kinde aus«. Es bedarf freilich eines genaueren Blicks, um den hier sich vollziehenden Einschnitt zu erkennen. Schon die Gartenlaubenpoesie wartete mit Gedichten auf, die der Form nach lyrische Ich-Aussprache eines Kindes sind (z. B. Lohmeyers »In tausend Ängsten«). Oft ist in solchen Fällen das Gedicht als Ganzes in Anführungszeichen gesetzt, worin sich ein grundlegender Wesenszug dieser Kinderlyrik verrät. In ihr bleibt jede kindliche Ich-Aussprache selbst dort, wo Inquitformeln und Anführungszeichen fehlen, bloßes Redezitat innerhalb eines Textes, dessen Sprecher ein Erwachsener ist. Mit diesem Zitieren geht eine oft kaum merkliche ironische Brechung einher, die zurückgeht auf eine innere Distanz zum Kindlichen, das den Dichtern der Gründerzeitära letztendlich nicht bedeutsam genug erscheint, um eine volle Anteilnahme zu verdienen. Es handelt sich um eine Ironie, die, darin das Gegenteil der romantischen, einem Fremd- und Unbeteiligtsein entspringt und Kindliches nur mehr oder weniger wohlwollend belächeln kann, ja, es bisweilen sogar verspottet.

Wenn auch zahlreiche Kindergedichte eines Blüthgen, Seidel und Falke bereits frei von solcher Ironie sind und von einem Ernstnehmen kindlicher Ausdrucksweisen zeugen, als das Manifest der kinderlyrischen Reform der Jahrhundertwende darf dennoch erst der von Ernst Kreidolf illustrierte Gedichtband »Fitzebutze« von Paula und Richard Dehmel gelten. Ausdrücklich auf den »Fitzebutze« bezieht Heinrich

Wolgast seine berühmte, in die dritte Auflage von 1910 seiner Schrift »Das Elend unserer Kinderliteratur« eingefügte Definition einer »Dichtung vom Kinde aus«: »Der Dichter und Kenner der Kinderseele versetzt sich vermöge seiner Imagination auf den Standpunkt des Kindes, und aus kindlicher Stimmung, Gesinnung und Sprache heraus gestaltet sich eine Dichtung.« In den Gedichten dieser Sammlung macht sich neben der allein geltenden kindlichen Weltsicht keine andere Position relativierend geltend – auch dort nicht, wo Erwachsene, die Mutter oder der Vater, die Sprecher sind. Wir haben es mit einer konsequent antiautoritären kindlichen Ausdruckspoesie zu tun. Der »Fitzebutze« macht deutlich, in welchem Maße die kinderliterarische Reform um 1900 ein Zurückgehen an die Wurzel, an den Ausgangspunkt der Kinderlyrik des 19. Jahrhunderts, den Kinderliedanhang von »Des Knaben Wunderhorn« ist. Es findet sich hier ein Dichten in der Art des Kinderreims bei Übernahme seiner Lautformelhaftigkeit und Sinnunbekümmertheit – und zwar in einer Radikalität, wie sie nur von Friedrich Güll her bekannt ist. Daneben sind Gedichte anzutreffen, die die Formenwelt des Kinderreims hinter sich lassen und die bewußte Gemütsaussprache eines kindlichen Ich gestalten (»Die Schaukel«). Daß hier mehr als ein bloßer Rückgriff auf das frühe 19. Jahrhundert vorliegt, kommt darin zum Ausdruck, daß eine andersgeartete, keine romantisch verklärte oder bürgerlich zurechtgeschnittene, sondern eine freie, unnormierte Kindlichkeit sich kundgeben darf. In Gedichten wie »Der kleine Sünder« oder »Tintenheinz und Plätscherlottchen« geht es nach landläufigen Vorstellungen um kindliche Ungezogenheiten; deren Zurechtweisung und Bestrafung bleiben jedoch aus. Kinder werden als unangepaßte, anarchische Wesen begriffen und akzeptiert. Die geschilderten »Ungezogenheiten« werden nicht als Normwidrigkeiten angesehen; sie interessieren schlicht als Manifestationen des kindlichen Wesens und seiner anarchischen Verfassung. Die kleine Detta der

*beiden Rahmengedichte der Sammlung gibt sich als trieb-
haft impulsives, (nicht nur sprachlich) lustvoll regredieren-
des, teils auch grausam fühlloses Wesen; unweigerlich stellt
sich hier die Assoziation zu Freuds Lehre von der polymor-
phen Perversität des Kindes ein. Man muß beide Aspekte,
den formgeschichtlichen (Rückkehr zur kindlichen Ausdruckspoesie) und den kindheitsideengeschichtlichen (Entdeckung und Respektierung des anarchisch-perversen kindlichen Wesens), zusammennehmen, um zu ermessen, welch
ungeheure Provokation der »Fitzebutze« für seine Zeit bedeutete.*

*Kaum verwunderlich, daß dem »Fitzebutze« ungeteilte Ge-
folgschaft weitgehend versagt blieb: die anstößige Kind-
heitssicht besaß hierbei gewiß die geringsten Wirkungschan-
cen (erst in Ringelnatz' »Geheimen Kinder-Spiel-Buch« von
1924 lebt sie wieder auf). Bereits in Paula Dehmels nachfolgenden kinderlyrischen Publikationen ist hiervon nur ein
schwacher Widerhall zu vernehmen; immerhin bleibt das
Unautoritäre, Unpädagogische gewahrt. Formgeschichtlich
ist die Wirkung des »Fitzebutze« dagegen um so breiter: Die
literarische Kinderlyrik schwenkt nach 1900 wieder auf
breiter Front in Machart und Tonlage des volkstümlichen
Kinderreims ein und entdeckt dabei das Kleinkind und das
Kind im Vorschul- und ersten Schulalter als ernstzuneh-
mende Adressaten. Neben Paula Dehmels »Rumpumpel«
wären hier Carl Ferdinands »Ri-Ra-Rutsch« und Albert
Sergels »Ringelreihen« zu nennen. Hier ist nicht nur alles
Anstößige des kindlichen Wesens ausgeklammert; die lyrischen Situationen wie die lyrische Bildlichkeit sind darüber
hinaus so konventionell, daß sich die Frage aufdrängt, ob
solche Sammlungen nicht einen Anachronismus darstellen,
ein neues kinderliterarisches Biedermeier heraufbeschwö-
ren.*

*Die Kinderlyrik des hier dokumentierten Zeitraums öffnet
sich nur äußerst marginal der im Zuge der Hochindustriali-
sierung rapide sich verändernden Wirklichkeit. Eisenbahn-,*

Automobil-, Fahrrad-, Zeppelin- oder Flugzeuggedichte,
wie überhaupt Gedichte mit (groß-)städtischem Schauplatz,
sind eine Rarität; erst nach der Jahrhundertwende steigt
ihre Zahl langsam, was nichts daran ändert, daß die lyrische
im Vergleich zur erzählenden Kinderliteratur, hier insbeson-
dere den Umwelt- und Großstadtgeschichten, diesbezüglich
einen beträchtlichen Rückstand aufweist. Von einer Groß-
stadtlyrik für Kinder kann im hier dokumentierten Zeit-
raum keine Rede sein.
Aufgrund der Editionsprinzipien dieser Textsammlung kön-
nen nur die Teile des kinderlyrischen Schaffens von Chri-
stian Morgenstern dokumentiert werden, die vor 1918 zur
Publikation gelangt sind. Der überwiegende Teil von Mor-
gensterns Kinderlyrik ist um 1906 entstanden, wurde in
Form eines »Kinderliederbuches« jedoch erst posthum 1921
veröffentlicht. Daneben haben einzelne der 1905 erschiene-
nen »Galgenlieder« später auch kinderlyrisch Karriere ge-
macht; in die Kinderlyrikanthologien des hier dokumentier-
ten Zeitraums sind sie freilich noch nicht vorgedrungen. Die
hier von Morgenstern praktizierten lyrischen Genres, das
groteske und das Nonsensgedicht wie das reine Sprachspiel,
werden erst in der westdeutschen Kinderlyrik der 60er Jahre
eine zentrale Rolle spielen. Im Unterschied zu den »Galgen-
liedern« stehen Morgensterns eigentliche Kindergedichte –
wie übrigens auch einzelne Verse aus Ringelnatz' »Kleine
Wesen« – nur erst auf der Schwelle zum Sprachspiel, zum
Nonsens: Es hat den Anschein, daß so manche Wendung des
Geschehens nur um des Reimes willen erfolgt.

JOHANNES TROJAN

Kinderlust. Ein Jugend-Album mit Reimen

1873, 2. Aufl. 1875

Die wilde Franziska.

Was ist das mit der Fränze?
Die giebt sich keine Müh'.
Sie kennt schon alle Tänze,
Doch rechnen lernt sie nie.

Buchstaben, was für Dinger,
Malt sie in ihrem Heft!
Macht sich voll Tint' die Finger,
Das ist ihr Hauptgeschäft.

Statt daß auf ihrem Plätzchen
Sie hübsch beim Stricken wär',
So läuft sie zu den Kätzchen
Und trägt sie hin und her.

Wo ist sie jetzt? Ich glaube,
Im Hause weilt sie kaum.
Ihr Buch liegt in der Laube,
Sie selbst sitzt auf dem Baum.

Die Wohnung der Maus.

Ich frag' die Maus:
Wo ist dein Haus?
Die Maus darauf erwidert mir:
Sag's nicht der Katz', so sag' ich's dir.
Treppauf,
Treppab,
Erst rechts,
Dann links,
Dann wieder rechts
Und dann grad' aus –
Das ist mein Haus,
Du wirst es schon erblicken!
Die Thür ist klein,
Und trittst du ein,
Vergiß nicht, dich zu bücken.

JULIUS LOHMEYER (Hrsg.)

Deutsche Jugend

1873–85

[2. Bd., 1873; 128]   *Der erste Rauchversuch.*

Von Julius Sturm.

Nur her zu mir, mein kleiner Mann,
Und hauch mich an!
Ahnst du, daß ich begreife,
Weshalb du flohst, als ich dich rief?
Du rauchtest, Schlingel, als ich schlief.
Wo hast du denn die Pfeife?

Im Stiefelschaft? Aus Kälberrohr?
Zieh sie hervor!
Das nenn' ich leicht sich bilden!
Kaum las der Wicht im Robinson,
Raucht er ein Friedenspfeifchen schon
Nach Art der braunen Wilden.

Doch wie? Du wirst wie Kalk so weiß
Und kalter Schweiß
Perlt dir auf Stirn und Wangen?
Die Strafe, Bursch', erlaß ich dir,
Nur fort! und büße mir nicht hier
Den Streich, den du begangen.

[6. Bd., 1875; 190] *Ach wer das doch könnte!*

Von Victor Blüthgen.

Gemäht sind die Felder, der Stoppelwind weht,
Hoch droben in Lüften mein Drache nun steht;
Die Rippen von Holze, der Leib von Papier,
Zwei Ohren, ein Schwänzlein sind all seine Zier;
    Und ich denk': so drauf liegen
    Im sonnigen Strahl, –
    Ach wer das doch könnte
    Nur ein einziges Mal!

Da blickt' ich dem Storch in das Sommernest dort:
Guten Morgen, Frau Storchen, geht die Reise bald fort?
Ich schaut' in die Häuser zum Schornstein hinein:
Papachen, Mamachen, wie seid ihr so klein!
    Tief unter mir säh' ich
    Fluß, Hügel und Thal, –
    Ach wer das doch könnte
    Nur ein einziges Mal!

Und droben, gehoben auf schwindelnder Bahn,
Da faßt' ich die Wolken, die segelnden an;
Ich ließ' mich besuchen von Schwalben und Krähn
Und könnte die Lerchen, die singenden, sehn;
    Die Englein belauscht' ich
    Im himmlischen Saal, –
    Ach wer das doch könnte
    Nur ein einziges Mal!

[9. Bd., 1877; 60]   *Rittersporn.*

Reime von Victor Blüthgen.

Schackeritter, Schackereiter,
    Wo willst du denn hin?
»Adjeu, liebe Mutter,
    Ich muß nach Berlin.
Der Kaiser der schrieb schon,
    Ich wär noch nicht da,
Und alle Soldaten
    Die schrein schon Hurrah!«

Schackeritter, Schackereiter,
    Wo hast du dein Pferd?
»Das frißt zu viel Haber
    Und ist doch nichts werth.
Hurrah, wir marschiren
    Marsch vorwärts im Schritt –
Hör, Mutter, gieb gleich mal
    Ein Butterbrod mit!«

[190]   *In tausend Aengsten.*

Von Julius Lohmeyer.

Lumpsel, pfui! Was kommt dir bei?
Reiß' mir nicht das Kleid entzwei!
Laß mich doch durch's Pförtchen!
Kennst nicht Müllers Dörtchen?
Beiß' doch nicht! Ach, sei so gut!
Weißt du nicht, dann kommt ja Blut!
Lumpsel, laß mich los! Ich bitt'!
Bring' dir auch was Gutes mit!

Ach, nun schnappt er gar nach mir!
O du böses, garst'ges Thier!
Wart', ich werd's der Tante sagen!
Wart', der Onkel wird dich schlagen!
Ach, am Ende ist er gar
Toll, wie Försters Caro war!
Tante! Tante! O die Noth:
Lumps ist toll und beißt mich todt!

[26. Bd., 1885; 58]   *Unsere Sommer-Villa.*

Von Julius Lohmeyer.

Wir ziehn in unsre Villa
Im wunderschönen Mai:
Die Trude und Camilla,
Der Franz und die Marei.

Wie lebt es sich gemütlich,
In unserm Sommerschloß!
Wir Schwestern wohnen friedlich
Im unteren Geschoß.

Der Franz im ersten Stocke
Ruht noch vom Bau sich aus;
Bis ihn die Mittagsglocke
Herunter ruft zum Schmaus.

Schon richtet in der Küche
Die Magd den Braten an,
Schon wehen Wohlgerüche
Durchs Fenster dann und wann. –

Wie sich die Nerven stärken,
Wenn man ins Freie zieht,
Das kann sogleich man merken
Am guten Appetit.

Die lieben Puppenkinder
Bekommt man kaum mehr satt!
Auch lebt es sich gesünder,
Als in der dumpfen Stadt.

Und dann noch sei zum Lobe
Der Villa angeführt:
Man ist in der Gardrobe
Hier völlig ungeniert.

VICTOR BLÜTHGEN

Buben und Mädel's. Ein ABC für's Haus

1879

Charlotte

Charlotte Compotte Naschmamsell,
Hat zwei Augen wie Blaubeern hell,
Hat zwei Lippen wie Himbeern roth,
Ißt lieber Kirschen als trocknes Brot –
    Früh ein Schock,
    Abends ein Schock,
    Nachts im Traum
    Einen ganzen Baum.

Quengeline.

Quengelinchen, mein Hühnchen, wie traurig ist das:
Der Himmel ist blau, und das Wasser ist naß,
Und drei ist nicht vier,
Und Kaffee kein Bier –
Ach, wenn doch nur alles ganz anders wär',
Dann grämte sich unser Quengelinchen nicht mehr!

Rudolf

Rudolf, Mädchensknab,
Pflückt den Mädchen Sträußer ab,
Ist so süß wie 'n Zuckerplätzchen,
Hat ein halbes Dutzend Schätzchen –
Zieht ihm lange Kleider an,
Daß er besser schwänzeln kann!

Suschen

Muhme Suse Brummel
Steht vor unsrer Thür –
Holt noch einen Brummbaß her,
Holt noch einen Zottelbär,
   Fangt noch eine Hummel,
   Dann brummen sie gleich zu vier.

VICTOR BLÜTHGEN

Gedichte

1880

[4. Abt., 207]   *Schneckenlied.*

Schneck, Schneck, Mäuschen,
Kriech vor aus deinem Häuschen!
Hier steht ein kleiner Käferherr
Und fragt, wie theu'r die Miethe wär'?

Schneck, Schneck, Schlecker,
Schmeckt dir der Klee noch lecker?
Hier ist ein Bißchen Krautsalat;
Komm aus dem Loch und friß dich satt!

Schneck, Schneck, Schneider,
Du hast ja keine Kleider!
Geh mit, wir fahren nach Berlin,
Da kauf' ich dir was anzuziehn.

[208]   Schneck, Schneck, Tröpfchen,
          Was hast du da für Knöpfchen,
          Was hast du da für Körnerchen
          Auf deinen vier, fünf Hörnerchen?

          Schneck, Schneck, Liebchen,
          Kriech wieder in dein Stübchen
          Und such' dir da dein Schlüsselein;
          Es kann ja jeder Dieb hinein!

VICTOR BLÜTHGEN

Im Flügelkleide
Bilder & Reime aus der Kinderwelt

1881

          Wir fahren mit der Eisenbahn;
          Die Locomotive kommt heran:
          Hurrah! Hurrah, wer hält sie an,
          Daß ich in den Wagen kann?

                    *

          Mein Ball fiel in ein Loch,
          Mein kleiner, runder, bunter Ball,
          Im Keller liegt er noch.

          Der Krämer wohnt im Haus,
          Der Krämer ist mir spinnefeind,
          Er giebt ihn nicht heraus.

Adieu, mein schönster Ball!
Jetzt frißt Dich eine Kellermaus
Auf all und jeden Fall.

*

Kasperle, Kartöffelchen, Du sollst mir prophezein:
Kann ich in der Schule was – ja oder nein?
Er wackelt in dem Kopfe,
O weh mir armem Tropfe!
Da komm' ich Mittag spät nach Haus,
Da zankt mich meine Mutter aus,
Da krieg' ich nichts in's Löffelchen,
Kasperle, Kartöffelchen!

RICHARD DEHMEL

Aber die Liebe
Ein Ehemanns- und Menschenbuch

1893; 2., völlig veränd. Ausg. 1907

[67]   *Frecher Bengel*

Ich bin ein kleiner Junge,
ich bin ein großer Lump.
Ich habe eine Zunge
und keinen Strump.

[68]   Ihr braucht mir keinen schenken,
dann reiß ich mir kein Loch.
Ihr könnt euch ruhig denken:
Jottedoch!

Ich denk von euch dasselbe.
Ich kuck euch durch den Lack.
Ich spuck euch aufs Gewölbe.
Pack!

HEINRICH SEIDEL

Neues Glockenspiel

1893

[192]   *Vorlesen.*

Nichts Lieberes giebt es, was Aennchen mag,
Als lesen und lesen den ganzen Tag.
Die schwierigsten Wörter liest glatt sie und nett,
Wie Skagerack, Skizze, Skunks und Skelett,
Wie Mittwochnachmittagskaffeekränzchen,
Und Sonntagabendvergnügungstänzchen,
Wie Dudelsackspfeifenmachergeselle
Und Pferdeeisenbahnhaltestelle!
Das macht ihr viel Freude, und gern liest sie vor
Dem Lenchen, dem Karo, die beiden ganz Ohr:
[193] Schöne Geschichten und Sagen und Märchen
Vom Zimperlieschen und Siebenhärchen,
Prinzessin Zitrinchen und Tüpfel, dem Zwerg,
Und von dem herrlichen Pfannkuchenberg.
Ich glaube, ich glaube, wenn's immer so bleibt,
Dass sie noch mal selber Geschichten schreibt!

[201]   *Die Schaukel.*

Wie schön sich zu wiegen,
Die Luft zu durchfliegen
Am blühenden Baum!
Bald vorwärts vorüber,
Bald rückwärts hinüber, –
Es ist wie ein Traum!

Die Ohren, sie brausen,
Die Haare, sie sausen
Und wehen hintan!
Ich schwebe und steige
Bis hoch in die Zweige
Des Baumes hinan.

[202]   Wie Vögel sich wiegen,
Sich schwingen und fliegen
Im luftigen Hauch:
Bald hin und bald wider
Hinauf und hernieder,
So fliege ich auch!

JULIUS STURM

Kinderlieder

1893

[7]   *Spatzennot.*

Wir armen Spatzenleute,
Wie sind wir so geplagt!
Grob hat der Star uns heute
Die Wohnung aufgesagt.

Der Kuckuk mag ihm lohnen!
Ich bin voll Grimm und Groll;
Wo sollen wir nun wohnen,
Wo alle Häuser voll?

Es geht uns täglich schlimmer,
Bei uns heißt's: Duld und schweig!
Ein armer Spatz kommt nimmer
Auf einen grünen Zweig.

[95]   *Der kleine Kavallerist.*

Ich bin der kleine Kavall'rist
Mit Säbel und mit Sporen,
Und so, wie die Trompete ruft,
Spitzt auch mein Rapp die Ohren.

Der ist ein treues, edles Tier,
Für mich so ganz der rechte,
Er scharrt und schnaubt voll Kampfbegier
Und scheut nicht im Gefechte.

Wir hauen wie besessen drein,
Der Feind muß uns erliegen.
Hurra! welch' wilde, tolle Flucht!
Viktoria! wir siegen!

Ach, leider bin ich noch zu klein
Für Kreuz und Lorbeerreiser:
Doch hab' ich erst das rechte Maß,
Stell' ich mich meinem Kaiser.

ERNST KREIDOLF

Blumen-Märchen

1898; Neuausg. 1900

Butterblumes Ausfahrt.

Schwalbenschwanz, Citronenfalter
Und die munt're Grille
Haben heute eingespannt
Früh in aller Stille.

Butterblume Ausfahrt hält
Mit klein Butterblümchen;
Ja, so schön ist's auf der Welt
Nirgends wie beim Mühmchen.

Und nun geht's im Flug dahin
Ueber weite Strecken.
Huppe huppe hoppedei,
Ueber Busch und Hecken.

Und ich denke mir dazu:
Wär' ich solch' ein Blümchen!
Hätt' ich solch' ein fein Gespann
Und ein solches Mühmchen!

Ringelreihen.

Himmelblau und Sonnenschein.
Blümchen tanzen Ringelreih'n:
Wer wird wohl das schönste sein?
Eines muss die Königin sein.

Feurig rot und duftig,
Fein und zart und luftig,
Schön und doch nicht eitel
Von dem Fuss zum Scheitel.
Fromm und sanft, doch dornig,
Sticht den Frechen zornig.

Röschen, unser hübsches Bäschen,
Mit dem roten Stachelnäschen
Muss in der Mitte tanzen allein,
Denn es soll uns're Königin sein.

GUSTAV FALKE

Otto Speckters Katzenbuch

1899; 5. Aufl. 1908

Ausfahrt

Schlitten vorm Haus,
Steig ein, kleine Maus,
Zwei Kätzchen davor,
So gehts durchs Tor,
Zwei Kätzchen dahinter,
So gehts durch den Winter.

Hinein ins Feld,
Wie weiß ist die Welt.
Auf einmal, o weh,
Kleine Maus liegt im Schnee,
Kleine Maus liegt im Graben,
Wer will sie haben?

Schlitten vorm Haus,
Wo blieb kleine Maus?
Die Kätzchen, miau,
Die wissens genau:
Hat nicht still gesessen,
Da haben wir sie gefressen.

Umzug

Unter der Treppe liegen die Kätzchen,
Die süßen Dingerchen, Fell an Fell.
Aber es ist kein gutes Plätzchen,
Der Katzenmama ist es zu hell,
Ist es zu offen. Jeder kommt gaffen
Und macht sich mit den Kleinen zu schaffen.
Sie hat sich wahrlich genug zu quälen
Und kann nicht zehnmal am Tage zählen:
Eins, zwei, drei, vier, fünf, sechs, sieben –
Sind auch alle beisammen geblieben?
Da hat die Mama denn heute morgen
In alle Kammern und Kisten geschaut.
Ach, die leidigen Umzugssorgen,
Niemand ist davon erbaut.
Aber endlich, o miau!
Fand sich ein Stübchen, das paßte genau,
Ein Kinderstübchen, wie sichs gehört,
Wo nichts Fremdes hinkommt und stört.
Katzenmama trägt auf der Stelle
Jedes Kätzchen am weichen Felle
Aus dem alten Nest ins neue Nest.
Sind alle geborgen, gibts ein Fest:
Die liebe Mama fängt eine Maus
Und feiert den Umzug mit einem Schmaus.
Natürlich allein; so ein Babymagen
Kann ja noch kein Fleisch vertragen.

JOHANNES TROJAN

Hundert Kinderlieder

1899

[139] *Das mißrathene Bild.*

O seht einmal, wie
Auf der Photographie
Unsre Else sieht aus?
Ist das nicht ein Graus?
Sie hält ja nicht still,
Sondern thut, was sie will,
Bewegt sich und lacht,
Wenn das Bild wird gemacht.
Nun seht das Gesicht!
Sogar unser Azor
Erkennt sie nicht.

PAULA und RICHARD DEHMEL

Fitzebutze. Allerhand Schnickschnack für Kinder

1900

[5] *Wie Fitzebutze*
seinen alten Hut verliert.

Lieber, ßöner Hampelmann!
fing die kleine Detta an;
ich bin dhoß und Du bist tlein,
willst du Fitzebutze sein?
tomm!

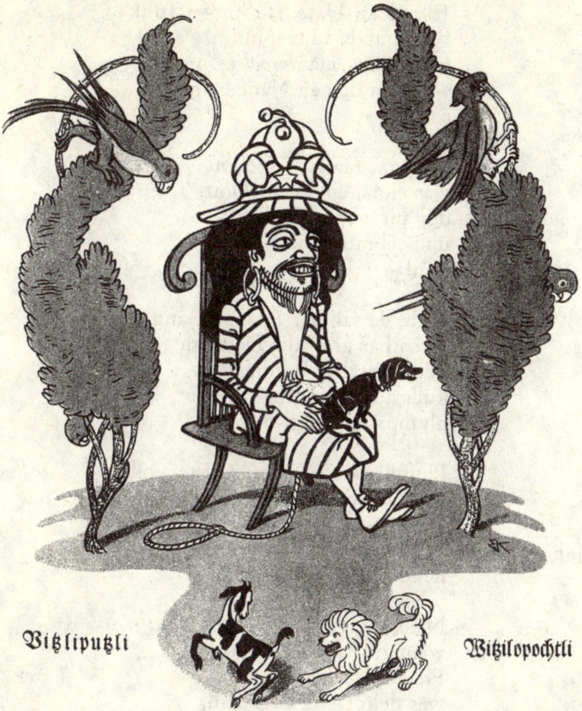

Vitzliputzli

Witzilopochtli

Tomm auf Haterns dhoßen Tuhl,
Vitzliputze, Blitzepul!
Hater sagt, man weiß es nicht,
wie man deinen Namen sp'icht;
pst!

Pst, sagt Hater, Fitzebott
war eimal ein lieber Dott,
der auf einem Tuhle saß
und sebratne Menßen aß;
huh! –

Huh, da sah der Hampelmann
furchtbar groß die Detta an,
und sein alter Bommelhut
kullerte vom Stuhl vor Wut,
plumps.

Plumß, sprach Detta; willste woll!
sei doch nich so ßrecklich doll!
Mutter sagt, der liebe Dott
[6]   donnert nicht in einem fo't;
nein!

Nein, sagt Mutta, Dott ist dut,
wenn man a'tig beten thut;
Fitzebutze, hör mal an,
was tlein Detta alles tann,
ei! –

Ei, da saß der Blitzepul
mäuschenstill auf seinem Stuhl,
und sprach heimlich alles nach,
was die kleine Detta sprach;
hört!

[Richard Dehmel]

[18]   *Die Reise.*

Tipp, tapp, Stuhlbein,
hüh, du sollst mein Pferdchen sein!
Klipp, klapp, Hutsche,
du bist meine Kutsche;
wutsch!

Wipp, wapp, zu langsam;
hott, wir fahren Eisenbahn!
Alle meine Pferde,
um die ganze Erde,
rutsch!

Tipp tapp, zipp zapp:
halt, wann geht das Luftschiff ab?
Fertig, Kinder, eingestiegen,
wollen in den Himmel fliegen,
futsch!

                       [Richard Dehmel]

[20]   *Die Schaukel.*

Auf meiner Schaukel in die Höh,
was kann es Schöneres geben!
So hoch, so weit! Die ganze Chaussee
und alle Häuser schweben.

Weit über die Gärten hoch, juchhee,
ich lasse mich fliegen, fliegen;
und Alles sieht man, Wald und See,
ganz anders stehn und liegen.

[21]　　　　Hoch in die Höhe! Wo ist mein Zeh?
　　　　　　Im Himmel! ich glaube, ich falle!
　　　　　　Das thut so tief, so süß dann weh,
　　　　　　und die Bäume verbeugen sich alle.

　　　　　　Und immer wieder in die Höh,
　　　　　　und der Himmel kommt immer näher;
　　　　　　und immer süßer thut es weh –
　　　　　　der Himmel wird immer höher.

　　　　　　　　　　　　　　　　　[Richard Dehmel]

[30]　　　　*Der kleine Sünder.*

Gestern lief der Peter weg,
spinnefix verstohlen.
Setzt sich Mutter den Bänderhut auf:
wart, ich will dich holen!
Sausepeter,
Flausepeter,
kleiner Sünder, wo *bist d*u?

Hahnematz steht auf der Wiese,
»kiek ins Grüne!« kräht er;
sag mir, bunter Kickeriki,
wo ist unser Peter?
Bummelpeter,
Schummelpeter,
kleiner Sünder, wo *bist d*u?

Wie sie sich im Garten umkuckt,
ist er nicht zu sehen;
bleibt sie neben dem Spargelbeet
unterm Pflaumbaum stehen.
Aber Peter,
nirgends steht er;
kleiner Sünder, wo *bist d*u?

[31]　　Hört sie etwas lachen, horch,
oben aus dem Baume,
sitzt der Peter seelenvergnügt,
pflückt sich eine Pflaume.
Wirft ein Steinchen,
schwenkt die Beinchen,
wupptich –: Mutter, da *bin ich!*

[Paula und Richard Dehmel]

[33]   *Tintenheinz und Plätscherlottchen.*

Heini, Heini,
ach, ist Heini dumm!
stippt mit allen Fingerchen
im Tintenfaß herum.

Heini, Heini,
kleiner dummer Mohr!
stippt sich alle Fingerchen,
klecks, ins Ohr.

Und unten am Brunnen,
da steht ein Faß,
da macht sich unsre Lotte
pitschepatschenaß.

Und oben die Sonne
hat drüber gelacht
und hat unsre Lotte
wieder trocken gemacht.

[Paula Dehmel]

[37]   *Wie Fitzebutze einen neuen Hut kriegen soll.*

Lieber, ßöner Hampelmann!
fing nun Detta wieder an;
sieh doch endlich manchmal her!
freust du dich denn dar nicht sehr?
du?

Du! mein tleiner lieber Dott!
mucke doch nicht immerfo't!
ßenkst du mir denn teinen Tuß,
wenn man so viel beten muß?
nein? –

Nein, der böse Vitzlibock
saß so steif wie'n Fliegenstock,
sah nur immer starr und stumm
nach dem alten Hut sich um;
oh.

Oh, sprach Detta, sei doch dut!
willst du einen neuen Hut?
Tlinglingling: wer b'ingt das Band?
Tönigin aus Mohrenland!
tnicks!

[Richard Dehmel]

GUSTAV FALKE

Otto Speckters Vogelbuch

1901

[18]   *Döntje*

Dar weer mal'n lütt Hohn,
Dat harr nix to dohn,
Do leggt dat en Ei,
Dat Ei güng entwei,
Do keem dar'n lütt Katt rut,
De Katt, de seeg swatt ut
Un sä to't lütt Hohn,
Du hest nix to dohn?
Denn will'k di wat wisen,
Ik warr di verspisen,
Ik fret die un denn
Hett all Not 'n Enn.

[31]   *Lütt Greten*

Hans Adeboor hett uns lütt Greten funn'n
Ganz achter de Welt in'n deepen, deepen Brunn'n.

Un hett se sik uphalst, se rid as to Peer,
Tweedusend Milen aewer't deepe, deepe Meer.

Un weer se darinfulln, keen hal er wedder rut.
Nu liggt se in de Weeg mit er lüttje lustige Snut.

GUSTAV FALKE

Hohe Sommertage
1902

[35]   *Lütt Ursel*

             Lütt Ursel,
             Lütt Snursel,
     Wat snökerst du 'rum?
     Di steit din lütt Näs wull
     Na Appel un Plumm'.

             Lütt Ursel,
             Lütt Snursel.
     Din Näs is man'n Spann,
     Doch is dat'n Näs all
     För Pött un för Pann.

             Lütt Ursel,
             Lütt Snursel,
     Dar hest'n Rosin,
     Dar sünd dre lütt Steen in,
     Un all' dre sünd din.

EMIL WEBER (Hrsg.)

Neue Kinderlieder
1902

[36]   *Beim Mausbarbier.*

»Springst auch zum Bader?«
  »Ja!«
»Spring'n wir zusammen!«
  »Ein schöner Sonntag heut –«
»Duck dich!«
  »Was ist?«
»Ein Has!«
  »Ein Has! das ist was Recht's!«
»Sei still! wenn er dich hört, so –«
  »Nun?«
»Verklagt er uns beim Raben!«
  »Du!«
»Was hast? ein Korn?«
  »Hihi! die Hälfte fress' ich –«
»Mehlgebacknes?«
  »Und mit der andern zahl ich –«
»Den Barbier? Und ich?«
  »Hi! wenn du noch dein Weibchen wärst!«
»Ich beiß dich –«
  »Still! da sind wir!«
[37] »Guten Morgen!«

Aus einem Erdloch
unter einer Wurzel
verbeugt sich tief
ein alter Mausekopf –:
»Frisieren? brennen?
Bitte, nur herein!«

Die Mäuslein nehmen Platz
auf einer Moosbank
und harren stumm
in saubern Spinnwebmänteln,
indes der Alte
seine Eisen draußen
auf einen Stein
ins Sonnenfeuer legt.

»Die Härchen ausziehn?«
    »Nach der Mode!«
»Bitte! ...«
Bedächtig zieht
der alte Mausbarbier
die Schnurrbartfädchen
durch das warme Scherlein.
Dann wichst er sie
ein wenig noch mit Harz
und wäscht zum Überfluß
die samten Köpfchen
mit Birkenöl
und scheitelt sie geschickt.
Dann knüpft er flink
die Mäntel ab
und bürstet
die sonntäglichen Wämser
spiegelglatt.

Mit Anstand holt
das eine Mäuslein drauf
den Kuchen aus der Tasche:
»Bitte!«
    »Danke!« ...

Von seinem Loch aus
guckt der Mausbarbier
dem stolzen Paar
behaglich knabbernd nach
und lugt vergnügt
zum blauen Himmel auf,
der reiche Kundschaft
heute noch verspricht.

Christian Morgenstern.

[40]   *Das Häslein.*

Unterm Schirme, tief im Tann,
hab ich heut gelegen,
durch die schweren Zweige rann
reicher Sommerregen.

Plötzlich rauscht das nasse Gras –
stille! nicht gemuckt! –:
mir zur Seite duckt
sich ein junger Has' ...

Dummes Häschen,
bist du blind?
Hat dein Näschen
keinen Wind?

Doch das Häschen, unbewegt,
nutzt, was ihm beschieden,
Ohren, weit zurückgelegt,
Miene, schlau zufrieden.

Ohne Atem lieg ich fast,
laß die Mücken sitzen;
still besieht mein kleiner Gast
meine Stiefelspitzen ...

Um uns beide – tropf – tropf – tropf –
traut eintönig Rauschen . . .
Auf dem Schirmdach – klopf – klopf – klopf . . .
und wir lauschen . . . lauschen . . .

Wunderwürzig kommt ein Duft
durch den Wald geflogen;
Häschen schnuppert in die Luft,
fühlt sich fortgezogen;

schiebt gemächlich seitwärts, macht
Männchen aller Ecken . . .
Herzlich hab ich aufgelacht –:
Ei, der wilde Schrecken!

                                   Christian Morgenstern.

PAULA DEHMEL

Rumpumpel

1903; 3.–5. Tsd. 1919

[6]   *Frühstück.*

Rumpumpel macht das Mäulchen krumm
so morgens um halb acht herum,
und keine fünf Minuten drauf
wacht Rumpumpel auf.

Hu, kommt der kalte Badeschwamm;
Rumpumpel hält die Ohren stramm,
und schlägt die Ticke-Tacke acht,
wird ihm die Milch gebracht.

Die schmeckt Rumpumpel aber fein!
Er patscht mit beiden Fäustchen drein
und trinkt und trinkt, bis alles leer.
Rumpumpelchen, das freut mich sehr:
    Morgen gibt's gut Wetter!

[11]   *Seereise.*

Pitsch – patsch – Badefaß,
Rumpumpel plantscht die Stube naß;
    ist ein junger Wasserheld,
    segelt durch die ganze Welt
    im Wipp – im Wapp – im Schaukelkahn
    über den großen Ozean!
Stehn alle Wilden still
und schrein: Was bloß Rumpumpel will?
so splitternackt und pitschennaß,
in seinem kleinen Schaukelfaß?
    Schnell das Badelaken!

[23]   *Rechenexempel.*

Die Henne legt ein Ei,
da ging der Mond entzwei;
die Hälfte fiel nach Nuckenstadt
und schlug zwei große Brummer platt!
    Zwei große Brummer, brumm,
    summten hier herum,
    um Rumpumpels Kopf,
    um Rumpumpels Bauch
    und um sein dickes Näschen auch!

Nun sind sie tot. – Aber im Ei
pickt das Kücken die Schale entzwei,
kriecht heraus, wackelt mit dem Schwanz –
    – ist der Mond wieder ganz!

HEINRICH SEIDEL

Kinderlieder und Geschichten

1903; 2. Aufl. [um 1905]

[109]   *Die Indianer.*

Künstlich ist aus Schilf und Kraut
Unser Wigwam aufgebaut,
Darin wir Indianer wohnen,
Und wir tragen Federkronen,
Wampungürtel auch dazu –
Mokassins sind unsre Schuh'!
Ja, wir sind mit Haut und Haaren
Lauter echte Delawaren.
Adolf ist »die große Schlange«,
Karl heißt »Unkas« schon seit lange,
Otto nennt sich »schwarzer Büffel«,
Aber Fritz, der kleine Tüffel,
Wird im Delawarenland
Nur »die weiße Maus« genannt.
Täglich wird mit Pfeil und Bogen
Urwald und Prärie durchzogen.
Tomahak und Lanze auch
Führen wir nach Kriegersbrauch.
Und kein Büffel und kein Bär
Fühlet rings sich sicher mehr.
[110]   Schrecklich sind wir anzusehen,
Wenn wir auf den Kriegspfad gehen,
Zu vernichten ohne Schonen
Unsre Feinde, die Huronen.
Doch wenn alles nun vollbracht
Und vorbei die Büffeljagd,
Kampf und Krieg und Abenteuer,
sitzen wir am Lagerfeuer,

Und ich weiß, ihr könnt nicht raten,
Was wir in der Asche braten.
Äpfel und Kartoffeln? Nein,
Laßt euch täuschen nicht vom Schein.
Bisonhöcker, Bärenschinken
Sind es, die uns lieblich winken.
Fröhlich dann bei solchem Schmaus
Ruhn die tapfren Krieger aus.

CARL FERDINANDS

Ri-Ra-Rutsch

1904

Reiterlied.

Hussa, Reiter,
Reitet immer weiter,
Reitet nach Amerika,
Hohe Häuser stehen da:
Eins, zwei, drei Stock,
Vier, fünf, sechs Stock,
Sieben, acht, neun,
In die Luft hinein,
Immer höher, kunter bunter,
Plumps! da fällt das Kind herunter!

Die Schreinersleute.

Wir stehen an der Hobelbank
Und hobeln alle Bretter blank.
Flitsch, flitsch, fleite,
Was hobeln wir denn heute?
Ein Bänkchen, auf dem man stehen kann,
Ein Fenster, daraus man sehen kann,
Einen Zaun um den Garten,
Darauf die Spatzen des Morgens früh
Auf die Sonne warten.

Die Fledermaus.

Die Fledermaus will tanzen gehn,
    Da hat sie keine Beine.
Kommt der Spatz und tröstet sie:
    »Dann leihe ich Dir meine«.
»Deine Beine mag ich nicht,
    Die sind mir viel zu dünn!
Dann flieg ich lieber nach Frankreich raus
    Und werde Königin!«

ALWIN FREUDENBERG (Hrsg.)

Was der Jugend gefällt

1904; 13.–17. Tsd. 1921

[138]   *Hans, der Flieger.*

Von Adolf Holst.

Heute nacht, heute nacht
konnt' ich wirklich fliegen!
Niemals hätt' ich das gedacht,
daß es so viel Freude macht
und soviel Vergnügen.

Na, mein Jubel, der war groß!
Flügel hatt' ich keine.
Trotzdem ging es ganz famos,
nur zu strampeln braucht' ich bloß
mit dem rechten Beine.

Und so saust' ich übers Meer
bis zu den Chinesen;
[139]   komme grad' vom Nordpol her,
und am Kap von Finisterre
bin ich auch gewesen.

Asien und Afrika,
Türken und Franzosen!
Dreimal flog ich mit Hurra
über den Himalaja,
ohne anzustoßen!

Alle, die mich fliegen sah'n;
riefen ohne Ende:
»Seht doch nur den Jungen an –!«
Und der Schah von Teheran
klatschte in die Hände.

Ja, die Welt ist wunderschön,
und es macht Vergnügen,
sich so alles anzusehn –
heute abend um halb zehn
geh' ich wieder fliegen.

[139]   *Die kleinen Mädchen tanzen und singen.*

Von Otto Julius Bierbaum.

Ich und du und du und du,
zweimal zwei ist viere,
tragen Kränze auf dem Kopf,
Kränze aus Papiere;
rechts herum und links herum,
Röck' und Zöpfe fliegen,
wenn wir alle schwindlig sind,
fall'n wir um und liegen,
purzelpatsch, wir liegen da,
patschelpurz im Grase.
Wer die längste Nase hat,
der fällt auf die Nase.

[164] *Die Gäste der Buche.*

Von Rudolf Baumbach.

Mietegäste vier im Haus
hat die alte Buche.
Tief im Keller wohnt die Maus,
nagt am Hungertuche.

Stolz auf seinen roten Rock
und gesparten Samen
sitzt ein Protz im ersten Stock;
Eichhorn ist sein Namen.

Weiter oben hat der Specht
seine Werkstatt liegen,
hackt und zimmert kunstgerecht,
daß die Späne fliegen.

Auf dem Wipfel im Geäst
pfeift ein winzig kleiner
Musikante froh im Nest. –
Miete zahlt nicht einer.

[283]   *Auf der Straßenbahn.*

                    Von Jakob Loewenberg.

In Hitz' und Frost, in Staub und Regen,
jedwedem Wetter die Stirn entgegen,
die Hand an der Kurbel, das Auge gespannt:
So steht der Führer auf seinem Stand,
so steht er von früh bis abends spät.
Das schwatzt um ihn, das kommt und geht,
das stößt und drängt sich, das scherzt und lacht
bis in die tiefe Mitternacht.
Starr blickt er hinab in der Straße Gewühl,
er steht auf Posten, er kennt nur ein Ziel,
wie's um ihn auch hastet und wirrt und flieht:
Daß nur kein Unglück, kein Unglück geschieht!
Nur einmal da draußen, da kann es gescheh'n,
wo grün an der Straße die Bäume noch stehn,
da bricht ein Lächeln die starre Ruh',
vom Wegrand blickt fröhlich sein Weib ihm zu,
sein Junge springt flink an die Vordertür
[284]   und bringt ihm ein Brot und bringt ihm ein Bier,
fährt jubelnd mit zur Endstation:
Das ist des Tages reichster Lohn. –
Sei jedem, wie und wo er auch fährt,
solch eine Strecke Weges beschert!

VICTOR BLÜTHGEN

Im Kinderparadiese
1905

[71] *Nette Sorte.*

Wir sind das liederliche Kleeblatt,
In der Schule nichts wert,
Früh bunt wie ein Stieglitz,
Und abends wie die Erd'.

[98] *Vom Riesen Pinkepank.*

Jetzt hört die Mär drei Ellen lang
Vom bösen Riesen Pinkepank.
Der wohnte tief in Wasserpolen
Mit einer Prinzessin, die er gestohlen.
Einst ging er spazieren bis nach Ungarn,
Da fing ihn mächtig an zu hungern.
Er nahm das Dach von einem Haus,
Riß gleich das runde Öfchen aus
Und schluckt' es ganz mitsamt der Glut:
»Das war ein Würstchen heiß und gut!«
Den Ofen konnt' er nicht vertragen,
Er starb an einem verbrannten Magen.
Da sprach die Prinzessin: »Gott sei Dank,
Jetzt heiß' ich nicht mehr Frau Pinkepank!«

Sonne und Wind

1905; 2. Aufl. 1910

[13]   *Die Feuerwehr*

Platz, Platz! Die Feuerwehr!
Im Galopp kommt sie daher.
Die Pferde springen, die Glocke schallt,
und es klappt und dröhnt und hallt.
Feuerwehr darf nicht verweilen,
Feuerwehr muß eilen, eilen.
Schnell, schnell, schnell!
Gleich ist sie zur Stell.
Dahinten ist ein heller Schein;
dort wird wohl das Feuer sein.
Alle Kinder hinterdrein!

[43]   *Der Wind*

Es läuft durch die Straßen und hat keine Beine;
es packt dich von hinten und hat keine Hände –
Kannst du es raten, so sag's geschwind!

Erst geht es still wie ein artig Kind,
das garnichts Böses weiß und sinnt;
dann aber schwillt es an,
wird groß und stark wie ein Mann,
und plötzlich fängt es an zu wüten.
Da magst du dich hüten!
Wild geht's zukehr,
als ob es Herr in der Straße wär'.

Alles flüchtet vor seinem Schlag.
Die Zeitung ist am nächsten Tag
voll von seinen schlimmen Taten:

Leute hat's geneckt,
Kinder hat's erschreckt;
Pfähle hat es umgerissen,
Ziegelsteine vom Dache geschmissen ...

Kannst du es raten,
dann sag's geschwind!

Der Wind, der Wind!

CHRISTIAN MORGENSTERN

Melancholie

1906

[49] *Ein Kindergedicht.*

Spann dein kleines Schirmchen auf;
denn es möchte regnen drauf.

Denn es möchte regnen drauf,
halt nur fest den Schirmchen-Knauf.

Halt nur fest den Schirmchen-Knauf –
und jetzt lauf! und jetzt lauf!

Und jetzt lauf! und jetzt lauf!
Lauf zum Kaufmann hin und kauf!

Lauf zum Kaufmann hin und sag:
Guten Tag! guten Tag!

Guten Tag, Herr Kaufmann mein,
gib mir doch ein Stückchen Sonnenschein.

Gib mir doch ein Stückchen Sonnenschein;
denn ich will mein Schirmchen trocknen fein.

[50]   Denn ich will mein Schirmchen trocknen fein.
Und der Kaufmann geht ins Haus hinein.

Und der Kaufmann geht hinein ins Haus,
und er bringt ein Stückchen Sonne heraus.

Und er bringt ein Stückchen Sonne heraus.
Sieht es nicht wie gelber Honig aus?

Sieht es nicht wie gelber Honig schier?
Und er tut es sorgsam in Papier.

Und er tut es sorgsam in Papier.
Und dies Päckchen dann, das bringst du mir.

Und zu Haus da packen wir es aus –
sieht es nicht wie gelber Honig aus?

Und die Hälfte kriegst dann Du, mein Irmchen,
und die andre Hälfte kriegt das Schirmchen.

Und jetzt spann dein Schirmchen auf –
und lauf! und lauf!

ALBERT SERGEL

Ringelreihen

1907

[18]   *Vorlesung*

Seht mir doch den Dummerjahn,
unsern langen Jochen, an:
liest dem Tyras vor dem Tor
aus der neuen Fibel vor!
Sollte doch nun endlich wissen,
daß Hunde nicht zur Schule müssen!

[35]   *Aufgepaßt!*

Töff! hörst du das Schnauferl nahn?
Schneller als die Pferdebahn
kommt es näher, schnurrt und pfaucht,
das Benzin in Dunst verraucht,
Wolken stäuben hinterher,
da, vorbei! du siehst nichts mehr!

CARL FERDINANDS

Bruder Lustig

1907

Der schlauste Mann.

Rosen ohne Dörner,
   Die Schnecke hat zwei Hörner;
Wer sich daran stechen kann,
   Der ist fürwahr ein kluger Mann.

Wir fahren nach dem Meere,
   Der Krebs hat seine Schere;
Wer damit Leinen schneiden kann,
   Der ist fürwahr ein schlauer Mann.

Wir weiden unser Lamm,
   Der Hahn hat seinen Kamm;
Wers Lämmchen damit kämmen kann,
   Der ist fürwahr der schlauste Mann.

Bruder Lustig

ALWIN FREUDENBERG

Kreuz und quer durchs Kinderland

1910; 6.–10. Tsd. 1921

[26]   *Achtung! Landstraße frei!*

Tu – u – t! Tu – u – t!
»Aufgepaßt, Kinder! Zur Seite geschwind!
's kommt ein Töff-töff! Das ist da wie der Wind.
Schnell hintern Baumstamm! Den Feldrain hinan!
Rette sich, wer sich nur retten kann!« –
Da jagt's mit Gesurr,
mit Geschnauf und Geschnurr
in rasendem Lauf
die Straße herauf.
Tu – u – t! Tu – u – t!
Hui – i! Wie das rollert und knattert und pufft!
Staub und Benzindunst durchwirbeln die Luft.
Wupp! war's vorüber, davon eins, zwei drei. – –
»Kinder, hurra! Es ging gnädig vorbei.«

[27]   *Der Radfahrer.*

Klinglingling! – Ich fahr' ins Land,
lachend lockt die Ferne.
Heisa, wie mein Stahlroß saust!
Ei, so hab' ich's gerne.
Wald und Wiese, Dorf und Teich,
links und rechts zur Seite,
flieh'n vorüber wie im Traum –
fort, nur fort ins Weite!
Reiter, Kutschen, Wandersleut',
die des Weges ziehen,

überhol' ich – klinglingling! –
ohne viel Bemühen.
Ja, so flott und frei und leicht
durch die Welt zu fliegen,
wie die Schwalbe in der Luft –
das ist ein Vergnügen.
Puff! Ein Knall: – Zum Kuckuck auch!
Unterm Vorderrade
ist der Gummischlauch geplatzt.
Schade, jammerschade!
Lag im Weg 'ne Scherbe Glas?
Waren's spitze Steine?
Dumme Sache! Schlimmer Fall!
Nun heißt's: Auf die Beine!
Froh ins weite Land hinaus
wollt' ich, ach, so gerne!
Schieben muß ich jetzt mein Rad – –
lachend lockt die Ferne.

[42]   *Vom Riesen Timpetu.*

Still! Ich weiß was. Hört mal zu:
War einst ein Riese Timpetu.
Der arme Bursche hat – o Graus! –
im Schlafe nachts verschluckt 'ne Maus.
Er lief zum Doktor Pfiffikus:
»Ach, Doktor, denkt nur, welch Verdruß!
Ich hab' im Schlaf 'ne Maus verschluckt,
die sitzt im Leib und kneipt und druckt.«
Der Doktor war ein kluger Mann,
man sah's ihm an der Brille an.
Er hat ihm in den Hals geguckt:
»Wie? Was? 'ne Maus habt Ihr verschluckt?
Verschluckt 'ne Miezekatz' dazu,
so läßt die Maus Euch gleich in Ruh'!«

HANS BÖTTICHER

Kleine Wesen

1912

Die Feder.

Ein Federchen flog über Land;
Ein Nilpferd schlummerte im Sand.

Die Feder sprach: »Ich will es wecken«;
Sie liebte, andere zu necken.

Aufs Nilpferd setzte sich die Feder
Und streichelte sein dickes Leder.

Das Nilpferd öffnete den Rachen
Und mußte ungeheuer lachen.

Der Funke.

Es war einmal ein kleiner Funke.
Das war ein großer Erzhallunke.

Er sprang vom Herd und wie zum Spaß
Gerade in ein Pulverfaß.

Das Pulverfaß, das knallte sehr;
Da kam sofort die Feuerwehr

Und spritzte dann mit Müh und Not
Das Feuer und das Fünkchen tot.

Der Wassertropfen.

Ein Wassertropfen fiel vom Himmel;
Es war ein ungezog'ner Lümmel.

Im Grase schlief ein dummer Hase,
Der Tropfen fiel auf seine Nase.

Der Hase dachte sich dabei,
Daß er jetzt totgeschossen sei.

Er sprang in seinem großen Schreck
Aus seinem sicheren Versteck.

Der Jägersmann stand an der Straße
Und schoß ihn wirklich in die Nase.

PAULA DEHMEL

Auf der bunten Wiese

1912

[4]   *Rumpumpels Geburtstag.*

Kräht der Hahn früh am Tage,
kräht laut, kräht weit:
Guten Morgen, Rumpumpel,
dein Geburtstag ist heut!

Guckt das Eichhörnchen runter:
Wenig Zeit, wenig Zeit!
Guten Morgen, Rumpumpel,
dein Geburtstag ist heut!

Kommt das Häschen gesprungen,
macht Männchen vor Freud:
Guten Morgen, Rumpumpel,
dein Geburtstag ist heut!

Steht der Kuchen auf dem Tische,
macht sich dick, macht sich breit:
Guten Morgen, Rumpumpel,
dein Geburtstag ist heut!

Und Mutter und Vater,
alle Kinder, alle Leut
schrein: Hoch, der Rumpumpel,
sein Geburtstag ist heut!

[28]   *Pottkieker.*

Mutti, Mutti, was ist denn da drin?
    »Hoppel, poppel, Appelreis,
    mach dich fort, Naseweis,
    kann dich hier nicht brauchen,
    der Ofen tut rauchen,
    muß Späne suchen,
    sonst brennt der Kuchen,
    muß Gänse schlachten,
    in drei Tagen ist Weihnachten!«

Mutti, Mutti, wo soll ich denn hin?
    »Ei, tanz mit dem Schimmel,
    bohr Löcher in den Himmel,
    lehr die Katz das Alphabet,
    sieh nach, ob sich der Kirchturm dreht,
    oder lauf ans End der Welt,
    paß auf, daß keiner runterfällt,
                marsch!!«

Bildergeschichten

Im Rahmen dieser Textsammlung kann weder die Entwicklung des Bilderbuches und der Kinderbuchillustration noch die der populären Druckgraphik, des Bilderbogens bzw. der Bildergeschichte, dokumentiert werden. Der hier eingeschobene Teil soll nicht mehr als eine Erinnerung daran sein, daß die Bildergeschichte vom hier dokumentierten Gegenstand nicht zu trennen ist. Die überragende Gestalt auf diesem Feld ist zweifelsohne Wilhelm Busch. Es ist davon auszugehen, daß nicht nur die durch die Autorintention als Kinderbücher ausgewiesenen Bildergeschichten von Kindern gelesen wurden. Die berühmteste, die Bildergeschichte »Max und Moritz«, ist vor dem hier dokumentierten Zeitraum erschienen (1865); zumindest als Kinderbuch geplant war »Plisch und Plum« (1882), aus dem hier ein Abschnitt wiedergegeben ist.

Die populäre Druckgraphik, als vermeintlich rein kommerzielles Produkt mit vergleichsweise niedrigeren moralisch-pädagogischen Erwartungen befrachtet, wurde im 19. Jahrhundert zum Zufluchtsort eines Lachens, das offiziell und damit auch kinderliterarisch verpönt war. In den »lustigen Geschichten und drolligen Bildern« des »Struwwelpeter« von Heinrich Hoffmann (1845) sollten die fahrlässig oder böswillig verschuldeten Unglücksfälle der kindlichen Helden verlacht werden. Das Lachen über diese Helden zeigt, was als Lachen von den Erwachsenen zugelassen wurde. »Das Kind ist hier«, so Nelly Feuerhahn in ihrem Beitrag zum Sammelband »Komik im Kinderbuch«, »der trübselige Akteur eines Schauspiels, in dem ihm die Unmöglichkeit seiner Emanzipation vorgeführt wird.« In den Bildergeschichten dagegen komme es zu einer Umkehrung der Situationen; es wimmele nur so »von Streichen, lustigen Täuschungen und Irreführungen.« Hier triumphiere ein anderes, ein »neues Lachen«, hier gehe »der Schläuste als Sieger hervor«. Die Bildergeschichten gehören zur Vorgeschichte einer pikaresken Kinderliteratur, die in Ludwig Thomas »Lausbubengeschichten« ihren ersten und zugleich einsamen Höhepunkt erreicht (siehe das Kapitel »Schulgeschichten«).

WILHELM BUSCH

Plisch und Plum

1882; 2. Aufl. 1882

[8]   *Zweites Capitel.*

Papa Fittig, treu und friedlich,
Mama Fittig, sehr gemüthlich,
Sitzen, Arm in Arm geschmiegt,

Sorgenlos und stillvergnügt
Kurz vor ihrem Abendschmause
Noch ein wenig vor dem Hause,
Denn der Tag war ein gelinder,
Und erwarten ihre Kinder.

[9]   Sieh, da kommen alle zwei,
        Plisch und Plum sind auch dabei. –
        Dies scheint aber nichts für Fittig.

        Heftig ruft er: »Na, da bitt ich!«
        Doch Mama mit sanften Mienen,
        »Fittig!! – bat sie – Gönn es ihnen!!«

Angerichtet stand die frische
Abendmilch schon auf dem Tische.

Freudig eilen sie in's Haus;
Plisch und Plum geschwind voraus.

[11]   Ach, da stehn sie ohne Scham
Mitten in dem süßen Rahm
Und bekunden ihr Behagen
Durch ein lautes Zungenschlagen.

[12] Schlich, der durch das Fenster sah,
Ruft verwundert: »Ei, sieh da!

Das ist freilich ärgerlich,
Hehe! aber nicht für mich!!«

GEORG BÖTTICHER

O diese Kinder! Lustige Bubenstreiche

1894; 17. Aufl. [um 1910]

[51]   *Die gute Gouvernante.*

Die Luft geht schwül. Im Kanapee
Liegt schlummernd Fräulein Timothee.
Da wispert's leis' und schleicht herbei:
Karl, Fritz und Franz, die böse Drei.

Mit einem Topf voll Tinte naht
Man sich und schreitet flug's zur Tat:
Fritz hackt den Zopf des Fräuleins los
Und legt ihn über ihren Schoß.

Franz malt ihr Nase, Kinn und Bart
Und jeden Arm nach Zebra-Art,
Und Karl zeigt eifrigstes Bemüh'n,
Ihr Vaters Filzschuh' anzuzieh'n.

[52]   Als dies geglückt, wird ihr zuletzt
Papa's Zylinder aufgesetzt.
Dann klingelt man und lauscht, versteckt,
Still auf den weiteren Effekt.

Da geht die Tür' – eintritt Papa
Und steht wie angewurzelt da.
Auch sie erwacht! Wer von den beiden
Mehr staunt – ist schwierig zu entscheiden.

Literarische Märchen und Tiergeschichten

Wie auf dem Gebiet der Kinderlyrik, so ist auch auf dem der
Märchendichtung in den 60er Jahren eine große Epoche zu
Ende gegangen. Es ist die Zeit der teils biedermeierlichen,
teils poetisch-realistischen Märchennovellen eines Mörike,
Keller, Hebbel oder Stifter; sie findet mit den 1866 erschienenen »Drei Märchen« Theodor Storms ihren Abschluß
(»Die Regentrude«, »Bulemanns Haus« und »Der Spiegel
des Cyprianus«). Von letzteren wünscht sich ihr Autor, daß
sie »auch in die Hände der Jugend – ich meine nicht der
Kinder – gelangen und so auf den Weihnachtstischen statt
der fabrizierten Märchen- und Geschichtenbücher einmal
wieder ein ernst gemeintes Werk der Phantasie seinen Platz
finden möge« (Vorrede von 1865). In der Vorrede zur zweiten Auflage von 1873 heißt es in schärferem Ton: »[. . .] das
Märchen hat seinen Kredit verloren; es ist die Werkstatt des
Dilettantismus geworden, der seine Pfuscherarbeit mit bunten Bildern überkleistert und in den zahllosen Jugendschriften einen lebhaften Markt damit eröffnet [. . .].« Die kom-
merzielle kinderliterarische Verwertung des Märchens in allen seinen Ausprägungen, wie Storm sie vor Augen hat, ist
eine Errungenschaft des 19. Jahrhunderts, in dessen Verlauf
die Bedenken der bürgerlichen Pädagogen gegen diese Gattung zwar nicht verschwunden sind, aber doch an Wirkung
eingebüßt haben. Was der literarische Markt seitdem an
Märchenbüchern in Jahr für Jahr wachsendem Umfang hervorbringt, ist nicht nur größtenteils das Werk von Dilettan-
ten; es handelt sich darüber hinaus oft um schier Beliebiges,
dem jede epochale Signifikanz abgeht.
Bei der Suche nach Qualitätvollerem ist ein Blick in die
»Deutsche Jugend« eine verläßliche Hilfe. Von den Mär-
chenautoren, die in dieser Jugendzeitschrift der Gründerzeitära zur Sprache kommen, sollen hier Victor Blüthgen
und Heinrich Seidel mit je einem Text vertreten sein; ihnen

*vorangestellt ist ein Märchen aus den wirkungsgeschichtlich
so erfolgreichen »Träumereien an französischen Kaminen«.
In deren Autor Richard von Volkmann-Leander sieht Erich
Bleich 1910 den »Chorführer einer neueren Generation
von Märchendichtern«, zu der er auch Blüthgen und Seidel
zählt. Die noch bei Storm mächtigen Gestaltungstraditio-
nen romantischer Märchennovellistik treten ein Stück weit
zurück; die neueren Texte sind von schlichter Machart,
sinnfälliger Symbolik und einfacher Aussage, dem Volks-
märchen wie auch Andersens Märchen dadurch um einiges
näher, ohne diesen wirklich verpflichtet zu sein. Auffällig ist
die Konventionalität aller Motive, aus der auszubrechen
sich keiner der Autoren genötigt fühlt. Fragt man nach Epo-
chenspezifischem dieser gründerzeitlichen Märchenkunst,
so ließe sich eine spürbare innere Distanziertheit zum eigentlich Märchenhaften anführen, vergleichbar dem Sich-
schwer-Tun mit dem Kindlichen in der Kinderlyrik. Am
wenigsten zeugt davon noch Blüthgens Hulegeistermär-
chen, in dem das Wunderbare und die Wundergestalten auf
ganz unbekümmerte Weise ins Diesseits und unter die Dies-
seitigen gemischt sind. Ansonsten wirken das märcheneigen-
tümliche Wundergeschehen und das glückliche Finale seltsam entrückt und unwirklich; sie sind entweder ins Jenseits
verlegt (»Das bucklige Mädchen«), oder, sei es per Titel
(»Träumereien«), sei es innerhalb der Fiktion, als bloßer
Traum ausgegeben. Auffällig ist die Vielzahl sogenannter
Traummärchen bei Blüthgen, Seidel und anderen, wobei es
sich zumeist um den Traum eines gegen derlei Verwirrun-
gen noch wenig gefeiten kindlichen bzw. jugendlichen Menschen handelt. Zur Beruhigung wird gelegentlich versichert,
daß aus dem jungen, noch ungefestigten Träumer später
doch noch ein tüchtiger Mensch geworden sei. Heinrich Sei-
dels Traummärchen von der »grünen Eidechse« handelt zu-
sätzlich noch von der Unfähigkeit, die märchentypische Er-
lösungshandlung zu vollziehen; der Märchentraum gerät
dadurch zum Alptraum, und es bedarf eines wahren Gewit-*

terwolkenbruchs zur Ernüchterung des kindlichen Träumers.

Daß mit den antinaturalistischen Tendenzen seit den 90er Jahren, insbesondere dem Jugendstil, der Neuromantik und dem Symbolismus, eine neue Konjunktur des literarischen Märchens ausbricht, ist bekannt. In ihren Höhepunkten – etwa bei Hugo von Hofmannsthal – zum »modernen (Anti-)Märchen« sich entwickelnd, ist diese Märchenkunst der Vorkriegszeit dem Kinderliterarischen ferner, als dies in der Romantik der Fall war, und nur gelegentlich geraten derlei »sonderbare Geschichten« (wie im Fall Robert Walsers) in Kinderanthologien. Bezeichnend ist in diesem Zusammenhang Rainer Maria Rilkes Eingeständnis »eine[r] immerwährende[n] Befangenheit zwischen mir und jedem jungen Wesen, die eine gegenseitige Beeinflussung und Beziehung nicht aufkommen läßt« (Brief an Fr. Huch vom 6. Juli 1902); seine Märchensammlung »Vom lieben Gott« (1900) trägt den Untertitel »An Große für Kinder erzählt«, weil, wie es in dem Brief weiter heißt, »ich nur über diese schwankenden Brücken [...] zu den Lieblingen kommen kann, die mich verstehen, wenn ich etwas von Gott zu sagen versuchte ...«. Richard Dehmels »Märchen vom Maulwurf«, zuerst 1896 in der Zeitschrift »Jugend« erschienen, wahrt hier noch am ehesten eine Balance, bleibt als aitiologisches Tiermärchen dem kindlichen Leser zugänglich, während es sich dem Erwachsenen als symbolistisches Werk über die kosmische Sehnsucht des Menschen zu erkennen gibt. Neuromantische Züge weisen auch die frühen satirischen Tiermärchen eines Manfred Kyber auf, in denen die romantische Philisterkritik auf originelle Weise fortlebt.

Als einer der Höhepunkte neuromantischer Märchendichtung für Kinder muß Otto Julius Bierbaums »Zäpfel Kern« angesehen werden. Dieser Nachdichtung von Collodis »Pinocchio«, die in ihrem wuchernden Übermut an die satirischen Märchendichtungen des jungen Ludwig Tieck gemahnt, hat die einleitende Beteuerung, so deutsch sein zu

wollen, wie das Original genuin italienisch sei, in jüngster Zeit eine Reihe von Mißverständnissen eingetragen. Kein kinderliterarisches Werk dieser Zeit ist in seinen satirischen Passagen antiwilhelminischer und frecher als dieses! Das Buch lebt von der romantischen (»deutschen«) Gegensätz-lichkeit von Kunst/Natur und Gesellschaft; Zäpfel Kern ist eine allegorische Verkörperung der Dichtung, genauer: der Dichtung für Kinder, und sein »Werdegang« nichts anderes als die »Entdeckung« ihrer wahren Beschaffenheit. Wie sich die Kunst nicht mit dem Leben verwechseln darf, so bleibt auch Zäpfel Kern in seiner letzten Versuchung, die aus dem Angebot besteht, sich in einen Jungen verwandeln zu lassen, standhaft, um damit seiner selbst als »Bild« endgültig gewiß zu sein. Der allegorische Hintersinn bleibt wie so manche Satire in diesem doppelsinnigen Kinderbuch freilich der Wahrnehmung durch den Erwachsenen vorbehalten. – Einen weiteren Höhepunkt neuromantischer Kinderdich-tung bildet Gerdt von Bassewitz' Märchenspiel »Peterchens Mondfahrt« von 1912, das drei Jahre später in einer Prosa-Fassung erschien, versehen mit Bildern von Hans Balu-schek.
Mehr als die symbolistische Märchenkunst machen sich auf kinderliterarischem Gebiet nach 1900 Natur-, hierunter ins-besondere Tiermärchen und -geschichten, breit. Diese sind dort noch neuromantisch geprägt, wo sie von der Idee einer mystischen Vereinigung aller Lebenden in einem künftigen Reich zehren, wie dies beim späteren (hier nicht dokumen-tierten) Kyber und bei Waldemar Bonsels der Fall ist, dessen naturmystisch, teilweise auch vitalistisch grundierte, hand-lungsreiche Erzählung von der »Biene Maja« zu einem Kin-derbuchklassiker des 20. Jahrhunderts geworden ist. Neben dieser naturmystischen Tendenz erwächst ein breiter Strom naturkundlicher Märchen und Geschichten, im wesentlichen angeregt durch den dänischen Autor Carl Ewald (1856 bis 1908), dessen Geschichten ab 1901 in deutschsprachigen Auswahlbänden vorliegen. Die darwinistische Ausrichtung

der Ewaldschen Naturmärchen begünstigt deren Rezeption
innerhalb der Sozialdemokratie. Die Vielzahl naturkundlicher Märchen und Geschichten, in denen es um das Wechsel-
spiel der Naturkräfte geht, um Aufbau und Zerstörung,
Entstehen und Vergehen, Leben und Überleben, kurz: um
den Kampf ums Dasein, soll hier durch Hermann Löns' Ot-
ter-Geschichte repräsentiert sein. – Sind diese beiden Tendenzen für junge Leser von schon fortgeschrittenerem Alter
gedacht, so richten sich die Natur- bzw. Tiergeschichten
Paula Dehmels und Sophie Reinheimers an Kinder im Vor-
schul- und ersten Schulalter. Während bei Paula Dehmel
eine vergangene Hausgemeinschaft von Mensch und Tier
beschworen wird, betreibt Reinheimer mit ihren kindertümlichen Personifizierungen von Naturkräften, Pflanzen
und Tieren Anschauungsunterricht noch jenseits naturwis-
senschaftlicher Erklärungsmuster.

Das Märchen ist schließlich eine der bevorzugten Gattungen der im hier dokumentierten Zeitraum sich herausbil-
denden sozialdemokratischen Kinderliteratur. Anders als die
bürgerliche Klasse im 18. Jahrhundert kann das aufstre-
bende Proletariat des ausgehenden 19. Jahrhunderts es sich
nicht leisten, eine der populärsten Erzählgattungen in Bann
zu legen. Der sozialdemokratische Zugriff auf das Märchen
ist freilich, hierin konträr zum romantischen, ganz und gar
auf Umfunktionierung bedacht. Das Märchen soll anderen
Zwecken dienstbar gemacht werden, sei es dem der sachli-
chen Belehrung (wie in Fendrichs »Funkenfee«), sei es dem
der politischen Aufklärung im Sinne der Partei. Im ersten
Fall werden oft nur einzelne Märchenelemente wie die Per-
sonifizierung von Naturkräften oder die Verlebendigung
von Gegenständen auf ganz veräußerlichte Weise aufgegriffen (wobei dann nur noch von einer märchenartigen Einkleidung die Rede sein kann). Anders verhält es sich bei den
politischen Märchen: Die naive Wunscherfüllungsgeschichte
soll zu einer sozialen Emanzipationsgeschichte umgeformt

werden. Den Platz der zu besiegenden bösen Mächte nehmen hierbei die Maschine, das Kapital, die Reichen ein;
Märchenheld ist nun ein Proletarierkind als Repräsentant
seiner Klasse. Gelegentlich aber mißlingt die intendierte
Umfunktionierung: Das Märchen, das nur Vehikel sein soll,
erweist sich als derart mächtig, daß es die Absichten tor-
pediert. Die intendierte politische Aufklärung droht so auf
vertrackte Weise dem Mythos zu erliegen, den sie sich
dienstbar machen wollte. An Robert Grötzschs Stück vom
»Eisenfresser«, das hier stellvertretend für das politische
Märchen des Proletariats abgedruckt ist, ließe sich dieses
Dilemma veranschaulichen.

RICHARD LEANDER

Träumereien an französischen Kaminen

1871; 10. Aufl. (Prachtausgabe) 1878

[106]   *Das bucklige Mädchen*

Es war einmal eine Frau, die hatte ein einziges Töchterchen,
das war sehr klein und blaß und wohl etwas anders, wie
andre Kinder. Denn wenn die Frau mit ihm ausging, blieben oft die Leute stehen, sahen dem Kinde nach und raun-
ten sich etwas zu. Wenn dann das kleine Mädchen seine
Mutter fragte, weshalb die Leute es so sonderbar ansähen,
entgegnete die Mutter jedesmal: »Weil du ein so wunder-
hübsches, neues Kleidchen anhast.« Darauf gab sich die
Kleine zufrieden. Kamen sie jedoch nach Hause zurück, so
nahm die Mutter ihr Töchterchen auf die Arme, küßte es
wieder und immer wieder und sagte: »Du lieber, süßer Her-
zensengel, was soll aus dir werden, wenn ich einmal todt

bin? Kein Mensch weiß es, was du für ein lieber Engel bist; nicht einmal dein Vater!«

Nach einiger Zeit wurde die Mutter plötzlich krank und am neunten Tage starb sie. Da warf sich der Vater des kleinen Mädchens verzweifelt auf das Todtenbett und wollte sich mit seiner Frau begraben lassen. Seine Freunde jedoch redeten ihm zu und trösteten ihn; da ließ er es, und nach einem Jahre nahm er sich eine andere Frau, schöner, jünger und reicher als die erste, aber so gut war sie lange nicht.

Und das kleine Mädchen hatte die ganze Zeit, seit seine Mutter gestorben war, jeden Tag von früh bis Abend in der Stube auf dem Fensterbrett gesessen; denn es fand sich Niemand, der mit ihm ausgehen wollte. Es war noch blässer geworden, und gewachsen war es in dem letzten Jahre gar nicht.

[107] Als nun die neue Mutter in's Haus kam, dachte es: »Jetzt wirst du wieder spazieren gehen, vor die Stadt, im lustigen Sonnenschein auf den hübschen Wegen, an denen die schönen Sträuche und Blumen stehen, und wo die vielen geputzten Menschen sind.« Denn es wohnte in einem kleinen, engen Gäßchen, in welches die Sonne nur selten hineinschien; und wenn man auf dem Fensterbrette saß, sah man nur ein Stückchen blauen Himmel, so groß wie ein Taschentuch. Die neue Mutter ging auch jeden Tag aus, Vormittags und Nachmittags. Dazu zog sie jedes Mal ein wunderschönes buntes Kleid an, viel schöner, als die alte Mutter je eins besessen hatte. Doch das kleine Mädchen nahm sie nie mit sich.

Da faßte sich das letztere endlich ein Herz, und eines Tages bat es sie recht inständig, sie möchte es doch mitnehmen. Allein die neue Mutter schlug es ihr rund ab, indem sie sagte: »Du bist wohl nicht recht gescheidt! Was sollen wohl die Leute denken, wenn ich mich mit dir sehen lasse? Du bist ja ganz bucklig. Buckliche Kinder gehen nie spazieren, die bleiben immer zu Hause.«

Darauf wurde das kleine Mädchen ganz still, und sobald die neue Mutter das Haus verlassen, stellte es sich auf einen Stuhl und besah sich im Spiegel; und wirklich, es war bucklig, sehr bucklig! Da setzte es sich wieder auf sein Fensterbrett und sah hinab auf die Straße, und dachte an seine gute alte Mutter, die es doch jeden Tag mitgenommen hatte. Dann dachte es wieder an seinen Buckel:

»Was nur da drinn ist?« sagte es zu sich selbst, »es muß doch etwas in so einem Buckel drinn sein.«

Und der Sommer verging, und als der Winter kam, war das kleine Mädchen noch blässer und so schwach geworden, daß es sich gar nicht mehr auf das Fensterbrett setzen konnte, sondern stets im Bett liegen mußte. Und als die Schneeglöckchen ihre ersten grünen Spitzchen aus der Erde hervorstreckten, kam eines Nachts die alte gute Mutter zu ihm und erzählte ihm, wie golden und herrlich es im Himmel aussähe.

Am andern Morgen war das kleine Mädchen todt.

»Weine nicht, Mann!« sagte die neue Mutter; »es ist für das arme [108] Kind so am besten.« Und der Mann erwiderte kein Wort, sondern nickte stumm mit dem Kopfe.

Als nun das kleine Mädchen begraben war, kam ein Engel mit großen, weißen Schwanenflügeln vom Himmel herabgeflogen, setzte sich neben das Grab und klopfte daran, als wenn es eine Thüre wäre. Alsbald kam das kleine Mädchen aus dem Grabe hervor, und der Engel erzählte ihm, er sei gekommen, um es zu seiner Mutter in den Himmel zu holen. Da fragte das kleine Mädchen schüchtern, ob denn bucklige Kinder auch in den Himmel kämen. Es könne sich das gar nicht vorstellen, weil es doch im Himmel so schön und vornehm wäre.

Jedoch der Engel erwiderte: »Du gutes, liebes Kind, du bist ja gar nicht mehr bucklig!« und berührte ihm den Rücken mit seiner weißen Hand. Da fiel der alte garstige Buckel ab wie eine große hohle Schale. Und was war darin? Zwei herrliche, weiße Engelflügel! Die spannte es aus, als

wenn es schon immer fliegen gekonnt hätte, und flog mit
dem Engel durch den blitzenden Sonnenschein in den
blauen Himmel hinauf. Auf dem höchsten Platze im Himmel aber saß seine gute alte Mutter und breitete ihm die
Arme entgegen. Der flog es gerade auf den Schooß.*

* Das Motiv zu diesem Märchen rührt nicht von mir her. Ich kenne es
wohl schon seit meiner Kinderzeit, doch weiß ich nicht, wo es her-
stammt.

JULIUS LOHMEYER (Hrsg.)

Deutsche Jugend

1873–85

[9. Bd., 1877; 177]   *Die sieben Hulegeisterchen*

ein Märchen von Victor Blüthgen

Die sieben Hulegeisterchen wohnten in einem großen
Schornstein. Am Tage hatten sie tüchtig zu thun; sie saßen
dicht beim Feuer und bliesen mit aller Kraft hinein, daß die
rothe Gluth hoch aufschlug aus den schwarzen Steinkohlen,
und Rauch und Funken an ihnen vorbei in den Schornstein
flogen. Die Flammenzungen leckten manchmal voll Aerger
zu den Hulegeisterchen hinauf, aber das kümmerte sie so
wenig wie der Rauch und die Funken, denn anhaben konnten sie ihnen gar nichts, und sie mußten doch zuletzt die
Stube wärmen, wenn es draußen fror, und der Mutter das
Mittagsessen und den Kaffee kochen helfen.
Wenn es Nacht war, hatte die Arbeit ein Ende und das
Vergnügen fing an. Dann fuhren die Hulegeisterchen im
Schornstein herauf und herunter, und man konnte hören,

wie sie miteinander schwatzten und lachten. Manchmal pfiffen sie auch oder brummten wie die Bären, denn sie waren ein spaßhaftes Völkchen. Mit ihrem Schornstein waren sie sehr zufrieden; wenn er auch inwendig ganz schwarz geräuchert war und der Ruß an den Wänden herunter floß, so that das nichts, denn sie wurden nicht schmutzig, wenn sie anstreiften.

»Karlchen, hörst du die Hulegeisterchen?« sagte der Vater, als der kleine Karl im Bette noch immer die Augen nicht zumachen, sondern etwas erzählt haben wollte. »Wenn du nicht schläfst, kommen sie aus dem Ofenloch und blasen das Nachtlicht aus, und dann ist es ganz finster in der Kammer, zum Fürchten finster. Die Mama möchte jetzt zur Ruhe kommen und ich auch.«

»Kommen die Hulegeisterchen auch zur Ruhe, Papa?« fragte der kleine Karl.

»Nein, Herzchen: die armen Dinger müssen immer und immer munter sein, und es ist doch so schön, wenn man schläft. Sei froh, daß du kein Hulegeistchen bist.«

»Sie dauern mich sehr«, sagte der kleine Karl und dachte eine Weile nach.

Da ging es leise durch das Zimmer, das war der Sandmann. Er hatte ein Blaserohr und blies dem kleinen Karl Sand in die Augen, daß er sie nicht mehr offen halten konnte; und nun schlief er richtig ein. –

»Habt ihr's gehört?« sagte eines der Hulegeisterchen im Schornstein. »Wir können keine Ruhe finden. Ich habe noch gar nicht darüber nachgedacht, was Ruhe ist, aber die Menschen sind klug, und die halten sie für etwas herrliches. Wir sind gewiß sehr zu bedauern.«

Nun wurden die sieben Hulegeisterchen traurig; sie pfiffen nicht mehr und brummten nicht mehr, sondern saßen ganz still unten auf der Asche und ließen die Köpfe hängen. Nach einer Weile sprach ein zweites von ihnen: »Es will mir gar nicht in den Sinn, daß wir immer ohne Ruhe sein müßten. Es wird so schwer nicht sein sie zu finden, wenn der

kleine Mensch das doch kann. Morgen wollen wir aufpassen, wie es gemacht wird, und dann wird es probirt.« Dem
stimmten die andern sechs bei, und sie wurden allesamt
wieder guten Muthes.

Des andern Nachts lugten sie durch das Loch in der Ofen-
thür und beobachteten, wie die Eltern mit dem kleinen Karl
schlafen gingen. Dann fuhren sie hervor, durchsuchten
das Haus, bis sie noch ein [178] leeres Bett gefunden hatten,
und schlüpften alle sieben hinein. Da lagen sie eine Zeit
still, bis es einem von ihnen einfiel in die Federdecke zu blasen, und wie da die Federn aufflogen und das Bett sich auf-
bauschte, fanden die sechs anderen das sehr ergötzlich und
bliesen auch mit. »Still«, sagte endlich das eine, »es kommt
etwas.«

Was kam? Niemand anders als der Sandmann. Er geht herum und sieht in allen Betten zu, ob jemand darin liegt. Wie
der die sieben Hulegeisterchen erblickte, funkelte er sie mit
glührothen Augen an und brummte:

»Was wollt ihr sieben im Bette hie?«

Antworteten die Hulegeisterchen:

»Wir hätten gern Ruhe und wissen nicht wie.«

»Ich kann euch nicht dazu verhelfen«, brummte der Sandmann wieder. »Ihr habt Geisteraugen. Es nützt nichts, wenn
ich hineinblase.«

»Probiren könntest du's«, sagte das eine der Hulegeisterchen betrübt. »Wir wollen ganz stille halten.« Und sie
streckten sich neben einander aus und rissen die Augen auf
so weit als sie konnten. Da blies der Sandmann Körner hinein, gleich eine ganze Menge, und nach einer Weile hielt er
inne und fragte: »Thut's weh?«

»Ach nein«, antwortete eines der Hulegeisterchen, »es krie-
belt nicht einmal.«

»Seht ihr's denn, ihr Narren?« murrte der Alte verdrieß-
lich. »Schafft euch Menschenaugen an. Euresgleichen braucht
keine Ruhe.« Und er schüttelte seine Federkappe, daß

die Flaumflocken herunterflogen, und ging zur Thüre hinaus.

»Es war nichts«, sprachen die Hulegeisterchen und sahen einander voll Traurigkeit an. »Es fehlte bloß, daß wir Menschenaugen hätten, dann wäre es gewiß gegangen. Wir wollen nur wieder in den Schornstein zurück.«

Das thaten sie denn auch, aber mit der alten Lustigkeit war es aus. Sie schlichen herum und seufzten, und endlich sprach das eine: »Ich halte es nicht aus vor Sehnsucht. Ich gehe in die weite Welt und will sehen, ob ich nicht auf eine Art Ruhe finden kann. Wer mit will, der komme.« Und damit fuhr es oben zum Schornstein hinaus und die andern ihm nach.

[...] Gegen Morgen kamen sie aus dem Walde heraus und trafen eine Waschfrau, welche Wäsche auf die Leine hing; die gähnte und sprach vor sich hin: »Wenn es doch ein bißchen Wind heute geben wollte, daß es rasch trocknete.«

»Kannst du uns wohl sagen, wie wir Ruhe finden können?« fragten die Hulegeisterchen. »Wir wollen dir die ganze Wäsche trocken blasen.«

»Das wäre so ein Geschäft«, sprach die Waschfrau, »ihr Sausewinde. Erst blast aber, dann sage ich es euch.«

Da strengten sich die Hulegeisterchen an, so sehr sie konnten, und in einer Stunde war alles trocken.

»Ich muß euch loben«, sprach die Waschfrau. »Macht euch nur immer grade aus und fragt den ersten Menschen, dem ihr begegnet, der wird's euch sagen, was ihr wissen wollt.« Damit fing sie an [179] ihre Wäsche zusammenzupacken und kümmerte sich nicht weiter um die armen Dinger.

»Wir wollen sehen, ob es der nächste wirklich weiß«, sagten die Hulegeisterchen. »Vielleicht hat sie doch nicht gelogen.«

[...]

Eines Morgens strichen sie an einem Dorfe hin, das lag an einem Berge. Oben auf dem Berge stand eine Kirche mit knarrendem Göckelhahne auf dem Thurme, und um die

Kirche lagen stille Gräber und Grabkreuze. Unten beim
Dorfe aber saß eine alte Frau am Wege und blickte unverwandt [180] und sehnsüchtig hinauf zu dem Kirchhofe.
»Ach, lieber Gott«, seufzte sie, »wenn ich doch erst dort
oben wäre, hier unten habe ich nichts als Elend und Müh-
sal, und dort ist die ewige Ruhe. Nur so tief hinein wie
möglich, das ist das beste.«
»Hört ihr's?« sprachen die Hulegeisterchen seelenvergnügt
unter einander. »Es ist ein Glück, daß wir hierher kamen;
und wir werden doch zur Ruhe kommen!«
Sie flogen hinauf, über Blumen und Kränze und durch
dunkle Cypressen bis zur Kirche. »So tief hinein wie möglich, das ist das beste«, wiederholte eines der Hulegeisterchen. Sie schwirrten durch ein offenes Fenster in die Kirche,
krochen in die Orgelpfeifen und immer weiter bis in den
Blasebalg. »So tief hinein wie möglich; nun sind wir drin,
tiefer geht es nicht.«
Sie hockten sich zusammen und saßen wohl eine Stunde
mäuschenstill. Da fingen über ihnen im Thurme die Glok-
ken an zu läuten, schön und feierlich, und die Menschen zogen in die Kirche, denn es war Sonntag. Zwei Jungen aber
kamen an den Blasebalg und stellten sich auf das Trittbret.
»Knark«, sagte der Blasebalg, wurde mit einem Male lebendig und schob sich auseinander. »Was thut ihr hier in meinem Bauch?« fragte er die Hulegeisterchen. – »Wir suchen
die ewige Ruhe; wenn du kannst, gieb sie uns doch.« – »Unsinn«, knarrte der Blasebalg; »auf und zu, auf und zu –
blast, sonst drück' ich euch so platt wie Papier.«
Nun bekamen die Hulegeisterchen Angst und bliesen, und
der Cantor spielte die Orgel und die Leute unten in der Kirche sangen dazu. So ging es ein paar mal. Endlich gingen die
Leute hinaus und alles war wieder still. Die sieben Hulegeisterchen aber, wie sie sich von ihrem Schrecken erholt hatten, flogen so rasch sie konnten zur Kirche hinaus und weit
in den Himmel hinein.
Nach einer Weile begegneten sie einer Seele, die schwebte

still durch die blaue Luft; sie war schön wie ein Engel und
hatte die Hände gefaltet, und ihre Augen glänzten tief und
friedlich wie ein dunkler See im Walde. »Kommt mit«, sagte
sie zu den Hulegeisterchen. »Ach«, sprachen die, »wir sind
so unglücklich. Niemand kann uns sagen, wie wir Ruhe finden. Wo willst du uns hinführen?« – »Ich war eine arme,
alte Frau«, sagte die Seele. »Nun bin ich erlöst und gehe zur
ewigen Ruhe ein. Ich will euch den Weg zeigen.« Und sie
schwebte langsam voraus und die Hulegeisterchen folgten
ihr, aber nur in der Ferne, so viel Ehrfurcht hatten sie vor
ihr. »Das wird wohl die alte Frau gewesen sein, die am
Wege saß und zum Berge hinaufsah«, meinte das eine von
ihnen.

Es wurde Nacht, und sie sahen die Sterne wie goldene Bälle
durch die Luft rollen. Sie konnten endlich auch die Mauer
des Himmelsgartens unterscheiden, einen dunklen Streifen;
und wie die Seele vor das Thor kam, sprang die Pforte auf
und eine Fluth von Licht nahm sie auf, als sie einzog. Dann
gab es einen Krach und alles wurde wieder finster. »Wie
einzig!« sagten die Hulegeisterchen und nickten einander
zu.

Sie kamen vor das Thor, aber es öffnete sich nicht. Sie
schwirrten an der dunklen Mauer herum, und die war sehr
wunderlich: nicht hart und fest, sondern wie von Luft, und
doch ließ sie nichts durch und sie war ganz undurchsichtig.
Die Hulegeisterchen flogen in die Höhe, weil sie glaubten,
man müsse sie überfliegen können, aber sie wuchs und der
Rand war immer hoch über ihnen. Sie glitten endlich wieder
hinab und klapperten an der Pforte. Da rief drinnen eine
Stimme:

»Was zappelt und rappelt vor meinem Thor?«

Sie antworteten:

»Sieben Hulegeisterchen stehn davor.«

Da rief es wieder:

»Was führt euch zu des Himmels Thür?«

Und die Hulegeisterchen sprachen:

»Wir suchen die ewige Ruhe hier.«

Da that sich die Thür ein wenig auf und die Hulegeisterchen schlüpften hinein. »Ihr armen Schelme«, sagte Sanct Peter, wie er sie erblickte, »ich will euch gerne dazu verhelfen. Kommt!« Und er führte sie ein Stück in den Himmelsgarten. [...] [181] In den Blüthenkelchen lagen schlummernde Geister; sie träumten nicht, sie ruhten bis zur Auferstehung. Holde Menschengesichter ragten über die Kelchränder, aber auch die Köpfe von Thieren, und sie hatten alle die Augen geschlossen. In den kleinsten Blumen ruhten die Seelchen der Fliegen, Hummeln, Bienen; die Schmetterlinge hatten die Flügel eingeschlagen, wie sie des Abends an den Wiesenblumen hängen. Kein Athem war zu hören, es war alles wie erstarrt.

Es waren auch leere Kelche da, und in sieben davon betteten sich die Hulegeisterchen. »Gute Nacht«, sprach Sanct Peter und ging weg. »Gute Nacht«, sagten die Hulegeisterchen unter einander, und damit schlossen sie die Augen.

Aber das dauerte nicht lange. Bald reckte sich eines empor und sah nach den andern; dann duckte es sich wieder. Und so machten es alle. Endlich saßen alle sieben in ihren Kelchen. »Es geht nicht; ich spüre gar nicht, was Ruhe ist«, wisperte das erste. »Es ist so ängstlich hier, und man hat gar nicht den Muth sich zu rühren. Wir wollen hinaus und den Pförtner fragen, ob es keine andere Art Ruhe giebt.« Und sie schwirrten ganz leise hinaus und kamen zu Sanct Peter.

»Wir können die Ruhe immer noch nicht finden«, sprachen sie, »und wir suchen sie nun so lange schon.«

»Seid ihr denn nicht gestorben? Habt ihr denn keinen Körper an euch gehabt mit Krankheit und Beschwerden? Seid ihr nicht müde geworden vom Leben? Warum sucht ihr Ruhe?«

»Nein«, sagten die Hulegeisterchen, »wir sind nicht gestorben und hatten auch keinen Körper. Aber die Menschen halten die Ruhe für etwas so herrliches!«

»Geht heim«, sprach Sanct Peter und schloß das Thor auf; »Ruhe ist etwas herrliches, aber nur für den Müden.« Die sieben Hulegeisterchen huschten hinaus, und hinter ihnen schloß sich der Himmel. »Hujoh!« schrieen sie und waren wieder ganz lustig. »Es ist nichts mit der Ruhe, denn wir sind noch gar nicht müde gewesen, wir haben keinen Körper dazu.« Damit fuhren sie durch die Luft hinab und rasteten nicht eher als bis sie auf die Erde kamen. Sie haben sich wieder einen Schornstein ausgesucht zur Wohnung, ich weiß aber nicht welchen. Wenn es Nacht ist und das Feuer ruht, dann horche am Ofen, mein Kindchen, vielleicht sind sie gerade zu *euch* gekommen. Wenn du es wispern und brummen und pfeifen hörst, dann weißt du's: das sind die sieben Hulegeisterchen. –

[18. Bd., 1881; 46]   *Die grüne Eidechse.*

Ein Märchen. Von Heinrich Seidel

Der große Garten des Pfarrhauses, in welchem ich geboren bin, schloß sich dem Kirchhof an. Dieser war bedeutend höher gelegen und durch eine Mauer aus großen Feldsteinen von dem Garten, der an einer Stelle sich buchtartig dort hinanzog, abgegrenzt. Den abgelegenen Winkel, welcher sich dadurch bildete, nannten wir die Kapellen-Ecke, weil an dieser Stelle auf dem drüber liegenden Kirchhofe zwischen Busch und Baum die gräfliche Grab-Kapelle gelegen war. Dieser versteckte Ort war mein Lieblingsspielplatz, denn selten kam jemand in diese abgeschiedene Einsamkeit; in dem Buschwerk, welches dort wucherte, konnte ich ungestört meine Hütten bauen und geheime Vorratskammern anlegen, in welche ich wie ein Eichhörnchen Nüsse und Obst zusammentrug. Wenn aber die Sonne schien und auf die große Feldsteinmauer ihre Strahlen sendete, da konnte ich stundenlang auf der Lauer liegen, ob sich die grüne

Eidechse nicht zeigen würde. Damit hatte es folgende Bewandtnis. Unser früheres Dienstmädchen, welches jetzt im Dorfe verheiratet war, hatte mir erzählt, sie sei in der Mittagsstunde einmal in die Kapellen-Ecke gekommen, da habe ein schöner blauer Vogel auf einem Aste gesessen und immer gerufen: »S'is Zeit! S'is Zeit!« Als sie nun hinzugegangen wäre, um ihn näher zu sehen, da habe der Vogel ganz deutlich gelacht wie ein kleines Kind und sei fortgeflogen. Ihr sei ganz sonderlich dabei zu Mute geworden, es sei in dieser Ecke niemals recht richtig gewesen, aber sie habe wieder Mut gefaßt, da man sich am hellen Mittag doch nicht fürchten dürfe, – doch plötzlich sei in der Mauer etwas blitzendes gewesen, das ordentlich Funken in ihre Augen geworfen habe. »Und da«, fuhr sie fort, »saß denn in einer Mauerfuge eine große grüne Eidechse, die trug eine feine goldene Krone, aus welcher die Sonne förmlich Feuer zog. Als ich das Tier nun starr ansah und vor Verwundrung große Augen machte, da stellte es sich ganz hoch auf seine Vorderbeine und machte mir schnell drei ordentliche Diener, wobei das Krönchen jedesmal einen Funkenblitz warf, und witsch! war es weg, und in der Mauer fing es an mit feinen Stimmen zu kichern und zu lachen, als wenn die Mäuse pfeifen. Aus der Ferne hörte ich noch einmal den Vogel rufen, aber nun klang es wie ›Vorbei! Vorbei!‹ Mir lief es kalt den Rücken hinunter, und die Hacken wurden mir lang, so daß ich mich schnell davon machte und nicht eher zur Ruhe kam, als bis ich in meiner Kammer war.«

Diese Erzählung hatte einen unvergeßlichen Eindruck auf mich gemacht, und ich hätte alles darum gegeben, ebenfalls dieses wunderbaren Tieres ansichtig zu werden. Zwar hatte mein Vater über die Geschichte gelacht und mich belehrt, daß grüne Eidechsen in unserer Gegend gar nicht vorkämen, und nun gar solche mit goldenen Kronen und dergleichen besonderen Angewohnheiten, und hatte gemeint, die gute Trina hätte wohl einmal bei hellem Tage und mit offenen Augen geträumt, allein trotzdem konnte ich noch im-

mer die Hoffnung nicht aufgeben, desselben Glückes teil-
haftig zu werden, und ward nicht müde mich immer wieder
auf die Lauer zu legen und die Fugen und Ritzen der Mauer
mit wachsamem Auge zu mustern; allein immer war es vergebens gewesen. Jedoch eines Tages im Juli, als die Sonne
gegen die Mittagszeit mit besonderer Glut vom Himmel
strahlte, befand ich mich an einem ganz entgegengesetzten
Teile des Garten, wo er an das Feld angrenzte, und war, be-
wogen durch den seltsamen Ruf eines mir unbekannten
Vogels, auf den Zaun geklettert und schaute in die schwer-
reifen Kornfelder hinaus. Der leichte Wind brachte ein leises Wiegen und Flüstern der Halme hervor, und weiterhin
stand mitten im Felde ein Busch mit schwankenden Zweigen, auf dessen höchster Spitze der fremde Vogel hin und
her geschaukelt wurde. Es lag etwas merkwürdig Heraus-
forderndes und die Aufmerksamkeit Erweckendes in dem
unablässig wiederholten Rufe dieses Tieres, so daß man sich
unwillkürlich veranlaßt fühlte, sich nach seinen Wünschen
zu erkundigen. Plötzlich erhob sich der Vogel, schoß in
ruckweisem Fluge durch die Luft und setzte sich auf einen
Baum, der über mich hin seine Zweige streckte. Mich
dünkte, es ginge ganz besonders mich an, was er unaus-
gesetzt rief, nur konnte ich keinen Sinn damit verbinden.
Dann setzte er seinen Flug fort, quer durch den Garten, immer rufend und [47] lockend, so daß ich wie durch einen
inneren Zwang veranlaßt wurde, ihm zu folgen, bis ich
schließlich in der Kapellen-Ecke anlangte. Dort saß er auf
einem der Bäume, welche die Kapelle umgaben, im Sonnenschein, und ich sah, daß ein blauer Schimmer von ihm ausging, und ich verstand plötzlich seinen Ruf: »S'is Zeit! S'is
Zeit!« Und weiter flog er von Wipfel zu Wipfel, bis sein Ruf
in der Ferne verklang. Unwillkürlich fielen meine Blicke
auf die Kirchhofsmauer, allein so sehr ich auch spähte und
meine Augen umgehen ließ – ich vermochte nichts zu entdecken.
[. . .]

Mich überkam die Empfindung: wenn ein Geheimnis in
dieser Mauer verborgen war, so mußte es sich heute lösen;
ich setzte mich geduldig in den Sand und verwendete kein
Auge von ihr. So mochte ich wohl eine viertel Stunde gewartet haben, da ging ein Singen und ein Klingen in der
Luft an, das mich fast in Verwunderung setzte. Unten in der
Tiefe war es ganz windstill, während oben ein leichter Som-
merhauch die Wipfel der Bäume regte und auf den leicht
bewegten Zweigen gleichsam wie auf Harfensaiten spielte,
während allerlei süße klagende Stimmen in der Luft entstanden und verschwebten und aus der Ferne ein sanftes
sehnsüchtiges Rufen zu kommen schien. Es schwoll an und
dämpfte sich wieder in einer müden traumseligen Weise,
wie wenn eine Mutter ihr Kind leise in Schlaf singt, und
plötzlich tönte ein dumpfes Dröhnen hindurch und wiederholte sich taktmäßig zwölfmal. Es war die Kirchenuhr, welche die Mittagsstunde schlug, allein obgleich dies ganz in
der Nähe war, klang es doch traumhaft und gedämpft wie
aus weiter Ferne. Als der letzte Schlag verhallt war, blieb
nur ein leises singendes Sieden in der Luft, sonst war es
ganz still.
Warum war es plötzlich so hell vor meinen Augen? Es
brannte dort in der Mauer – jetzt flammte und blitzte es
stärker auf – wie kam das Feuer dorthin? –
Es war ja kein Feuer, es war der Sonnen-[48]schein, welcher
auf einer kleinen goldenen Krone blitzte, die auf dem
Kopfe einer grünen Eidechse saß. Nun war meine Sehnsucht doch erfüllt, das schöne goldgrüne Tier, dessen Seiten
lasurblau schimmerten, saß dort am Eingang seiner Höhle
und schaute mit den klugen goldenen Augen auf mich hin.
Aber als ich das Wunderding nun unverwandt anstarrte, da
war es mir, als wiche es immer weiter in die Ferne zurück;
vor meinen Augen fing es an, gar seltsam zu schwimmen
und zu fließen in grüngoldigem Schimmer, wie wenn man
in sonndurchglänztes Gezweige schaut; dieses Geleuchte
nahm allmählich Form und Gestalt an, und dann sah ich

wohl, es war keine Eidechse mehr, sondern die kleine Ella,
die Tochter jener jungen Gräfin, welche dort oben in der
Grabkapelle so einsam in ihrem Sarge lag. Das Mädchen
trug ein goldgrünes blauschillerndes Kleid und silberne
Schuhe, und ein goldenes Krönchen blitzte in seinem dunklen Haar. Aber es war doch nicht die kleine Ella, denn deren
Augen waren dunkelblau, und diese da hatte seltsame goldene Augen wie eine Eidechse.

Mit einemmale sagte sie, indem sie auf die Mauer zeigte:
»Kommst du mit hinein?« Ich wunderte mich, wie das geschehen sollte, da doch die Spalte eben nur einer Eidechse
oder einer Maus durchzuschlüpfen erlaubte; allein in dem
Augenblick trat das Mädchen bei Seite, und ich sah eine
dunkle Öffnung in der Mauer gleich dem Eingang einer
kleinen Höhle.

Da es mir unmöglich schien, diesem wunderbaren Mädchen
etwas abzuschlagen, so sagte ich: »Ja«; das Kind ergriff
meine Hand und zog mich hinter sich her in den engen
Raum, wo es kühl und finster war. Von dieser Berührung
ging ein seltsamer Schauer durch meinen Körper, denn die
feine schmale Hand war kalt wie der Tod.

»Du bist doch nicht die kleine Ella!« sagte ich.

»Ich bin, wer ich bin«, sagte sie; »die kleine Ella sitzt auf
dem Schloß und ißt Rosenbonbons.«

Ich dachte, ich säße am liebsten bei ihr, um ihr zu helfen,
denn es war schauerlich, immer weiter in diesen dunklen
feuchten Gang hinein zu tappen. Zugleich fiel mir ein, daß
wir uns bald in dem Bereich der Kapelle befinden mußten,
und indem sah ich auch schon einen schwachen Lichtschim-
mer vor mir glimmen.

»Wohin führst du mich?« fragte ich das seltsame Wesen.

»Das wirst du sehn«, antwortete das Mädchen, »und es
wird sich zeigen, ob du die That vermagst!«

Dann ward es ganz hell vor uns, und wir traten in einen
schwarz ausgeschlagenen Raum, in welchem eine Menge
Wachslichter auf silbernen Leuchtern brannten. In der Mitte

stand auf einem düsteren Unterbau ein offener Sarg mit silbernen Zieraten, und darin lag die schöne junge Gräfin,
ganz wie ich sie damals gesehen, als sie im Schlosse zum
letztenmal ausgestellt war. Sie trug ein Kleid von weißem
Atlas mit silbernen Spitzen, und ihre schmalen Hände, welche noch weißer schimmerten als die Seide, waren still über
der Brust gefaltet. Zu beiden Seiten über die Schultern hinweg lagen die schweren Zöpfe ihres dunkeln Haares, und
die Wimpern ihrer geschlossenen Augen schatteten über die
wachsbleichen Wangen des friedlich schlafenden Angesichts. Es war, als seien die langen Jahre über sie hinwegge-
gangen wie eine kurze Nacht.
Es war totenstill in dem Raume, selbst die Lichter knister-
ten nicht und standen mit gleichsam versteinerten Flammen
ruhig da – nur von Ferne kam ein leises getragenes Tönen
wie gedämpfter Orgelklang.
Endlich wagte ich zu flüstern: »Ich dachte, sie läge oben in
der Kapelle in dem geschlossenen Sarge.«
»Der Sarg ist leer«, sagte das Mädchen, »sie liegt hier unten
schon lange Jahre und schläft. Sie ist nur verzaubert, und
der Tod hat noch keine Macht über sie. Jetzt ist die Stunde,
da sie erlöst werden kann.« Dann deutete sie nach oben und
fuhr fort: »Hörst du es wohl pochen und scharren?«
Ich horchte und vernahm deutlich ein Geräusch, wie es ein
Pferd hervorbringt, wenn es auf den Boden stampft und mit
den Hufen kratzt.
»Es ist der silberweiße Schimmel«, sagte das Mädchen. »Er
steht und wartet, daß sie kommen soll. Wenn sie erlöst ist,
wird sie ihn besteigen und wieder auf das Schloß reiten, und
es wird von neuem Hochzeit sein.«
»Wie mag das geschehen?« fragte ich.
»Es steht in deiner Hand«, sprach das Mädchen. »Die
Stunde ist da. Wenn du es vermagst, sie zu küssen, so muß
der Zauber von ihr weichen.«
Mich dünkte diese That leicht zu vollbringen; entschlossen

stieg ich die Stufen zum Sarge empor und blickte auf das
schöne schlafende Antlitz. Mir war es, als breite sich in diesem Augenblick ein sanfter rosiger Schein darüber hin, und
aus der Ferne kam ein dumpfes Rollen wie ein leiser Donner. Aber wie geschah mir, als ich mich über sie hinbeugte
und den bleichen Mund zu küssen versuchte? Ein kalter
durchdringender Eiseshauch wehte mir entgegen und rie-
selte durch meine Glieder und ließ [49] mir das Herz in der
Brust erstarren. Mich schauderte bis in die tiefste Seele hinein, und voll Entsetzen trat ich einen Schritt zurück.
»Mut! Mut!« rief das grüne Mädchen. »Die Zeit ver-
rinnt!«
Aber ein gewaltiges Grauen vor dem eisigen Anhauch des
Todes war über mich gekommen; ich taumelte zurück die
Stufen hinab und rief: »Ich vermag es nicht.«
Eine kurze Stille folgte, durch nichts unterbrochen, als
einen leisen schmerzlichen Seufzer, der – ich wußte nicht
woher – den Raum durchwehte.
»Weh! Weh!« rief dann das Mädchen mit klagender Stim-
me. »Vorbei! Vorbei!«
Dann geschah ein langhallender Donner, und der Sarg und
die Lichter versanken in die Tiefe, so daß nur die schwarze
Finsternis übrig blieb. Ich fühlte mich am Arm ergriffen
und geschoben und hörte die Stimme des kleinen Mädchens, welches rief:
»Fort! ehe es zu spät wird, ehe die Höhle sich verschließt!
Fort! Die Zeit ist um!«
Ich tappte fort durch den engen Raum, allein es war, als
wenn unter dem krachenden Rollen des Donners die Erde
sich zusammenzöge, denn die Wände rückten näher, und es
ward enger und enger, indes von der Decke das Wasser
reichlich herabrieselte. Schon fühlte ich die feuchte Erde auf
beiden Seiten und mit furchtbarer Angst ward mir klar, daß
ich fest saß und vergeblich fort zu kommen versuchte. Der
entsetzliche Druck auf meiner Brust ward stärker und be-

nahm mir den Atem, vor meinen Augen flammte es plötzlich wie lauter Feuer, ich fühlte einen dumpfen Schlag gegen
meine Stirn und verlor die Besinnung. –
Als ich wieder zu mir kam, war meine erste Empfindung,
daß der Regen auf mich herabströmte und daß ein furcht-
bares langanhaltendes Getöse in den Lüften war. Als dies
nachließ, kam mir die dumpfe Vorstellung, es möchte wohl
ein Donner gewesen sein, und als ich mich aufrichtete, ward
ich gewahr, daß ich zusammengekrümmt mit dem Kopf gegen die Mauer in der Kapellen-Ecke gelegen hatte. Der Regen strömte unablässig herab, dagegen schien die Macht des
Gewitters gebrochen zu sein, und nur ein fernes grollendes
Rumoren war noch vernehmlich.
Ganz verwirrt und halb betäubt stand ich auf und taumelte
durch den rauschenden Regen auf das Haus zu. Das ganze
Erlebnis mit der grünen Eidechse erschien mir wie ein
phantastischer Traum, und doch stand mir alles so wirklich
vor Augen, daß ich kaum daran zu zweifeln vermochte. Allein eine seltsame Scheu und die Furcht, keinen Glauben zu
finden, hielt mich davon ab, zu irgend jemand davon zu
sprechen, und ich bewahrte dies alles wie ein Geheimnis in
verschwiegener Brust bis auf den heutigen Tag. Die grüne
Eidechse aber sah ich niemals wieder.

ERNST BRAUSEWETTER (Hrsg.)

Knecht Ruprecht

1900

[II,30]   *Das Märchen vom Maulwurf*

Von Richard Dehmel

Vor vielen tausend Jahren, als die Menschen noch keine
Kleider trugen, lebte mitten in der Erde ein Zwerg, so tief
unten, daß kein Mensch etwas von ihm wußte. Und er selber wußte von den Menschen auch nichts, denn er hatte
sehr viel zu thun. Er war ein König über andere Zwerge,
und schon fünf mächtige Höhlen hatte er sich ausputzen
lassen, und war ganz alt und grämlich dabei geworden, soviel hatte er zu befehlen.
Es war aber nicht dunkel da unten in den Höhlen, sondern
eine glänzte immer bunter, als die andre, soviel Diamanten
und Opale hatte das Zwergvolk drin aufgebaut, und die
Wände waren von blankem Krystall, jede in einer besonderen Farbe. Und da saß nun der König der Zwerge, in seinem Mantel von schwarzem Sammet, auf einem großen
grünen Smaragdstein, und faßte sich an seine spitze Nase
und überlegte mit seinen alten Fingern, ob auch alles hell
genug wäre. Er fand es aber durchaus nicht hell genug.
Da machten ihm die andern Zwerge noch eine sechste
Höhle zurecht mit Wänden von lauter Rubinen, die wie ein
einziges Feuer glühten, und das dauerte tausend Jahre; aber
er fand auch das noch nicht hell genug. Als er nun immer
trauriger wurde in seinem schwarzen Sammetmantel, kamen die andern alle zusammen, und die jüngsten sagten zu
den alten: kommt, laßt uns eine *blaue* Höhle machen!
Dafür wären sie beinahe totgeschimpft worden, denn bis
dahin hatte das Zwergvolk die blaue Farbe nicht leiden

können. Weil aber alle andern Farben in den sechs Höhlen
schon durchprobiert waren, sagten endlich auch die ältesten
Zwerge ja und gaben den jungen die Hände. Dann gingen alle
an die Arbeit und putzten heimlich eine siebente Höhle aus,
mit Wänden von echten Türkisen, die so hell und blau, wie der
Himmel waren, und das dauerte wieder tausend Jahre.

Die gefiel nun dem Könige wirklich, und der allerälteste
Zwerg, der fast so alt war, wie der König selbst, schoß vor
Verwunderung einen Purzelbaum. Darauf trugen sie feierlich den großen Smaragdstein in die neue Höhle, und der
König setzte sich auf ihn und freute sich, wie schön sein
schwarzer Sammetmantel zu den hellblauen Wänden paßte.
[32] Nachdem er aber fünfhundert Jahre so gesessen hatte,
fand er auch das nicht mehr hell genug; er wurde trauriger
als je zuvor und seine Nase immer spitzer.

Fünfhundert Jahre saß er noch und überlegte seinen Kummer, sodaß er schon ganz fett zu werden anfing. Endlich er-
trug er das nicht länger und ließ sich die jüngsten Zwerge
kommen und sagte: macht mir eine Höhle, die ein Licht hat,
wie alle Farben in eine verschmolzen! Das aber verstanden
auch die allerjüngsten nicht und glaubten, ihr König sei verrückt geworden.

Da beschloß er, sie zu verlassen und selbst nach seinem hellen Lichte zu suchen. Er stieg herunter von seinem Smaragdstein und schnitt den schwarzen Sammetmantel etwas
kürzer, sodaß er Hände und Füße frei bewegen konnte und
fing an zu graben. Weil aber unten in der Erde die anderen
schon alles abgesucht hatten, so meinte er, das Licht, wonach er solche Sehnsucht hatte, müsse wohl weiter oben liegen und grub sich in die Höhe; und weil das Zwergvolk damals den Spaten noch nicht erfunden hatte, so mußte er die
Finger zum Wühlen nehmen. Das that ihm nun sehr weh,
denn er war das nicht gewohnt; aber er hatte solche Sehnsucht nach dem Licht.

Dreitausend Jahre wühlte der König der Zwerge und grub
sich höher und höher hinauf. Die Haut um seine Finger war

schon ganz dünn davon geworden, sodaß die kleinen
Hände ganz rosarot aus seinem schwarzen Sammetmantel
guckten; aber immer sah er das Licht noch nicht. Nur tief
von unten schimmerte noch ein blaues Pünktchen zu ihm
herauf, aus seiner siebenten Höhle her; aber um ihn und
über ihm war alles schwarz. Auch etwas magerer war er geworden, und die Nase noch spitzer.

Da überlegte er, ob er nicht lieber zu seinem Volke zurück-
kehren sollte; aber er fürchtete, dann würden sie ihn abset-
zen und wirklich in ein Irrenhaus sperren. Also ging er aufs
neue an die Arbeit mit seinen rosaroten Zwerghänden, und
grub nochmals dreitausend Jahre lang, und es wurde immer
dunkler um ihn her, bis schließlich auch das blaßblaue
Pünktchen tief unten hinter ihm verschwand. Als er nun gar
nichts mehr sehen konnte, hörte er auf zu wühlen und
sprang in die Höhe und wollte sich [34] den Kopf einstoßen,
so furchtbar traurig war ihm zu Mute.

Da ging auf einmal die Erde entzwei über ihm, und er schrie
laut auf vor Entzücken und schloß die Augen vor hellem
Schmerz, so viele Farben gab es da oben, als ob ihn tausend
bunte Messer stächen, bis ins Herz. Denn hoch im Blauen
über der Erde, viel höher, als er gegraben hatte, so hell, wie
alle Farben in eine verschmolzen, stand eine große, strah-
lende Kugel, und alles war Ein Licht.

Als er es aber ansehen wollte und seine Augen wieder aufschlug, da war er blind geworden und fiel auf die Stirn. Und
er fühlte, wie schwach sein Königsherz war, und wie sein
schwarzer Mantel vor Schreck mit ihm zusammenwuchs,
und daß er kleiner und kleiner wurde und seine Nase immer spitzer, und plötzlich rutschte er zurück in die Erde.

Seit dem Tage giebt es Maulwürfe hier oben, und darum haben sie ein schwarzes Sammetfell und rosarote Zwerghände
und sind blind. Und manchmal, wenn die Sonne recht kräftig scheint, dann werfen sie ein Häufchen Erde hoch und
stecken die spitze Nase in die Luft, vor Sehnsucht nach dem
Licht.

MANFRED KYBER

Drei Waldmärchen

1903

[7]   *Maimärchen.*

Es war einmal ein Maikäfer, der war wie alle Maikäfer im
Mai auf die Welt gekommen, und die Sonne hatte dazu geschienen, so hell und so goldlicht, wie sie nur einmal im
Jahre scheint, wenn die Maikäfer auf die Welt kommen.
Dem Maikäfer aber war's einerlei: »Das Sonnengold kann
man nicht fressen«, sagte er sich, »also was geht's mich an!«
Dann zählte er seine Beine, erst links und dann rechts und
addierte sie zusammen. Das schien ihn befriedigt zu haben,
und nun überlegte er, ob er einen Versuch machen sollte,
sich fortzubewegen, oder ob das zu anstrengend wäre. Er
dachte drei Stunden darüber nach, dann zählte er noch einmal seine Beine und fing an, sich langsam vorwärtszuschie-
ben, möglichst langsam natürlich, um sich nicht zu überan-
strengen, Bequemlichkeit war ihm die Hauptsache. Da stieß
er plötzlich an was Weiches, an etwas, [8] was so weich war,
daß er sich's unbedingt ansehen mußte. Es lag im Grase und
sah aus wie eine schwarze Samtweste, hatte vier kleine
Schaufeln und keine Augen. Den Maikäfer, der noch keinen
Maulwurf gesehen hatte, interessierte das falbelhaft, er
überzählte noch schnell einmal seine Beine und dann ging's
mit wütendem Eifer mitten in die schwarze Samtweste hinein. Der Maulwurf fuhr empört auf: »Sind Sie verrückt?«
schrie er den Maikäfer an, »so eine Rücksichtslosigkeit!«
Der Maikäfer lachte. Es war zu komisch, wie sich die Samtweste aufregte. »Wissen Sie«, sagte er vorlaut, »wenn man
aus nichts weiter besteht, als aus einer Samtweste und vier
kleinen Schaufeln und auch keine Augen hat, soll man lieber
ruhig sein.« – »Reden Sie nicht so blödes Zeug«, kreischte

der Maulwurf, atemlos vor Wut, »Sie sind ein ganz verrohtes Subjekt!« Und damit kroch er in die Erde, der Maikäfer
aber setzte angenehm angeregt und erheitert seinen Weg
fort. Schließlich, als es Abend wurde, kam er an einen Teich,
da saß ein großer alter Frosch auf einem Stein, ganz grün
und ganz feucht, der las beim Mondlicht die Zeitung, das
›Allgemeine Sumpf-[9]blatt‹. Den frechen Maikäfer reizte
der breite Rücken des vertieften Lesers und er kitzelte ihn
ganz leise und boshaft mit den Fühlhörnern. Der Frosch
fuhr mit seinen langen Fingern herum und kratzte sich,
ohne von der Zeitung aufzusehen, denn das ›Allgemeine
Sumpfblatt‹ ist sehr lehrreich und sehr schön geschrieben,
und dabei läßt man sich nicht gerne stören. Aber der Maikäfer kitzelte beharrlich weiter, bis der Frosch sich schließlich
geärgert umdrehte und den Störenfried vorwurfsvoll betrachtete. Da er aber alle Tage das ›Allgemeine Sumpfblatt‹
las und also sehr gebildet war, so erkannte er in dem respektlosen Wesen sofort einen Maikäfer. »Heut' ist der erste
Mai«, sagte er ruhig, »es steht in der Zeitung, da kommen
diese merkwürdigen Geschöpfe. Dagegen läßt sich nichts
machen.« Und dann las er weiter und kratzte sich geduldig,
wenn ihn der Maikäfer kitzelte. Der arme Frosch hätte sich
noch lange kratzen müssen, wenn der Maikäfer nicht plötzlich was gehört hätte, was ihm noch übers Kitzeln ging; es
klang, als ob's mit vielen feinen Stimmchen singt, und das
war ein Elfenreigen: viele kleine Elfchen in weißen Hemdchen und mit gold-[10]nen Krönlein im goldnen Haar hatten sich bei den Händen gefaßt und schlangen den Ringelreih'n und sangen dazu. Der Frosch sah garnicht hin, das
stand ja alles im ›Allgemeinen Sumpfblatt‹ unter ›Lokales‹,
aber der Maikäfer kannte sowas nicht und kroch, so schnell
er konnte, um sich das Seltsame zu betrachten, was so seltsam mit vielen feinen Stimmchen sang. Die Elfen flohen
entsetzt auseinander, nur eine blieb stehen und sah sich
den komischen Gesellen an. »Du hast ja sechs Beine!« rief
sie, »du bist gewiß ein verwunschener Prinz, und ich warte

schon so lange auf einen, um ihm mein Krönlein zu schenken.« Der Maikäfer sah auf seine sechs Beine, bewegte verlegen die Fühlhörner und sagte nichts. »Es ist ganz gewiß ein verwunschener Prinz«, dachte das Elfchen, »er hat doch sechs Beine und sagt nichts!« Und dann fragte es ihn: »Willst du mich heiraten?« Der Maikäfer verstand nur, daß er gefragt wurde, ob er was wolle, und da sagte er: »Fressen will ich«, und legte sich auf den Rücken. »Er muß sehr stark verwunschen sein!« dachte das Elfchen und gab ihm zu essen, lauter schöne Sachen, wie man sie nur im Elfen-[11]reich hat. Als er satt war, setzte sich das Elfchen neben ihn und beschloss, geduldig zu warten, bis sich der verwunschene Prinz entpuppt. Und als die Glockenblumen Mitternacht läuteten, da dachte das Elfchen, jetzt müßte es sein, und wollte ihm sein Krönlein schenken; aber der Maikäfer hörte weder die blauen Glockenblumen noch sah er das goldene Krönlein, er lag auf dem Rücken und schlief. Das war so schrecklich langweilig, und so ging's alle Tage und Nächte weiter, er fraß gräßlich viel, und wenn die Glockenblumen läuteten, schlief er ein – und das arme Elfchen wartete und wartete. Da, eines Nachts, geschah etwas Wunderbares: der Maikäfer rührte sich, streckte seine sechs Beine, bewegte die Fühlhörner und bekam plötzlich Flügel. »Jetzt entpuppt sich der verwunschene Prinz«, dachte das Elfchen und freute sich furchtbar. Und grad' wie es sich so furchtbar freute – flog der Maikäfer davon und zerbrach noch dabei mit seinen plumpen Beinen das goldene Krönlein, daß es in tausend Scherben ging. Die Elfenkrönlein sind ja so zerbrechlich! Da saß nun das arme Elfchen und hatte keinen verwunschenen [12] Prinzen bekommen und hatte auch kein Krönlein mehr, es ihm zu schenken – und so stützte es das Gesichtchen in die Hände und weinte bitterlich. Das klang so traurig, daß der Frosch vom ›Allgemeinen Sumpfblatt‹ aufsah und sich das Elfchen mitleidig betrachtete. »Ja, ja«, sagte er seufzend, »heut' ist der letzte Mai, es steht in der Zeitung, da gehen diese merkwürdigen Geschöpfe wieder.

Dagegen läßt sich nichts machen.« Und dann schlug er nachdenklich eine Seite um – das Umblättern ist für einen Frosch sehr leicht, weil er so feuchte Finger hat – und las weiter. Auch der Maulwurf kam aus der Erde heraus und sagte: »Es war ein ganz verrohtes Subjekt!« – In Wirklichkeit aber war der Maikäfer weder ein verrohtes Subjekt, noch ein verwunschener Prinz, sondern eben nur ein ganz gewöhnlicher Maikäfer, und von dem soll ein Elfenkind keine Märchen erwarten und soll ihm sein Krönlein nicht schenken. – Und was aus dem Elfchen wurde? Das hat der liebe Gott in den Himmel geholt und hat ein Englein draus gemacht mit zwei kleinen Flügeln und hat ihm einen Heiligenschein für das zerbrochene Krönlein gegeben.

RICHARD DEHMEL (Hrsg.)

Der Buntscheck

1904

[35]   *Zwei sonderbare Geschichten vom Sterben.*

Die Magd.

Eine reiche Dame hatte eine Magd, die mußte das Kind hüten. Das Kind war so zart wie Mondstrahlen, so rein wie frisch gefallener Schnee und so lieb wie die Sonne. Die Magd hatte es lieb wie Mond, wie Sonne, fast wie ihren lieben Gott selbst. Aber da ging das Kind einmal verloren, man wußte nicht wie, und da suchte es die Magd, suchte es in der ganzen Welt, in allen Städten und Ländern, sogar in Persien. Dort in Persien kam die Magd eines Nachts vor einen finstern hohen Turm, der stand an einem breiten, dun-

keln Strom. Hoch oben aber im Turm brannte ein rotes
Licht, und dieses Licht fragte die treue Magd: Kannst du
mir nicht sagen, wo mein Kind ist? es ist verloren gegangen,
ich suche es nun schon zehn Jahre! – So suche noch weitere
zehn Jahre! antwortete das Licht und erlosch. Da suchte die
Magd weitere zehn Jahre lang nach dem Kind, in allen Gegenden und Umgegenden der Erde, sogar in Frankreich. In
Frankreich ist eine große prächtige Stadt, die heißt Paris, zu
der kam sie. Da stand sie eines Abends vor einem schönen
Garten, weinte, daß sie das Kind nicht zu finden vermochte,
und nahm ihr rotes Schnupftuch hervor, um ihre Augen damit abzuwischen. Da ging der Garten plötzlich auf, und ihr
Kind trat heraus. Da sah sie es, und da starb sie vor Freude.
Warum starb sie? Hat das denn etwas genützt? Sie war aber
schon alt und konnte nicht mehr so viel vertragen. Das
Kind ist jetzt eine große, schöne Dame. Wenn du ihr begeg-
nest, so grüße sie doch von mir.

Der Mann mit dem Kürbiskopf.

Es war einmal ein Mann, der hatte statt eines Kopfes einen
hohlen Kürbis auf den Schultern. Damit konnte er nicht
weit kommen. Und doch wollte er der Vorderste sein! So
einer! – Als Zunge hatte er ein Eichblatt aus dem Munde
hängen, und die Zähne waren nur mit dem Messer ausge-
schnitzt. Statt der Augen hatte er bloß zwei runde Löcher.
Hinter den Löchern flackten zwei Kerzenstümpchen. Das
waren die Augen. Damit konnte er nicht weit sehen. Und
doch sagte er, er habe die besten Augen, der Prahler! – Auf
dem Kopf hatte er einen hohen Hut; den zog er ab, wenn
jemand zu ihm redete, so höflich war er. Da ging der Mann
einmal spazieren. Doch der Wind blies so heftig, daß die
Augen ausloschen. Da wollte er sie wieder anzünden; aber
er hatte keine Zündhölzchen. Er fing an zu weinen mit seinen Kerzenrestchen, weil er den Weg nach Hause nicht
mehr finden konnte. Da saß er nun, nahm den Kürbiskopf

zwischen seine beiden Hände und wünschte zu sterben.
Aber das Sterben ging ihm nicht so leicht. Es kam vorher
noch ein Maikäfer und fraß ihm das Eichblatt vom Munde
weg. Es kam vorher noch ein Vogel und pickte ein Loch in
seinen Kürbisschädel. Es kam vorher noch ein Kind und
nahm ihm beide Kerzenstümpchen weg. Da konnte er sterben. Noch frißt der Käfer am Blatt, noch pickt der Vogel,
und das Kind spielt mit den Kerzchen.

[Robert Walser]

OTTO JULIUS BIERBAUM

Zäpfel Kerns Abenteuer

1905

[1] Der alte Meister Gottlieb, der in seinem Leben schon so
viele Tische, Stühle, Schränke, Laden, Kommoden, Bettstel-
len gemacht hatte, daß man das ganze Schloß des Kaisers
damit hätte vollstellen können, saß vor seiner Werkstatt
und rauchte seine Pfeife. Denn es war Feierabend und sein
Tagewerk getan.
Da klopfte es an die Türe, und ein kleines, buckliges Männchen trat herein, das einen langen weißen [2] Bart und so
hellblaue Augen hatte, daß man glauben konnte, es hätte
zwei Stücke vom Himmel im Gesichte.
[...]
»Was? Ich soll kein Tischbein aus dem Stück Tannenholz
machen können?« rief Meister Gottlieb ärgerlich aus; »als
ob es das erste Tischbein wäre, das bei mir bestellt worden
ist! Das wäre noch schöner! Zeig' mal her!«
Das Männchen schob ihm das Stück Holz mit einem sonderbaren Lächeln hin, und Meister Gottlieb betrachtete es
aufmerksam. Es war ein armdickes Stück Tannenholz, etwa

von der Höhe eines kleinen Jungen von fünf Jahren, und
Meister Pflaume erkannte sofort, daß es von einem jungen
Tannenstämmchen herrührte. Wo [3] es oben und unten ab-
gesägt war, quoll gelbes Harz heraus, das frisch wie Wald
roch, und rund herum saß feste braune Rinde.

»Aus dem Stücke kann ein Lehrbub ein Tischbein machen«,
murmelte der Meister.

»Na, na«, sagte das Männchen, »wenn du dich nur nicht
irrst!«

Da wurde aber Meister Pflaume wild und rief: »Potz Hobel
und Sägespän'! In einer Viertelstunde ist das Tischbein fertig, und wenn's gleich schon Feierabend ist. Du kannst darauf warten.«

Aber das Männchen zog seine langen grauen Brauen hoch,
zwinkerte dann mit den Augen, wackelte mit seinem großen Kopf hin und her und sprach: »So viel Zeit habe ich
nicht, Meister Pflaume! Ich muß heute *abend* noch in den
Wald zurück. Meine Kinder erwarten mich. Das da heißt
Zäpfel Kern.«

»Was heißt Zäpfel Kern?« fragte erstaunt Meister Gottlieb.

»Das Kind da«, antwortete der Alte.

»Was für ein Kind?«

»Das hölzerne da, aus dem du dir einbildest, ein Tischbein
machen zu können.«

[...]

[4] »Es heißt Zäpfel Kern, weil es aus einem Tannenzapfen
oder genauer aus einem Kern in einem Tannenzapfen gekommen ist. Aus einem Kerne voller *Leben*, Meister
Pflaume! Pass' nur auf! du wirst es schon merken! – Und
nun leb' wohl! Und viel Glück!«

Sprach's und war mit einem Male verschwunden.

[...]

[6] Wie Meister Pflaume so auf dem Erdboden saß und sich
wunderte, daß seine Nase noch blauer werden konnte, als
sie für gewöhnlich war, klopfte es an die Türe.

Froh, daß ihm jemand Gesellschaft leisten wollte in dieser
Dämmerung voll unheimlicher Stimmen, rief [7] Meister
Pflaume, ohne sich zu erheben: »Herein!« und es erschien
sein alter Freund Meister Zorntiegel, ein sehr lebhafter alter
Mann, der immer große Pläne in seinem Kopfe, auf seinem
Kopfe aber eine gelbe Perücke hatte, von der ihm der Spitzname Nudelhaar geworden war, denn, wirklich, diese fal-
schen Haare hatten ganz die Farbe von Suppennudeln. Da
aber Meister Zorntiegel große Stücke auf seine Perücke hielt
und fest davon überzeugt war, daß sie das schönste Kunstwerk aus Haaren sei, das auf der ganzen Welt existierte, versetzte es ihn in die höchste Wut, wenn ihn jemand bei diesem Namen nannte.
[...]
[8] »Also heraus mit der Sprache«, rief Meister Pflaume und
rappelte sich auf, so daß er nun nur noch auf dem Fußboden
kniete.
Und Meister Zorntiegel begann: »Ich habe eine Idee!«
»Die habt Ihr immer.«
»Gott sei Lob und Dank, ja! Aber diese Idee wird machen,
daß ich eines Tages auch Geld haben werde.«
»Dann ist es eine gute Idee.«
»Eine ganz ausgezeichnete Idee, lieber Freund. Ich will
Theaterdirektor werden.«
»Seid Ihr sicher, daß Ihr dabei Geld verdienen werdet?«
»Vollkommen sicher, alter Gottlieb! Ich will nämlich nicht
mit lebendigen Komödianten herumziehen, sondern mit
künstlichen.«
»Aha! Die essen nicht, die trinken nicht und verlangen
keine Gage. Ihr seid ein Schlaumeier.«
[9] »Nein, ich bin ein Genie.«
»Meinen Segen habt Ihr. Aber was soll ich Euch dann hel-
fen?«
»Hört nur zu! Das erste, was ich brauche und was ich mir
fabrizieren will, ist eine Kasperlepuppe, die tanzen, fechten
und Purzelbaum schlagen kann.«
[...]

[12] Wie Meister Zorntiegel die vier Treppen zu seiner kleinen Dachkammer hinaufstieg, murmelte er nach seiner Gewohnheit vor sich hin: »Sapperlot! Sapperlot! tut mir mein Schienbein weh! Hm! Hm! Hm! Und müde bin ich auch von der Balgerei mit Meister Pflaume. Sapperlot nochmal! Aber schlafen? Nein! Schlafen geh' ich nicht! Ich muß noch heute nacht meine Kasperlefigur schnitzen. Das soll ein Kasperle werden, wie noch keines da war! Der König aller Kasperle! Und soll sein ganz wie ein wirklicher Mensch. Wozu bin ich ein Genie, wenn ich das nicht kann? He? Hähähähähä! Kunst muß der Mensch haben! Aus einem Stück Holz eine Figur machen, die laufen, tanzen, springen, purzelbaumschlagen kann, – das ist Kunst, das ist Witz!«
[. . .]
[13] Dann holte er sein Schnitzmesser, hob den Stuhl an den Tisch, setzte sich darauf und nahm das Stück Holz vor.
»Zuerst muß das Kind einen Namen haben«, murmelte er. »Ich muß doch wissen, wen ich mache! . . . Soll ich ihn Zorntiegel junior nennen?«
»Da muß ich doch schön bitten«, rief ein dünnes Stimmchen, »ich heiße Zäpfel Kern!«
Wie das Zorntiegel hörte, erschrak er nicht etwa, wie Meister Pflaume bei gleicher Gelegenheit getan hatte, denn Zorntiegel wunderte sich um so weniger über eine Sache, je verwunderlicher sie war, sondern er sagte ganz einfach: »Du hast also schon einen Namen? Um so besser! Dann brauche ich mir darüber nicht erst den Kopf zu zerbrechen! Also Zäpfel Kern? Famos! Zäpfel ist so was wie Hänsel oder Fränzel; und Kern, – Kern, das klingt ganz hübsch und dauerhaft. Dafür will ich dir aber auch ein wunderschönes Köpfel schnitzen, mein liebes Zäpfel. Ein reizendes Zäpfel-Köpfel. Hehehehe!« Und fing an und schnitzte. Erst wars nur eine runde Kugel, dann grub er Locken hinein, dann glättete er einen schönen und breiten Stirnbogen ab, [14] dann brachte er darunter eirunde, geräumige Höhlen für die Augen an.

Kaum war dies geschehen, da waren aber auch schon, Gott weiß woher, ein paar blanke blaue Augen da, die ihn ganz impertinent anglotzten.

Zorntiegel fand das gar nicht artig und sprach: »Sieht man seinen Papa so unverschämt an, he?«

Aber es erfolgte keine Antwort.

Daher hielt sich der geschickte Künstler nicht weiter bei den Augen auf, sondern begann die Nase herauszuschnitzen.

Da begab sich aber etwas sonderbares, das jeden anderen in das höchste Erstaunen versetzt haben würde, nur nicht diesen genialen Zorntiegel. Nämlich: Je mehr er an der Nase herumschnitzte, desto länger wurde sie.

»Was ist denn das, Zäpfel«, rief der Meister aus, »ich wünsche, daß du eine anständige und runde kleine [15] Stumpfnase kriegst, und es wächst dir ein Zinken aus dem Antlitz, wie er frecher und länger nicht gedacht werden kann. Auf diese Weise wirst du nie so schön, wie dein Papa.«

Aber die Nase kümmerte sich gar nicht um diese Einwendungen, sondern wuchs und wuchs, und wie sie lange genug gewachsen war, krümmte sie sich nach unten und stand dann fest als richtige Kasperlenase.

»Auch gut«, meinte Zorntiegel, »ganz wie es Euch beliebt, Euer Wohl-, Lang- und Krumm-Geboren. [. . .]«

[22] Und da war er auch schon mitten im hohen, dunklen, schweigenden Tannenwalde und umarmte eine alte riesige Tanne, von der graue Flechtenbärte herunterhingen, und um die her ein bittersüßer Duft von Harz war.

»Vater!« rief Zäpfel Kerl, »Vater, da bin ich« und da stand auf einmal anstatt der Tanne das alte bucklige Männchen da, dessen Bart genau so aussah, wie eine Tannenflechte, und sprach: »Ei du Tunichtgut! Habe ich dich deshalb zu Meister Pflaume gebracht, daß du gleich durchbrennen sollst?«

»Aber das ist doch hier meine Heimat«, sagte Zäpfel Kern.

»Ja doch«, sprach der Alte, »aber du hast keine Wurzeln mehr, sondern Beine, und bist, wenn auch kein richtiger Mensch, so doch das Bild eines Menschleins geworden. Aus dem Walde habe ich dich in die Welt getragen, und *dort* sollst du dein Leben führen und nicht hier. Du sollst den Menschen zeigen, daß nicht bloß sie [23] allein Leben haben, und besonders die Menschenkinder sollen von dir lernen, indem sie über dich lachen.«

»Aber ich mag nicht!« schrie Zäpfel Kern und trampelte trotzig auf dem Moos herum.

»Siehst du wohl?« sagte darauf ruhig der Alte, »daß du kein Baum mehr bist!? Denn die Bäume sind nicht trotzig. – Es hilft dir aber alles Trampeln nichts; mach', daß du fortkommst!

> Eins, zwei, drei und hopp!
> Lauf nach Hause im Galopp!«

Kaum hatte Zäpfel Kern das vernommen, so setzte er sich, ohne es eigentlich zu wollen, auch schon in Trab und lief nach der Stadt zurück, wo er bald Meister Zorntiegels Haus fand und die Treppen hinauf und ins Zimmer hineinlief.

Dort überkam ihn sogleich ein wohliches Gefühl. Er fühlte sich geborgen und zu Hause und legte sich der Länge lang auf den Fußboden hin, Arme und Beine weit von sich streckend. Den Wald hatte er mit einem Male vergessen und fühlte sich ganz wie ein Menschenkind ...

[...]

[202] »Nun, wir wollen sehen«, unterbrach ihn die Fee, als er all diese guten und schönen Vorsätze aufzählen wollte, »und wir wollen die Sache diesmal anders anfassen. Da du als Kasperle durchaus nicht gut tun willst, so werde ich mit Hilfe meiner Feenkraft morgen einen richtigen Jungen aus dir machen. Das freut dich hoffentlich.«

Zäpfel Kern wackelte nachdenklich eine Weile mit dem Kopfe, dann sprach er: »Ich hab es mir immer gewünscht: das ist wahr; aber, seit ich die Schuljungen kennen gelernt habe, scheint es mir beinahe, als sei ein Kasperle gerade so viel wert, wie die meisten unter ihnen, und vielleicht mehr.«

»Ich sag ja nicht, daß du ein böser Bube, sondern daß du ein richtiger braver Junge werden sollst. Es ist auch wirklich nötig, daß mit dem Kasperletum Schluß gemacht wird, denn ins Gymnasium kann ich dich schließlich *nicht* mit dem Zuckertütenhut schicken.«

»Was ist denn das wieder?« rief Zäpfel argwöhnisch, – »Gimpelnasium? Ich habe keine Gimpelnase, und wegen dem Namen Gimpel war ja die große Schlacht am Meere.«

»Gymnasium ist die Anstalt, wo die Jungen noch mehr lernen, als in der gewöhnlichen Schule.«

»Noch mehr? Wozu denn noch mehr? Hat denn das Lernen nie ein Ende?«

»Ein Mensch lernt nie aus.«

»Dann will ich kein Mensch werden.«

»Auch nicht, wenn *ich* dich bitte?«

Frau Dschemma sagte das so sanft und gütig, daß Zäpfel Kern nicht widerstehen konnte und rief: »Wenn *du*'s willst, Mama, geh ich auch aufs Gimpelnasium und [203] Finkennasium und Amselnasium und überhaupt auf jedes Nasium, was es gibt, und werde ein Mensch, der nie auslernt, obwohl das schrecklich langweilig sein muß.«

»Dann ist heute also dein letzter Kasperletag, mein liebes Zäpfel«, sagte Frau Dschemma, »und diesen Tag wollen wir durch einen großen Schokoladenschmaus mit Makronentorte und Schlagsahne feiern, zu dem du all deine Schulkameraden einladen darfst. [...]«

[278] »Ei, Zäpfele, was redest du da! Ich sehe nicht bloß aus, wie deine Mama, – ich bin es selbst!«

»Und bist nicht krank?«

»Dein gutes Herz hat mich wieder gesund gemacht!«

»Und hast mich lieb?«

»Wie nur eine Mama ihr Kind lieb haben kann!«

»Mich böses Kasperle?«

»Bist ja kein böses Kasperle mehr, bist ein braves, tüchtiges, gutes Kasperle und, wenn du willst, wirst du überhaupt kein Kasperle, sondern ein Menschenkind sein.«

»Ich will, was du willst, Mama.«

»Nein, Zäpfele, es soll ganz so sein, wie *du* willst. Überleg dir's recht!«

Und Zäpfel Kern warf sich im Schlafe herum, unruhig, unsicher, hin- und hergewendet von ungewissen Gefühlen. Endlich sprach er langsam und leise: »Mir scheint, Mama, es wäre besser, ich bliebe ein Kasperle. Mir ist, es wäre besser so. Ich bin ein Bäumchen im Wald gewesen, und der Waldvater, der uralte, der auch kein Mensch ist, hat mich in die Stadt gebracht als ein Stück Wald, und mein lieber Menschenvater hat mir vom Menschlichen nur die Kunst gegeben. – Nicht wahr, Mama, so ist's?«

»Ja, mein Kasperle.«

»So hab ich also die Natur vom Walde, und die müßt ich doch verlieren, wenn ich ein Menschenkind würde?«

»Ja, das müßtest du.«

»Und wäre auch kein Kunstding mehr, kein Werk von Menschenkunst?«

[279] »Nein, denn ein Menschenkind ist kein Werk der Menschenkunst!«

»So verlör ich ja alles, was ich bin, Mama: meine Natur und mein Kunstwesen?«

»Freilich!«

»Ach, Mama, – dann würde ich ja was ganz anderes!? Soll ich das wirklich wollen?«

»Du sollst nur, was du willst.«

»Und du bist nicht böse, wenn ich kein Menschenkind werden will?«

»Nicht im geringsten! Hör bloß auf dich! Denk nicht an mich!«

»Ich höre auf *mich*, Mama, und denke an *dich*! Und mir ist: das ist ganz das Gleiche. O, Mama, jetzt weiß ich's: Auch du bist, wie ich! Deine Natur ist zwar nicht aus dem Walde, aber sie ist aus dem Himmel, und auch du bist ein Wesen aus der Kunst der Menschen, wenn auch aus einer anderen Kunst.«

»Du fühlst etwas richtiges, mein liebes Kasperle.«

»Und darum bist du wirklich und wahrhaftig meine Mama und wirst mir nicht böse sein, wenn ich, ein Kasperle, *dein Kasperle* bleibe!«

»Recht gesprochen mein Kind!« sprach die Fee und küßte Zäpfel Kern auf den Mund. »Bleibe was du bist: kein Menschenkind, und Herr Löcklich saß auf dem Bocke, und auf dem lernen mögen, indem sie darüber lachen!«

In diesem Augenblick kam der weiße Falke geflogen und schlug an die silberne Scheibe des Mondes mit dem Klöppel aus dem steinernen Palaste der Fee, und der Mond wurde zu dem klingenden Schilde an Frau Dschemmas Schloß, und dieses selbst baute sich im [280] Himmel leuchtend auf, und der Garten mit dem hohen Gitter aus eisernen Lilien rückte heran, und die Lindenallee schob sich herbei, und die große Eiche kam und der grüne Wald. Und in der Allee fuhr die himmelblaue Karrosse herbei mit den weißen Katzen, und Herr Löcklich saß auf dem Bocke, und auf dem Ebenholzbrette hinten standen seine beiden Söhne. Und jetzt saß die Fee im Wagen und neben der Fee Meister Zorntiegel und ihnen gegenüber Zäpfel Kern. Und die Dakkel-Soldaten standen am Tore und präsentierten, und General Bumbautz, der Schnauzel, senkte den Degen, und Schnapps war Portier und Kastelan, und Fräulein Täubele stand neben ihm am Tore. Und, wie die Karrosse vorfuhr, schrien alle Hurra!

Und wie Zäpfel Kern aufwachte, war alles wirklich so, wie er geträumt hatte. Und so ist es heute noch.

Für unsere Kinder

1905–21

[1905; Nr. 11, 44]   *Die Funkenfee.*

Ein Märchen von Anton Fendrich.

Der kleine Moritz hatte wieder einmal nachsitzen müssen,
weil er während des Unterrichtes nicht aufgepaßt hatte.
Sechs und neun? hatte der Lehrer gefragt und ihn gerade
aufgerufen, als er darüber nachdachte, wie das wohl käme,
daß die Schulglocke vor und nach den Pausen so laut und
heftig klingle, wenn der Schuldiener unten im großen Gang
nur so ein bißchen auf einen Knopf drückte. Einmal hatte er
den Schuldiener gefragt, warum es klingle, wenn er auf den
Knopf drückte. Sie hätten zu Hause auch so eine Klingel,
aber die tue lang nicht so laut; die mache nur ganz leise:
krrriiiiing, und der Knopf zu Hause sei nicht kleiner wie
dieser. Da hatte der Schuldiener einen Finger in die Höhe
gehoben, wie es die Lehrer machten, wenn sie etwas ganz
Schweres erklärten, und hatte gesagt: »Das ist die Elektrizität, mein Kleiner! Aber das ist noch zu schwer für dich. Das
bekommst du erst in der Physik, wenn du in den oberen
Klassen bist.«
An alles dies dachte der kleine Moritz wieder, als er gerade
aufgerufen wurde. Da wußte er nicht, was der Lehrer gefragt hatte, und mußte nachsitzen, weil das heute schon
zweimal vorgekommen war.
Und jetzt war der kleine Moritz auf dem Heimweg. Es war
schon ganz dunkel und abscheuliches Wetter. Der Regen
klatschte auf den Dächern und sprang vom Asphaltpflaster
auf. In den blechernen Ableitungsröhren der Dachrinnen
prasselte und rumpelte es wie verrückt, und die Straßen-

dohlen glucksten und gurgelten. Der Herbststurm fuhr um
die Kamine und Straßenecken und johlte vor Freude: Huio,
huiahoh, hooooooo, hui, hui! Der kleine Moritz aber hörte
das alles gar nicht; er hörte auch nicht die Musik, welche der
Regen auf seinem aufgespannten Schirm machte. Er sah nur
die großen elektrischen Bogenlampen, die wie Monde mitten in der Straße hingen und lange goldene Lichtscheine auf
das nasse Pflaster warfen.

»Ja, ja«, dachte er, »ich glaub' schon, daß das Elektrizität
ist, aber was ist das, Elektrizität? das möchte ich gern wissen.«

So kam er nach Hause und konnte an nichts denken als an
die Elektrizität. Die Mutter zankte ihn nicht aus, weil er
hatte nachsitzen müssen, denn sie wußte, daß der kleine
Moritz oft an andere Dinge als an die Schule denken mußte
und nichts dafür konnte. Nur wenn er unartig gewesen war,
zankte sie ihn. Das kam aber nicht oft vor. So bekam er
denn wie sonst sein Butterbrot. Als er es gegessen hatte,
fragte er:

»Mutter, was ist denn das, die Elektrizität?«

Die Mutter antwortete: »Ja, das kann ich dir leider nicht genau sagen, es ist etwas sehr Schwieriges. Als ich schon größer war wie du und noch in die Schule ging, hat es der Lehrer uns einmal gesagt, aber so ganz genau habe ich es nicht
verstanden. Es ist eben nichts für Kinder.«

»Das sagen alle Leute«, erwiderte der kleine Moritz. »Ich
habe einmal einen Mann gefragt, der solche schwarzen
Stäbe in die runden Glaskugeln gemacht hat, die nachts so
schön elektrisch auf der Straße brennen, weil ich dachte, der
müßte es doch wissen. Aber er hat mir nur gesagt: ›Da bist
du noch viel zu klein dazu, mein Kleiner.‹ Aber ich möchte
es eben doch wissen, Mutter!«

»Nun, mach du jetzt lieber deine Aufgaben«, sagte die Mutter.

Der kleine Moritz gehorchte, machte seine Aufgaben, aß
dann zu Abend und ging dann zu Bette. Er hörte, wie die

Mutter noch an der Nähmaschine arbeitete, und wie draußen der Regen an die Fenster klatschte. Er dachte wieder: Wenn ich doch nur wüßte, was die Elektrizität ist. Da wurde es auf einmal ganz hell im Zimmer, und vor dem Bette des kleinen Moritz stand eine schöne Frau, deren Augen wie Sterne leuchteten. Ihre Kleider sahen einmal weiß aus und dann wieder blau und dann wieder rot. Sie glänzten wie Seide und wechselten ganz schnell die Farbe. Und um die schöne Frau herum zuckte und züngelte es wie von tausend blauen Flämmchen und Fünkchen. »Du mußt keine Angst haben«, sagte sie zu dem kleinen Moritz, »ich bin die Funkenfee und will dir sagen, was Elektrizität ist.«

Da war der kleine Moritz sehr froh, und er sagte stolz zur Funkenfee: »Gelt, ich bin nicht zu klein dazu, um das zu wissen.«

»Nein«, erwiderte die Funkenfee, »du bist nicht zu klein dazu. Du hast so viel an mich gedacht, daß ich einmal zu dir kommen wollte. Ich bin nämlich selber die Elektrizität. So heißen mich die Menschen, aber sie kennen mich nicht genau und wissen nicht, daß ich es bin, die Funkenfee, die ihre Trambahnen treibt und ihre Bogenlampen zum Leuchten bringt. Die Menschen sehen nur, was ich tue, aber mich selber kennen sie nicht.«

»Da bist du aber sehr stark«, sagte der kleine Moritz voll Bewunderung zur Funkenfee, »wenn du die Trambahnen treiben kannst.«

Die Funkenfee lächelte und sagte: »Ich bin noch viel stärker, kleiner Moritz. Komm mit. Aber du darfst keine Angst vor mir haben. Es geschieht dir nichts.«

Kaum hatte die Funkenfee ausgesprochen, da fühlte der kleine Moritz, wie er aus dem Bette heraus durch die Lüfte gerissen wurde, und im nächsten Augenblick saß er mit der Funkenfee hoch oben über der Erde auf schwarzen, drohend geballten Wolken.

»Jetzt gib acht«, sagte die Funkenfee, »jetzt blitze ich.« Und während sie dies sagte, bekam sie ein furchtbar strenges

Gesicht, und stolz leuchteten ihre Augen. Gewaltige blaue
Flammen umloderten sie, und ehe der kleine Moritz sich
versah, war sie mit ihm hinab zur Erde auf eine alte Eiche
gefahren, deren Stamm krachend auseinander splitterte und
im nächsten Augenblick lichterloh brannte.

Nun hatte der kleine Moritz aber doch Angst bekommen.
Die Funkenfee aber sah, als er sie voll Schreck anblickte,
wieder ganz lieb aus. Ihre Augen waren freundlich, und [45]
ihre Kleider leuchteten wie stiller Mondenschein. Da verlor
der kleine Moritz wieder seine Angst. Die Funkenfee aber
sagte: »Hier in den Lüften heißen mich meine Brüder und
Schwestern oft die tolle Grete, weil ich bisweilen so wild
bin. Ich habe einen Bruder. Das ist der Hans Dampf. Der ist
auch sehr stark und treibt die Eisenbahnlokomotiven. Aber
er ist lange nicht so geschwind wie ich.«

»Wie schnell kannst du laufen?« fragte der kleine Moritz.

»Komm einmal mit nach Hamburg«, sagte die Funkenfee.
Ehe sie ausgesprochen hatte, saß der kleine Moritz mit der
Funkenfee auf einem Tische in einem großen Telegraphen-
bureau von Hamburg.

»Nun gehen wir durchs Meer nach Amerika«, sagte die Fee.
Einer der Telegraphenapparate machte: klick, und da saß
der kleine Moritz schon in einem anderen Telegraphenbu-
reau, wo die Menschen eine Sprache redeten, die er nicht
verstand.

»Das ist Englisch«, sagte die Funkenfee. »Wir sind nämlich
jetzt in New York.«

»Oh, du kannst aber sehr schnell laufen«, meinte der kleine
Moritz.

»Ich bin allgegenwärtig«, sagte die Funkenfee; »ich kann zu
gleicher Zeit überall sein. Ich bin die allergrößte Kraft auf
der Welt und die allerkleinste. Ich zucke in den Wolken,
und wenn du einen Gummifederhalter auf deinen Höslein
reibst, so daß er ein Papierschnipfelchen anzieht, so mache
ich das auch. Ich brenne und leuchte, ich helfe Lasten tragen

und schicke Botschaften über die ganze Erde. Ich mache
Kranke gesund und töte die Menschen.«
Da bekam der kleine Moritz wieder Angst. Die Funkenfee
aber sagte beruhigend: »Nun will ich dir noch etwas Schö-
nes zeigen. Hast du schon vom Polarlicht gehört?«
»Ja«, antwortete der kleine Moritz, »ich hab' ein Buch vom
Eismeer, da ist es drin abgemalt.«
Die Funkenfee erwiderte nichts mehr, und im nächsten Au-
genblick saß der kleine Moritz mit ihr auf einem großen
Eisberg am Nordpol. Am Himmel aber schossen wie feu-
rige Schlangen Lichter und Flammen in allen Farben empor.
Dann kam ein weißglühendes Flimmern und Zucken, daß
der kleine Moritz glaubte, der Himmel sei von Silber. Dann
wogten orangerote Lichtbänder wie Girlanden auf und nieder. Und immer wechselten am ganzen großen Himmel die
Farben, tausendmal schöner noch als an der Funkenfee
Kleider.
»Siehst du, das ist das Nordlicht«, sagte die Funkenfee zu
dem staunend dasitzenden kleinen Moritz. »Und jetzt wollen wir aber wieder nach Hause«, fuhr sie fort. »Ich sehe
nämlich gerade den Bäckerjungen mit dem Brote nach eurem Hause gehen. Der wird klingeln, und da muß ich doch
dabei sein.«
Krrrriiing! – klang es im Korridor, und der kleine Moritz
wachte auf. Er lag in seinem Bette und sah erstaunt um
sich.
»Morgen kannst du zwei Brötchen mehr mitbringen«, hörte
er die Mutter zum Bäckerjungen sagen. Da begriff er, daß er
geträumt hatte, und daß die Funkenfee im Traume zu ihm
gekommen war.
Und er sagte niemand ein Sterbenswörtchen von dem schönen Traume, denn die Leute hätten ihm doch nicht geglaubt. Da behält man die schönen Träume am besten für
sich. Die Mutter aber wunderte sich lange darüber, warum
der kleine Moritz nicht mehr fragte, was Elektrizität ist.

PAULA DEHMEL

Das grüne Haus

1907; Geschenkausgabe [um 1925]

[80]   *Vom Feuermännchen und der Maus Grisegrau*

»Heut will ich euch die Geschichte vom Feuermännchen erzählen«, sagte eines Abends unsere gute alte Tante Minna;
»sie ist zwar ein bissel gruselig, aber ich will sie euch doch
erzählen.
Ihr müßt wissen, zu Hause in Pankenbrück hatten wir einen großen Kachelofen, so einen recht altmodischen grünen
Kachelofen. Und blanke Haken hatte er, um nasse Kleider
dran aufzuhängen, und eine Warmröhre mit einer Messing-
türe hatte er auch.
Darin gab es im Winter Bratäpfel oder ein Töpfchen mit
Kaffee für den Fritz und die Grete, wenn sie müde und
hungrig vom Schlittschuhlaufen kamen.
Ich sage euch Kinder, es war ein Prachtstück von einem
alten Kachelofen!
Und was das Herrlichste war, es wohnte ein Feuermännchen drin, ein wirkliches gelbes Teufelchen.
[. . .]
[81] Doch nun kommt meine Geschichte.
Einmal nämlich mußte ich eine Mausefalle aufstellen. Im
Eckschrank in der Wohnstube hatte das Brot ein ganz ver-
dächtiges Loch gehabt. Ich briet ein Stück Speck hübsch
knusprig und legte es in die Falle. Am andern Morgen war
der Speck weg, die Falle aber zu und von einem Mäuschen
nix zu sehn. Grete und ich schüttelten verwundert die
Köpfe; bloß der Fritz, der sich über nichts wunderte, lachte
unbändig, so daß wir schon glaubten, er habe das Mäuschen
wieder laufen lassen. Er sagte aber nein, und da er ein wahrhaftiger Junge war, mußten wir ihm schon glauben. Ich

machte ein neues Stückchen Speck zurecht und richtete die
Falle zum zweiten Male. Aber es ging wie vorher: Speck
weg, Maus weg, Falle zu! Das ging nicht mit rechten Dingen zu!
Ich machte mir nun mein Bett auf dem Sofa in der Wohnstube zurecht und wollte aufpassen. In der Falle roch wieder ein saftiges Speckstückchen. Ich legte mich hin und blin-
zelte von Zeit zu Zeit hinüber, aber es blieb alles still.
Wenn der Vollmond nicht so hell ins Zimmer geschienen
hätte, wäre mir die Zeit gewiß recht lang geworden.
Endlich hörte ich Trippelschrittchen, und – Kinder, da hatten wir die Bescherung! Da kam mein Mäuschen, aber nicht
allein, es hatte einen artigen Kavalier bei sich, nämlich unser
leibhaftiges Feuermännchen. Der ging an die Falle, hielt
zierlich und geschickt das Fallbrettchen hoch, Mäuschen
holte den Speck, und als sie außer Ge-[82]fahr war, ließ das
Kerlchen vorsichtig den Deckel wieder fallen. Ich sah belustigt zu, mit welchem Appetit sie dann den Speck verzehr-
ten, und spitzte die Ohren, was sie wohl sonst noch machen
würden.
Ich brauchte nicht lange zu warten, bis sie ihre drolligen
Spiele anfingen.
Mitten auf der Diele war ein großer weißer Fleck, den hatte
der Vollmond dorthin gemalt. Da begannen sie ihre Kunst-
stückchen. Wie die geschicktesten Turner und Seiltänzer
sag' ich euch!
Einmal war Feuermännchen der Reiter und Maus das
Pferdchen. Hui, ging's immer rundum, ohne Sattel und
Zaum. Nein, das hättet ihr wirklich sehn müssen!
[...]
[83] Das dauerte so eine gute Stunde; da ging der Mond weg,
und Maus und Feuermännchen verschwanden im Ofen, unten, wo schon lange eine Kachel fehlte. Na, nun wußte ich
Bescheid und nahm mir vor, da nun einmal das Mäuschen
unserm Feuermännchen sein Schatz war, ihr nix Böses zu
tun. Im Gegenteil, Grete mußte jeden Tag ein Puppenschäl-

chen voll Milch vor das Ofenloch stellen; und ich tat ab und
zu auch noch einen andern guten Bissen hinein; wußte ich
doch, daß auch Feuermännchen kein Kostverächter sei.

Bald war das Mäuschen so zahm, daß es sich auch am Tage
hervorwagte, ja, es stellte sich zu den Mahlzeiten ein und
trug manch Häppchen zu ihrem Schatz ins Ofenloch. Wir
nannten sie Frau Grisegrau und hatten sie alle lieb.

Wenn Vollmond war, ließ es mir keine Ruhe; eine Nacht
wenigstens mußte ich ihrem übermütigen Treiben zusehn.
Auch dem Fritz und der Grete machte ich mal im Wohnzimmer ihr Bett auf; aber die dummen Jöhren schliefen immer ein und wußten am andern Morgen nix vom Feuermännchen und nix von Frau Grisegrau.

So lebten wir ein paar Jahre zusammen; und wenn die Bratäpfel in unserm alten Ofen schmorten und draußen der
Sturm ging, erzählte ich den Kindern neue Kunststücke von
Feuermännchen und Grisegrau, und sie guckten vergnügt
ins Ofenloch und sahen das Teufelchen lustig flackern und
springen.

[84] Doch nun kommt's traurig, Kinder, denn alles Schöne
hat im Leben mal ein Ende.

Eines Tages lag unser Mäuschen tot vor ihrem Loche. Ein
fremder Kater hatte sich hereingeschlichen und es erwischt.
Ich verjagte ihn, aber ich kam zu spät.

Ich blieb im Wohnzimmer, und als der Mond kam, sah ich
unser Feuermännchen klagend um die Leiche gehn. Zuletzt
nahm er sie auf den Rücken und ging langsam den gewohnten Weg durch die Kachel.

Im Ofen war noch Glut, ich bückte mich, um hineinzusehn,
da war er schon mit seiner lieben Grisegrau mitten drin.
Hellauf loderten die Flammen, die die kleine Maus begraben sollten; ganz stille hockte das Feuermännchen daneben
und sah zu.

Mir war ganz traurig zumute, als ob mir was liebes gestorben wäre ...

Bei uns im Hause wurde es auch still, seitdem Feuermännchen und Grisegrau nicht mehr zusammen spielten. Der
Fritz kam zu den Soldaten und die Grete wurde Erzieherin
weit weg in Ungarn.
Für mich allein mochte ich keine Bratäpfel mehr in den
alten Kachelofen legen, und auch das Feuermännchen habe
ich seit jener Nacht nicht wieder gesehn.«

SOPHIE REINHEIMER

*Von Sonne, Regen, Schnee und Wind und
anderen guten Freunden*

1907; Neuaufl. 1913

[62]   *Der Herbstwind geht auf die Reise.*

Es war wundervolles Herbstwetter draußen! Der Himmel
war blau, die Sonne schien und in den Gärten blühten die
roten und blauen und weißen Astern.
Es war ein Wetter, daß man am liebsten den ganzen Tag spa-
zierengegangen wäre.
Wißt ihr, wer das *auch* dachte? Der Wind – der Herbstwind.
»Huii« – machte er – »das ist ein Wetter heute! Wie geschaffen zum fröhlichen Wandern. Heute soll's lustig werden –
huii! Heute wird eine Reise gemacht. Adieu!!!«
Und weil der Wind, wenn er auf die Reise geht, nicht erst
Koffer zu packen braucht, wie wir, so konnte er gleich los-
fahren. Huii – da sauste er schon durch die Straße.
»Kommen Sie mit?« rief er einem Stück Papier zu, das da
lag. Das Papier flog ein Stück weit mit, dann blieb es liegen.

»Huii – ich gehe auf die Reise! Wer kommt mit?« rief der
Wind noch einmal ganz laut.
[63] Da kam es von allen Seiten herbei. Dürre Blätter –
Holzspäne – leere Papiertüten – – ja, sogar ein paar Hüte
kamen von den Köpfen heruntergeflogen und wollten
mit.
»So ist's recht!« sagte der Herbstwind. »Aber es geht per
Schnellzug!« Und er jagte mit den Hüten im Galopp die
Straße hinunter.
Reiselust steckt an. Die ganze Straße war auf einmal davon
gepackt. Hier schwang sich eine Gardine zum Fenster hinaus – dort klapperte und rüttelte ein Fensterladen an seinen
Angeln; ach – aber sie konnten – traurigerweise – beide
nicht loskommen. Und dort – der Blumentopf am Fenster – wollte der gar auch mit? Er wackelte hin und her –
bums – – da lag er auf der Straße. Wie schade!
Auf der Straße aber schrien und schimpften die Leute, und
andere liefen hinter ihren Hüten her, und andere machten
schnell die Fenster zu. –
Da sah der Wind ein, daß das Reisen in großer Gesellschaft
doch seine Unannehmlichkeiten habe. »Die einen können
überhaupt nicht loskommen – und die anderen bleiben
gleich liegen. Ich werde lieber allein weiterreisen«, sagte er.
»Aber die enge Straße ist nichts für mich; ich brauche Platz,
ich muß hinaus – ins Freie.«
Draußen vor der Stadt war ein Stoppelfeld. Auf dem Stop-
pelfelde liefen Buben herum, die wollten ihre Drachen steigen lassen. Schöne, große Drachen mit langen, bunten
Schwänzen, aber sie wollten nicht steigen.
Dorthin ging nun der Wind.
»Na, meine Herren?« sagte er zu den Drachen. – »Sie ma-
chen ja so ängstliche Gesichter? Es geht wohl nicht so [64]
recht mit dem Fliegen, was? Na, warten Sie mal – ich werde
Ihnen ein bißchen helfen dabei.«
Und nun nahm der Wind die Drachen und hob sie in die
Höhe. »Soo – hooo! – Nur ruhig, nur nicht so wackeln; und

die Schwänze – die Schwänze schön gerade gehalten. Soo –
soo – – sehen Sie, meine Herren, es geht ja ganz famos.
Achtung – da kommt ein Baum – – denken Sie an Ihre
Schwänze!«

Es sah sehr hübsch aus, wie alle die bunten Drachen da
oben so ruhig dahinschwebten. Die Buben unten auf dem
Felde jubelten vor Freude. Der Wind aber sagte dann zu
den Drachen, nun wüßten sie ja, wie sie's machen müßten,
und er müsse nun weiterwandern.

Er kam nun an einen Wald, an einen bunten Herbstwald.
Bunt sah der Wald aus, weil alle die Blätter ihre hübschen
bunten Kleidchen anhatten. Die Kleider, die der Herbst
ihnen mitgebracht, als er ins Land gezogen kam.

»Wind – lieber Wind« – riefen die Blätter, »hol' uns doch
von den Bäumen herunter. Was nützen uns unsere hübschen
Kleider, wenn wir ewig hier oben sitzen? Wir möchten so
gerne auf die Erde hinunter und laufen und tanzen und
springen.«

»Recht so!« sagte der Wind, der sich freute, soviel niedliche
kleine Tänzerinnen zu bekommen.

»Phhh« – machte er, und dann noch einmal ganz stark:
»Phhh – – –«

Da fiel ein ganzer Blätterregen auf die Erde hinunter.

Unten, auf dem Waldwege, da ging der Tanz denn los.
Polka, – Walzer – Galopp – wie die Blätter es haben [65]
wollten. Der Wind war ein famoser Tanzmeister. Und pfeifen konnte er dazu – ganz wundervoll!

Huihihi – huihihi – – – –

Auf dem Waldwege ging ein Mann. Der hatte einen langen
schwarzen Rock an und lange schwarze Haare. In der einen
Hand hielt er ein Stück Papier, auf das er etwas geschrieben
hatte; mit der anderen Hand fuchtelte er manchmal so in
der Luft herum.

»O Wind – o Herbstwind – –« sagte nun der Mann (es
klang, als ob er weinen wollte), »du holst die Blätter von

den Bäumen nur, um ihnen hier auf der Erde ein Grab zu
graben.«

»Ach – Unsinn!« machte der Wind ärgerlich – »tanzen will
ich mit ihnen.«

»Und dein schauerliches Pfeifen« – fuhr der Mann fort –
»ist der Grabgesang.«

»Schauerliches Pfeifen? Na – erlauben Sie mal! Das verbit-
te ich mir höflichst! Sie scheinen nur nicht gut zu hören,
Mann – es war der neueste Walzer, den ich pfiff, aber kein
Grabgesang. Verstanden?«

Dabei zauste der Wind den Mann an seinen langen Haaren,
sah ihm über die Schulter und las, was auf dem Papier geschrieben stand:

»Sterben – Verderben – Graue Tage – Totenklage.«

»Schnickschnack!« sagte der Wind ganz wütend und zauste
noch viel tüchtiger. »Wer wird denn so schauriges Zeug
schreiben? Wenn Sie durchaus Gedichte machen müssen,
Mann, dann machen Sie wenigstens solche, über die die
Leute sich freuen können. Verstanden? Geben Sie mal
her!« – –

[66] Und nun riß der Wind dem Manne das Blatt Papier aus
der Hand und jagte in flottem Galopp mit ihm fort – immer
weiter – zum Walde hinaus. Dort, unter einem Steine, ließ
er es liegen.

»So, hier kann es wenigstens niemand mehr die Laune verderben, bei diesem schönen Wetter«, sagte der Wind. Und
dann machte er, daß er weiterkam. –

[...]

[73] Nun war es Abend. Die Sonne war schon lange unter-
gegangen [...].

Und er, der Wind? Wo sollte er nun schlafen? Er war doch
so müde von der langen, langen Reise. Aber hier auf dem
Wasser zu schlafen – auf dem nassen, kalten Wasser – nein,
dazu hatte er wahrhaftig keine Lust. Zum Schlafen wollte er
sich doch ein gemütlicheres Plätzchen suchen.

Und so machte er sich auf und ging vom Meere fort.

Es war wahrhaftig schon ganz dunkel. Nur dort am Strande
sah er ein mattes Lichtchen brennen. Ob das wohl ein er-
leuchtetes Fensterchen war?

[...]

[74] Dort – – das waren aber wirklich erleuchtete Fenster,
die er da sah. Ja, die Fenster eines Fischerhäuschens waren
es. Wie hell und traulich sie in die Dunkelheit hinausleuch-
teten. Man konnte sich schon denken, wie gemütlich es erst
drinnen in der Stube sein mußte.

»Wenn ich nur erst schon darin wäre!« dachte der Wind.
»Aber wie komm' ich hinein?«

Er rüttelte an den Fenstern – – die waren fest zu. Er rüttelte
an der Türe – vergebens; alles zu. Da stieg er – eins zwei
drei – aufs Dach hinauf, schlüpfte in den Schornstein und
wupp – war er drinnen im Ofenrohr. Hei – wie das Feuer
im Ofen gleich aufprasselte und flammte und seinen rotgol-
denen Schein in die Stube hineinwarf.

Eine gemütliche Stube war es. Mitten darin stand eine
Korbwiege, darin lag ein rotbäckiges Kindlein. Das Kindlein schrie und wollte nicht schlafen; da kam die Mutter,
setzte sich neben die Wiege, schaukelte sie und fing an zu
singen:

»Schlafe, schlaf, mein süßes Kind.
Draußen weht der Abendwind.
Schüttelt leise im Garten die Bäume,
[75] Fallen herab gar liebliche Träume.
Träume, – die schimmern und glänzen wie Gold,
Von Sonne und Blumen – vom Frühling hold.
Wart' nur, gleich hol' ich dir einen herein!
Schlaf nur, mein Kindchen, schlaf ein, schlaf ein.«

»Huii –« machte der Wind im Ofenrohr, leise geschmeichelt, »das nenn' ich mir ein nettes Lied!«

Es gefiel ihm ausnehmend, was die Mutter da von ihm gesungen hatte. Er hatte zwar noch nie etwas von den goldenen Träumen gesehen, wenn er die Bäume geschüttelt hatte,
aber es gefiel ihm doch gut.

Überhaupt – die Mutter – das Kindchen – die Stube und das warme Ofenrohr – alles gefiel ihm gar gut, und er dachte: »Das wäre ein Nachtquartier, wie ich mir kein besseres wünschen könnte.« [...]

ROBERT GRÖTZSCH

Nauckes Luftreise und andere Wunderlichkeiten

1908

Der Eisenfresser.

[119] Es ist noch gar nicht so sehr lange her, da überlief die Kinder des kleinen Ortes Hämmerlöh ein Gruseln und Zittern, wenn sie das Wort *Eisenfresser* hörten. So hieß nämlich ein gefräßiges Ungeheuer, das in einem großen, steinernen Hause lebte und fauchte. Der unförmige Leib des Ungeheuers war wie aus Stahl gegossen und fest in die Erde gemauert. Von Stahl waren auch der mächtige Rachen und die dürren Glieder, die täglich von früh bis abends rastlos auf und nieder dröhnten.

Das Ungetüm schnaufte und biß und stampfte im Dienste des Kommerzienrats Steinreich. Der war Besitzer der großen Fabrik Hämmerlöh, in der so ziemlich alle erwachsenen Männer des Ortes hämmerten und feilten, löteten und nieteten.

Von früh bis spät abends flammten in der Fabrik des Kommerzienrats die Schmiedefeuer, sprangen die Hämmer auf blankem Amboß. Und alle Kinder, die um die Mittagszeit das Essen in blauen Töpfen zu ihren Vätern nach der Fabrik trugen, freuten sich der lohenden Flammen, der tanzenden, singenden Hämmer, der schnurrenden, surrenden Drehbänke, – nur um die steinerne Höhle des fauchenden Untieres zogen sie furchtsam einen weiten Bogen.

Manchmal jedoch sammelten sie sich zu größeren Trupps, guckten durch die dicken Fensterscheiben in das Innere des rußigen Hauses und belauschten mit neugierigem Gruseln das [120] Riesentier bei seinem Tagewerk. Sie sahen staunend, daß ein Mann an dem Riesenleibe auf und ab ging und in den aufgerissenen Rachen des Ungetüms mit schweren, groben Eisenstangen stach, die auf der anderen Seite zu dicken, runden Haken und Rollen zerbissen und verbogen aus einem Loch des Riesenleibes wieder herausfielen. Dabei fuhren vor dem Rachen zwei lange eiserne Arme herauf und herunter, zerknickten das Eisen und schoben es dann in den weitgeöffneten Schlund hinab.

Die Kinder von Hämmerlöh gingen diesem Eisenfresser deshalb weit aus dem Wege, weil er oft blutdürstig nach Kindern packte.

Jeden Tag nach Schulschluß nämlich, wenn die Nachmittagssonne über die Fabrikgebäude hinstrich, mußte ein Knabe dem rasselnden Ungeheuer schwächere und kürzere Eisenteile reichen, als der Mann am Vormittag in den Rachen schob. Sowie die Kirchglocke 2 Uhr schlug ging der Mann, vom Eisenfresser hinweg und der Knabe stellte sich vor dem Ungetüm auf.

Das war die Gelegenheit, die das Ungeheuer blutdürstig ausnützte.

Und wie heimtückisch es dabei zu Werke ging!

Mit gleichmäßigem, dröhnendem Fauchen des Rachens suchte es das Kind, das dem Rachen die kleinen Eisenteile reichen mußte, einzuschläfern. Die auf- und abstampfenden Arme sangen in die Knabenohren: »Schlaf – ruhig! Schlaf – ruhig!«

So klang es stundenlang, bis dem Knaben die Augen trokken und die Lider schwer wurden; bis er einmal verpaßte, die Eisenstange wagerecht unter die stählernen Arme zu schieben. Dann war es, als ächze der Rachen des Unholdes

lüstern und ein tückischer Stoß mit der Eisenstange folgte,
daß der Knabe taumelnd gegen das schnappende Maul
flog.

[121] Viele Kinder schon waren so von dem Eisenfresser
überfallen worden. Zwei Knaben hatten dabei sogar einen
ihrer Finger im Rachen lassen müssen.

Und jeden der Jungen, auf den das Ungeheuer einmal los-
gesprungen war, befiel beim Anblick des schnaufenden Rachens ein Zittern so stark, daß der Ueberfallene die Nähe
des Riesen meiden und gewöhnlich der nächstälteste Knabe
des Ortes an die Stelle des Ueberrumpelten treten mußte.

Als der Eisenfresser so einige Jahre gegen die Kinder gewü-
tet hatte, als sogar der älteste und gescheiteste Knabe des
Dorfes eines Abends mit schlotternden Knien von dem
Unhold hinweg nach Hause gerannt war, murrten die Arbeiter der Fabrik Hämmerlöh und beschlossen, ihre Kinder
nicht mehr vor den gefährlichen Rachen zu schicken.

Darüber war der Herr des Ungeheuers sehr erzürnt. Er rief
seine Arbeiter ins Fabrikbureau und hielt eine kurze An-
sprache. – »Vor allem, ihr Leute, schimpft nicht so auf den
Eisenfresser«, tadelte Kommerzienrat Steinreich. »Er ist mir
ein lieber Geselle, der seinem Herrn mehr einbringt, als
hundert Arbeiter; denn, wie ihr alle wißt, leistet er täglich
mehr als hundert Arbeiter. Aber das schwache Eisen muß
weiter von Kindern gereicht werden; das ist eine sehr leichte
Arbeit, für die ich nicht einen Großen bezahlen kann.
Ueberhaupt, wenn der Knabe richtig auf den Rachen und
die Klauen des Eisenfressers achtet und nicht schläft, kann
nichts passieren. Meinetwegen soll der Junge auch von jetzt
an einen Pfennig die Stunde mehr bekommen, wenn ihr mir
einen geweckten Kopf schickt.«

Die Arbeiter gingen halb nachdenklich, halb unschlüssig
nach Hause und die ältesten Jungen im Dorfe jammerten:
»Jesses, jesses! Wer von uns wird jetzt dran kommen?«

Dies Wimmern und Jammern aber mißfiel schon längst einem der jüngeren Knaben, den seine Schulkameraden [122] *Specht* nannten, weil aus seinem kleinen Gesicht eine große, gebogene Nase hervorstach.

Trotzdem er erst fünf Jahre zur Schule ging, war er doch ebenso stark, wie einer der ältesten Jungen. Es wurde von ihm sogar erzählt, daß er einmal einem wüsten, schwarzen Schlächterhund, der ein ganz kleines Mädchen beißen wollte, mutig die Faust in den Rachen gehalten hatte, so daß sich der bissige Köter mit eingezogenem Schwanze davon machte.

Also diesem Knaben ging das Lamento seiner Kameraden so zu Herzen, daß er nicht mehr ruhig Schularbeiten machen konnte.

Außerdem fiel ihm ein, daß seine Mutter oft bekümmert drein blickte und sagte: »Ach ja, nun muß ich schon wieder 'mal meine letzte Mark wechseln lassen .....!«

Darum raffte er sich mutig auf, lief aufs Feld hinaus wo die Mutter den Rücken krümmte und Kartoffeln buddelte und sagte altklug zu ihr: »Ein paar Groschen könnte ich schon mit verdienen helfen. Schicke mich in die Fabrik zum Eisenfresser, wenn die älteren Jungen sich fürchten; ich kann überhaupt das Jammern nicht länger mit anhören.«

Als am nächsten Nachmittage die Hämmerlöher Jungen zur Hamsterjagd in die Felder hinauszogen, stand Specht bereits tapfer vor dem Eisenfresser, schob eine Stange Schwacheisen nach der anderen in den Rachen und war fest entschlossen, das Ungeheuer keine Sekunde aus den Augen zu lassen.

Die langen, stählernen Glieder krachten und in den Knabenohren klang es: »Schlaf – ruhig! – Schlaf – ruhig!«

Specht jedoch mußte immer an die überfallenen Kameraden denken und konnte darum schon vor Zorn und Grimm nicht schläfrig werden.

[123] Aber so mutig und wachsam sich der kleine Specht auch zeigte – der Eisenfresser wartete geduldig und lauernd, bis seine Siegesstunde kam . . . .

Und die kam!
Zwei Monate bereits überwachte der Knabe alltäglich nachmittags die Bewegungen des Ungeheuers, als die Knabenglieder eines Tages gleichgültig wurden.
In den Ohren sang es: »Schlaf – ruhig! Schlaf – ruhig!«; im Kopfe liefen Gedanken umher über den sakrisch schwierigen Aufsatz, der für die nächste Schulstunde zu leisten war; die Lider wollten über die Augen sinken; die Arme hingen müde am Körper herunter, – da warf ein kurzer, scharfer Ruck der Eisenstange auch diesen Jungen gegen den Riesenrachen.
Das stählerne Ungeheuer ächzte befriedigt, und als der Knabe zitternd zurücktaumelte, fehlte ihm der linke Zeigefinger. [124] Von der verstümmelten Hand aber floß warmes Blut zur Erde.
Um die gierig auf und zu klappenden stählernen Lippen des Ungeheuers liefen ebenfalls rote Blutrinsel. Es sah aus, als lache das rotgefärbte Riesenmaul höhnisch.
Specht jedoch war ein tapferer Junge. Er schrie nicht auf, wie die anderen vor ihm; er fiel auch nicht in Ohnmacht. Er biß die Zähne fest aufeinander, ging mit trotzig gehobenem Kopfe zur Tür und rief in den Hof, wo rußige Männer Eisenplatten schmiedeten, laut und klar hinaus: »Kommt 'mal her! Meine Hand muß verbunden werden!«

So holte sich der Eisenfresser den dritten Kinderfinger und die ältesten Knaben von Hämmerlöh jammerten wiederum: »Jesses, jesses! Wer von uns wird jetzt dran kommen?«
Da ging ein Murren abermals durch die Fabrik von Hämmerlöh. Die Arbeiter verrichteten ihr Tagewerk mit erbitterten Mienen und versammelten sich am selbigen Abend auf einer Wiese hinter der Fabrik.

Der Mond leuchtete milchig über rußige Gesichter hin und der hagere Schmied Eisenbart, der in der Fabrik von früh bis abends hinter glühenden Kohlen den Hammer schwang, trat in den Kreis der Männer und sprach: »Arbeitsbrüder! Lange genug, dächt' ich, haben wir mit angesehen, wie der Eisenfresser unsere Kinder anfällt und verstümmelt. Ich frage euch: dürfen *wir* solche Greuel länger dulden? Gibt es nicht Männer genug, die untätig im Lande umherlaufen und den Eisenfresser zu bändigen wissen würden? Und nicht nur Herr Steinreich, sondern noch mehrere Herren im Lande beschäftigen Eisenfresser, die nach Menschenfleisch lechzen! Unsere Arbeitsbrüder allerorts sind empört über die Blutgier dieser Ungeheuer. Darum wollen wir uns mit den Empörten verbinden und die Eisenfresser unschädlich machen!«

[125] Und der Mond sah, wie auch die geduldigsten Hämmerlöher sich aufreckten und dem Schmied Beifall schrien.

»Die Sklaven der Ungeheuer sind wir!«

»Ihre Herren könnten wir sein, wenn wir uns bis heute nicht so elend vor dem großen Kampfe gefürchtet hätten!«

»Soll der Eisenfresser vielleicht ewig König von Hämmerlöh bleiben?«

Die Versammelten taten einen wilden Schwur und schon in den nächsten Tagen ging ein Raunen der Hoffnung allerorts durch die Reihen der Leute, die von Sonnenaufgang bis Sonnenuntergang hinter dem Schmiedefeuer, dem Amboß, dem Schraubstock oder dem Webstuhl schufteten.

Die Zeitungen meldeten eifrig, daß die Arbeiter des Landes an den Minister ein Schreiben gerichtet hätten, in dem sie forderten, allen Fabrikbesitzern solle verboten werden, die Eisenfresser durch Kinder überwachen zu lassen. Der Minister aber habe zurückgeantwortet, er könne ein solches Verbot nicht erlassen, da die Besitzer der Ungeheuer sich dagegen sträubten und behaupteten, das leichte Futter müsse den Eisenfressern von Kindern gereicht werden.

Da brauste ein Sturm der Erbitterung durch alle Hütten, in denen Arbeiter wohnten. Sie versammelten sich abermals an verschiedenen Punkten des Landes, riefen ihre Entrüstung ins Volk hinaus und schrieben dem Minister: »Wir werden die Werkzeuge der Fabrikbesitzer so lange schlafen lassen, bis Maul und Tatzen der Eisenfresser unschädlich gemacht sind.«

Dazu gellten die Empörungsschreie der zu vielen Tausenden Verbündeten dem Minister so drohend in die Ohren, daß er die Fabrikbesitzer und Kommerzienräte in seinen Palast kommen ließ, wo er ihnen mit sauersüßer Miene sagte: »Es tut mir leid, verehrte Herren, aber wir *müssen* in den sauren Apfel beißen: die Eisenfresser müssen künftig [126] besser bewacht werden! Die Arbeiter verlangen das einmütig, also . . . .«

Seit diesen Tagen des Aufruhrs rasseln die Rachen und Tatzen der Eisenfresser hinter hohen Gittern. Nur erwachsene Leute dürfen dem Unhold jetzt noch das eiserne Futter reichen.

Rastlos springt er auf und ab und faucht die Männer an, die vor seinem Käfig Wache stehen.

Wenn man aber die Kinder von Hämmerlöh heute nach dem stählernen Unhold fragt, der einst den Ort so lange Zeit in Schrecken versetzte, so erzählen sie mit frohen Augen von dem wackeren Schmied Eisenbart, der die Arbeiter des Landes gegen die stählernen Riesen und ihre Herren zum Kampfe aufrief.

HERMANN LÖNS

Was da kreucht und fleucht

1909

[86]   *Die Otter.*

»Jetzt wird es schön«, denkt die Maus, die in dem krausen
Stechpalmenbusch wohnt, der unter der breitästigen Hüte-
eiche steht.
Ein feines Versteck hat sie da. Die Hütejungen haben sich
dort eine Moosbank gemacht, in der eine Maus schon wohnen kann, vorzüglich, weil sich dort nebenbei immer allerlei
zu fressen findet, das es anderswo nicht gibt, Brotkrüm-
chen, Wursthaut, Käsebrocken, Apfelschale, Pflaumenkerne
und sonst noch allerlei.
Es ist darum kein Wunder, daß die Waldmaus so kugelrund
aussieht, trotzdem der Winter hart und lang war. Es wächst
ja soviel Pfeifengras auf dem Damme, am Grabenrand wuchert die Heide; beider Samen finden sich in Masse. Der
Wald ist nicht weit, und da liegen die Früchte von Fichte
und Erle, Kiefer und Birke und dürre Beeren aller Art, und
an allerlei Geziefer ist auch kein Mangel.
»Wie schön warm es heute ist!« denkt das rote Mäuschen
und macht vor Freude einen Hopser nach [87] dem andern.
»Sitzt da nicht ein fetter Käfer? Natürlich!« Schwupp, hat
sie ihn, beißt ihn tot, reißt Flügel und Beine ab und verspeist ihn, auf den Keulen sitzend und die Beute in den Vor-
derfüßchen haltend. »Und das da, das ist ja eine von den
saftigen, bekömmlichen Raupen! Ach ja, die gute Zeit ist
da!«
Genau dasselbe denkt das Ungetüm, das breit und faul unter dem Stechpalmenbusche liegt und sich von der April-
sonne bescheinen läßt. Schon seit einer Stunde liegt die
Kreuzotter da und läßt die Maus nicht aus den Augen. So,

wie sie daliegt, sieht sie wie eine braune, mit schwarzen
Moospolsterchen bewachsene Kiefernwurzel aus, und nur
die roten Mörderaugen und die ab und zu hervorzuckende
Zunge zeigt, daß es ein Wesen von Fleisch und Blut ist.

Vom Herbste bis zum Frühling lag sie steif und starr unter
der Moosbank, und über ihr wohnte die Maus. Als die
Sonne wieder warm schien, im Graben frisches Grün auftauchte und die Zitronenfalter flogen, erwachte die Otter,
kroch aus ihrem Verstecke, trank sich am Tau satt und
wärmte sich an der Sonne, bis sie wieder geschmeidig
wurde. Dann kroch sie so lange zwischen den Heidkraut-
stengeln umher, bis ihre alte Haut als silbergraues Netz-
werk darin hängen blieb, erholte sich von der Anstrengung
und merkte dann, daß sie sehr hungrig war.

»Sieh da, sieh da, eine Maus!« denkt sie. Eben war sie da,
jetzt ist sie dort. Mäuse sind flink, Ottern sind langsam;
aber Mäuse sind unvorsichtig und Ottern haben Zeit. Die
roten Augen gehen immer dahin, [88] wo die Maus ist. Ganz
langsam schiebt die Otter sich vorwärts, dahin, wo die
Maus eben hinsprang. Sie weiß, sie kommt denselben Weg
wieder zurück. Da ist sie auch schon. Eine Fliege mit ver-
krüppelten Flügeln hüpft hilflos im Sande hin und her. Das
lockt die Maus. Ein Sprung, und sie hat die Fliege, und die
Mahlzeit beginnt.

Langsam hebt die Otter den Kopf, blitzschnell läßt sie ihn
nach der Maus zucken und schlägt ihr die Giftzähne in den
Nacken. Das Mäuschen piept auf, läßt die Fliege fallen,
macht einen Sprung und noch einen, fällt um, zittert und
verendet. Langsam kriecht die Schlange näher, bezüngelt
ihre Beute, reißt den Rachen auf, umfaßt den Kopf der
Maus und würgt sie hinab. Dann kriecht sie auf ihren
Lauerplatz zurück. Eine Stunde liegt sie fast regungslos da,
dann aber kommt wieder Leben in ihre Augen. Ein Sumpf-
meisenpärchen turnt in dem Schlehenbusch umher, der an
der anderen Seite der Eiche steht. Behutsam schiebt das Un-

tier sich voran; sind auch die Meisen oben im Busch, vielleicht kommen sie tiefer.

»Sieh, sieh da, da!« ruft das Meisenmännchen und pickt ein Räupchen nach dem anderen aus den Blütenknospen. Aber da unten, dicht über der Erde, sind die Knospen schon aufgeblüht, und aus jeder dritten läßt sich ein dickes, fettes Räupchen an einem Faden in das Moos hinab. Immer tiefer turnen die beiden grauen, schwarzmützigen Vögelchen, und jetzt huscht das eine auf den Boden und pickt die Räupchen aus dem Moose. »Piep!« sagt es auf einmal, flattert in die [89] Höhe, fällt herunter, schlägt mit den Flügeln, zittert und bleibt tot liegen. Entsetzt fliegt das Männchen näher, jammert schrecklich und flattert hin und her, und schließlich fliegt es zu dem Weibchen hin. Da schnellt der Otterkopf noch einmal aus dem welken Grase heraus, und gleich darauf liegt auch das Männchen tot da.

Zwei Tage und zwei Nächte verdaut die Otter, dann bekommt sie neuen Hunger. Eine Wasserspitzmaus, die am Grabenrande nach Raupen sucht, fällt unter den Giftzähnen, und ein Moorfrosch, der sich an der Sonne freut und auf Mücken jagt, hat dasselbe Schicksal. Auch das Zaunkönigweibchen, das in dem Schlehenbusche nach Spinnen sucht, stirbt einen schnellen Tod, und die Feldmaus, die hastig durch das alte Laub huscht, hält mitten im Laufen inne, piept auf und fällt um. Die alte Otter war gar nicht dumm, als sie sich diese Stelle hier als Stand wählte; Feld, Moor, Weide und Wald stoßen hier zusammen und so gibt es Beute von aller Art, Feldmäuse, Waldmäuse, Zwergmäuse, Spitzmäuse, vielerlei Frösche für den Notfall und so manchen kleinen Vogel. Es läßt sich hier schon leben.

Das meinen die Hütejungen auch, die mit ihren Kühen angesungen kommen. Da ist der Wald, in dem es später allerlei Beeren und auch Nüsse gibt; hier ist der Teich, darin kann man baden, wenn es sehr heiß ist. Und dort ist die Moosbank, auf der es sich so weich sitzt, und von der aus man, ein tüchtiges Butterbrot in der Hand, so weit über die Feld-

mark und das Moor [90] bis zu dem blauen Walde sehen,
den Storch in der grünen Wiese und den Bussard am blauen
Himmel beobachten kann. Hasen kommen an, Rehe ziehen
vorüber, Kiebitze, Krähen und Elstern zeigen sich, am Graben huschen Eidechsen, quaken Frösche. Bunte Käfer rennen hastig über den Sandweg; wenn sie auffliegen, blitzen
sie wie Edelsteine. Allerlei Schmetterlinge fliegen und rote
Wespen, die Spinnen und Raupen in ihre Erdlöcher schleppen. Es ist sehr viel los an dieser Stelle.
Aber die Moosbank ist über Winter etwas baufällig geworden; sie muß ausgebessert werden. Konrad geht Moos holen, und Krischan räumt das alte Laub und das verwelkte
Gras fort. Gerade als Konrad mit dem alten Sack, der ihm
als Regenmantel dient, voller Moos zurückkommt, schreit
Krischan auf und hält seinem Bruder mit kreidebleichem
Gesicht die Hand entgegen. Er ist der Otter zu nahe gekommen, und sie hat ihn in den Finger gebissen. Im Sturmschritt rennen beide Jungen dem Dorfe zu. Der Vater unter-
bindet die Wunde, die Mutter macht einen Umschlag von
dicker Milch, der Knecht spannt an, und der Vater fährt, so
schnell die Pferde nur laufen können, zum Kirchdorfe, wo
der Arzt wohnt. Der schneidet den Finger an und macht
Einspritzungen, und nach vierzehn Tagen kann Krischan
den Arm wieder bewegen; wenn aber ein Gewitter herauf-
zieht, tut ihm der Arm noch sehr weh.
Es war ein schwüler Maitag gewesen, als die Otter den Jungen biß, einer von den Tagen, an denen [91] die Ottern
Heißhunger haben. Da nun die Jungens bei der Moosbank
soviel Unruhe gemacht hatten, ließ sich weder Maus noch
Vogel blicken, und da es mit der Anstandsjagd nichts
wurde, ging die Schlange auf die Pürsche. Sie war schon
dicht bei dem Waldrande, in dessen Vorbüschen sie Jungvö-
gel nach Futter piepen hörte, da flog ein großer Vogel aus
der Zitterpappel. Es war der Bussard, der hier auf Mäuse
lauerte. Froh über die fette Beute, stieß er herab, faßte die
Otter hinter den Kopf und über den Rücken, biß ihr den

Kopf entzwei und flog gerade auf, um sie seinen Jungen zu-
zutragen, da kam der Jäger um die Ecke, riß das Gewehr an
den Kopf und schoß den guten Vogel tot.
Als er ihn aber aufnahm, sah er, daß der eine Kreuzotter in
den Fängen hielt, und da schämte er sich doppelt; denn im
vorigen Sommer war ihm seine Teckelhündin an dem Bisse
einer Otter eingegangen.

GERDT VON BASSEWITZ

Peterchens Mondfahrt

1912

[7]   *1. Bild.*

Peterchens und Annelieses Schlafzimmer. In der Ecke links
ein großes Bett mit bunten Vorhängen. Vorn links ein Spiel-
zeugschrank, eine Puppenstube und ein Schaukelpferd. In
der Mitte des Zimmers ein breiter, niedriger Kindertisch.
Rechts vorn eine Tür hinter geblümten Vorhängen. Neben
der Tür ein Kleiderschränkchen, Badewanne, Waschtisch-
chen mit zwei Schüsselchen und eine bunte Kommode mit
Bilderbüchern darauf. Im Hintergrunde breites Fenster mit
Vorhängen und Blumen.
Es ist Abend. Peterchen und Anneliese werden von Minna
zu Bett gebracht.

Peterchen
*(am Waschtisch, im Nachthemdchen, wäscht sich mit einem
großen Schwamm).*

Anneliese
*(sitzt auf dem Bettchen, ebenso im Nachthemdchen, und flicht
sich ihr Zöpfchen für die Nacht).*

Minna
(macht das Fenster zu)
So, nun machen wir das Fenster zu,
Und dann hat die liebe Seele Ruh.
Der Mond kommt gerade über die Wiese.
(dreht sich herum)
Seid ihr fertig, Peterchen? Anneliese?
Hurtig, hurtig ins Bettchen hinein;
[8] Wenn die Mutter kommt, muß Ordnung sein!
*(Sie nimmt Peterchen den Schwamm fort und trocknet ihm mit
einem großen Handtuch das Gesicht ab.)*
[. . .]

[9]   Peterchen
Guck mal den Mond da auf der Wiese!
Guck mal den Mond, guck, Anneliese;
Er sieht aus wie ein gelbes Gesicht . . .

[10]   Minna
(schiebt ihn zum Bett)
Ja, ja, nun geh nur . . .

Peterchen
Nein, siehst du nicht
Minna? – Kennst du den Mann im Mond,
Der dort oben zur Strafe wohnt,
Auf dem Rücken ein Bündel Ruten?

Minna
Will Er wohl, will Er sich endlich sputen!
(Sie hat ihn bis ans Bett gebracht.)

Peterchen
Halt, Minna! da fliegt was in der Stube . . .

Minna
(hebt ihn ins Bett)
Ins Bettchen, ins Bettchen, kleiner Bube!

Peterchen

Minna, ein Maikäfer, ein ganz dicker!

Minna
(legt ihn an Annelieses Seite)

Unsinn, schlaf jetzt, mach du deinen Nicker! –
So, nun ruf' ich die Mutter. – Schlaft schön!
(Sie geht hinaus.)

Peterchen
(leise)

Anneliese, ich hab' ihn gesehen!
[11] Ganz dick ist er herumgebrumst,
Dicht an mir ist er vorbeigesumst.

Anneliese

Peterchen, ob uns der was tut?

Peterchen

Nein, Anneliese, Maikäfer sind gut.
Die tun einem nichts, die brummen nur.
(setzt sich im Bett auf)
Ich hab' keine Angst, nicht eine Spur!

Anneliese

So ein klein bißchen hab' ich doch Angst ..

Peterchen
(kühn)

Weißt du, Anneliese, wenn du dich bangst,
Dann mach' ich ihn mit dem Pantoffel kaputt.

Anneliese

Nein Peter, nicht – er ist ja gut!
Nicht totmachen, laß' ihn nur leben.
Wir wollen ihm lieber Zucker geben;
Ich habe noch in der Puppenstube.

Peterchen
Der ißt keinen Zucker, ich glaube es kaum;
Die Maikäfer sitzen oben im Baum,
Die essen Kastanien. [...]

[12]   Peterchen
                 (nachdenklich)
Nun, man könnte ihn ja befrei'n;
Aber, wo mag er jetzt nur sein?
Ich glaube, er sitzt an dem Vorhang da.
             (springt aus dem Bett.)
[13] Husch, husch! – Wo bist du, Maikäferpapa?
        (Die Mutter kommt herein.)

Mutter
(droht)
Aber, Peterchen, sieh mal an! –

Peterchen
Mutti, da sitzt ein Maikäfer dran,
Ein ganz dicker, den lassen wir fliegen ...

Mutter
(sieht nach)
Unsinn! – Ihr sollt jetzt im Bettchen liegen
Und schlafen und an gar nichts denken.
Wer schläft, dem will ich was Schönes schenken;
Fünf Äpfelchen für jedes Kind,
Wenn beide hübsch ausgeschlafen sind.
*(Sie stellt zwei kleine, bunte Körbchen mit Äpfeln auf den
                 Tisch.)*

[...]

[15]   Peterchen
Mutti, nun sing noch, eh' wir schlafen!

Mutter
(setzt sich am Bett.)
Was denn? vom Prinzen, vom Schäfchen, vom Grafen?

Peterchen

Nein, vom Maikäfer muß es sein!

Mutter

Also, das Lied vom Maikäferlein:

[. . .]

[17] *(Während des Gesanges der Mutter ist es allmählich dunkel im Zimmer geworden. Sie wiederholt die letzten Zeilen leise, während schon die Melodie von einer Geige aufgenommen wird. – Die Mutter schweigt, und die Geige spielt weiter. Es wird allmählich heller im Zimmer, aber es ist ein anderes, etwas bläuliches Licht. Die Mutter ist verschwunden. Statt ihrer sieht man einen großen Maikäfer mit übergeschlagenen Unterbeinchen auf dem Tische sitzen. Er spielt auf einer kleinen, silbernen Geige. Eines seiner mittleren Beinchen fehlt. Nach einer kleinen Zeit setzt er die Geige ab.)*

Maikäfer

Ja, so starb er, der kleine Kerl. Warum war er auch so vorwitzig und wollte nach dem Mond fliegen? Das ist nichts für so kleine Maikäfer, dazu muß man schon ein großer Maikäfer sein. – Ach ja, ich weiß nicht, mir kommen immer die Tränen in die Augen, wenn ich die Geschichte höre; sie ist auch zu rührend. *(Er holt ein großes, grünes Blatt hervor und wischt sich die Augen.)* Und dann fällt mir auch immer mein eines Beinchen ein, das mir fehlt; und das ist noch viel trauriger. *(Er wischt sich wieder die Augen.)* Ich möchte aber doch wissen, wo ich hier eigentlich bin? Kam da eben so mir nichts, dir nichts hereingebrummt, und der kleine Junge hat mich natürlich gleich bemerkt; beinahe hätte mich auch die dicke Minna totgequetscht; – na, das war 'ne Angst! *(Wischt sich die* [18] *Stirn.)* Und dann sagt die dumme Person immer: »Papperlapapp, papperlapapp, kein Maikäfer ist da!« Als ob ich nicht ein ganz dicker wäre, einer von den allerdicksten! – Darauf ist meine Frau immer so stolz gewesen, die gute Seele. Ein Huhn hat sie neulich

gefressen; sie ruhe sanft! – *(Er wischt sich die Augen.)* [. . .]
[20] So, jetzt muß ich mal sehen, ob ich noch fliegen kann.
(Er stellt sich in Positur, entfaltet die Flügel, ein lautes Summen beginnt, und er fliegt ein paar Meter über den Boden hin.) Famos, famos, es geht noch! *(Er läßt sich wieder zur Erde herab.)* – Aber eingesperrt haben sie mich hier. Das Fenster ist zu; dagegen fliegen nützt nichts; so dumm bin ich auch nicht mehr; das machen bloß die kleinen Käferhosenmätze; es gibt scheußliche Kopfschmerzen. Also, man muß sich, so gut es geht, die Zeit vertreiben. Ich werde mir mal ein lustiges Liedchen spielen. *(Er nimmt die Geige, spielt eine Tanzmelodie, singt dazu und springt in grotesken Sätzen im Zimmer umher.)*

> Eins, zwei, drei – eins, zwei, drei,
> Fiel eine Biene in den Brei;
> Plumsdibums,
> Dideldumdei!
> Alle Käfer sitzen drum herum,
> Lachen sich schief,
> Lachen sich krumm,
> Brumm, brumm!

> Vier, fünf, sechs – vier, fünf, sechs,
> Macht eine Fliege einen Klecks,
> Putschpitschpatsch,
> [21]   Klickklackklecks!
> Pfui, ruft jeder rechte Käfermann,
> Seht sie an,
> Was sie kann,
> Heran, heran!

(Peterchen und Anneliese stecken die Köpfe aus den Vorhängen ihres Bettchens und sehen ihm halb erstaunt, halb belustigt zu.)

In der Kinderstube

Sieben, acht, neun – sieben, acht, neun,
Tanzen alle kleinen Käferlein!
Ringelreih,
Dideldudeldei,
Um die dicke Linde mit Gesumm,
Rechts herum,
Links herum,
Brumm, brumm!

(Die Kinder lachen hell auf und klatschen in die Hände.)

Maikäfer
(hält inne, sieht sie an.)
Nanu? Was gibt es denn da zu lachen? – Das ist ein ganz bekannter Maikäfertanz!

Peterchen
Ja, der ist sehr komisch!

Maikäfer
So, meinst du? – Ihr braucht mich aber deshalb nicht auszu-
lachen!

[22]   Anneliese
Nein, Herr Maikäfer, das haben wir auch gar nicht so gemeint. Wir bitten schön um Entschuldigung.
[...]

[26]   Peterchen
(neugierig)
Sag' mal, wo hast du denn deine silberne Geige her?

Maikäfer
O, das ist ein altes Familienerbstück; denn eigentlich spielen
die Maikäfer nur den Brummbaß, oder höchstens die Pauke.
Aber mein Urgroßvater, er hieß Sumsemann, der wohnte
nahe bei einer großen Wiese und war mit einer Grille befreundet, Zirpedirp hieß sie, das steht hier auf der Geige
eingraviert; und von der Grille bekam er die Geige ge-

schenkt, weil er ihr einmal das Leben gerettet hatte, als sie
zu hoch auf einen Baum gestiegen war und einen Schwin-
delanfall bekam. Und seitdem spielen wir Sumsemanns die
Violine statt der Baßgeige. Das ärgert zwar die anderen
Maikäfer; sie meinen, es sei geschmacklos, und die Sumsemanns seien ein entartetes Geschlecht; aber wir finden das
vornehmer, weil es etwas Besonderes ist. Man muß auf das
Außergewöhnliche halten.

Anneliese

Ja, das ist auch wahr.

Peterchen

Na, und warum hast du denn nur fünf Beinchen? Das ist
wohl auch etwas Außergewöhnliches?
[...]

[27] ### Maikäfer

Alle Sumsemänner haben seit vielen hundert Jahren nur
fünf Beinchen. Jetzt ist das Geschlecht ausgestorben [28] bis
auf mich. Ich bin der letzte Fünfbeinige. Das sechste Beinchen aber, das ist auf dem ..... Mond.

Die Kinder

Ach!! –

Maikäfer

Ja, wie ist es da hinaufgekommen? so denkt ihr, und das ist
es eben.
Vor vielen hundert Jahren war es, als der erste Maikäfer
Sumsemann sich gerade verheiratet hatte und des Sonntags
abends im Wald mit seiner Frau spazieren flog. Sie hatten
viel gegessen und ruhten sich ein wenig auf einem Birken-
zweiglein aus, und da sie sehr mit sich selbst beschäftigt waren, denn sie waren jung verheiratet, merkten sie nicht, wie
ein böser schwarzer Mann, ein Holzdieb, kam; der schwang
plötzlich seine Axt und hieb die Birke um; und so schrecklich schlug er zu, daß er dem Urgroßvater Sumsemann ein
Beinchen mit abschlug. – Fürchterlich war es! – Und sie

fielen auf den Rücken und wurden ohnmächtig vor Angst.
Nach einiger Zeit aber kamen sie zu sich von einem hellen
Schein, der um sie leuchtete. Da stand eine schöne Fee vor
ihnen im Walde und sagte: »Der böse Mann ist bestraft für
seinen Waldfrevel am Sonntag. Ich bin die Fee der Nacht
und habe es vom Monde aus gesehen. Zur Strafe ist er nun
mit dem Holz, das er umgeschlagen hat, auf den höchsten
Mondberg verbannt. Dort muß er bleiben in alle Ewigkeit,
Bäume abhauen und Ruten schleppen.«
[29] Aber der Urgroßvater schrie und sagte: »Wo ist mein
Beinchen, wo ist mein Beinchen, wo ist mein kleines sechstes Beinchen?« Da erschrak die Fee. »Ach«, sagte sie, »das
tut mir sehr leid; es ist wohl an der Birke hängen geblieben
und nun mit auf den Mond gekommen.« »O, o, mein Beinchen, mein kleines sechstes Beinchen!« schrie mein Urgroßvater, und seine kleine Frau weinte schrecklich, denn sie
wußte, daß nun alle ihre Kinder nur fünf Beinchen haben
würden – und das war schlimm.
Und als die Fee den großen Jammer sah, hatte sie Mitleid
und sagte: »Ein Mensch ist zwar sehr viel mehr als ein Maikäfer, und deshalb kann ich die Strafe für den bösen Menschen nicht aufheben; aber ich will erlauben, daß gute Menschen, wenn ihr sie findet, euch das Beinchen wiederbringen
können. Wenn ihr zwei Kinder findet, die niemals ein Tierchen quälten, dann dürft ihr auf den Mond mit ihnen und
das Beinchen wieder holen.«
Da waren sie etwas getröstet. Aber sie fanden keine Kinder,
und ihre Kinder und Enkel auch nicht, so viel sie auch suchten. Immer wurden die Sumsemänner, die Fünfbeinigen,
totgeschlagen, wenn sie des Nachts in die Stuben kamen,
um die Kinder zu bitten; oft von den rohen und unverstän-
digen Dienstmädchen, oft auch von den Kindern selbst.
Ach, das ist schrecklich, das ist der Fluch der Familie! Und
nun bin ich der Letzte des berühmten Geschlechtes und
wäre doch auch fast totgeschlagen worden vorhin vom Peterchen. *(Er wischt sich mit dem Blatt die Tränen.)*

[30]
Peterchen
(zu Tränen gerührt)
Ach, lieber Maikäfer, das tut mir jetzt so leid; aber ich habe
noch niemals ein Tierchen gequält, ganz gewiß nicht.

Anneliese
Nein, und ich auch nicht; und nun weine nicht, lieber Maikäfer, wir meinen es sehr gut mit dir. *(Sie streichelt ihn.)*

Peterchen
(streichelt ihn auch.)
Ja, und wir würden dir dein Beinchen schon wieder besorgen, aber, weißt du, auf dem Mond? Der ist sehr weit, und
da muß man fliegen können, und das können wir leider
nicht.

Anneliese
Nein, das können wir nicht; dann fallen wir 'runter vom
Mond und gehen kaputt.

Maikäfer
(plötzlich lebendig)
O, wenn ihr wollt, wenn ihr wollt, dann geht das alles, ihr
lieben Kinderchen. – Fliegen? Pah, das ist gar nicht so
schlimm, wenn man weiß, wie es gemacht wird. Das bring'
ich euch sehr schnell bei.

WALDEMAR BONSELS

Die Biene Maja und ihre Abenteuer

1912

[9] Die ältere Bienendame, die der kleinen Maja behilflich war, als sie zum Leben erwachte und aus ihrer Zelle
schlüpfte, hieß Kassandra und hatte großes Ansehen im
Stock. Es waren damals sehr aufgeregte Tage, weil im Volk
der Bienen eine Empörung ausgebrochen war, die die Königin nicht unterdrücken konnte.
Während die erfahrene Kassandra der kleinen Maja, deren
Erlebnisse ich erzählen werde, die großen blanken Augen
trocknete und ihr die zarten Flügel etwas in Ordnung zu
bringen suchte, brummte der große Bienenstock bedrohlich,
und die kleine Maja fand es sehr warm und sagte es ihrer
Begleiterin.
Kassandra sah sich besorgt um, aber sie antwortete der
Kleinen nicht gleich. Sie wunderte sich darüber, daß das
Kind schon so früh etwas auszusetzen fand, aber im Grunde war es richtig, die Wärme und das Gedränge waren beinahe unerträglich. Maja sah ununterbrochen Biene auf
Biene an sich vorübereilen, das Geschiebe und die Eile waren so groß, daß zuweilen die eine über die andere fortklet-
terte und wieder andere sich wie zu Klumpen geballt vor-
überwälzten.
Einmal war die Königin in ihrer Nähe gewesen. Kassandra
und Maja wurden etwas beiseitegedrängt, aber eine Drohne,
ein freundlicher junger Bienenherr von gepflegtem [10] Aussehen, war ihnen behilflich. Er nickte Maja zu und strich
sich etwas erregt mit dem Vorderbein, das bei den Bienen
als Arm und Hand gebraucht wird, über seine glänzenden
Brusthaare.
[...]
[11] Die Alte wurde wieder ganz nervös:

»Du mußt warten lernen«, antwortete sie. »Kind, ich habe in diesem Frühling schon viele hundert junge Bienen erzogen und für ihre erste Ausfahrt unterrichtet, aber mir ist noch keine vorgekommen, die so naseweis gewesen wäre. Du scheinst eine Ausnahmenatur zu sein.«

Maja errötete und fuhr mit den beiden zarten Fingerchen ihrer Hand in den Mund:

»Was ist das?« fragte sie schüchtern, »eine Ausnahmenatur?«

»O, das ist etwas durchaus Unschickliches«, rief Kassandra, die allerdings die Handbewegung der kleinen Biene meinte und ihre Frage nicht beachtet hatte. »Jetzt merke genau auf alles, was ich dir sage, denn ich kann dir nur kurze Zeit widmen, es sind schon wieder neue Junge ausgeschlüpft und meine einzige Gehilfin in dieser Etage, Turka, ist ohnehin aufs äußerste überarbeitet und klagte in den letzten Tagen über Ohrensausen. Setz dich hier.«

Maja gehorchte und schaute mit ihren großen braunen Augen auf ihre Lehrerin.

»Die erste Regel, die eine junge Biene sich merken muß«, sagte Kassandra und seufzte, »ist, daß jede in allem, was sie denkt und tut, den anderen gleichen und an das Wohlergehn aller denken muß. Es ist bei der Staatsordnung, die wir seit undenkbar langer Zeit als die richtige erkannt haben und die sich auch auf das beste bewährt hat, die einzige Grundlage für das Wohl des Staates. Morgen [12] wirst du ausfliegen. Eine ältere Gefährtin wird dich begleiten. Du darfst zuerst nur kleine Strecken fliegen und mußt dir die Gegenstände genau merken, an denen du vorüberkommst, damit du immer zurückfinden kannst. Deine Begleiterin wird dir die hundert Blumen und Blüten beibringen, die den besten Honig haben, die mußt du auswendiglernen, das bleibt keiner Biene erspart. Die erste Zeile kannst du dir gleich merken: ›Heidekraut und Lindenblüte.‹ Sag es nach.«

»Das kann ich nicht«, sagte die kleine Maja, »das ist furchtbar schwer. Ich werde es ja später auch schon sehn.«

Die alte Kassandra riß die Augen auf und schüttelte den Kopf.

»Mit dir wird es schlecht hinausgehn«, seufzte sie, »das sehe ich schon jetzt.«

»Soll ich denn später den ganzen Tag Honig sammeln?« fragte die kleine Maja.

Kassandra seufzte tief und sah die kleine Biene einen Augenblick ernst und traurig an. Es schien, als erinnerte sie sich ihres eigenen Lebens, das von Anfang bis zu Ende voll Mühe und Arbeit gewesen war. Und dann sagte sie mit veränderter Stimme und sah Maja liebreich an:

»Meine kleine Maja, du wirst den Sonnenschein kennenlernen, hohe grüne Bäume und blühende Wiesen voller Blumen, Silberseen und schnelle glitzernde Bäche, den strahlenden blauen Himmel, und zuletzt vielleicht sogar den Menschen, der das Höchste und Vollkommenste ist, was [13] die Natur hervorgebracht hat. Über allen diesen Herrlichkeiten wird dir deine Arbeit zur Freude werden. Sieh, dies alles steht dir ja noch bevor, mein Herzelein, du hast Grund glücklich zu sein.«

»Gut«, sagte die kleine Maja, »das will ich denn auch.«

Kassandra lächelte gütig. Sie wußte nicht recht, woher es kam, aber sie hatte plötzlich eine ganz besondere Liebe zur kleinen Maja gefaßt, wie sie sich kaum erinnerte jemals für eine andere junge Biene gefühlt zu haben. Und so mag es denn wohl gekommen sein, daß sie der kleinen Maja mehr sagte und erzählte, als für gewöhnlich die Bienen an ihrem ersten Lebenstag hören. Sie gab ihr vielerlei besondere Ratschläge, warnte sie vor den Gefahren der argen Welt draußen und nannte ihr die gefährlichsten Feinde, die das Volk der Bienen hat. Endlich sprach sie auch lange von den Menschen und legte in das Herz der kleinen Biene die erste Liebe zu ihnen und den Keim einer großen Sehnsucht sie kennenzulernen.

»Sei höflich und gefällig gegen alle Insekten, die dir begegnen«, sagte sie zum Schluß, »dann wirst du mehr von

ihnen lernen, als ich dir heute sagen kann, aber hüte dich
vor den Hornissen und Wespen. Die Hornissen sind unsere
mächtigsten und bösesten Feinde, und die Wespen sind ein
unnützes Räubergeschlecht ohne Heimat und Glauben. Wir
sind stärker und mächtiger als sie, aber sie stehlen und morden, wo sie können. Du kannst deinen Stachel gegen alle Insekten brauchen, um dir Achtung zu verschaffen [14] und
um dich zu verteidigen, aber wenn du ein warmblütiges
Tier stichst oder gar einen Menschen, so mußt du sterben,
weil dein Stachel in ihrer Haut hängen bleibt und zerbricht.
Steche solche Wesen nur im Falle der höchsten Not, aber
dann tu es mutig und fürchte den Tod nicht, denn wir Bienen verdanken unser großes Ansehen und die Achtung, die
wir überall genießen, unserem Mut und unserer Klugheit.
Und nun leb wohl, kleine Maja, hab Glück in der Welt und
sei deinem Volk und deiner Königin treu.«
Die kleine Biene nickte und erwiderte den Kuß und die
Umarmung ihrer alten Lehrerin. Sie legte sich mit heimli-
cher Freude und Erregung zum Schlaf nieder und konnte
vor Neugierde kaum einschlummern, denn mit dem kommenden Tag sollte sie die große weite Welt kennenlernen,
die Sonne, den Himmel und die Blumen.

Kinder- und Familiengeschichten

Versammelt sind hier diejenigen realistischen Erzählungen für Kinder bis ins mittlere Schulalter, die sich in der Wahl des Schauplatzes an der unmittelbaren Umgebung wie am Erfahrungshorizont der kindlichen Rezipienten orientieren. Handlungsräume sind der familiäre Bereich samt Verwandtschaft, das Landgut bzw. Haus und Garten, die Nachbarschaft, die häuslichen und außerhäuslichen Plätze kindlichen Spielens, das Aktionsfeld der Gleichaltrigengruppe, schließlich der Bereich der Schule. Neben diesen alltäglichen sind die Ferienschauplätze aller Art so beliebt, daß sich Alltags- und Feriengeschichten nahezu die Waage halten. Hauptfiguren sind entweder einzelne Kinder oder mehrere Geschwister bzw. Freundinnen oder Freunde. In den reinen Kindergeschichten bleiben die Erwachsenen als Nebenfiguren am Rande; in der Regel spielen sie dennoch, sei es als Kommentierende oder Zurechtweisende, sei es als Eingreifende, eine wichtige Rolle. In den Familiengeschichten dagegen zählen auch Erwachsene zu den Mittelpunktfiguren. Kinder- und Elternschicksal zusammengenommen ergeben erst eine wirkliche Familiengeschichte. Da kaum eine Kindergeschichte den familiären Bereich außer Blick läßt, versteht es sich, daß die Grenze zwischen der Kinder- und der Familiengeschichte fließend ist.

In der hier dokumentierten Epoche stellen die Kinder- und Familiengeschichten eine längst etablierte kinderliterarische Konvention dar. Ihre Anfänge reichen bis in das letzte Drittel des 18. Jahrhunderts zurück, in dem Rousseau und die Philanthropen die Kinderliteratur auf den Erfahrungshorizont der kindlichen Rezipienten verwiesen haben. Im Biedermeier steht die kleinzeichnerische Gestaltung zumeist idyllischer Kinder- und Familienszenen in Blüte. Zugleich hört Mitte des 19. Jahrhunderts die moralische Beispielgeschichte auf, das nahezu alleinherrschende Modell kinder-

*literarischer Epik zu sein. Neben Verhaltenserziehung und
sittlicher Bildung machen sich als Darstellungsintentionen
Natur- und Umwelterschließung geltend; geboten wird zunehmend etwas, das man epischen Anschauungsunterricht
nennen könnte. Den älteren kindlichen Rezipienten werden
merkwürdige Ereignisse und kleinere Abenteuer mehr und
mehr bloß um ihrer Unterhaltsamkeit willen geboten, was
nicht ausschließt, daß nebenher auch noch ein nützliches
Exempel statuiert wird. Die erzählende Kinderliteratur des
letzten Drittels des 19. Jahrhunderts bewegt sich zu einem
großen Teil in diesen Bahnen und unterscheidet sich von
der biedermeierlichen der Jahrhundertmitte allenfalls durch
eine stärkere, ungehemmtere Ausprägung ihres Unterhal-
tungscharakters. Auffällig ist dabei, daß die Gründerzeitära
gegenüber dem Biedermeier an Sinn, Liebe und Hingabe
für die kleine Welt des Kindes verloren hat. In zahlreichen
Erzählungen macht sich eine gewisse Kühle, ein ironischer
Unterton bemerkbar. Das geschilderte Kindliche rührt nicht
mehr, es wird eher aus einer überlegenen Distanz heraus als
belustigend empfunden, ja, bisweilen mit Spott, im Einzel-
fall gar mit Häme bedacht. So sehr die Wahl der Schauplätze sich weiterhin am kindlichen Rezipienten orientiert,
von der biedermeierlichen Einfühlung in die Welt des Kindes ist wenig geblieben.
Unter den ausgewählten Textbeispielen steht Frida Schanz'
Kindergeschichte »Die Schlittschuhe« dem althergebrachten
Muster der Exempelgeschichte am nächsten – und zwar der
Variante, die nach dem Prinzip »Lernen durch Normver-
stoß« (B. J. Thiel) verfährt. Auffällig an dieser Geschichte
sind das Fehlen einer väterlichen Instanz und das modern
anmutende Erziehungsverhalten der Mutter. Die Beke-
rung zum Wohlverhalten erfolgt ganz von innen her, aus
Beschämung und Gewissensbissen heraus, auf deren Erzeu-
gung es die moderne Erziehung abgesehen hat.
Exempelcharakter hat in gewisser Weise auch Agnes Sappers
»Familie Pfäffling«, eine der populären Familienerzählun-*

gen zu Beginn des 20. Jahrhunderts. Vorbildlich ist der »anziehende kleine Staat« der Pfäfflings in erster Linie durch die relativ offene, selbstkritische Einstellung der Eltern, die »sich selbst nicht als fertig« betrachten und deshalb ein um so überzeugenderes »Führeramt« ihren Kindern gegenüber ausüben können. Generell erscheint die Familie in diesem Werk als rettendes Bollwerk in einer von Revolution und Untergang bedrohten Zeit.

Außergewöhnlich ist der epische Schauplatz von Gustav Falkes Kinderroman »Drei gute Kameraden«: Er spielt im Arbeitermilieu eines am Rande der Großstadt gelegenen Dorfes. Die Familie bildet hier keinen abgeschlossenen Binnenraum; sie geht in der Nachbarschaft der Arbeitersiedlung auf, wie auch die Kinder ausgesprochene Dorfstraßenkinder sind. Parallel zur Kinderhandlung werden die wechselvollen Berufsverhältnisse des Vaters einer der Kinder, eines Hafenarbeiters, verfolgt und zugleich Einblicke in die materielle Lage einer Proletarierfamilie geboten. Nimmt man den Schluß hinzu, so darf man diese Erzählung als einen ersten Höhepunkt des sozialkritischen kinderliterarischen Realismus bezeichnen. Hulda Micals Erzählung von 1916 führt einen wieder zurück in die (klein-)bürgerliche Familienwelt, doch sind es nun die Zeitereignisse, die diesen Binnenraum aufsprengen und zur Straße, zur Umwelt, zur Politik hin öffnen. Tendiert bei Falke die Kinder- und Familiengeschichte zur sozialkritischen Umwelterzählung, so bei Mical zum zeitgeschichtlichen Kinderroman.

Einen nicht unerheblichen Einfluß übt die um 1900 florierende erwachsenenliterarische Kindheitsdichtung aus. Wolgast und seine Anhänger führen diese sogar als die geeignetere Kinderlektüre gegen die von ihnen abfällig bewertete »spezifische« Kinderschrift ins Feld. Bei Bernhardine Schulze-Smidts autobiographisch fundiertem Buch »Jugendparadies« handelt es sich um eine solche Kindheitsdichtung, die als Kinderlektüre empfohlen und benutzt worden ist. Hier äußert sich ein neues, sentimentales Interesse an der Kindheit,

*die nun wieder ohne ironische Untertöne episch vergegen-
wärtigt wird. So sehr ihr mit Sympathie begegnet wird, so
fällt auf die Kindheit doch ein ausgesprochen erwachsener,
oft zudem noch rührseliger Blick – einer, der stets vergleicht
und auf diese Weise das Eigentümliche des kindlichen Wesens herausschält, am Verspielten, Versponnenen und Ver-
stiegenen dieser kleinen Anderswelt haften bleibt. Für kindliche Rezipienten dürfte dieser Erwachsenenblick auf die
Kindheit nur bedingt nachvollziehbar sein, was nicht ausschließt, daß die dargebotenen Kindheitsschilderungen für
sie dennoch ihren Reiz besitzen. Unter dem Einfluß der
Kindheitsdichtung der Jahrhundertwende jedenfalls verliert
sich in der spezifischen Kinderliteratur nach und nach der
ironische Unterton. Das Kindliche wird mit neuem Einfüh-
lungsvermögen behandelt, den Sonderlichkeiten der Kinder
ein Daseinsrecht gegeben; ja, man läßt sogar ihren Erklä-
rungsversuchen und Phantasmen freien Lauf. Einen eigenen
Weg, die Kindheitsliteratur ins Kinderliterarische zu wenden, hat Wilhelm Scharrelmann in »Großmutters Haus«
eingeschlagen: Er läßt die kindlichen Rezipienten teilhaben
am erwachsenen (Rück-)Blick auf die Kindheit.*
*Die in formgeschichtlicher Hinsicht weitestgehende kinder-
literarische Neuerung dieser Zeit besteht in der Etablierung
eines Erzählens streng vom kindlichen Protagonisten aus. Es
macht sich in solcher Prosa keine andere Wertungsposition
als die des kindlichen Helden geltend, wie auch eine mehr
oder weniger verdeckte ironische oder humoristische Relati-
vierung des kindlichen Standpunktes unterbleibt. Paula
Dehmels Kindergeschichten in Ich-Form repräsentieren in
formeller Hinsicht den avanciertesten Stand der erzählenden Kinderliteratur in dieser Zeit. Auch inhaltlich ragen sie
heraus, denn sie brechen mit eingefleischten kinderliterarischen Tabus: Während bei anderen Autorinnen und Autoren jenes Zeitraums das Klapperstorchwesen ungebrochen
fortlebt, macht sich bei Paula Dehmel ein aufklärerischer
kinderliterarischer Impetus geltend. Mit Texten wie »Singi-*

*nens Geschichten« schreibt sich die Jahrhundertwende ein
in die Realgeschichte moderner antiautoritärer Kinderliteratur. – Wer annimmt, diese Art der Kinderprosa sei nur noch
durch Erzählungen, die von Kindern selbst stammen, zu
überbieten, wird angesichts der von Berthold Otto edierten
»Kinder-Geschichten« eines Besseren belehrt. Diese machen
nur zu deutlich, wie wenig vom kindlichen Erleben in den
eigenen Erzähläußerungen wirklich greifbar ist.*

BERNHARDINE SCHULZE-SMIDT

Jugendparadies

1895

[85] So oft sie die Gelegenheit erwischen konnte, langte sie
sich die geliebten Grimms Märchen vom Bücherbort herunter, verschwand in irgend ein Haus- oder Gartenversteck
und las und vergrub sich in die Zauberwelt, bis ihr die Augen brannten. All die Königssöhne, vom Froschkönig bis
zu dem, der sich vor nichts fürchtete, malte sie sich aus und
so sehr sie's versuchte, sie konnte sie nun einmal nicht anders bekleiden als mit Sammetwams und Federhut, Schwert
und Mantel. Abends vor dem Einschlafen peinigte sie dann
die armen Schwesterchen mit selbsterfundenen Geschichten, die sie tausendmal schöner fand als Grimms Märchen
und deren Helden sie abwechselnd Elimar, Eginhard und
Balduin taufte.
»O, Tiny, bitte, laß es – es ist so furchtbar langstielig!« fleh-
ten die kleinen Opfer von Tinys Erzählwut, [86] allein Tiny
kannte keine Gnade, bis die Wärterin mit der Rute und dem
Ausblasen des Nachtlichtes drohte.

Endlich fand Tiny doch ein mitfühlendes Herz. Als sie, unter dem Vorwande die Elfen tanzen sehen zu wollen, eines schönen Abends bei hellem Mondschein ihre kleine Nase noch einmal in den Garten hinaussteckte, wo weißlicher Nebelduft über den betauten Rasenplätzen schwebte, fand sie Richters Marie unten vor der Kellerthür.
[...]
[87] In jeder Freistunde spielten sie mit ihren Puppen »Märchen« und zwar »Grimms Märchen«, Marie und Tiny, während der Rest der Cousinen Tau sprang und Reifen trieb und die Lederbälle gegen die frischgestrichenen Hauswände warf, daß es knallte. – Die hübsche Marie stellte selbstredend immer die »Frau Königin« vor und die minder liebliche Tiny entweder die notwendige böse Fee oder die beflissene »Tante« der Prinzeßchen, die dann in richtiger Abstufung »bloß Herzogin« sein durfte. Den hohlen Süßkirschenbaum hatten die beiden ein für allemal gepachtet, »Frau Königin« und »Frau Herzogin«, und er war heute Rapunzelchens Turm und morgen Dornröschens Schloß und übermorgen Allerleirauhs Küchenkammer. Die Puppen hielten geduldig still und lächelten freundlich zu jeder neuen Rolle. Manchmal saß die Puppe Emilie auch als Marienkind im hohlen Baum und wartete, bis Prinzchen Addy auf seinem Steckenpferde herbeigesprengt kam, um sie zu erlösen. Großartig machte sich der edle Prinz, mit Papas abgedanktem rotgelbseidenen Taschentuche als Mantel umgesteckt, der nur so flatterte beim feurigen Ritt, einen Kuhblumenkranz ums Hütchen und eine kühne Hahnenfeder dazu, die der große Cochinchinahahn blutenden Herzens hergegeben hatte. – Nach gelungener Erlösung wurde Hochzeit gemacht, und dabei beteiligten sich auch die Tauspringerinnen. July und Winchen wußten die schönsten Kräutersuppen aus Wasser, Salz und gehacktem [88] Schnittlauch zu kochen, die ganz richtig aussahen und ganz richtig schmeckten, und Hanny deckte den Tisch so nobel mit Blattellern und Gabeln und Messern von kleinen Stöcken,

und einmal erbot sich Maly sogar, einen langen Regenwurm
herbeizuschaffen; der könnte dann Bratwurst sein.
[. . .]
[89] Manch liebes Mal, besonders wenn Großvater abends
noch viel arbeiten und nachdenken wollte, mußte Tante
Mine vom Balkon aus die wilde Bande zur Ruhe und Ordnung rufen, sobald die Ängsten und Freuden zu geräusch-
voll wurden. Oft jedoch öffnete Großvater selbst sein
Fenster, horchte ein Weilchen auf das lustige Treiben seiner Enkelschar, rieb sich die Hände, wandte sich zu Tante
Mine zurück und sagte zufrieden:
»Das ist gut so! Ihre Freiheit sollen sie haben, so lange sie
klein sind. Höre doch nur, liebe Mine, wie sie sich's bei
ihrem Vergnügen sauer werden lassen. Die schlafen heute
nacht prächtig. Es steckt doch Murr drin, Mine, das gefällt
mir; und häßliche Worte gebrauchen sie auch nicht. Laß sie
uns noch eine Viertelstunde draußen.«
[. . .]
[91] Das war die richtige Märchenstunde im Märchenreich
für die lebhaften Kinder, und gar zu köstlich wohl that's
dann, wenn sie nach ihren Irrfahrten durch das grenzenlose
schauervolle Düster des großen Gartens wieder auf die Terrasse polterten Hals über Kopf, und die Glasthüren sie in
die sicheren, hellen Wohnstuben zu Vater und Mutter ein-
ließen. Wie behaglich dehnten sich dies, ein Viertelstündchen
später, in ihren kleinen und großen Betten, die Mutterhand
in der ihrigen, das dankbare Gebet für den schönen Tag
gesprochen, und dann noch ein Gutenachtkuß und irgend
ein Späßchen und dann unter die Decke und eingeschlafen,
die Backen noch rot und frisch vom Spiel, hinter sich in
der Ofenröhre das tröstliche Nachtlichtchen im Wassergla-
se, dessen Verknistern gegen Morgen, die kleinen Schläfer
manchmal weckte und ihnen die Furcht vom Abend wieder
zurückbrachte.
[92] Wenn auch die andern, außer Tiny und Marie, nicht
allzuviel mit Elfen, Feen und Genien zu thun haben woll-

ten: – die Räuber und die Ritter nahmen sie sich doch aus den Märchen in ihre Spiele hinüber.
[. . .]
[95] »Hat es Onkel Heinrich auch wirklich so gesagt, Tinchen?« fragte Marie und steckte die drei Süßäpfel, die sie glücklich erobert hatte, einen nach dem andern in ihre Tasche, die sich bauschte wie ein Auswuchs.
»Wahrhaftig; ich gebe dir die rechte Hand drauf«, beteuerte Tiny und streckte der kleinen Zweiflerin ihre blankgewaschene Patsche entgegen. »›Paß du nur auf, bei Großpapa ist gestern der Märchenkönig angekommen‹, hat Papa gesagt.«
»O Gott, Tinchen – willst du mich auch ganz gewiß rufen, wenn er bei Onkel Heinrich ist?« (Onkel Heinrich war der Senator, Tinys Papa.) »Sieh 'mal, den Märchenkönig muß ich doch ebenso gut zu sehen kriegen, wie du; wir haben doch unser Geheimnis mit den Elfen zusammen.«
[. . .]
[98] »Nun, wer hat die Erdmännchen gesehen?« scherzte der alte Herr. »Ich nicht und ihr auch nicht. Hab' ich recht? Ja, da muß man gescheit und behend sein, wenn man sich eines von den artigen Männchen zum Spielzeug greifen möchte. – Oder was meint ihr dazu, wenn ein anderer die Schlafhäubchen herunterstibitzt hätte? Zum Beispiel:

Der Wind, der Wind,
Das himmlische Kind –?«

»Oder der Meisterdieb!« fiel Tiny begeistert ein. »Das steht alles in unsern Grimms-Märchen! Kennst du die denn auch? Ich dachte, bloß Mutter und Kinder kennten die.«
»Ja, denk nur: früher war ich auch einmal ein Kind und jetzt bin ich ein alter Onkel geworden«, sagte der freundliche Herr, und Tiny drängte sich immer näher an seine Seite, trotzdem Marie sie heimlich kniff, während sie zu dritt durch den Garten gingen, den Papas entgegen, die auf der Terrasse hin und her wandelten, die [99] roten Türken-

kappen auf den Köpfen, die langen Türkenpfeifen zwischen
den Lippen.

»Aber *jetzt* bist du der Hofmeister vom Märchenkönig,
nicht wahr, Onkel?« fragte Tiny in ihrer unersättlichen
Wißbegier weiter, und der alte Herr entgegnete ganz trokken:

»Nein, ich bin nur sein Kammerdiener« und lächelte fein
dazu.

[...]

[101] »Der ist der Märchenkönig, *der* da!« sagte Tante Mine
und zeigte auf den schönen, alten Herrn mit den weißen,
herabhängenden Haaren und dem langen braunen Rocke,
und Großvater rieb sich lachend die Hände, so köstlich
amüsierte er sich über Mariens und Tinys verblüffte Gesichter.

»Und soll ich euch auch verraten, wie er heißt?« [102] fuhr
Tante Mine fort, zwinkerte den alten Herrn listig an,
und warf den Kindern ihren bekannten Lämmerblick zu:
»Onkel Jakob Grimm heißt er, und ihr dürft euch bei ihm
für eure wunderschönen, lieben Grimms-Märchen bedan-
ken.«

Sie sahen ihn alle mit großen Augen an; dann lachten sie
verschämt und dann liefen sie auf ihn zu und gaben ihm die
Hände:

»Ich danke vielmals! – Ich danke viel-, *viel*mal für Grimms
Märchen!«

Ganz begriffen sie's noch nicht, weshalb sie »danke« sagen
sollten, aber mit der Zeit würde das Begreifen ihnen schon
kommen.

FRIDA SCHANZ

Schulkindergeschichten

1901; 6. Aufl. 1910

[28]   *Die Schlittschuhe.*

Durch die Fenster, auf deren Simsen buntblühende Hyacin-
then standen, schien die helle Wintersonne ins trauliche
Zimmer. Ihr fröhlicher Schein ließ alles so hübsch aussehen:
die einfachen Möbel, das blanke, saubere Eßgerät auf dem
gedeckten Mittagstische, selbst die uralte, eilig tickende
Wanduhr neben dem warmen Ofen.
Die Mutter, die den ganzen Morgen eifrig und angestrengt
gearbeitet hatte, stand mit heiterem Gesichte am Fenster.
Gleich mußte ihre kleine wilde Schar unten um die Ecke
biegen, die beiden Jungen von der Schule her und Trudchen
von den Wiesen kommend, wo sie nach den Schulstunden
noch ein Stündchen hatte schlittschuhlaufen dürfen; sie war
zart und ein wenig [29] kränklich, und der Arzt hatte ihr
möglichst viel Bewegung im Freien verordnet.
Zu Tische gab es heute ein Lieblingsgericht der Kinder, das
der Mutter besonders gelungen war. Wie wird das den
hungrigen Magen schmecken!
Da stürmten Fritz und Arnulf auch schon über die Straße
dem Hause zu. Fritz, der nie vergaß, nach den Hyacinthen-
fenstern, hinter denen die Mutter saß, emporzuschauen,
schwenkte freudig die blaue Mütze zum Gruße. Dann
blickte auch Arnulf auf, und sein ganzes gutes, rotbäckiges
Gesicht lachte. Nun fehlte nur noch die Trude.
Da kam sie, die Schlittschuhe in der Hand schlenkernd,
langsam mit verdrossenem Gesicht um die Ecke. Nun,
dachte die Mutter, was stimmt denn da nicht? – Trudchen
war vor einer Stunde doch so vergnügt im neuen, dunkel-
roten Samtkäppchen davongesprungen. Besorgt nahm die

Mutter ihr kleines Mädel an der Tür in Empfang. Aber
Trudchen hatte eine ganz abscheuliche Laune. Sie gab auf
die freundlichen Fragen, ob ihr wohl sei, ein mürrisches
»Ja« zur Antwort, und auf die Frage, ob sie gefallen sei und
sich weh getan habe, ein kurzes, unhöfliches »Nein«; dann
warf sie die Schlittschuhe in die Flurecke, als wollte sie die
armen Dinger für eine große Missetat strafen.

Von dem lieben Gesichte der Mutter war aller Sonnenschein
gewichen. Sie hatte sich heute so besonders auf ihre Lieb-
linge gefreut, und nun mußte sie schelten, statt mit ihnen
froh zu sein. Ja, wenn das Schelten nur geholfen hätte! Aber
Trudchens Gesicht wurde immer trüber; mürrisch saß sie
bei Tische vor [30] dem schönen, lustig dampfenden Ge-
richte, und statt sie aufzuessen, salzte sie sich die leckere
Speise auf einmal mit ein paar Tränen.

»Nun ist's aber genug!« gebot die Mutter ernst. »Sage sofort freundlich, was dir ist, oder geh vom Tisch!«

Da kam es unter heißem, trotzigem Schluchzen heraus:
»Die Schlittschuhe – – die alten, gräßlichen Schlittschuhe,
die ich tragen muß! Lucy Wilken hat mich ausgelacht, und
die andern lachten alle mit. Kein Kind hat solche altmodi-
sche, schlechte Dinger mit Riemen und Kappen, nur ich
muß sie tragen. Ich hab' immer lauter so alte Sachen, daß ich
mich schämen muß. Aber nie wieder geh' ich mit den Dingern auf die Eisbahn. Ich habe mir zu Weihnachten so sehr
ein Paar neue Schlittschuhe gewünscht. Warum hab' ich
keine bekommen?«

Die Mutter war bleich geworden. »Weil ich dir nicht alle
Wünsche erfüllen *kann*, mein Kind! – Du wünschtest dir
eine rote Kappe und ein neues Kleid und Bilderbücher und
so sehr viele Dinge. Aber alles das kostet viel Geld, und euer
lieber Vater ist bei Gott, und ich habe allein für euch zu sorgen. Ihr wißt selbst«, – ihre liebe Stimme wurde leiser und
sehr traurig, – »daß es mir manchmal nicht leicht wird.«

»Ja, das wissen wir, du gute, gute Mutter!« rief Fritz und
griff zärtlich nach der Mutter Hand. Arnulf nickte ihr treu-

herzig zu: »Warte nur, Mütterchen, wenn ich groß bin und ein Schiff habe und viel Geld verdiene – –«

»Siehst du nicht ein, Trudchen, daß deine Klagen [31] ein sehr großes Unrecht sind?« wandte die Mutter sich an ihr schweigendes Töchterchen.

Trudchen murmelte etwas, was niemand verstand. Der Spott der Freundinnen hatte ihr Herz mit Trotz und Bitterkeit erfüllt; die rührenden Worte der Mutter fanden noch keinen Widerhall.

»Sei nicht so unausstehlich und ärgere die Mutter nicht, Trude!« mahnte nun Fritz. »Nachmittag gehe ich mit dir auf die Bahn und laufe mit dir. Da soll einmal jemand kommen und dich auslachen!«

»Ja, fein!« rief Arnulf. »Heute ist ja Sonnabend. Da laufen wir alle drei!«

Trudchens Augen füllten sich nun wieder mit Tränen. »In den alten Dingern laufe ich nicht!« rief sie heftig. »Nie mehr, nie im Leben mehr. Ihr wisset nicht, was das heißt, sich immer schämen zu müssen! Ich will mich nicht immer schämen!«

»So?« sagte die Mutter. »Wirklich nicht, Trudchen? Weißt du auch, daß du dich *in diesem Augenblicke* schämen müßtest wie nie im Leben? Seine Mutter ärgern und kränken, eitel, trotzig, hoffärtig sein, – das sind Dinge, deren wir uns schämen müssen. Alte oder neue Schlittschuhe – du lieber Gott, das ist ja im Grunde völlig gleich. Deine Freundinnen lachen, meinen's aber nicht böse und hören bald wieder auf. Und wenn sie nicht aufhörten, müßten *sie* sich schämen.«

Die Mutter sprach noch viel mehr in ihrer sanften, freundlichen Weise. Sie wußte, daß in Trudchens Herzen unter dem bösen Eigensinn ein gar warmer Quell der Liebe und Güte schlief, und sie wollte diesen Quell jetzt so gern wecken; sie wollte so gern, daß Trudchen, [32] wie es so oft schon geschehen, plötzlich mit ausgebreiteten Armen auf sie zukomme und schluchzend rufe: »Es tut mir leid, sei mir nicht böse, gute Mutter!«

Aber jener Quell war heute wie erfroren. Trudchen wußte
genau, daß sie die Mutter kränkte; sie wußte, daß die Mutter ihren Kindern zuliebe tat, was sie konnte, und wie anstrengend die Gesangstunden waren, die sie gab, um Geld
für die Erziehung ihrer Kinder zu verdienen. Der Vater war
Kapitän gewesen und war im Sturm auf der See verun-
glückt. Solange er lebte, hatte die Mutter sich nicht mühen
und plagen dürfen; er hatte ihr das Leben so schön und
leicht gemacht wie nur möglich.

Die Kinder wußten das alles, und Trudchen so gut wie die
andern. Sie liebte die Mutter von ganzem Herzen, nur ihr
Eigensinn und ihr Eigennutz waren oft größer als ihre
Liebe, und diese beiden ließen jetzt keinen andern Gedanken aufkommen als den: Neue Schlittschuhe! Neue Schlittschuhe!

Das Mittagessen ging traurig zu Ende. Die Mutter aß wenig
und Trude fast nichts. [...]

[34] Trude hatte schon oft im Nebenzimmer gesessen, wenn
die Mutter Unterricht gab, aber so still und so allein wie
heute vielleicht noch nie. Ihr Herz war bewegt von Unruhe
und stiller Scham, und deshalb klang ihr wohl jedes Lied,
das die Mutter dem jungen Mädchen vorsang, so eigentümlich rührend. Wie viel Mühe die Mutter sich gab! Wie
freundlich und unermüdlich sie der Schülerin ihre Fehler
verwies, und wie gütig sie immer wieder zeigte, wie es richtig war! Wie liebenswürdig sie sprach, während ihr Herz
doch gewiß recht traurig war! Trudchen hatte sich das alles
nie so überlegt wie heute.

Als Fräulein Elbeck gegangen war, wäre Trude der Mutter
gern gleich um den Hals geflogen. Aber während sie noch
zögerte, kam die Mutter selbst ins Zimmer, freundlich und
ruhig, als wäre nichts geschehen. »Zieh dich an, Trude«,
sagte sie sanft, »recht schnell, solange es noch ein wenig hell
ist.«

Trude sah erstaunt auf. »Wollen wir ausgehen?« fragte sie
scheu.

»Ja«, entgegnete die Mutter ruhig, »du sollst ein Paar neue Schlittschuhe haben.«

Trude traute ihren Ohren nicht. Eine tiefe Beschämung wollte sie erst packen, aber dann spürte sie doch nur die große, große Freude, ihren heißen Wunsch erfüllt zu sehen. »Die Mutter kann's also doch! Ich dachte mir's ja gleich«, jubelte ihr Herz.

[35] Sie wollte der Mutter mit Küssen und Umarmung danken, aber diese wehrte ruhig alles ab. »Spute dich nur«, sagte sie ernst und leise; »ich habe heute nicht viel Zeit.«

Still wandelten dann beide ihres Weges. In der großen, feinen Eisenhandlung am Markte, an deren Fenstern Trude so oft mit sehnsüchtigen Blicken gestanden und mit den blanken Schlittschuhen geliebäugelt hatte, kehrte die Mutter mit ihrem Töchterchen ein. Sie handelte und überlegte nicht lange, wie sie es wohl sonst bei ihren Einkäufen tat, sondern forderte gleich ein bestimmtes Paar feine, vernickelte Schlittschuhe, – »die für fünf Mark da oben«, sagte sie, genau so, als habe sie sich über Schlittschuhe und Schlittschuhpreise schon einmal ganz eingehend hier erkundigt.

An ein Paar so wunderfeine hatte Trude wirklich nicht gedacht! Aber der Verkäufer meinte, die hielten nun auch viele Jahre und könnten viel benutzt werden, und die Mutter meinte, das sei eben recht.

Es war seltsam. Wenn die Mutter ihren Kindern sonst eine Freude bereitete, so war sie selbst immer die Allervergnügteste. Aber heute blieb sie trotz des lauten Jubels, den Trude äußerte, merkwürdig nachdenklich und still. Ihr Blick haftete hier und da so forschend und aufmerksam auf des Kindes Gesicht, als wollte er bis in dessen Seele dringen. Mehrmals seufzte sie sogar leise. Dann wurde es Trude immer so beklommen zu Mute, als habe sie ihre Freude gestohlen, als dürfe sie eigentlich nicht jubeln und sich nicht freuen. Sie fühlte, wie wenig sie der Mutter Güte verdient hatte. Und doch war der Gedanke, morgen auf der blanken [36] Eis-

bahn mit den neuen Schlittschuhen zu erscheinen, so ent-
zückend. Sie lief so gut, besser als die Freundinnen alle.
Wenn nur diese stille Reue, dieser leise Druck im Herzen
nicht gewesen wäre, dieses Mahnen: Schäme dich! Du hast
es erzwungen! »Aber wenn die Mutter das Geld nicht übrig
gehabt hätte, so würde sie mir die Schuhe doch nicht
gekauft haben«, tröstete Trude sich selbst. Sie wollte den
neuen Besitz gleich ihrer Freundin Elsbeth zeigen, die im
Nachbarhause wohnte. So ging die Mutter allein voraus.
Aber Elsbeth war nicht zu Hause. Trude kehrte daher bald
nach der Mutter heim. Das Mädchen scheuerte gerade den
Flur, dessen Türe offen stand, so daß sie ohne zu klingeln in
die Wohnung kam. Sie setzte sich in die Wohnstube ans
Fenster und sah in tiefen Gedanken auf die Straße hinaus.
Die Mutter spielte nebenan im Halbdunkel leise auf dem
Klavier fremde Melodieen, die Trude noch nie von ihr ge-
hört hatte.
Da klang draußen die Klingel, und als das Dienstmädchen
geöffnet hatte, trat Tante Henny, der Mutter jüngere Schwester, rasch und lebhaft in das Zimmer, in dem die Mutter
saß.
»Da sitzt sie nun und spielt im Dunkeln, statt sich anzuziehen!« rief sie mit ihrer hellen Stimme lustig scheltend.
»Flink, flink, Hanna, kleide dich an, um sieben Uhr beginnt
ja schon die Oper.«
Trudchen hörte, wie die Mutter aufstand und das Klavier
schloß.
»Vor allen Dingen guten Tag, liebes Herz«, sagte sie ruhig
und freundlich. »Und dann: sei mir nicht böse! Du hast leider vergeblich den weiten Umweg [37] gemacht, um mich
abzuholen, ich habe mich anders besonnen, ich kann heute
nicht mitgehen.«
Henny stieß einen Schrei ärgerlicher Überraschung aus.
»Was? Du kannst nicht? Weshalb nicht in aller Welt? Seit
Jahren hast du dir gewünscht, den ›Tannhäuser‹ wieder ein-

mal zu hören, weil es die erste Oper war, die du mit deinem
Manne zusammen besucht hast. Gestern warst du ja fest
entschlossen.«

»Ja gestern«, sagte die Mutter sanft. »Von gestern bis heute
ändert sich aber manches; das wirst du auch noch erfahren,
meine Schwester.«

»Was hat sich denn geändert? So rede doch!« fragte Henny
ganz ängstlich.

Die Mutter lachte ein wenig. »Nichts Großes, Schatz!« be-
ruhigte sie. »Nur der Zustand meiner Kasse. Ich hatte gestern fünf Mark für die Karte übrig, heute habe ich sie nicht
mehr. Es kommen eben manchmal unvorhergesehene Aus-
lagen.«

Henny seufzte tief und schwer. »Ach, zu schade! zu
schade!« sagte sie. »Könnte ich dir doch wenigstens meine
Karte schenken. Aber ich habe sie von Stadtrat Ritters erhalten und muß nun mit diesen gehen. Vergnügen werde ich
nicht haben, weil ich immer an dich denken muß.«

Da wurde die Mutter auf einmal ganz heiter. »Das wäre
noch schöner, Liebling«, rief sie lebhaft; »denkst du, ich sei
traurig wegen dieser kleinen Entbehrung?«

»Du warst wohl ein Jahr lang nicht im Theater«, warf
Henny betrübt ein.

»Das große Unglück!« scherzte die Mutter. »Weißt [38] du,
Henny, wenn man drei Kinder hat, so ist man froh und
glücklich, wenn die gesund und brav sind, und lernt leicht
auf ein Vergnügen verzichten.«

»Und gesund und brav sind deine Musterkinder ja wohl
immer?« neckte nun Tante Henny.

Trude zitterte, daß nun die Tante deren Unart erfahren
werde. Aber nichts Ähnliches geschah.

»Die Jungen sind fleißig und kerngesund, nun, und Trude
ist jetzt ein bißchen schwächlich, aber wenn sie sich viel in
der Luft bewegt, schlittschuhläuft z. B., und dazu kräftig
und tüchtig ißt, so wird es bald besser werden, wie der
Doktor meint.«

Tante Henny schwieg lange still. »Gewiß hast du Trude wieder irgend etwas Stärkendes angeschafft und entbehrst nun das Theater«, sagte sie dann. »Du bist ein Engel! Viel, viel zu gut!«

»Bst, bst!« mahnte die Mutter.

Dann küßten sich die Schwestern, und Tante Henny ging.

»Also das war es!« dachte Trude bewegt. »Ihr Theatervergnügen, auf das sie sich so sehr gefreut, hat sie mir geopfert!« Ganz zerknirscht saß die Kleine im Dunkeln da. Ihre Wangen brannten, so schämte sie sich. Aber der Trotz war dabei doch noch immer nicht ganz verflogen.

»Der Doktor hat es ja gesagt, daß ich schlittschuhlaufen soll. Es ist also gar nicht einmal zu meinem Vergnügen«, dachte sie. Und damit beschwichtigte sie ihr lautklopfendes, reuiges Herz. Die blanken Schlittschuhe schimmerten aus der Zimmerecke silberhell durch die Dämmerung zu ihr her; wenn sie an den nächsten [39] Morgen dachte, so gab es ihr förmlich einen Stich vor Freude. Und diese Freude wollte sie sich nicht verderben lassen.

Als die Brüder kamen, war die Verwunderung über die herrlichen neuen Schlittschuhe groß.

»Seht ihr!« sagte Trude triumphierend.

»Du kannst dich freuen«, meinte Arnulf, die blanken, feinen Eisen genau betrachtend und mit dem Finger befühlend.

»Ich freu’ mich aber auch!« sagte Trude. Es sollte munter und lustig klingen, aber es kam merkwürdig kleinlaut heraus. Die rechte Freude war es nicht, die ihr Herz erfüllte, nur ein eitles Verlangen, sich vor den Freundinnen zu zeigen, Staat zu machen, bewundert zu werden. Und neben all diesen eitlen Wünschen war ein so eigener leiser Schmerz in ihrer Brust. So seltsam wie heute abend war die Mutter noch nie zu ihr gewesen. Sie sah sie immer an, als erwarte sie etwas von ihr. Und zum erstenmal im Leben fühlte das Kind sich scheu, fast fremd der gegenüber, vor der ihr Herz sonst frei und offen lag.

Trude schlief schlecht und träumte viele häßliche, beängsti-
gende Dinge in dieser Nacht. Sie meinte, mit den neuen
Schlittschuhen auf dem Eise zu stehen, aber das Eis war so
seltsam glatt, daß sie sich nicht im Gleichgewichte halten
und nicht vorwärts kommen konnte und in Todesangst
nach dem Ufer sah. Dort stand die Mutter, aber der Teich
dehnte sich immer mehr, immer mehr, so daß sie dieselbe
kaum mehr erkannte. Eine heiße Angst ergriff sie, und als
sie endlich glücklich erwachte, begann mit dem Wiederein-
schlafen bald ein [40] neuer, ebenso ängstlicher Traum. Es
klopfte etwas, erst am Fenster, dann an der Schlafstubentür,
dann gar an ihrem Bett, erst leise, dann lauter und immer
rascher, immer rascher. Sie wollte nachsehen, was es sei, und
konnte sich doch nicht rühren, sie lag steif und starr, und
jetzt klopfte es gar an ihr Herz. – – –
»Trude, wimmre doch nicht so! Wach auf, es regnet!« rief da
auf einmal Arnulfs helle, kräftige Stimme ins Zimmer hinein. Rasch richtete Trude sich im Bette auf und sah sich verwundert um. Es war heller Tag, der Mutter Bett stand bereits leer, und wirklich, an die Fensterscheiben klopften die
großen Regentropfen; es war über Nacht Tauwetter gekommen, und der Regen ergoß sich in Strömen vom Himmel
auf die Erde nieder.
»Mit dem Schlittschuhlaufen ist es nichts!« verkündigten
die Jungen.
Da war Trude schnell wie außer sich aus dem Bett gesprungen.
Nein, das konnte ja nicht sein, das war unmöglich!
»Es wird noch gehen, es muß noch gehen!« rief sie erregt.
»Ich habe mich so darauf gefreut! Und ich gehe doch nach
der Eisbahn, der Regen wird schon aufhören!«
»Der Regen läßt jetzt schon nach!« berichtete Fritz. »Aber
die Schlittschuhbahn such' dir mal! Ich glaube, du kannst
sie lange suchen. Bleib zu Haus, Trude!«
»Nein, ich gehe!« rief Trude schluchzend.

»Laßt sie doch gehen«, mahnte die Mutter ruhig vom Nebenzimmer aus. »Nur das neue Käppchen setze nicht auf! Und nimm den Schirm mit!« [41]

In einer Viertelstunde stand Trude zum Ausgehen bereit. Die Mutter hatte ihr freundlich und gütig beim Anziehen geholfen, und als die Kleine ihr scheu und zaghaft die Hand beim Adieusagen gab, strich sie ihr lieblich über die Wangen.

»Adieu, liebes Kind! Ich bleibe zu Haus. Wenn du wiederkommst, wirst du mir gewiß manches zu sagen haben.«

Das klang so weich, so lieblich, daß es dem Kinde ganz eigen zu Herzen ging. In bewegter Stimmung trat Trude aus dem Hause auf die Straße. Da schlug ihr die Luft so lau, so lenzhaft entgegen. Wasser rann von den Dächern, und die Straße, die gestern fest und hart und trocken gewesen, war jetzt naß, voll Pfützen und rinnender Bäche, in die der Regen noch immer, wenn auch viel sanfter als vorhin, herniederplätscherte.

Trude rannte im Sturmschritt die Straße entlang, als könne sie noch gewinnen, noch ein Stückchen Freude und Vergnügen retten, ehe alles zerfloß und zerging. In kaum fünf Minuten stand sie draußen vor der Eisbahn.

Aber welch ein Anblick war das!

Das Tauwetter mußte mit Macht gekommen sein; ein einziger, großer schwarzer See dehnte sich statt der spiegelblanken Eisfläche über die Wiesen. Wie zum Hohn für das eigenwillige Kind rieselten die Regentropfen in die Flut nieder.

»Nun zeige deine neuen Schlittschuhe! Nun mache Staat vor deinen Freundinnen!« schienen die Wässer des Himmels und der Erde zu höhnen. Aber eine ernstere Stimme, die des Gewissens in der eigenen [42] Brust, rief dazwischen: »So kann es gehen, wenn wir etwas erzwingen und ertrotzen!«

Lange, lange stand Trude da und starrte in die Wasserringe, die durch die Regentropfen entstanden. Tausend Gedanken

gingen ihr durch den Sinn, gute, ernste, reuige Gedanken.
Es war, als taue es in ihrer Brust, als schmölzen Trotz und
Eigenwille dahin in tiefer Scham, in heißen Wünschen nach
Besserung. Sie dachte über die sanften Mahnworte, die die
Mutter gestern gesprochen hatte, nach, und sie fühlte, wie
richtig jedes Wort gewesen, wie klug die Mutter war. Und
wie rührend gut! Ach, grenzenlos gut!
Es geschah, daß Trude auf einmal laut weinte. Und schluchzend kam sie nach Hause.
»Armer kleiner Kerl, deine Freude ist dir schön verdorben«, sagte die Mutter, die sie an der Tür empfing. Aber
Trude fiel ihr um den Hals und rief: »Liebstes Herzensmüt-
terchen, um die Freude ist mir's wahrhaftig nicht. Ich
schäme mich nur so und bitte dich von Herzen, mir wieder
gut zu sein!«
Die Mutter küßte das verweinte Gesicht und sprach liebe,
leise, ernste Worte. Die nasse Trude wurde in ihr warmes
Hauskleidchen gehüllt, und dann saßen Mutter und Kind
lange zusammen, und Trude hat es nie vergessen, was der
gütige, sanfte Muttermund Mahnendes sprach.
Die Jungen wollten das Schwesterchen, das gar so ernst aussah, später trösten. »Warte nur, Herzel, es friert schon wieder!«
Aber Trude sagte: »Nein, es soll gar nicht! Ich verdiene es
gar nicht!«
[43] Und seltsam, – obwohl es damals erst Januar war, hat es
in jenem Jahre wirklich nicht mehr gefroren. Trude konnte
ihre blanken Schlittschuhe erst im nächsten Jahre gebrauchen. Und dann war es eine andere Trude, ein liebes, artiges
Kind mit einem Herzen voll Liebe, das von Eitelkeit und
Eigensinn wirklich nichts mehr wußte.

RICHARD DEHMEL (Hrsg.)

Der Buntscheck

1904

[44]   *Singinens Geschichten.*

Ich heiße Singine; ist das nicht ein schöner Name? Ich bin
am Ostersonntag vor zehn Jahren geboren; ist das nicht ein
schöner Geburtstag? Und weil ich einen so schönen Namen
und einen so schönen Geburtstag habe, kann ich gewiß auch
so schöne Geschichten erzählen. Das heißt, ich finde die
Geschichten schön, und es macht mir Freude, sie auszuden-
ken. Manchmal passieren sie auch wirklich, und ich erzähle
sie bloß wieder. Ich habe keinen Bruder und keine Schwester, die zuhören können; aber Onkel Joachim hat gesagt,
ich soll sie aufschreiben, dann werdet *Ihr* sie zu lesen bekommen, ihr vielen Kinder, die ich gar nicht kenne.

Heute bin ich mit dem Windjungen gefahren. Sein Haar
war zerzaust, seine Höschen zerrissen. Er ging barfuß und
zog einen Wagen hinter sich her. Ich setzte mich hinein, und
nun ging's im Galopp die Chaussee entlang. Der Wagen rat-
terte, und wir atmeten laut, weil wir sehr schnell fuhren.
Plötzlich ging's hoch, in die Bäume. Sachte! sagten die alten
Kiefern und schlugen nach uns; wir waren aber schneller
und lachten sie aus. Auf dem Felde standen die Ähren; wir
fuhren mitten durch. Sie bogen und krümmten sich, es tat
ihnen weh, aber Windjunge schrie: ho! durch! und wir fuhren weiter.
Wir sprangen in den See, und die Wasser spritzten um unsern Wagen; die Räder waren ganz tief drin, aber wir fürch-
teten uns nicht. Windjunge schlug mit seiner Peitsche auf
die Wellen, daß sie vor Wut schäumten; sie konnten uns
aber nichts anhaben. Hui, flogen wir durch das Wasser! Ein

Puppe hat Geburtstag

paar Möwen kreischten laut auf; sie freuten sich gewiß über
den wilden Jungen. Ich lachte, und meine Haare flogen so
wild wie die Möwen. Hei, ging's in den Sandberg am Ufer!
der plusterte und stöberte! Die kleinen Käferchen duckten
sich, als der Wagen ankam, und lagen still am Boden. Die
Blütenblätter der wilden Rosen sprangen von den Zweigen
und tanzten wie Schmetterlinge vor uns her. Herrlich! wir
schüttelten uns vor Freude! – Windjunge, sagte ich, jetzt
muß ich aber nach Hause; es war sehr schön, und ich will
wohl wieder mit dir fahren. Er nickte, und so lief ich ihm
weg; mit zerrissenem Rock und offenen Haaren kam ich
zum Mittagbrot nach Hause.
Wie siehst du denn aus, Singine? sagte meine Mutter. Aber
sie schalt nicht. Wir haben uns sehr lieb, meine Mutter und
ich.

[45] Gestern freute ich mich sehr; Förster Fröhlich kam mit
Erich und Marie zu Besuch. Erst gab's Kaffee mit frischen
Waffeln, und dann spielten wir Verstecken auf dem Hof, und
Brückenmännchen; das war lustig. Später gingen wir auf die
Wiese und machten Kränze aus Gänseblümchen und lange
Ketten von Nußblättern; damit putzten wir unsre Haare
und Kleider. Aber ich sagte, das Spiel müßte hübscher
sein, wenn wir nackend wären; und so liefen wir hinter das
Gartenhaus, wo niemand uns sehn konnte, und zogen uns
aus.
Unsre Kränze hingen wir um den Hals und die Schultern,
und gingen in der Sonne spazieren. Wir spielten alte Grie-
chen. Erich war der Paris und sollte der Schönsten einen
Apfel schenken. Er fand uns aber alle beide am schönsten,
und aß den Apfel selber auf; da mußten wir sehr lachen.
Plötzlich kam meine Mutter. Sie sah ganz erschrocken und
zornig aus. Sie fragte, ob wir uns nicht schämten; wir wären
alt genug dazu. Die kleine Marie fing an zu weinen, und wir
suchten schnell unsre Kleider.

Ich war fast böse auf meine Mutter. So schrecklich unartig waren wir doch gar nicht gewesen. Und geschämt hatte ich mich eigentlich auch nicht. Das tue ich bloß, wenn mich einer sehr lobt, oder wenn ich was Dummes gemacht habe. Und Mutter fragt mich doch nie, ob ich mich schäme, wenn ich in der Badewanne sitze und sie mich abseift. Und da bin ich doch auch nackt. Und das Spiel war so lustig gewesen, und die Nußblätter sahen so frisch aus auf der weißen Haut. Bloß ein bißchen bange war mir gewesen. Ob Mutting vielleicht doch recht gehabt hat? –

[46] Unsre Kuh Bleß hat ein Kälbchen bekommen. In der Nacht habe ich sie brüllen gehört, und als ich heut Morgen auf den Hof kam, da winkte mir Line in den Stall. Da kniete ein magres kleines Kälbchen, und die Kuh leckte es. Wo ist das Kälbchen hergekommen? fragte ich. Line lachte und sagte, das ginge mich nichts an. Da lief ich zu Vater Steffens und fragte den. Der sagte: »Du weißt doch, wie die Hühner Eier legen? Nun, grade so legen die Kühe gleich die lebendigen Kälbchen!« – Steffens, sagte ich, werden die kleinen Kinder auch gelegt? – »I, du dummes Gör! du weißt doch, daß die der Storch bringt; und so unnütze wie dich bringt die wilde Katze!« – Ich wußte aber, daß der alte Steffens gelogen hatte, denn bei uns gibt's gar keine Störche und immer kommen kleine Kinder; und da lief ich zu meinem Vater. Der saß in der Laube beim Kaffeetrinken. Vati, bitte, sag mir: wo kommen die kleinen Kinder her? Da hat mir Vater ein sehr schönes Märchen erzählt, und ich habe ihn nun noch viel lieber und Mutter auch. Und das Märchen weiß ich ganz und gar auswendig:
Wenn Eltern sich lieb haben, sendet Gott ihnen manchmal zwei gute Geister, den Engel der Fruchtbarkeit und die Fee des Gedeihens. Der Engel der Fruchtbarkeit wohnt im Vater, die Fee des Gedeihens in der Mutter, und beide sehnen sich nach einander. Und der Engel der Fruchtbarkeit senkt

einen Keim tief in den Schoß der Mutter hinein, so tief, daß weder Luft noch Sonne ihn trifft; aber die Fee des Gedeihens pflegt ihn und schützt ihn, sodaß er Luft und Sonne nicht braucht. Der Engel der Fruchtbarkeit kehrt zurück zu Gott; die Fee aber bleibt noch und hütet den Keim. Der Keim wächst wie die Blume im Erdboden, wächst und gedeiht und wird ein kleiner Mensch. Und an dem Tage, da er seine Augen aufschlagen will, um endlich doch die Sonne zu sehen, trägt ihn die Fee des Gedeihens aus dem Mutterleib hinaus in die Welt; dann kehrt auch sie zu Gott zurück. An dem Tage sagen wir: es ist ein Mensch geboren, Singine! Begreifst du das, mein liebes Kind? –

Ich gab meinem Vater einen Kuß und faltete die Hände, mir war ganz heilig. Dann lief ich rasch zu meiner Mutter; und als ich ihr das Märchen erzählte, hat sie mich auf den Schoß genommen, wie früher, als ich noch klein war.

[Paula Dehmel]

AGNES SAPPER

Die Familie Pfäffling

1907; 81.–90. Tsd. 1919

[9] Ihr wollt die Familie Pfäffling kennen lernen? Da muß ich euch weit hinausführen bis ans Ende einer größeren süddeutschen Stadt, hinaus in die äußere Frühlingsstraße. Wir kommen ganz nahe an die Infanteriekaserne, sehen den umzäunten Kasernenhof und Exerzierplatz. Aber vor diesem, etwas zurück von der Straße, steht noch ein letztes Haus und dieses geht uns an. Es gehört dem Schreiner Hartwig, bei dem der Musiklehrer Pfäffling mit seiner großen Familie in Miete wohnt.

Um das Haus herum, bis an den Kasernenhof, erstreckt sich ein Lagerplatz für Balken und Bretter, auf denen Knaben und Mädchen fröhlich herumklettern, turnen und schaukeln. Meistens sind es junge Pfäfflinge, die da ihr Wesen treiben, manchmal sind es auch ihre Kameraden; aber der eine Kleine, den man täglich auf den obersten Brettern sitzen und dabei die Ziehharmonika spielen sieht, das ist sicher kein anderer als Frieder Pfäffling.

Um die Zeit, da unsere Geschichte beginnt, ist übrigens der Hof verlassen und niemand auf dem weiten Platz zu sehen. Heute ist, nach den langen Sommer-[10]ferien, wieder der erste Schultag. Der Musiklehrer Pfäffling, der schlanke Mann, der noch immer ganz jugendlich aussieht, war schon frühzeitig mit langen Schritten den gewohnten Weg nach der Musikschule gegangen, um dort Unterricht zu geben. Sechs von seinen sieben Kindern hatten zum erstenmal wieder ihre Bücher und Hefte zusammengesucht und sich auf den Schulweg gemacht. Die lange Frühlingsstraße mußten sie alle hinunterwandern, aber dann trennten sich die Wege; die drei ältesten suchten weit drinnen in der Stadt das alte Gymnasiumsgebäude auf, die zwei Schwestern hatten schon etwas näher in die Töchterschule und Frieder, der noch in die Volksschule ging, hätte sein Ziel am schnellsten erreichen können, aber das kleine runde Kerlchen pflegte in Gedanken verloren dahinzugehen und sich mehr Zeit zu lassen als die andern.

Im Hause Pfäffling war nach dem lauten Abgang der sieben Familienmitglieder eine ungewohnte Stille eingetreten. Es blieb nur noch die Mutter zurück, und Elschen, das jüngste niedliche Töchterchen, sowie die treue Walburg, die in der Küche wirtschaftete. Frau Pfäffling atmete auf, die Stille tat ihr wohl. Was war das für ein Sturm gewesen, bis der letzte die Türe hinter sich zugemacht hatte, und was für eine Unruhe all die Ferienwochen hindurch! Während sie ordnend und räumend von einem Zimmer ins andere ging, war ihr ganz festtäglich zumute. Sie war von Natur eine stille, nachdenkliche Frau und gern in Gedanken versunken, aber das Leben hatte sie als Mittel-[11]punkt in einen großen Familienkreis gestellt, und es drehten sich lauter lebhafte, plaudernde, fragende, musizierende Menschen um sie herum. [...]

[68] Frieder [...] klang heute immer der Adventschoral im Ohr: »Wie soll ich dich empfangen«, er mußte ihn herausbringen. Er fing an zu spielen, und als er merkte, daß ungnädige Blicke auf seine Ziehharmonika fielen, zog er sich hinaus in die Küche, wo Walburg saß und in ihrem Gesangbuch las. Sie hörte diese Töne, und da sie sich in ihrer Taubheit über alles freute, was bis an ihr Ohr drang, schob sie ihm den Schemel hin, zum Zeichen, daß er sich bei ihr niederlassen sollte. So kam die Adventsstimmung bis in die Küche.

Am nächsten Tag mußten freilich die Weihnachtsgedanken wieder in den Hintergrund treten, denn in die Schule paßten sie nicht. Nur Frieder wollte sie auch dorthin bringen; was Remboldt ihm einmal gesagt, hatte er nicht vergessen, er wollte seine Harmonika mit in die Schule nehmen und dort den Adventschoral vorspielen. Die Mutter hörte es und wunderte sich: Er hatte sich noch nie zeigen oder vordrängen wollen mit seiner Kunst, nun kam ihm doch die Lust, sich hören zu lassen. Sie mochte es ihm nicht verbieten, aber es war ihr fremd an ihrem kleinen, bescheidenen Frieder. So zog er mit seiner großen Harmonika in der Hand, den Schulranzen auf dem Rücken, durch die Frühlingsstraße.

[69] Freilich, als er sah, welches Aufsehen es bei den Schulkameraden machte, bereute er es fast. Er hatte seine Harmonika verbergen wollen bis zu der großen Pause um 10 Uhr, wo die Lehrer ihre Klassenzimmer verließen und die Schüler sich in dem weiten Schulhof zerstreuten. Aber es ging nicht so.

Der Lehrer war kaum in das Schulzimmer getreten, so riefen ihm auch schon ein paar kecke Bürschchen zu: »Der

Pfäffling hat seine Ziehharmonika mitgebracht.« Da verlangte er sie zu sehen und fragte, ob Frieder denn mit dem großen Instrument zurechtkäme. Nun stießen ihn die Kameraden von allen Seiten: »Spiel doch, gelt, du kannst es nicht? Spiel doch etwas vor!« Darauf spielte Frieder seinen Adventschoral, vergaß seine vielen Zuhörer, vergaß die Schulzeit und sagte, nachdem er fertig war: »Jetzt kommt: Wachet auf, ruft uns die Stimme.«

Der Lehrer ließ ihn gewähren, denn er sah, wie gern ihm alle zuhörten und wie der kleine Musiker ganz und gar bei seinen Liedern war. »Hast du das bei deinem Vater gelernt?« fragte er ihn jetzt. »Nein«, sagte Frieder, »Harmonika muß man nicht lernen, das geht von selbst.«

»Das geht vielleicht bei euch Pfäfflingen von selbst, aber bei anderen nicht. Was meinst du«, sagte er zu dem, der am nächsten stand, »könntest du das auch?« »O ja«, sagte der, »da darf man nur auf- und zuziehen.« »Du wirst dich wundern, wenn du es versuchst!« entgegnete der Lehrer, »aber jetzt: auf eure Plätze.«

[70] Um 10 Uhr, in einer Ecke des Schulhofs, wurde Frieder umringt und mußte spielen. Es kamen auch größere Schüler von anderen Klassen herbei und die wollten nicht nur hören, die wollten es auch versuchen. Die Harmonika ging von Hand zu Hand. Sie zogen daran mit Unverstand, einer riß sie dem andern mit Gewalt weg, und der sie nun hatte, der sagte: »Sie geht ja gar nicht, ich glaube, sie ist zerplatzt.« Da bekam sie Frieder zurück, und als er sie ansah, wurde er blaß, und als er sie zog, gab sie keinen einzigen Ton mehr. Da wurden sie alle still und sahen betroffen auf den kleinen Musikanten.

»Wer hat's getan?« hieß es nun. Die Frage ging von einem zum andern und wurde zum Streit, aber Frieder kümmerte sich nicht darum, er verwandte keinen Blick von seiner Harmonika, er strich mit der Hand über sie, er drückte sie zärtlich an sich, er versuchte noch einmal einen Zug, aber er

wußte es ja schon vorher, daß ihre Stimme erloschen war
und nimmer zum Leben zu erwecken.

Nach der Schule lief er all seinen Kameraden, die ihn teilnehmend oder neugierig umgaben, davon, er mochte nichts
hören und nichts sehen von ihnen. Er trug seine Harmonika im Arm, lief durch die lange Frühlingsstraße nach
Hause, rief die Mutter und drückte sich bitterlich weinend
an sie mit dem lauten Ausruf: »Sie ist tot!«

Eine ganze Woche schlich Frieder ruhelos im Hause umher
wie ein Heimatloser. Immer fehlte ihm etwas, oft sah er auf
seine leeren Hände, bewegte sie wie zum [71] Ziehen der
Harmonika und ließ sie dann ganz enttäuscht sinken. Das
bitterste an seinem Schmerz war aber die Reue. Er selbst
hatte ja seine Freundin den bösen Buben ausgeliefert. Hätte
er sie in der Stille für sich behalten und nicht mit ihr Ruhm
ernten wollen, so wäre sie noch lange am Leben geblieben.
Dagegen half kein Trost, nicht einmal die Vermutung der
Geschwister, daß er vielleicht eine neue Harmonika zu
Weihnachten bekommen würde.

[...]

[101] Wie war für Frau Pfäffling dieser Vormittag daheim so
lang und so peinlich! [...] Gestern hatte sie in fröhlicher
Stimmung alles vorbereitet für das Weihnachtsgeschenk,
heute hätte sie es am liebsten ganz beiseite gestellt, alle Lust
war dazu weg. Sie mühte sich sonst so gern den ganzen Vormittag im Haushalt und dachte dabei: ›Wenn Mann und
Kinder heimkommen von fleißiger Arbeit, sollen sie es zu
Hause gemütlich finden.‹ Aber wenn die Kinder nicht ihre
Schuldigkeit taten, wenn sie draußen Unfug trieben, sollte
man dann daheim Zeit und Geld für sie verwenden?

In dieser Stimmung sah Frau Pfäffling diesen Morgen manches, was ihr nicht gefiel. Im Bubenzimmer lagen Haus-
schuhe, nur so leichthin unter das Bett geschleudert; häßlich
niedergetreten waren sie auch, wie oft hatte sie das schon
verboten! Im Wohnzimmer lag ein Brief, den hätten die
Kinder mit zum Schalter nehmen sollen, alle sechs hätten sie

ihn sehen müssen, [102] alle sechs hatten ihn liegen lassen,
sogar Marianne, die doch als Mädchen allmählich ein wenig
selbst daran denken sollten, ob nichts zu besorgen wäre!
Das waren lauter Pflichtversäumnisse, und wer daheim die
Hausgesetze nicht beachtete, der konnte leicht auch draußen gegen die Ordnung verstoßen. Aber freilich müßte die
Mutter ihre Kinder fester dazu anhalten, strenger erziehen,
als sie es tat! Sie selbst war schuld.
Elschen, die nicht wußte oder nimmer daran dachte, was die
Mutter heute bedrückte, kam in der fröhlichsten Weih-
nachtsstimmung herbeigesprungen. Walburg hatte sie die
Teigschüssel ausscharren lassen. »Mutter«, rief die Kleine,
»die Backröhre ist schon geheizt!« Aber die Mutter hatte
heute einen unglückseligen Blick. An dem ganzen kleinen
Liebling sah sie nichts als drei Streifen, Spuren von Teig an
der Schürze.
»Else, dahin hast du deine Finger gewischt«, sagte sie mit
ungewohnter Strenge, »gestern erst habe ich dir gesagt, du
sollst deine Hände waschen und nicht an die Schürze wi-
schen«, und sie patschte fest auf die kleinen Hände. Das
Kind zog leise weinend ab, und die Mutter sagte sich vorwurfsvoll: ›Deine Kinder sind alle unfolgsam!‹
[...]
[130] »Legt mir alle sechs Zeugnishefte aufgeschlagen auf
meinen Tisch, ich will sie sehen!«
Das gab nun eine Aufregung in der jungen Gesellschaft!
»Die Zeugnisse müssen her, der Vater will sie sehen!« flüsterte eines dem andern zu. »Warum denn, warum?« Niemand wußte Antwort, aber jetzt half keine List mehr, Marie
mußte die Heftchen hervorholen aus ihrem sichern Versteck
und sie hinübertragen in des Vaters Zimmer.
»Ich habe das deinige ein wenig versteckt«, sagte [131] sie zu
Wilhelm, als sie wieder herüberkam, »vielleicht übersieht es
der Vater.«
Herr Pfäffling kannte seine Kinder viel zu gut, als daß er
ihre kleine List mit der guten Durchschnittsnote nicht

durchschaut hätte. »Irgend etwas ist sicher nicht in Ordnung«, sagte er sich, »gewiß sind ein paar mißliche Dreier
da, oder eine schlechte Bemerkung über das Betragen.« Er
überblickte die kleine Ausstellung auf seinem Tisch. Da lag
zuvorderst Karls Zeugnisheft. Dies hielt sich so ziemlich
gleich, jahraus, jahrein, nie vorzüglich, immer gut. Es gab
das Bild eines gewissenhaften Schülers, aber nicht eines großen Sprachgelehrten.

Dann Otto. In den meisten Fächern I. So einen konnte man
freilich gut brauchen, wenn sich's um eine Durchschnittsnote handelte, der konnte viele Sünden anderer wieder gut
machen.

Maries Heftchen zeigte die größte Verschiedenheit in den
Noten. Wo die Geschicklichkeit der Hand in Betracht kam
und der praktische Sinn, da war sie vorzüglich, in Handar-
beit, Schönschreiben, Zeichnen, da tat sie sich hervor, aber
bei der rein geistigen Arbeit war selten eine gute Note zu
sehen. Und von Anne konnte man das auch nicht erwarten,
denn sie war von der Natur ein wenig verkürzt, das Lernen
fiel ihr schwer, und Maries Hilfe wäre sie wohl nicht mit
ihrer Klasse fortgekommen; aber die Lehrer und Lehrerin-
nen hatten sich längst darein gefunden, bei diesen Zwil-
lingsschwestern das gemeinsame Arbeiten zu gestatten und
die Marianne als ein Ganzes zu betrachten. So schlugen [132]
sie sich schlecht und recht miteinander durch und unter An-
nes Noten glänzten doch immer zwei I., durch alle Schuljahre hindurch: im Singen und im Betragen.

Bis jetzt hatte Herr Pfäffling noch nichts Neues oder Besonderes entdecken können und nun hielt er Frieders Zeugnis in der Hand und staunte. Was für gute Noten hatte sich
der kleine Kerl diesmal erworben! Fast in jedem Fach besser als früher und in einer Bemerkung des Lehrers waren
seine Fortschritte und sein Fleiß besonders anerkannt! Wie
kam das nur? Es mußte wohl mit der Harmonika zusam-
menhängen, die ihm früher alle Gedanken, alle freie Zeit
in Anspruch genommen hatte! Herr Pfäffling hatte seine

Freude daran und es kam ihm der Gedanke, seine Kinder
seien vielleicht doch nur durch die besseren Zeugnisse auf
den Einfall gekommen, eine Durchschnittsnote herauszu-
rechnen. Wieviel Heftchen hatte er schon gesehen? Fünf, eines fehlte noch, Wilhelms Zeugnis, wo war denn das? Ah,
hinter den Büchern, hatte es sich wohl zufällig verschoben?
Er warf nur einen Blick hinein und die ungewohnte Form
der Zahl IV sprang ihm ins Auge. Also das war's! Mathematik IV. Das war stark. Herr Pfäffling lief im Zimmer hin
und her. Wie konnte man nur eine so schlechte Note heim-
bringen! Und wie feig, sie so zu verstecken, und wie dumm,
zu meinen, der Vater ließe sich auf diese Weise überlisten!
Schlechtere Noten konnte Rudolf Meier auch nicht heim-
bringen.
Er nahm das Heftchen noch einmal in die Hand. Im ganzen
war das Zeugnis etwas besser als die [133] früheren, also
Faulheit oder Leichtsinn war es wohl nicht, aber für die
Mathematik fehlte das Verständnis.
Eine Weile war Herr Pfäffling auf und ab gegangen, da
hörte er jemand an seiner Türe vorbeigehen und öffnete
rasch, um Wilhelm zu rufen. Es war Elschen. Als sie den
Vater sah, sprang sie auf ihn zu, sah ihm fragend ins Gesicht
und sagte dann betrübt: »Vater, du denkst gar nicht daran,
daß morgen Weihnachten ist!« und sie schmiegte sich an ihn
und folgte ihm in sein Zimmer. Er zog sie freundlich an
sich: »Es ist wahr, Elschen, ich habe nicht daran gedacht, es
ist gut, daß du mich erinnerst.«
»Die andern denken auch nicht daran«, klagte die Kleine,
»sie reden immer nur von ihren Zeugnissen und freuen sich
gar nicht.«
»So?« sagte Herr Pfäffling und wurde nachdenklich, »am
Tag vor Weihnachten freuen sie sich nicht? Nun, dann
schicke sie mir einmal alle sechs herüber, ich will machen,
daß sie sich freuen!«
Wie der Wind fuhr die Kleine durch die Zimmer und
brachte ihre Geschwister zusammen. Nun standen sie alle

ein wenig ängstlich auf einem Trüppchen dem Vater gegenüber. Es fiel ihm auf, wie sie sich so eng aneinander drückten. Aus diesem Zusammenhalten war auch die Durchschnittsnote hervorgegangen.

»Ihr haltet alle fest zusammen«, sagte er, »das ist ganz recht,
nur gegen *mich* dürft ihr euch nicht verbinden, mit List und
Verschwiegenheit, das hat ja keinen Sinn! Gegen den *Feind*
verbindet man sich, nicht gegen den *Freund*. Habt ihr einen
treuern [134] Freund als mich? Halte ich nicht immer zu
euch? Wir gehören zusammen, zwischen uns darf nichts treten, auch kein Vierer!«

Da löste sich die Gruppe der Geschwister und in der lebhaften, warmen Art, die Wilhelm von seinem Vater geerbt
hatte, warf er sich diesem um den Hals und sagte: »Nein,
Vater, ich habe dir nichts verschweigen wollen, nur Weihnachten wollte ich abwarten, damit es uns nicht verdorben
wird. Du bist doch auch mit mir auf die Polizei gegangen,
nein, vor dir möchte ich nie etwas verheimlichen!«

»Recht so, Wilhelm«, antwortete Herr Pfäffling, »was käme
denn auch Gutes dabei heraus? Es ist viel besser, wenn ich
alles erfahre, dann kann ich euch helfen, wie auch jetzt mit
dieser schlechten Note. Was machen wir, daß sie das nächste
Mal besser ausfällt? Nachhilfstunden kann ich euch nicht
geben lassen, die sind unerschwinglich teuer, mit *meinen*
mathematischen Kenntnissen ist es nicht mehr weit her,
aber wie wäre es denn mit dir, Karl? Du bist ja ein guter
Mathematiker und hast das alles erst voriges Jahr gelernt, du
könntest dich darum annehmen. Jede Woche zwei richtige
Nachhilfstunden.« [. . .]

[135] »So«, sagte Herr Pfäffling, »und jetzt fort mit den
Zeugnissen, fort mit den Mathematik-Erinnerungen; Elschen, jetzt ist's bei uns so schön wie in der Sahara, wo es
keine Schule gibt! Wer freut sich auf Weihnachten?«
[. . .]

[279] Drei Tage blieb der Onkel im Haus und beobachtete
oft im stillen seine Neffen und Nichten. Er hatten ihnen ein

Spiel mitgebracht, an dem sich alle beteiligen konnten. »Ich
will es den Kindern lehren«, sagte er, »die meinigen haben
es auch, es ist ein Tischkroket, ein nettes Spiel, bei dem es
nur leider gar zu leicht Streit gibt unter den Spielern.« Sie
machten sich mit Eifer daran und trieben es täglich fast mit
Leidenschaft. Sie achteten dabei nicht auf den Onkel, der,
hinter der Zeitung sitzend, seine Beobachtungen machte.
»Wir müssen die zwei Parteien so einteilen, daß die guten
und schlechten Spieler gleichmäßig verteilt sind«, sagte
Karl. »Nimm du Frieder auf deine Seite, Wilhelm, der ist
am ungeschicktesten, und ich will Anne auf meine Partei
nehmen, sonst können die nie gewinnen.« So war es allen
recht und das Spiel auf seinem Höhepunkt, als Frau Pfäffling hereinkam.
»Kinder«, sagte sie, »Walburg hat wieder kein Holz, laßt
euch doch nicht immer mahnen.« Schuldbewußt legten zwei
der Spieler ihre Schläger aus der Hand und gingen hinaus.
Der Onkel sah aufmerksam [280] hinter seiner Zeitung hervor. Das Wort: »Laßt euch doch nicht mahnen« schien noch
weiter zu wirken. »Hat jemand des Vaters Brief auf die Post
getragen?« fragte Marie. Niemand meldete sich. »Das könntest du besorgen, Frieder«, sagte die Schwester, »Elschen
geht mit dir.« So entfernten sich auch diese beiden. Die andern spielten weiter, Frau Pfäffling setzte sich ein wenig zu
ihrem Bruder. Sie sprachen halblaut zusammen. »Es ist rührend«, sagte der Bruder, »wie sich diese Lateinschüler so
selbstverständlich zum Holztragen verpflichtet fühlen und
ohne Widerspruch das Spiel aufgeben. Das täte meiner nie,
wie hast du ihnen das beigebracht?«
»Das bringen die einfachen Verhältnisse ganz von selbst mit
sich. Die Kinder sehen, wie Walburg und ich uns plagen
und nicht fertig werden, so helfen sie mit.«
»Mir, als dem Juristen, ist wirklich euer kleiner Staat anzie-
hend, denn ich sehe ordentlich, wie aus solcher Familie
tüchtige Staatsbürger hervorgehen. Wie die Starken sich da
um die Schwachen annehmen, wie sie ihr eigenes Ich dem

allgemeinen Ganzen unterordnen und welche Liebe und
widerspruchslosen Gehorsam sie den Eltern als dem Staats-
oberhaupt entgegenbringen, wohl in dem Gefühl, daß sonst
das ganze Gefüge in Unordnung geriete. Dazu kommt auch
noch, daß dein Mann ein so leutseliger Herrscher ist und du
bist sein verantwortlicher Minister. [...]«

GUSTAV FALKE

Drei gute Kameraden

1908; 9.–11. Tsd. 1911

[12] Täglich konnte man Lisbeth Langhammer und Heini
Wittmaack zusammen sehen. Heini wohnte keine hundert
Schritt weit, im »Grauen Esel«. Niemand wußte zu sagen,
warum diese vier kleinen, einstöckigen Wohnungen, die sich
unter ein gemeinsames langes, schwarzes Ziegeldach duckten, der »Graue Esel« hießen.
[...]
Es waren kleine Wohnungen, drei Zimmer und eine Küche,
und unter dem Dach eine Kammer und etwas Bodenraum.
Gerade ausreichend für eine Arbeiterfamilie, die nicht zu
viele Kinder hat. Heinis Eltern hatten nur ihr einziges, eben
ihn, den kleinen Dickkopf mit den dünnen [13] rotblonden
Haaren, den wasserblauen Augen und den unzähligen Som-
mersprossen in dem weißen Gesicht.
Die Nachbarskinder waren alle große Burschen, die schon
auf Arbeit gingen, und Mädchen, die schon einen Dienst
hatten. [...] Da hielt er sich denn an Lisbeth Langhammer
im »Backofen«. So nannte der Spott das kleine Haus am
Wege, das auch kaum viel größer als ein Backofen war.
Es gehörte, wie auch der graue Esel, dem Bauern Schütt,
dem größten Bauer im Dorfe.
[...]

[14] Die nahe Großstadt griff schon weit hinaus auf das Landgebiet. Auf der anderen Seite des Dorfes war eine kleine Villenkolonie entstanden. Eine Straßenbahn verband sie seit kurzem mit der Stadt, und ein unternehmender Kaufmann hatte dort einen städtischen Laden aufgemacht. Es war vielleicht eine Frage schon der nächsten Zeit, ob Backofen und grauer Esel noch lange auf ihrem Platze blieben.

Vorläufig waren für sie die städtischen Zuzügler von Nutzen, denn nun gab es Arbeit für alle Hände, die darauf angewiesen waren; Arbeit in den Häusern und in den Gärten, für die Frauen und für die Männer. Frau Langhammer aber hatte zu waschen und zu plätten vom Morgen bis Abend.

Freilich gab es Leute, die schalten über die »Eindringlinge«, die nun mit neuen Ansprüchen und Forderungen hervortraten und anfingen, aus dem stillen Dorf so allmählich eine Vorstadt zu machen.

[...]

[27] Peters Vater arbeitete am Hafen. Das war ein langer Weg bis dahin, aber die neu eröffnete Straßenbahn kam ihm zu statten. Er hätte sich sonst auch wohl besonnen, so weit hinaus zu ziehen, trotzdem die Mieten in der Stadt immer unerschwinglicher wurden. Peters Mutter aber hatte eine Vorliebe für das Landleben, und sie war des Wechsels sehr zufrieden. Sie hatten bisher in einem engen Hof gewohnt, wo man sich aus den gegenüberliegenden Häusern die Hand zum Fenster hinausreichen konnte, über eine überriechende Gosse hinweg, die mitten durch den schmalen Hof floß. Wenig Sonne hatte da geschienen. Der Wind hatte vom Strom her, wenn er günstig wehte, gerade in den Hof hinein- und die schlechten Dünste daraus hinausfegen können. Aber er hatte auch viel Spektakel gemacht mit den klappernden Fenstern, den alten Dachrinnen und der einzigen Laterne, die den Eingang zu diesem Hof in der [28] Nacht erhellte. Freilich konnte er auch unterhaltend sein,

der Wind. Lange Geschichten wußte er, von der See und den Schiffen draußen, von guter und schlechter Fahrt. Und wer am Hafen wohnte und arbeitete, war vertraut mit ihm und horchte hin, wenn er etwas sagte.

Aber den Wind hatten sie hier draußen auch, und sie hörten ihn auch hier seine alten Geschichten erzählen und sahen dabei den Mastenwald im Hafen vor sich und die gepeitschten Wellen des Stromes. Wenn er aber nicht wehte, vergaßen sie das alles und freuten sich der neuen Umgebung. Hier war Sonne, hier war Raum, hier war reine Luft. Was an üblen Gerüchen hier war, erinnerte doch zugleich an Segen und Wachstum und war nötig.

[...]

[34] Sie waren jetzt immer beisammen, das Backofen-Mädel und die Grauen Esels-Jungen. Sie konnten hier ohne Gefahr auf Wegen und Wiesen spielen. Barfuß liefen sie, nun es wärmer und wärmer wurde und der Sommer sein goldenes Reich weit auftat.

Und die Welt wurde immer größer. Ja, das wurde sie, dafür sorgte der Peter.

Wenn so ein Stadtjunge aufs Land hinauskommt, kommt er in eine neue Welt. Und ist er kein Blöder und Blinder, so ruht er nicht eher, bis er sie in allen Winkeln erforscht hat. Und Peter war aus einer Stadtgegend, wo ein freier Wind wehte, wo ein Ausguckloch war auf die ganze große Welt da draußen. Bis nach Amerika konnte man da sehen, und Indien und Australien, ja um die ganze Erde herum. Man brauchte nur einen [35] Spaziergang am Hafen zu machen, und man sah von allen fünf Weltteilen etwas. Und wo war man anders als kleiner Junge, der noch nicht in die Schule ging, als am Hafen, von Morgen bis Abend, überall dabei, überall dahinter her, überall mit Augen, Ohren und Nase auf dem Anstand, ob es nicht irgendwo etwas Neues gäbe. Und das wird zur Gewohnheit, und man hockt nicht gern lange auf dem Fleck und wird rund und dick dabei, wie der Heini. Nein, man läuft umher, reckt den Hals, steckt die

Nase in jede Spalte und fragt: was ist das? wie heißt du? wer
wohnt hier? was willst du? und dann bekommt man Antwort. Erschreckt, verwundert, ärgerlich, belustigt, scheltend, aber man bekommt Antwort. Und dann ist man klug
und kennt die Welt.

Und nun sollten auch Heini und Lisbeth sie kennen lernen,
der Peter sorgte dafür.

Wann hatte man je von Bauer Brinckmanns Schweinestall
gehört? Und er hatte einen richtigen Schweinestall mit richtigen Schweinen. Peter entdeckte es. Durch ein Loch in der
Planke konnte man sogar sehen, was da in dem Schweine-
pferch vorging.

[...]

[37] Aber das Allerschönste waren doch Bauer Merkels
Pferde. Hui, konnten die galoppieren. So konnten es Heini
und Brinckmanns Ferkelchen doch nicht. Auch muntere
Füllen waren dabei. Waren die erst lustig! Wie der Wind
stürmten sie über das grüne Feld und schlugen hintenaus
und taten wahrhaftig manchmal, als wollten sie sich auf den
Kopf stellen.

Jetzt sah man erst, wie ein richtiges Pferd sich benimmt.
Heini war gewiß ein ganz braves Menschenrößlein, was den
guten Willen anbelangte, aber tatsächlich glich sein Laufen
doch mehr dem von Bauer Brinckmanns rosigem Schweinchen. Ja, ja, hier konnte Heini etwas lernen. Freilich, eins
war zu seinen Gunsten zu sagen: alle Füllen waren schlanker als er, keines hatte so kurze, dicke Beinchen. Eins hatten
sie aber mit Heini gemeinsam: wenn man ihnen etwas zu
essen hinhielt, ließen sie sich nicht lange bitten. Obgleich
sie das schöne, grüne Gras rings um sich hatten und nur den
schlanken Hals zu biegen brauchten, [38] um sich einen saftigen Bissen auszuraufen, sie kamen doch eigens ans Gatter,
um ein paar Halme aus Peters Hand zu fressen.

Der Peter fürchtete sich aber auch vor gar nichts! Einfach so
die Hand hinhalten, ohne bange zu sein, daß man gebissen
wird. Wer macht das nach? Natürlich Heini. Der Heini

macht alles nach. Aber als das Pferdchen zuschnupperte, ließ er ängstlich das Gras fallen, und der Peter lachte ihn aus.

[...]

[47] Im Winter vor sechs Uhr aufstehen, um mit dem ersten Frühwagen noch rechtzeitig an die Arbeit zu kommen – Peters Vater ist nicht der einzige, der das muß. Hunderte müssen das jahraus, jahrein, und manche haben nicht einmal eine Straßenbahn zur Verfügung, die sie schützend aufnimmt und sorglich weiter befördert. Peters Vater weiß das, aber er hat es lange Zeit gar so bequem gehabt, als er noch am Hafen wohnte, und nun will ihm das Unbequeme nicht behagen.

»Weißt du, Mutter«, sagt er daher bedächtig zu seiner Frau, »ein Spaß ist das nicht.«

»Ja, Hein, das glaub' ich wohl. Was sollt' es wohl.«

[48] Und Hein Plambeck kommt nach und nach mit seinen Gedanken heraus. Wie schön es wäre, wenn er hier draußen Arbeit hätte. Der Verdienst am Hafen wäre ja gut, obgleich er doch auch, wenn man es recht nehmen wollte, nur für die Katz' wäre. Hier draußen würde es ja auch nicht viel besser sein, was das anbelangt, aber man sparte dann doch das Fahrgeld. Das machte auf das ganze Jahr auch schon etwas aus.

»Dafür wohnen wir auch billiger, Hein.«

»Ja, das tun wir, Mutter.«

Aber Hein Plambeck möchte es doch einmal versuchen. Am Hafen bekäme man immer Arbeit wieder.

»Überleg dir das, Hein. Ich will nicht ja sagen und will nicht nein sagen, aber es bleibt eine Sache.«

»Das bleibt es, Mutter.«

Und dann überlegte Peters Vater noch bis Ostern und wäre ruhig bei seiner Arbeit am Hafen geblieben, wenn Peter Schütt, der Großbauer, nicht einen Knecht gesucht hätte und keinen finden konnte, weil in diesen elenden Zeiten, die immer elender wurden, jeder Hans Narr in die Stadt lief

und meinte, da mehr Geld verdienen zu können, und den
Bauer einfach sitzen ließ. Freilich war Peter Schütt längst
nicht so schlimm daran wie die Bauern, die weiter draußen auf dem Lande saßen. Er hatte noch einen Vorteil von
der Nähe der Großstadt, wenn es einer war, leicht Leute
bekommen zu können, die nachher, so nahe bei der Versuchung, nicht recht festsaßen und leicht wechselten. [...]
[50] So kam denn Peters Vater als Peter Schütts Knecht wieder nach Hause und war den ganzen Tag still und gedrückt,
wie einer, der etwas Schweres auf sich genommen hat.
»Du hast es ja gewollt, Hein«, sagte die Frau. »Ihr seid ja
nicht verheiratet, und am Wasser kannst du immer wieder
ankommen.«
[...]
[85] Doch das alles war es nicht, was Hein Plambeck mehr
als vorübergehend bewegte. Das war etwas ganz anderes
und konnte wunderlich und albern erscheinen. Bisher war
Peters Vater nur von seinen Kollegen »Hein« angeredet
worden, jetzt rief ihn Peter Schütt auch einfach »Hein«. [86]
Das war ihm das Schwerste bei der ganzen Geschichte, daß
er sich auch vor seinem Jungen einfach mußte »Hein« rufen
lassen. Aber sollte er sagen: »Herr Schütt, ich heiße Plambeck?« Die andern Knechte und auch die Mägde wurden
alle beim Vornamen gerufen. Der Fritz und der Oskar und
die Kathrin und die Lena und wie sie hießen. Das war nun
vielleicht albern von Peters Vater, daß er dagegen nicht an
konnte, und er bemühte sich auch redlich, es leicht zu nehmen. Aber es wurmte ihn nun einmal immer wieder, es ließ
sich nichts dagegen machen. Und diese kleine Schwäche
wurde der Nährboden für alle anderen unzufriedenen Gedanken, sodaß zuletzt ein ganzes Unkrautbündel dastand,
das ihm das Feld, auf dem er so schön zu arbeiten gedacht
hatte, nach und nach vergiftete. Und als der Sommer zu
Ende war, mochte Hein Plambeck nicht mehr.
»Warum nicht?« fragte Peter Schütt.
»Das ist keine passende Arbeit für mich, Herr.«

»Keine passende Arbeit?«

»Nein, Herr, das ist das nicht. Ich bin nun mal das Wasser gewohnt. Da hätte ich bleiben sollen.«

Da fing Peter Schütt an, das Wasser schlecht zu machen und das Land zu loben.

»Und der gute Verdienst, Hein?«

»Am Wasser verdiene ich mehr, Herr«, sagte Peters Vater, der sich über das »Hein« wieder ärgerte.

»Aber schwerer, Hein.«

»Wenn man die Kräfte hat, nicht, Herr.«

[88] Da redete Peter Schütt etwas von Begehrlichkeit und Unzufriedenheit und von Höherhinauswollen, sodaß Hein Plambeck des Redens müde wurde und sagte: »Der Arbeiter will auch leben, Herr.«

»Gut leben«, höhnte Peter Schütt.

»Ja, Herr, so gut als möglich. Das wollen wir alle.«

Hein Plambeck sah ganz zornig aus, denn es erboste ihn, daß Peter Schütt von Begehrlichkeit sprach. Und Peter Schütt lenkte ein und lachte nur noch spöttisch: »Reisende Leut' soll man nicht aufhalten.«

[...]

[92] Eines Morgens hatte auch Heini Schiefertafel und Lesefibel unterm Arm. Heini Wittmaack geht in die Schule.

Heini Wittmaack? der kleine Heini? nicht möglich? Sieh einer an, sagte die Leute.

Heini war stolz. Er verglich Tafel und Buch mit Lisbeths Tafel und Buch. Es stimmte, eins war wie das andere. Nur sein Schwamm war ein klein wenig größer. Das gehörte sich auch wohl so, dachte er. Ein Jungsschwamm darf schon etwas größer sein als ein – Deernsschwamm. Heini brauchte in Gedanken wirklich diesen Ausdruck »Deernsschwamm«. Und er war auch ein klein wenig verächtlich gemeint. Oh, Heini war so stolz auf seine neue Schülerwürde, daß er beinahe ganz vergaß, daß Lisbeth zu gleicher Würde aufgerückt war. Jedenfalls beanspruchte er ein größeres Stück der Schulbank. Wenn es danach ging, war der dicke Heini oben-

an. Die [93] magere Lisbeth! Würde man in der Schule nach
Gewicht gesetzt, sie wäre wahrscheinlich die Letzte in der
Klasse geworden. Aber danach ging es nun nicht, und es
dauerte nicht lange, da nahm sie auf der Mädchenbank
einen höheren Platz ein, als der gewichtige Heini unter den
Knaben.

[...]

[95] Sowie die Schularbeiten gemacht waren, ging es eiligst
hinaus nach dem Backofen, erst zu Frau Langhammer hinein, wo Lisbeth Tafel und Fibel ablegte und herumschnö-
kerte, ob nicht irgend etwas für den kleinen Schnabel da
war, – es war hin und wieder etwas da, auch für Heinis gie-
riges Mäulchen – und dann hinaus zum Peter.

Der war allemal schon am Platz, der große Junge, als der er
sich jetzt fühlte. Obgleich er immer »fein viel auf hatte«,
war er doch gewöhnlich früher mit seinen Schularbeiten fertig als die beiden kleinen Dummen. Er verstand jetzt Pfeifen zu schneiden, einen Flitzbogen zu machen, einen Drachen aufzufeiern und war so recht ein [96] geschickter kleiner Bastler. Am liebsten ließ er Schiffe auf dem Graben
schwimmen, die er aus altem Zigarrenkistenholz selbst zu-
rechtgezimmert hatte. Er wollte überhaupt Seemann werden. Sein Vater hatte ihn zum erstenmal wieder mit an den
Hafen genommen, und da hatten alle die vielen Schiffe es
ihm wieder angetan.

»Junge, was sind das für Schiffe! Da kann euer ganzes Haus
in stehen.«

»Das lügst du!« rief Lisbeth schlankweg. Ihr Haus? der
ganze Backofen? Das war unmöglich!

[...]

[109] Peter aber hatte Lisbeths Herz. Sie war ihm ja immer
gut gewesen, aber jetzt kam es ihr erst zum Bewußtsein,
daß er ihr lieber war als alle andern. Alles, was er tat, sah sie
jetzt in einem besonderen Licht. Er konnte auf zwei Fingern pfeifen. Das konnten die meisten Jungen. Aber bei ihm
staunte sie es als etwas Besonderes an. Er konnte einen Stein

sehr weit werfen, und sie achtete gar nicht darauf, ob andere
weiter warfen; was Peter tat, war für sie unübertrefflich.
Und er tat mancherlei, was ein kleines, bewunderndes Mäd-
chenherz in Staunen und Entzücken versetzen konnte. Er
kletterte in den höchsten Baum und lachte Heini aus, der
auf halbem Wege wieder umkehrte. Er lief auf den Händen
und schoß drei-[110]mal hintereinander »Kapeister«. Heini
konnte nicht auf den Händen laufen, und wenn er Kapeister
schoß, brachte er es nur einmal fertig und plumpte dann
noch hin wie ein Mehlsack. Es gab wirklich nichts an Heini
zu bewundern als die Unermüdlichkeit, mit der er alles
nachahmte, was Peter tat.
[...]
[114] Ja, aus den kleinen Jungen waren allmählich große
Jungen geworden. Aber auch Lisbeth war gewachsen.
Frau Langhammer sorgte freilich dafür, daß ihre Kleider
mit ihrem Wuchs gleichen Schritt hielten. Ihr Flachshaar
war dunkler geworden und hing jetzt in zwei festen,
blonden Zöpfen hinter den Ohren herab, so daß es nicht
mehr so auffiel, daß diese Ohren eine ungebührliche Nei-
gung hatten, sich vom Kopfe zu entfernen. Schlank war
Lisbeth noch immer und nur einen halben Kopf kleiner als
Peter und einen viertel größer als Heini, der sich zuerst
darüber geärgert hatte, als Peter diese Verschiebung ihrer
Größenverhältnisse feststellte, indem er sie Rücken gegen
Rücken maß. Aber dann tröstete er sich – an Gewicht war
er ihr überlegen. Peter konnte Lisbeth ohne große Anstrengung heben, aber wenn der Heini sich stemmte, schnaufte
der Peter und wurde krebsrot im Gesicht. Freilich war
der Peter um diese Zeit gerade etwas »lapperig«. Er war
ein wenig schnell gewachsen. Auch war zu Hause [115]
etwas magerer gekocht worden, denn der Vater hatte gezwungen feiern müssen. Der Streik hatte sich lange hin-
gezogen, ein anderer sich bald angeschlossen, und es hatte
geheißen, sich einschränken und zu sehen, wie lange man es
durchhielt, ohne die geringen Ersparnisse aufzubrauchen.

Doch waren die Folgen dieses Streiks auch wieder segensreich für Peter, ja sogar Heini und Lisbeth sollten Vorteile
davon haben.

Um auch ein paar Pfennige zu verdienen, hatte der Peter
sich bereden lassen, Zeitungsjunge zu werden. Jeden Abend
trug er die Zeitung aus. Mit seinen langen Beinen konnte er
die Kunden schnell bedienen, das machte ihm nicht viel aus,
und am Ende der Woche gab ihm der Vater von dem kärg-
lichen Verdienst ein Zehnpfennigstück zum eigenen Gebrauch zurück. Da hatte er ein kleines Sonntagsgeld, ein
selbstverdientes, und die wonnige Qual des Überlegens,
was er am besten damit anfing.

[...]

[131] Auch am Hafen herrschte die Arbeitslosigkeit. Das Eis
ließ keine Schiffe herein und heraus, darauf mußte man
in jedem Winter gefaßt sein. War man es diesmal nicht gewesen, daß man sich vorher wieder in einen Streik einließ?
Aber ein Streik ist ansteckend. Die Werftarbeiter, die Schlos-
ser, alles was mit dem Schiffsbau zu tun hatte, streikte, Ewer-
führer und Kaiarbeiter schlossen sich an. Hier wollte man
mehr Recht, da mehr Brot; alle Gemüter waren in Bewegung,
und die brotgebende Arbeit ruhte.

Da mußte auch Peters Vater wieder in die Sparkasse greifen,
denn die paar Mark aus der Unterstützungskasse reichten
nicht weit. Und zuletzt mußte Hein Plambeck sich demüti-
gen und Peter Schütt um Stundung der Miete bitten. Er war
ganz erstaunt, wie willig Peter Schütt war.

»Was hab' ich gesagt, Plambeck? Unruhiges Brot, [132] das
am Hafen. Solltet nur wieder zu mir kommen. Lieber jeden
Tag Schwarzbrot als vier Wochen lang Kuchen und vier
Wochen lang gar nichts. Aber jeder muß wissen, was ihm
am besten schmeckt. Ja, ja, Peter Schütt kennt die Welt.«

[...]

[151] Da war denn Lisbeth mit einem Mal krank und hatte
gestern abend noch da an dem Tisch gesessen und in ihrem
Schulheft die Freuden des Winters aufgezählt.

Dieses gehörte nun nicht zu den Freuden, aber es würde bald vorübergehen, tröstete die Mutter. Nur recht still und warm halten.

Aber in der Nacht klagte Lisbeth über heftige Schmerzen in der Brust, hustete oft und verfiel gegen Morgen wieder in ein heftiges Fieber, das am Abend schon nachgelassen hatte.

Es war noch ganz dunkel draußen, als die Mutter die kleine Lampe ansteckte und sich besorgt an ihr Bett setzte. Lisbeth phantasierte. Peters Name kam über ihre Lippen, und sie führte verworrene, für die Mutter unverständliche Reden. Sie würde zu spät kommen, und Peter solle die Zeitung nicht wieder in den Graben werfen.

Frau Langhammer ging ans Fenster, schob den Vorhang zurück und sah hinaus. Sie wußte selbst nicht, warum [152] sie es tat. Aber sie war unruhig, in schwerer Angst. Ganz dunkel war es noch, und die Sterne glitzerten ganz oben, ganz hoch, wie kleine, spitze Kristalle.

Wenn es nur erst Tag werden wollte. Ob sie dann zum Arzt schicken müßte? Und wen? Heini, oder Peter, oder wer zuerst vorbeikam. – Vielleicht ging es ja aber auch wieder vorüber, ein leichtes Erkältungsfieber.

Sie ging ans Bett zurück, und ihr sorgenvoller Blick streifte die Kranke. Wie mager das Kind doch eigentlich war. Es fiel ihr heute so sehr auf. Die Ohren standen so groß zu dem schmalen, langen, jetzt vom Fieber erhitzten Gesicht.

[...]

[160] Lisbeth lag mit geschlossenen Augen und gefalteten Händen auf ihrem ärmlichen Bettchen.

»Sie war sehr zart«, sagte der Arzt. »Ich fürchtete gleich, daß sie es nicht durchholen würde. Vierzig Prozent von allen Lungenentzündungen sind in diesem Monat tödlich verlaufen.«

Vierzig Prozent. Frau Langhammer hörte das schluchzend an und dachte nur: und meine Lisbeth auch.

Sie brachten alle Kränze. Plambecks und Wittmaacks und
Schultzes und Timms und wie sie alle hießen. Auch der
Lehrer schickte einen schönen, großen Kranz und kam
selbst und wollte Frau Langhammer trösten. Er unterließ es
aber. Einer armen Witwe, die ihr einziges Kind verloren hat,
ist ein Trostwort oft nur Salz in die offene Wunde. So be-
gnügte er sich mit einem teilnehmenden [161] Händedruck.
Dann sprach er ein stilles Gebet am Totenbett und wunderte sich über Lisbeths große Ohren.
Am Begräbnistag kam die ganze Klasse, um ein Lied zu singen. Das war sonst nirgend geschehen, nicht bei Minna
Behn, noch bei Auguste Schmidt oder Lene Suhr, die wohl-
habende und angesehene Eltern und Verwandte hatten.
Frau Langhammer war die Ärmste im Dorf und stand ganz
allein. Doch wollte man ihr Liebes erweisen, weil man von
ihrer schönen Tat wußte.
[...]
[163] Eine Stunde später aber waren sie alle verschwunden,
und der Backofen lag ganz still und verlassen da. Die Tür
war verschlossen und wurde erst wieder geöffnet, als Frau
Langhammer von Lisbeths frischem Grab zurückkam. Und
still und verlassen sah der Backofen noch lange aus, auch
wenn die Türe offen war, und der ausströmende weiße Wasserdampf und der Geruch von Chlor und grüner Seife an-
zeigten, daß Frau Langhammer drinnen am Waschfaß stand.
Selbst Peter und Heini liefen vorüber, ohne einzutreten
oder sich nach ihm umzusehen. Er hatte keine Anziehungskraft mehr für sie. Ja, in den ersten Tagen hatte sie sogar ein
leises Gefühl des Grauens beschlichen, [164] wenn ihr Weg
sie vorbeiführte. Aber von weitem sahen sie einmal zu ihm
hinüber. Und Peter holte sein Taschenmesser heraus und
öffnete es gedankenlos, und während sie beide über Lisbeth
sprachen und über die vielen Kränze und es furchtbar albern fanden, daß Anna Schultz so laut geweint hatte, fing er
an, ein L in die weiße Winterrinde des kleinen Birkenbäum-
chens zu ritzen, das dicht am Wege stand. Heini ging sofort

auf die andere Seite des Weges und versuchte sein Messer an
dem harten Holze der Planke. Aber sein Messer war zu
stumpf und das Holz zu hart. So blieb es bei Peters einem
L in dem Birkenbäumchen, dem einzigen L, das Peter je zu
Lisbeths Gedächtnis eingekerbt hat.

Bald nach Lisbeths Tode endete der große Hafenstreik, und
es folgte eine lange und gute Zeit, in der Peters Vater Peter
Schütt gerecht werden konnte.

Ostern wurde Peter Plambeck konfirmiert und trat bald
darauf seine erste Seereise an, als Schiffsjunge. Heini aber
ging noch ein Jahr lang in die Schule und setzte auch so
lange noch treulich seine kurzen Beine für den Fortschritt
der Menschheit ein. Jeden Sonnabend steckte er zwei Zehn-
pfennigstücke in den Spartopf, und die kleinen, müden Augen der Großmutter belebten sich und warfen einen kurzen
und schnellen Blick dahin, woher der klirrende Klang der in
den Topf fallenden Nickel kam. Die Tücher und die schönen Schuhe aus Kaninchenpeters Fell und der braune Kachelofen hatten sie warm gehalten, ihr hatte [165] der böse
Winter nichts anhaben können. Wenn sie so mit geschlossenen Augen still vor sich hinnickte, und nur die unruhigen,
alten Hände, die auf dem Schoße hin- und herrückten, an-
zeigten, daß sie nicht schlief – ob sich dann in ihre traum-
haften Gedanken auch wohl mal das Bild eines kleinen
Mädchens mischte, das einstmals mit Heini zusammen zu
ihren Füßen die ersten Leseübungen machte?

WILHELM SCHARRELMANN

Großmutters Haus und andere Geschichten

1913

Großmutters Haus

[15] Mir will scheinen, als wenn in dem Leben eines Kindes,
das seine Großmutter nicht gekannt hat, etwas Unersetzli-
ches fehlt. – Märchen hat mir meine Großmutter allerdings
nie erzählt. Eine Großmutter also, wie sie in fast allen
Jugendgeschichten vorkommt, eine spinnende und mär-
chenerzählende hutzelige Alte, die in der Dämmerstunde
die Geschichten von Sneewittchen, Dornröschen und Frau
Holle erzählt, habe ich nicht besessen. Aber Geschichten
hat sie doch auch erzählt, wenn es auch keine Märchen waren, Geschichten aus ihrem Leben und aus alter Zeit, Geschichten aus ihrem Elternhause und von ihren Großeltern.
– Gerade hundert Jahre wäre sie in diesen Tagen geworden,
wenn sie noch lebte, und ich habe ihres hundertsten Ge-
burtstages in Stille und Dankbarkeit gedacht.
Daß sie eine gute Frau gewesen ist, ist bei einer Großmutter
beinahe selbstverständlich, so daß ich es gar nicht zu erwähnen brauchte. Wir Kinder gingen darum nirgend lieber hin,
als zu ihr. Auch das ist selbstverständlich. Kinder gehen immer gern zur Großmutter. Sie wohnte in einem Hause der
Vorstadt, und meistens saß sie, wenn wir zu ihr kamen, in
einem niedrigen kleinen Zimmer, das unten im Hause lag
und auf den kleinen Hofplatz hinaussah, in dem ein einziger hoher Lebensbaum stand, der größte, den ich bisher gesehen habe.
[...]
[16] Sie war eine Frau im Anfang der Siebziger, mit sanften
grauen Augen und einem Gesicht voll unzähliger Falten.
Ich erinnere mich nicht, sie jemals ohne ihre Haube gesehen

zu haben, die aus unzähligen Rüschen und Spitzen zusam-
mengesetzt war und wie ein Kleinod in acht genommen
wurde.

»Kum mi nich an min Huben!« rief sie jedesmal, sobald
man sich dem kleinen zierlichen Körbchen näherte, das auf
einem Tisch-[17]chen in der Zimmerecke stand, auf dem
meistens ihre Sonntagshaube lag, die aufgesetzt wurde, sobald Besuch zu erwarten war.

Ich habe sie selten anders als plattdeutsch reden hören.
Aber es klang sanft und freundlich aus ihrem Munde, weich
und mollig.

[. . .]

Oben im Hause hatte mein Großvater seine Werkstelle. Es
war die größte Stube im Hause, und an den Wänden lehnten die großen Gestelle, die zum Aufspannen der Leinwand
benutzt wurden. Hier entstanden gemalte Fensterrouleaus,
wie man sie in alter Zeit hatte und heute nur selten noch
hier oder da einmal vor den Fenstern findet. Immer roch es
in der Werkstatt nach Leim und Kleister und Farben. Oft
genug habe ich »Kasseler Braun«, »Elfenbein-Schwarz«,
Stärke und Leim aus der Farbenhandlung für den Alten geholt und ihm [18] Gesellschaft geleistet, wenn er vor seinen
Rouleaus stand und sauber Strich für Strich Jalousiestäbe
hinaufmalte.

[. . .]

Eines Tages aber war es mit dem Verkehr bei den Großeltern vorbei. Meine Großmutter erkrankte, und wir Kinder [19] durften sie wochenlang nicht besuchen. Als wir das
Haus wieder betraten, war sie bereits gestorben und lag
schon im Sarge.

Man hatte den Sarg auf den Hausflur gestellt und ein paar
Stützen daruntergestellt, die sonst das Waschfaß trugen.
Das ganze Haus roch nach dem Lack des Sarges und dem
Grün des Lebensbaumes, von dem man einen Kranz gebun-
den und auf dem Sargdeckel befestigt hatte. Ich kann seit-

dem einen Lebensbaum oder den Asphaltlack eines Sarges
nicht riechen, ohne an dieses Bild erinnert zu werden.
Ich war so erschüttert, daß ich kein Wort sagen konnte.
Es war zum erstenmal, daß ich einen Toten sah. Das bleiche,
etwas entstellte Gesicht mit den geschlossenen Augen, die
mich so oft freundlich und liebevoll angeblickt hatten, und
die wächsernen Hände, die nun so unbeweglich auf der
weißen Decke lagen, machten einen so tiefen Eindruck auf
mich, daß ich mehr Furcht als Trauer empfand. Nach dama-
ligem Gebrauch hatte man unter den Sarg ein Schälchen mit
Chlorkalk gestellt, dessen scharfer, ätzender Dunst dem
Leichengeruch vorbeugen sollte, in mir aber erst recht Ab-
scheu und Ekel erregte.
War das wirklich die Großmutter, die da in dem schwarzen,
mit weißem Leinen und Spitzen ausgeschlagenen Sarge lag?
Wie fremd sie doch aussah! Und statt Trauer und stiller
Wehmut empfand ich nur Beklommenheit und eine Art
furchtsamer Neugier. Aber der widerwärtige, scharfe Geruch des Chlorkalks, der sich mit dem beklemmenden Duft
des Lebensbaumgrüns und dem eigentümlichen Lackgeruch
des Sarges vermengte, erregte einen so heftigen Widerwillen
in mir, daß ich plötzlich zur Tür drängte und hinauslief, um
von dem Geruch und dem Anblick der Toten befreit zu
sein.
Eine Zeit später schlich ich die Haustreppe noch einmal
wieder hinauf und lugte durch die Scheiben der Haustür.
Still und friedlich lag die Tote da. Zu ihrem Haupte brannten ein paar Kerzen, deren gelber Lichtschein ohne Bewegung auf das An-[20]gesicht der Toten fiel, das dadurch noch
wachsbleicher und mir merkwürdig fremd erschien.
So stand ich eine ganze Zeitlang und starrte durch die Scheiben der Tür; ins Haus zu treten und an den Sarg hinanzuge-
hen, getraute ich mich nicht.
Aber plötzlich wurde ich sanft an die Seite geschoben, und
als ich mich verstört umsah, erschrak ich nicht wenig, als ich
zwei schwarzgekleidete Leichenträger erblickte, von denen

ich an die Seite gedrängt worden war und die an mir vorbei ins Haus gingen, die Glastür wieder hinter sich schlossen, an die Zimmertür klopften, ein paar Worte mit meinem Großvater wechselten und dann begannen, den Sarg zu schließen. Sie hoben den Deckel auf den Sarg, schraubten ihn zu und warteten dann auf den Leichenwagen, der wenige Minuten später kam, den Sarg abzuholen.

Beide Flügel der Haustür wurden nun aufgesperrt und die Tote dann in ihrem Sarge hinausgetragen. Alle Trauergäste traten aus den Stuben, und als der Leichenwagen sich langsam in Bewegung setzte, schritten die Männer hinterdrein, während die Frauen in ein paar Kutschen stiegen, die mit nickenden Pferden langsam vorfuhren. – Ich blieb im Hause zurück, in dem ein paar Frauen aus der Nachbarschaft die Zimmer aufräumten, in denen die Trauergäste vorhin auf den Leichenwagen gewartet hatten.

Mir war unglaublich bange und traurig zumute. So still und öde wie das Haus nun war. Ich schlich die Treppe hinunter in das kleine Stübchen, in dem die Großmutter so oft gesessen, und als ich hier plötzlich ihre Haube liegen sah, als hätte sie sie eben aus der Hand gelegt, begriff ich eigentlich erst, daß ich die Tote nun für immer verloren hatte.

»Kumm mi nich an min Huben!« hörte ich sie sagen und drückte meinen Kopf weinend in die kalte Sofaecke. Ich hatte verloren, was ich so lange besessen, hatte verloren, wo ich glücklich gewesen war: – Großmutters Haus!

BERTHOLD OTTO (Hrsg.)

Kinder-Geschichten. Von Kindern und für Kinder

1913

[5]   *Mein Traum.*

Neulich habe ich vom Weltuntergang geträumt. Da waren
wir alle in einem großen Saale, und da fielen auf einmal die
Wolken vom Himmel runter. Und dann kam ein Ring ange-
schwommen. Durch die Luft. Und der explodierte. Und da
wurden wir alle auf die Erde geschleudert und versengt und
in 5 Teile gespalten. Ich war auch mit gespalten. Das war
schrecklich.

Richard Hofmeister, 7 ½ Jahre alt.

Was ich mal geträumt habe.

[19] Einmal, da bin ich durch lauter Zimmer gelaufen. Und
da ist einer hinter mir her gelaufen. Der wollte mir was tun.
Und da hat er mich beinah schon gekriegt, da bin ich hinter
das Sofa gekrochen. Und da wollte er hinter her. Da war da
ein Loch in der Wand. Da bin ich da rein gekrochen. Und
wie ich da durch war, da ging das Loch wieder zu. Und
dann bin ich eine enge Röhre runter gerutscht. Und dann
bin ich aufgewacht. Ich dachte, ich käme zu Zwergen.

Klara Sträter.

[51]   *Wie wir früher gespielt haben.*

[52] Dann haben wir auch manchmal Hexe gespielt. Das
konnte man aber nur draußen spielen. Da war ich dann
Hexe. Und ich mußte die andern fangen. [53] Und wenn ich

einen gefangen hatte, dann war der verzaubert. Und der konnte nur wieder frei werden, wenn einer von den andern irgend was ganz Schweres machte. Da mußte ich mir immer was ausdenken, was der machen sollte. Manchmal mußte der dann auf einen Bein über den ganzen Hof hopsen, und wenn er einmal mit dem andern Fuß auf die Erde kam, dann galt alles nicht. Und dann mußte er noch was andres machen.

Ich brauchte aber nicht nur zu fangen. Ich konnte auch Hexenzeichen auf den Weg machen. Und wer dann drauf trat, der konnte nicht mehr weiter, der war verzaubert. Und dann holte ich ihn mir in meine Wohnung. Und dann mußte der alles tun, was ich sagte, bis ihn einer freigemacht hatte. Aber ich machte die Aufgaben meist so schwer, daß es keiner konnte. Und dann hörten die andern auf.

Irmgard Otto.

HULDA MICAL

Wie Julchen den Krieg erlebte

1916

[40] Ja, die Zeiten hatten sich mit einem Schlage geändert und jeder Schritt belehrte den friedlichen Bürger, daß der Krieg ausgebrochen sei. Dazu gab es noch viel unnützes Gerede und Bangemachen. Hier wußte einer zu erzählen, daß der russische Kaiser ermordet sei, dort erzählte einer, ein französischer Flieger sei gesehen worden und es sei möglich, daß die Stadt unter 24 Stunden ein Trümmerhaufen sei und dergleichen Unsinn mehr. Andere hatten wieder ihr Vergnügen mit dem Bangemachen vor den schrecklichen Krankheiten, die der Krieg sicherlich im Gefolge hätte.

Für Julchens empfängliches Gemüt war das alles eine Kette
von Aufregungen. Sie sah und hörte so viel, und so viel, und
wenn sie auch lange nicht alles verstand, so übte es doch
einen mächtigen Eindruck auf sie aus.

[...]

[41] Bald marschierte auch der Vater unter den Landwehr-
männern, doch durfte er mittags daheim essen und zum
Schlafen kam er auch nach Hause. Das währte freilich nicht
lange, denn schon am 21. August zogen die Einundzwanzi-
ger ab.

Und so sollte es bald wirklich Ernst werden mit dem Ab-
schiednehmen. Klein-Julchen grübelte oft darüber nach,
warum der liebe Gott nun doch den bösen Krieg geschickt
habe, wo sie ihn alle Abende so innig gebeten hatte, er solle
es nicht tun.

Und so oft sie mit der Mutter darüber sprach, sagte ihr
diese: »Mein Kind, wir armen Menschen können so vieles
auf der Welt nicht begreifen – es wird schon ein Grund sein,
warum der Krieg hat kommen müssen, wir wissen es nur
nicht. Bet aber nur fleißig weiter. Jetzt mußt du den lieben
Gott bitten, daß er den Vater beschützt.«

[42] Und so lernte Julchen langsam, sich dem unbekannten
Willen des Weltenlenkers fügen, den sie nicht ergründen
und verstehen konnte.

Der Vater war eigentlich immer heiter und guter Dinge.
Nur manchmal, wenn er Hänschen auf den Schoß nahm
und ihm lange in die Augen sah, lag es wie ein Schleier um
seine Augen. Da faßte er aber dann gewöhnlich den kleinen
Buben mit beiden Armen, hob ihn hoch in die Höhe und
stellte ihn schnell wieder auf die Erde: »Na, schau nur dazu,
daß du auch einmal ein strammer Soldat wirst, Bub!« sagte
er dann und schritt zum Fenster.

Seinen Säbel und seine Mütze hatte Hänschen natürlich
längst erhalten und so waren jetzt zwei Soldaten im Hause,
ein großer und ein kleiner.

Julchen hatte sich anfangs gar nicht an den Anblick des Vaters als Soldat gewöhnen können, so stolz sie darauf war,
daß ihr Vater des Kaisers Rock tragen durfte. Merkwürdig
fremd sah er aus – es machte sie ganz scheu. »Na, Mauserl,
was ist's?« rief er dann, »mir scheint gar, du fürchtest dich
vor dem Vater!« und er zog sie an sich und sie steckte ihr
Köpfchen unter seinen Waffenrock; da konnte sie nicht
sehen, daß er ein Soldat war, und fühlte nur sein gutes,
treues Herz schlagen.

[...]

[43] Aber weinen durfte sie um alles in der Welt nicht mehr,
das hatte sie der Mutter fest versprochen. Sie durfte doch
den guten Vater nicht traurig machen. [44] So nahm sie sich
fest zusammen und vergaß wohl auch ganz darauf, daß der
Vater als Soldat eben nicht in der Stadt bleiben konnte, und
gewöhnte sich nach und nach an die neue Ordnung, als ob
es immer so bleiben sollte.

Bis der Tag kam, an dem der Vater wirklich fort mußte. Da
kam es wie ein neues Entsetzen über sie. – Nun sollte es
wirklich ganz wahr sein – ganz wahr? O, wie das weh tat in
dem kleinen Herzchen! Julchen meinte, es müsse zersprin-
gen vor Schmerz. Aber sie hielt sich tapfer wie ein rechtes
Soldatenkind und schluckte mutig und fest die Tränen hinunter, so sehr sie auch auf der Brust drückten.

[...]

[61] Da saß nun Julchen wieder in der Schule. Wie war heuer
doch alles so ganz anders als im Vorjahre. Eine schwere
Aufgabe hatte sie noch vor sich. Sie mußte die Lehrerin bitten, daß sie die Bücher und Hefte von der Schule bekäme,
denn Mutters Unterstützung war so gar knapp und mit
dem Stricken verdiente sie auch nicht viel. Mit dem Herrn
Oberlehrer hatte die Mutter schon beim Einschreiben darüber gesprochen – aber dem Fräulein sollte es Julchen selber
sagen. Mutter wollte gern selbständige Kinder haben.

Das Julchen schämte sich sehr. – Nun war sie auch ein armes
Kind. – Wie das drückte! – Armes, dummes Julerl – was

machst du dir für unnötigen Kummer! Armut ist keine
Schande – und deine bißchen [62] Bücher und Hefte verdient
der Vater zehntausendmal draußen auf dem Schlachtfelde. –
Ja, aber der dumme, dumme Hochmut! Schon in die kleinen
Kinderseelen weiß er sich hineinzuschleichen und schafft
dem, der ihn einläßt, und seiner Umgebung manche qual-
volle Stunde und trübt ihnen manche Freude. Julerl, Julerl,
sieh zu, daß du ihn beizeiten wieder los wirst!
Die Kinder stehen zum Beten auf. Als sie zu den Schluß-
worten kommen, fügt die Lehrerin hinzu: »Lieber Gott!
hilf uns, daß wir siegen!« – Nach dem Gebete bricht
der Sturm los. »Bitte, das Fräulein ist eine Rote-Kreuz-
Schwester.« – »Bitte, meine Schwester ist auch beim Roten
Kreuz.« »Bitte, ich hab schon zwei Verwundete gesehen!«
»Bitte, meinen Onkel habens g'halten!« »Bitte, meinen Bruder auch.« »Mein Vater ist noch z' Haus!« »Bitte, bei Kras-
nik haben wir g'wonnen!« – so wirbelte es in buntem
Durcheinander. »Aber Kinder!« meint die Lehrerin. »Man
versteht ja kein Wort! – Immer hübsch eines nach dem andern! – Sapperlot noch einmal! Ruhig sein! Wer etwas weiß,
zeigt auf. Es kommt jedes dran!«
So besänftigt sie die unruhigen Gemüter und langsam löst
sich aus dem wirren Knäuel eine Stimme nach der andern.
Da ist zuerst die kleine Reidinger, die erzählt, daß ihr Vater
in Rußland sei und schon zwölf Gefechte mitgemacht habe.
Eine andere erzählt vom Militär-Krankenhaus, wo sie mit
ihren Eltern einen bekannten Herrn besucht hätte, wieder
eine andere erinnert sich an die Wasserstandplätze und daß
sie dort das Fräulein gesehen habe und zuletzt berichtet ein
Kind, daß ihr Vater verwundet in einem ungarischen Mili-
tär-Krankenhause liege. –
[63] Julerl starrte sie ganz entsetzt an. Wie die das ruhig erzählt! – Gleich muß sie an den Vater denken und da wird's
wieder so heiß im Gesicht und um die Mundwinkel beginnt
es zu zucken. Leise falten sich ihre Händchen unter der
Bank und sie preßt die Finger fest ineinander, als hinge da-

von die Erhörung ihres Gebetes ab. »Lieber, guter Himmel-
vater, ich bitt' dich um alles in der Welt, laß dem Vater
nichts geschehen.«

So – nun ist sie wieder ruhig. Das muß der liebe Gott gehört haben. – Sie merkt nun wieder gut auf, was die Lehrerin alles erzählt, warum der Krieg ausgebrochen sei. Wie
zuerst ein böser Mensch den Thronfolger ermordet habe,
wie man dann entdeckt habe, daß die serbische Regierung
davon gewußt hätte und wie darauf Österreich-Ungarn die
Aufforderung an Serbien gestellt habe, die Mörder streng
zu strafen. Wenn sie das nicht täten, so sei der Krieg erklärt.

[...]

[148] Wie eine dumpfe Last lagen die Ereignisse auf allen
Gemütern. Keiner im ganzen weiten Reich konnte so recht
des erwachenden Frühlings froh werden.

In der Schule beteten sie jetzt statt: »Lieber Gott, hilf uns,
daß wir siegen«, »Lieber Gott, schenke uns den Frieden.« –
Ach, nur Frieden um jeden Preis und keine so schrecklichen
Opfer mehr! – Ein müdes Sichergeben war über alle gekommen.

Nur nicht über die Helden draußen im Felde. Die kämpften
unermüdlich und zuversichtlich wie zuvor und hofften un-
erschütterlich auf den Sieg der gerechten Sache.

Wie ein Wunder war es, daß Julchens Vater noch keine Ver-
letzung davongetragen hatte und auch bis jetzt von Krankheiten verschont geblieben war. In einem der letzten Briefe
hatte er sogar geschrieben, daß er wahrscheinlich bald eine
sehr erfreuliche Nachricht senden werde. Was das nur sein
konnte? Julchen war schon sehr neugierig darauf.

Die Zeit rollt weiter und weiter. Sie bringt das zweite Zeugnis, das diesmal wirklich wieder in lauter Einsern prangt,
sie bringt aber auch die Brotkarte.

Vom 11. April an gibt es keine Semmeln mehr. Und Brot
kaufen kann auch nicht jeder so viel er will und Mehl auch
nicht. Weißes Mehl ist bald überhaupt nicht mehr zu be-

kommen, nach und nach wird [149] die Mehlspeise in den
Verkaufsläden alle, der Speiszettel wird immer einfacher.
Eine neue Speise erscheint jetzt auf dem Tische, die Polenta,
das ist ein Gericht aus Maismehl. – Es sieht ganz appetitlich
gelb aus, als steckten eine Menge Eier drin und schmeckt
auch ganz gut. Auch den Maiskuchen lassen sich die Kinder
wohl gefallen, aber den gibt's nur an hohen Feiertagen. Zum
Frühstück und zur Jause kriegen sie nur mehr Kriegsbrot.
Julchen fragt, warum das alles jetzt so ist, und da erfährt
sie, daß der Staat alle Mehlvorräte aufgekauft hat und daß
es ausgerechnet worden ist, wieviel Brot oder Mehl jeder
Mensch im ganzen Reiche kriegen darf, damit es bis zur
nächsten Ernte langt.
Darnach sind die Brotkarten eingeteilt worden und jetzt
heißt es, sich nach der Decke strecken.
Julchen freut sich über die bunten Farben der Brotkarten –
jede Woche sehen sie anders aus – und hebt sich den Teil
mit dem Adler, für den man kein Brot kriegt, immer als
Lesezeichen auf.
[. . .]
[174] Endlich, endlich kam der ersehnte Tag, der den Vater in
die Heimat brachte. Vom Bahnhofe holen durften sie ihn
freilich nicht, denn er fuhr im Roten-Kreuz-Zuge und
wurde gleich ins Militär-Krankenhaus gebracht. Er kam in
dasselbe Haus, in dem Julchen schon so oft Besuch gemacht
hatte, ins Reservespital, Sektion IV.
Der Mutter war das Herz schwer, daß sie ihn nicht selbst
pflegen durfte, und doch war sie glücklich, ihn in der Stadt
zu wissen, ihn jeden Tag besuchen zu dürfen. Wie freuten
sie sich alle vier, denn auch Franz Paulchen zappelte vor
Vergnügen über Hänschens fröhliches Hurrarufen, als sie
eine Karte erhielten, auf der geschrieben stand: »Übermorgen bin ich schon bei euch!«
Kaum zu erwarten war dieses Übermorgen. Endlich war es
aber doch da. Nachmittags um zwei Uhr war Besuchs-
stunde. [. . .]

[175] Nun war ihr Vater auch ein Verwundeter. – Bei dem Gedanken stieg es ihr heiß in die Augen und sie mußte sich sehr, sehr zusammennehmen, um kein hartes Wort über die bösen Russen zu sagen, die daran Schuld waren. Schnell denkt sie an etwas anders. Ja, – an Franz Paulchen. Wird sich der aber darüber freuen, daß er jetzt auch einen Vater hat!

»Franz Paul!« jauchzt sie ihm zu, »zum Vater gehn wir, zum Vater, freu dich Paul, freu dich!« und dabei lacht sie ihn mit vollem Gesichte an. Franz Paulchen kräht vor Wonne. – Wie sich der freut!

Die Mutter fragt die Rote-Kreuz-Schwester wo der Vater liegt. »Der Zugsführer Johann Waldbauer mit der Tapferkeitsmedaille, der gestern gekommen ist? – Der liegt auf Zimmer Nummer fünf.« – Julchen weiß schon, das ist das freundliche Zimmer im ersten Stocke, in dem nur drei Betten stehen. Sie [176] öffnen die Türe und treten ein – zwei Betten sind leer – und im dritten – »da liegt ja ganz ein fremder Mann!« denkt Julchen, »der Vater hat doch keinen so langen Bart!« – aber da küßt ihn die Mutter schon und er ruft: »Hansi, Julerl!« – und jetzt ist's richtig der Vater.

Die Mutter reicht ihm den kleinen Franz Paul hin – aber o weh! – Da gibt's einen großen Jammer. Der Kleine fürchtet sich vor dem fremden Mann mit dem langen Bart und bricht in ein lautes Geschrei aus.

Das Julchen ist ganz verzweifelt. So ein dummes Tschapperl.

So schön kann er schon »Tata« sagen, alle Tage hat er nach dem Vater gerufen und jetzt wo er da ist, schreit er.

Nach vielen vergeblichen Versuchen gelingt es der Mutter doch, ihn zu beruhigen. Er sitzt jetzt ganz still auf ihrem Knie und wirft nur ab und zu einen erschreckten Blick auf den langen Bart, um sich gleich darauf an Mutters Brust zu verstecken.

Wie abgezehrt des Vaters Hände sind und wie schmal sein Gesicht! Aber so glückselig sieht er drein.

Hänschen interessiert sich sehr für die Tapferkeitsmedaille und wie es denn zugegangen sei, daß er sie bekommen habe. In der Lade des Nachtkästchens neben dem Bette liegt sie. Hans nimmt sie heraus und betrachtet sie von allen Seiten. Fast läßt er Mutter und Julchen keine Zeit, sie auch anzusehen.

Endlich hat er sie genug angeschaut – und nun muß der Vater erzählen, ganz genau wie es gekommen ist, daß er dem Kosakenführer in den Kar-[178]pathen die Fahne abgenommen und ihn samt seiner Schar gefangengenommen hat.

Und jedesmal, so oft sie den Vater besuchen, muß er es wieder erzählen und noch viele andere Dinge.

[. . .]

[185] Erst gestern wieder hatten sie einen Soldaten aus dem Krankenhause zu Grabe getragen und nun sprachen sie in der Schule davon. Das eine oder andere Kind hatte das Leichenbegängnis gesehen, erzählte davon und ein Heer von Fragen bestürmte die Lehrerin.

Die erzählte darauf ihren kleinen Mädchen von den braven Soldaten, wie viel sie leiden müßten, wieviele Entbehrungen, wieviel Entsetzen und Jammer über sie kämen und wie sie doch alles standhaft ertrügen aus Liebe zur angestammten Erde und zu ihrem guten Kaiser.

Wie der Tod seine grause Ernte hielte und so manchen dahinmähte, um den daheim Weib und Kind oder Vater und Mutter weinten. Und wieder schloß die Lehrerin mit den Worten: »Und sie alle haben für uns geblutet, für unsere Sicherheit haben sie ihr Leben dahingegeben.«

Tiefes Schweigen herrscht in der Klasse, als die Lehrerin geendet hat. – Ganz ernst sieht es in den jungen Gemütern aus.

Julchen ist so weh geworden bei den Worten der Lehrerin. Wieder sieht sie ein unbezwingliches Großes, das sie nicht abzuwehren vermag. Ihr kleines Herzchen zuckt mit in dem ungeheuren Schmerze der ganzen Welt.

Die Lehrerin fragt die Kinder, ob sie den toten Helden nicht Blumen aufs Grab legen möchten, als letzte Liebesgabe ihrer Dankbarkeit. – Alle wollten es gern tun.

[186] Morgen nach der Schule wollen sie zusammen hinausgehen auf den Heldenfriedhof.

Julchen ist bange. Sie ist noch nie auf einem Friedhofe gewesen. Sie haben noch kein Grab aus der Familie. Es ist kein Fürchten – nur ein leises Zagen vor einem nie Geschauten. – –

[. . .]

[193] So kam der 18. August heran, des Kaisers Geburtstag. Heuer war es der fünfundachtzigste und der sollte besonders festlich begangen werden.

Wie aber das ganze Sinnen und Trachten unseres Monarchen nur dem Kinde gehört, wie er in allem bedacht ist, dem Frühling seines Volkes die Bahn zu ebnen, so sollten auch vor allem die Kinder ihren guten Kaiser ehren.

Es wurde beschlossen, am 18. August in den ersten Dämmerstunden einen Kinder-Huldigungs-Zug abzuhalten, bei dem sie bunte Fähnchen und Papierlaternen tragen und vaterländische Lieder singen sollten.

Damit aber auch des Kaisers innigster Wunsch erfüllt würde, es möchten zu seinem Geburtstage nur Wohltätigkeits-Feste abgehalten werden, sollte der Reinertrag aus dem Verkaufe der Fähnchen und Laternen den armen Kriegskindern zugute kommen. Außerdem durften den ganzen Tag über junge Mädchen in der Stadt mit Heimsparkassen sammeln gehen, auf denen geschrieben stand: »Für unsere Kriegskinder.«

Die Kriegskinder, das sind alle armen kleinen Soldatenkinder, die während des Krieges zur Welt kommen.

[. . .]

[201] Nach dem Festzuge wandert Julchen mit Vater und Mutter, mit Hans und Franz Paulchen nach Hause. Der Vater führt sie an der Hand. Schweigend wandern sie in die dunkelblaue Nacht. Im Osten glänzt der milchweiße Mond.

Sie sind zu glücklich, um reden zu können. Der Vater daheim und das Land voll Siegeszuversicht!

Auf der großen Wiese bleibt der Vater stehen. Er faltet die Hände und in tiefem, heißem Dankesgefühle spricht er: »Herrgott, ich danke dir, daß ich [202] diesen Tag erleben durfte! Die Feinde aus dem Lande verjagt, ihre eigenen Festungen im Wanken! Kinder, es geht vorwärts! – Bis hierher hat der Herr geholfen – er wird uns auch weiter führen zum endgültigen Siege.«

Da fühlte Julchen eine lichte Zukunft heranbrechen. – So herrlich weit und schön liegt es vor ihrer jungen Seele und wie eine Verheißung klingen ihr die Worte des Kaiserliedes durchs Gemüt: »Österreich wird ewig stehn!«

Schulgeschichten

Im viktorianischen England hebt mit Thomas Hughes »Tom Brown's Schooldays« (1857) eine breite Tradition von Schul-, genauer: Internatsschulromanen an; in ihr spiegelt sich der hohe Stellenwert der Public-Schools in der englischen Gesellschaft wider. In Deutschland besitzt das Internatswesen im Vergleich zur (Halb-)Tagesschule eine geringe Bedeutung, und so wechseln in den Erzählungen, die von Kindern im Schulalter handeln, in der Regel schulische und außerschulische Schauplätze einander ab. In den sogenannten »Schulkindergeschichten« nehmen Schulfragen und Schulszenen, wie man doch erwarten könnte, keineswegs den größten Raum ein: Familien-, Spiel-, Ausflugs- oder Ferienszenen sind oft sogar übergewichtiger vertreten. Signifikant sind hierfür oft schon die Titel; als Beispiel sei hier Hermann Brandstädters »Das böse Latein. Eine stille Land-, Stadt- und Schulgeschichte« von 1901 angeführt. Eine auf das Schulleben und den schulischen Raum als Schauplatz konzentrierte Erzählgattung bildet sich in Deutschland nur zögerlich heraus. Hierbei scheinen zwei thematische Schwerpunkte eine besondere Rolle zu spielen: Es sind zum einen das Erlebnis der Einschulung, zum anderen ein besonderer Schultyp, der des Gymnasiums, die die erzählerische Aufmerksamkeit stärker fesseln.

Zum Zeitpunkt der Einschulung und noch während der ersten Schulzeit tritt im Erleben der Kinder der Schulraum und -unterricht stärker in den Vordergrund. Literarisch schlägt sich dies in den Einschulungs- und Erste-Schulzeit-Geschichten nieder, für die Ilse Frapans Geschichte »Schnee« hier als Beispiel ausgewählt ist. Es handelt sich bei diesen Geschichten zumeist um kurze realistische Umwelterzählungen für Kinder im ersten Schulalter; die kinderliterarisch aktiven Hamburger und Bremer Reformpädagogen haben dieses Genre in besonderem Maße gepflegt. Die län-

*geren Kindererzählungen werden dort, wo sie die Einschu-
lung und die ersten Schulerlebnisse ihrer kindlichen Helden
gestalten, für ein oder mehrere Kapitel zu reinen Schulgeschichten. Dies gilt für Falkes »Drei gute Kameraden«
ebenso wie für den 1912 erschienenen zweiten Band der
Berni-Bücher (»Berni. Aus seiner ersten Schulzeit«) von
Heinrich Scharrelmann, um nur zwei Beispiele zu nennen.
Letztgenannter Titel wandelt sich freilich in der zweiten
Hälfte zu einer Feriengeschichte. Auch Hulda Micals Kinderroman (siehe vorigen Abschnitt) ist streckenweise eine
reine Schulgeschichte; es geht um die Auswirkungen der
Kriegsereignisse auf den Schulalltag.*
*Einen gewissen Sonderfall stellt Tony Schumachers Buch
»Schulleben« dar, das sich an Schüler in schon fortgeschrittenerem Alter wendet. Die Autorin will nach eigenem Bekunden Verhaltensunterricht in erzählerischer Einkleidung geben, wobei sie im vorliegenden Fall das richtige »Verhalten
der Kinder gegen ihre Lehrer zum Gegenstande einer Erzählung gemacht« habe. Die Lust an Schülerstreichen sucht
sie zu vergällen durch Erregung von Mitleid für einen Präzeptor mit dem bezeichnenden Namen »Wurm«, der oben-
drein noch durch einen Sprachfehler gehandicapt ist. Die Erzählung möchte »dazu beitragen, den Lehrern und Erzie-
hern ihr ohnehin schweres Amt zu erleichtern«.*
*Das Gymnasium in seiner wilhelminischen Ausprägung be-
ginnt um die Jahrhundertwende literarisch Karriere zu machen – eine höchst zweischneidige, wie bekannt. Beginnend
mit Wedekinds »Frühlingserwachen« und Marie von Ebner-
Eschenbachs Erzählung »Der Vorzugsschüler« (1898 entstanden, 1901 erschienen) wird dieser Institution nachhaltig
der Prozeß gemacht; aus der Reihe der weiteren Ankläger
seien hier nur Emil Strauß, Friedrich Huch sowie Heinrich
und Thomas Mann genannt. Die autoritäre Schulanstalts-
welt interessiert hier nicht zuletzt auch als Abbild der unfreien Gesellschaft, des (wilhelminischen) Obrigkeitsstaates.
Die Wahl eines Internats, das gleichsam einen Staat im*

Staate bildet, als Schauplatz, erweist sich für dieses Darstellungsinteresse als noch geeigneter, und so machen sich auch aus diesem Grund Internatsgeschichten breit (Hesse, Musil, Rilke u. a.). Ob diese kritischen Schulerzählungen und Schülerromane der Jahrhundertwende bereits vor 1918 in nennenswertem Ausmaß zur Jugendlektüre gehörten, bliebe noch zu erforschen. Daß der jugendliterarische Bereich nicht ganz achtlos an ihnen vorbeiging, soll am Beispiel der weniger bekannten Internatsgeschichte »Das Orakel« von Ernst von Wildenbruch dokumentiert werden, die 1903 in eine kinderliterarische Anthologie aufgenommen wurde und in einigen Zügen auf Musils »Törleß« vorausdeutet.

Jugendliterarisch wirksam dürfte zweifelsohne eine schul- und systemkonforme Gymnasial- und Pennälerliteratur gewesen sein, die sich in etwa zur selben Zeit, also ab ca. 1890, als eigenes Genre herauszubilden beginnt. So wartet die weit verbreitete »Kamerad-Bibliothek« mit Titeln auf wie »Lustige Gymnasial-Geschichten« und »Aus Tertia und Sekunda. Lustige Schülergeschichten« (beide von Theodor Berthold). Affirmativ sind diese Schulstreichgeschichten nicht allein darin, daß die Schüler zuletzt stets unterliegen und in die Schranken gewiesen werden, die Ordnung also triumphiert; schlimmer noch, es herrscht mehr oder weniger offen geradezu ein Verlangen nach Maßregelung, durch die der Delinquent sich wieder in die Ordnung aufgenommen sieht. In den hier ausgewählten »Geschichten vom Dr. Fuchs« obsiegt die Ordnung in Gestalt dieses Lehrers durch ein Mehr an vermeintlicher Schläue und Gewitztheit: die Schüler genießen es geradezu, mit den eigenen Waffen geschlagen zu werden. – Der Kriegsausbruch von 1914 macht dem Streichewesen ein Ende; die Gymnasialgeschichte tritt in den Dienst der Kriegspropaganda.

Die »Lausbubengeschichten« von Ludwig Thoma zählen wie zahlreiche der Bildergeschichten Wilhelm Buschs, dem Vorbild Thomas, nicht zur intentionalen Kinderliteratur; sie sind kinderliterarisch dennoch von großer Bedeutung. Mo-

dern wirkt zunächst die Erzählperspektive vom kindlichen
Helden aus; in der kunstvoll ungelenken Ich-Erzählung
kann sich die Freude an der »Schandtat« ungehemmt kund-
tun. Doch sei es Thoma, wie Albert Soergel bereits 1911 ver-
merkte, nicht auf den bösen Streich als solchen angekommen,
sondern »auf die satirische Spiegelung der Erwachsenen in
der Knabenseele, auf die dumme Überhebung, Einbildung
und Selbstsucht der Erwachsenen, auf ihre seelische und gei-
stige Verkrüppelung, auf welche die ganz richtige Empfin-
dung eines urwüchsigen Bengels mit eigentlich verdienten
Flegeleien reagiert«.

TONY SCHUMACHER

Schulleben

1879; 3. Aufl. 1910

[19] Aber manchmal wieder saß der Vater müde und recht
traurig da, und wenn Lieschen seine Hände faßte, so waren
sie kalt und schlaff. Wenn er dann eine Zeitlang geruht hatte
und sie ihn mit leiser, teilnehmender Stimme fragte: »Was
haben sie dir wieder getan, Vaterle?« da tat es dem alten
Herzen wohl, wenn es sich seine Erlebnisse herunterspre-
chen konnte. Die Mutter hätte das nicht so verstanden und
hätte in ihrer resoluten Art gesagt:
»Hau die Buben halt recht tüchtig durch!«
Als ob es mit dem Hauen geschehen wäre! Gewaltmaßre-
geln waren überhaupt nicht die Sache des Herrn Präzeptor
Wurm. Er war eine fein angelegte Gelehrtennatur, die am
liebsten auf die Knaben mit Liebe gewirkt hätte und mit
Überzeugung, aber leider ward er hierin nicht immer verstanden. Dazu kam sein unvorteilhaftes Äußere, eine ge-

wisse Schüchternheit und das unglückselige Stottern. Er war oft wirklich hilflos den Angriffen einiger zu schlechten Streichen und Spott stets bereiten Jungen gegenüber, und doch umfaßte er seine Schüler mit der allerinnigsten Liebe.

[. . .]

[39] »Ja, Lieschen, man hat halt seine Sorgen mit den Jungen!«

»Gibt's was Neues, Vaterle?« fragte diese teilnehmend.

»Eigentlich nicht«, erwiderte der Vater. »Mein Kollege Huber, bei dem ich heute war, sagte: »Nehmen Sie sich in acht vor dem Schüler Franke, – das ist ein ganz schlimmer Bursche! Ich kenne ihn von der früheren Klasse her, da hat er viel Unheil angerichtet. Es ist nicht der Leichtsinn allein bei ihm, Herr Präzeptor, er hat kein gutes Herz, und solch ein räudiges Schaf in der Klasse ist was Fatales!« Lieschen hörte beunruhigt zu. Fritz war noch nicht wieder zurück, und der Vater hatte ihn scheint's vergessen, denn er fuhr fort:

»Wenn man bedenkt, daß man Tag um Tag den Kindern sein Bestes gibt, daß man sie fürbittend auf dem Herzen trägt – und doch gelingt es einem so selten, daß sie einsehen, wie gut man es mit ihnen meint, und daß wir [40] nicht ihr Feind sind, dem man nicht genug Schabernack antun kann. Das schmerzt oft tief, Lieschen, tiefer als man's sagen kann.«

Der Vater stützte sorgenvoll seinen Kopf auf die Hand und atmete ein paarmal wieder so schwer, wie er es in der letzten Zeit manchmal tat.

[. . .]

[50] Es war heute überhaupt nicht der richtige Geist in der Klasse. Der Herr Präzeptor wollte etwas an die Tafel schreiben, aber die Kreide machte absolut keinen Strich, – sie war naß gemacht worden, und hinten kicherten ein paar Knaben hinter ihren Büchern über diesen gelungenen Streich. Als der Lehrer nachher die Tafel herumdrehte, war ein riesiger Wurm auf diese gezeichnet, und das Gelächter ging von

neuem los. Dem Herrn Präzeptor stieg die Röte ins Gesicht.

»Wer hat hier unbefugtermaßen hingemalt?« fragte er, sich noch möglichst beherrschend. Lautlose Stille folgte, nur dann und wann von einem unterdrückten Gekicher unterbrochen.

»Wer lacht?« fragte der Herr Präzeptor, und seine Stimme klang nun schon erregter. Gänzliche Stille und plötzliches eifriges Schreiben aller Schüler.

»Du warst es, Franke!«

»Ich hab' den Schlucken, Herr Präzeptor«, sagte da dieser in keckem, unverfrorenem Tone, »das klingt nur so wie Lachen«, und brachte von Zeit zu Zeit die komischesten glucksenden Töne hervor, so daß es mit der Beherrschung der andern wieder vorbei war und die Lachlust nicht mehr gedämpft werden konnte.

»Ich will dir deinen Schlucken schon vertreiben«, sagte der Herr Präzeptor, und seine Stimme schwoll an. »Tritt heraus, Franke, – dorthin, an die Tafel, und sieh dir in Muße dein geniales Machwerk an, denn ich kenne deine Malkunst!« Franke machte ein impertinentes Tanzstundenkompliment gegen den Lehrer und begab sich dann nach vorn, nicht ohne ein paar Knaben hinten noch etwas zu-[51]geflüstert und ein Zeichen gemacht zu haben. Es hieß: »Jetzt ist die richtige Gelegenheit! Macht, daß der Wurm wieder einmal ins Stottern kommt!«

Der Lehrer hatte sich an sein Pult gesetzt, denn die Schüler hatten noch kurze Zeit zu schreiben. Die momentane Ruhe tat ihm wohl; er war recht müde und innerlich gedrückt. Lieschen hatte heute nacht wieder so heftige Rückenschmerzen bekommen. Es war dies jetzt öfters der Fall, und er stand dann jedesmal auf und hielt sie ein Weilchen in den Armen, was ihr gut tat, oder machte ihr einen kühlenden Umschlag. Er besorgte am liebsten sein Kind selber; die Mutter hatte auch gerade genug zu tun, weil Gretel im Zahnen war und oft stundenlang schrie. Das alles war nicht

dazu angetan, den angegriffenen Nerven des Vaters Ruhe zu
geben; er hatte wenig geschlafen, und der Kopf war ihm
sehr eingenommen.

»Bist arg müde, Vaterle?« hatte ihn Lieschen heute früh
beim Fortgehen besorgt gefragt. Ja, jetzt im Augenblick war
er's sehr. Es war so lähmend innerlich, wenn er fühlte, die
Knaben trieben mit ihm ihren Mutwillen. Er freute sich ja
von Herzen, wenn sie munter und vergnügt waren, aber die
heutige Art, besonders von Franke, machte ihn nervös, und
dazu die unbegreifliche Zerstreutheit von Fritz.

Die Knaben waren mit dem Schreiben fertig, und nun kam
die letzte halbe Stunde, in der deutsche Gedichte gelesen
und deklamiert wurden. Schüler und Lehrer freuten sich
immer darauf, und heute besonders, denn es sollte Schillers
»Glocke« aufgesagt werden. Franz Weltingen fing an. Er
hatte unter Anleitung von Tante Juliane die Verse gut, sicher
und mit Verständnis gelernt. Aber als er den [52] Blick erhob, da sah er, wie Franke hinter des Herrn Präzeptors
Rücken, der, versunken in die Schönheit der Poesie, in sein
Buch sah, stets die betreffenden Pantomimen dazu machte.
Er wischte sich in augenfälligster Weise den Schweiß, nahm
ein Scheit Holz und warf es scheinbar in den Ofen, als vom
Fichtenstamme die Rede war, er wickelt sich Locken, wiegte
Kinder und drehte die Spindel, so daß Franz nur mit der
allergrößten Anstrengung weiterreden konnte und der Herr
Präzeptor den Kopf schüttelte, daß selbst dieser sonst so
brave Schüler heute gar nicht bei der Sache war. Nun kam
an Kurt Wilsdorf die Reihe. Dieser konnte schon kaum an-
fangen vor Lachlust, denn er sah Franke bei den Worten:
»denn das Unglück schreitet schnell« im Hintergrunde Rie-
senschritte in die Luft machen und platzte schon bei den ersten Worten heraus.

»Jetzt wird mir's aber doch zu bunt«, fuhr der Herr Präzeptor auf, der, mit Andacht in die herrliche Dichtung versunken, sich durch solche Unaufmerksamkeit für seinen Lieb-
lingsdichter gekränkt fühlte. »Nun bitte ich mir aber aufs

entschiedenste aus, daß ihr euch endlich zusammennehmt.
Ihr seid nicht wert, daß man euch diese P... P.... Perlen
der deutsch... deutschen D.. Dicht.... Dichtung....« –
hier hörte der Herr Präzeptor plötzlich auf, denn er fühlte,
wie sein Übel ihn packte, und wischte sich die Stirn. Franke
machte den Buben hinten ein triumphierendes Zeichen, das
hieß: »Paßt auf, jetzt kommt's!«
Wilsdorf hatte sich wirklich gefaßt und sagte:

> Wohl, nun kann der Guß beginnen,
> Schön gezacket ist der Bruch.
> Doch bevor wir's lassen rinnen,
> Betet einen frommen Spruch!
> Stoßt den Zapfen aus ....

[53] In diesem Augenblick gab es einen Krach durch das
ganze Zimmer, daß der Herr Präzeptor entsetzt in die Höhe
fuhr. Im nächsten Moment hatte er freilich schon erkannt,
daß Franke wohl einen Faustschlag gegen den großen blechernen Ofenschirm geführt hatte. Jetzt stand er schon wieder mit der unschuldigsten Miene da und sagte frech:
»Herr Präzeptor, Ihr Taschentuch hängt hinten heraus!« dabei überreichte er es ihm mit derselben unverschämten Ver-
beugung wie vorher.
»Lausbub!« donnerte nun aber dieser, und der ganze In-
grimm der letzten Stunden machte sich in diesem einen
Worte Luft.
»Was hab' ich denn getan?« fragte Franke keck. »Ich kann
doch nichts dafür, daß gerade in dem Augenblick die Feuer-
zange gegen den Schirm gefallen ist!« Er zuckte verächtlich
mit der Schulter und wollte nun ohne weiteres an seinen
Platz gehen.
»Dagebliebn!« befahl nun der Herr Präzeptor und nahm
sein Tuch, um sich über das Gesicht zu fahren. »Lüge nun
nicht auch noch zu all deinen anderen U... U... Unarten!
Du bist der Ä... Ält... Älteste von der Klasse und solltest
das gute B... Beispiel geben. Ich würde mich sch... schä-

men an deiner Stelle!« und ganz erschöpft von der Rede
wischte sich der Lehrer wieder den Schweiß ab; er wollte
damit auch das leidige Zucken in seinem Gesichte verbergen, über das er, wenn er erregt war, nicht Herr werden
konnte. Aber war denn heute der böse Geist in der Klasse
vollständig losgelassen? Er rang nach Fassung, um die un-
terbrochene Stunde wenn möglich noch vollends zu Ende
zu führen, legte sein Taschentuch beiseite und nahm das
Buch, das ihm so teure Buch wieder in die Hand, als [54] er
in der ersten Reihe die Schüler von neuem so krampfhaft
lachen und sich bewegen sah, daß es ihm das Herz zusam-
menzog. Selbst Franz Weltingen und seine Besten waren
also unter denen, die ihn verspotteten! Das tat weh! Ein
Zug tiefer Traurigkeit flog über sein Gesicht; er klappte das
Buch zu und wollte die Stunde schließen. Da stand aber
Franz mit sichtlichem Kampfe in seinem hübschen, schmalen Gesichtchen auf und sagte:
»Herr Präzeptor, Sie müssen am Taschentuch Tinte gehabt
haben; Ihr Gesicht ist ganz schwarz, und deshalb haben wir
auch vorhin noch einmal gelacht«, setzte er mit sichtlicher
Anstrengung hinzu, denn Franke und auch noch ein paar
andere hatten ihm wütende Blicke zugeworfen.
»Schändlich«, knirschte Franke zwischen den Zähnen,
»muß der dumme Kerl einem den ganzen Spaß verderben!
– Warte nur, das kriegst du zu fühlen!« Voll Unmut wandte
er sich zur Seite.
Präzeptor Wurm war mit einem Blick voll Erleichterung
und Liebe auf Franz gleich darauf fortgegangen. Fritz, dem
solche Szenen wahre Qualen bereiteten, der aber zu seinem
Glücke so kurzsichtig war und wohl auch so arglos, daß er
die Hälfte von den Streichen nicht genau sah oder auch
nicht bemerkte, war dem Vater ins Lehrzimmer gefolgt und
hatte ihm zaghaft geholfen, sich zu reinigen.
In der Klasse war aber längere Zeit noch eine erregte
Debatte der Guten mit den Schlimmen.
»Er *hat* angezeigt!« – »Nein, er hat *nicht*!« – »Doch, das

war angezeigt!« so scholl es lange wirr und erregt durcheinander, und das Endresultat war, daß von Franke und ein
paar der älteren Knaben, die zu ihm hielten, Franz Weltingen für eine Zeitlang in Bann getan wurde.

[55] Franz fühlte sein Gewissen rein; er hätte ja wohl sagen
können, Franke habe das Tuch hinter dem Rücken des Lehrers in Tinte getaucht, das wäre aber, wie er wohl wußte, gegen den Klassengeist gewesen, aber den Herrn Präzeptor
so lächerlich machen zu lassen, auch noch nachher vor den
Leuten auf der Straße, – nein, das wäre gemein gewesen, das
hätte er einfach nicht gekonnt. Aber sein Schülerherz war
doch bedrückt, als er langsamer wie sonst heimwärts ging.

ILSE FRAPAN

Hamburger Bilder für Kinder

1899

[42]   *Schnee.*

Heute, als wir gerade Rechenstunde hatten, fing es an zu
schneien. Herr Blaske fragte mich: »wieviel ist dreimal vierzehn?« Beinahe hatte ich es schon ausgerechnet, da sah ich
eine Schneeflocke ans Fenster fliegen und noch eine und
noch eine.

»Nun?« fragte Herr Blaske, »wird's bald? dreimal vierzehn
ist –?«

Ich war ganz verwirrt. »Es schneit!« sagte ich. Die ganze
Klasse lachte. Herr Blaske lachte auch.

»So? ist das eine Antwort? ich frage dreimal vierzehn,
und du antwortest: es schneit! Warum nicht? laß es doch
schneien.«

[43] Die ganze Klasse wurde unruhig, alle Kinder sahen nach den Fenstern. Große weiße langsame Flocken kamen wie Federn heruntergeflogen, es war so schön.

»Aufpassen!« rief Herr Blaske, »Augen hierher!«

»Es schneit dieses Jahr zum erstenmal heute«, sagte ich, indem ich den Finger zeigte. Ich wollte gern aufpassen, aber ich konnte nicht.

Die Flocken tanzten schnell durcheinander, ich konnte keine Zahl im Kopfe behalten; am Fenster draußen lag schon ein weißer Rand.

Herr Blaske wurde böse. Er machte sich gar nichts aus dem Schnee. Ich wunderte mich über ihn; ich dachte, alle Menschen freuten sich, wenn es schneit. Herr Blaske freute sich kein bißchen, er schrieb sehr schnell die große schwarze Tafel voll Zahlen. »Wer nicht aufpaßt, muß nachrechnen!« schrie er. Wir erschraken furchtbar. Er hatte so schrecklich mit dem Lineal auf das Pult gehauen. Ich gab mir soviel Mühe, wie ich konnte, das Exempel an der Wandtafel auszurechnen, aber es ging nicht. Ich rechne, und plötzlich denke ich: Frau Holle schüttelt ihr Bett aus! Ich muß lachen. »Warum lachst du?« ruft Herr Blaske und sieht mich zornig an.

»Weil Frau Holle ihr Bett ausschüttelt«, sagte ich ängstlich; ich weiß selber nicht, warum ich es sagte, ich sah doch, daß Herr Blaske böse war.

»Du bist also der Erste, der heute eine halbe Stunde nachrechnet«, sagte er und schrieb meinen Namen groß an die Wandtafel. Ich wurde traurig. [44] Ich konnte und konnte nicht aufpassen. »Heute nachmittag kann man gewiß schon kreken«, dachte ich. Beinahe hätt' ich wieder gelacht.

Als die Schule aus war, lag dicker weißer Schnee auf der Straße. Alle Jungens liefen mit Hurra hinaus. Ich stand da mit meiner Tafel. Ich wollte nicht weinen, aber miteins weinte ich doch.

Herr Blaske sah mich an und fragte: »Warum bist du noch hier? du hattest es ja so wichtig mit dem Schnee.«

»Ich soll eine halbe Stunde nachrechnen«, ich konnte es bei-
nahe nicht sagen, mein Hals war ganz zugedrückt.
»Ach so!« sagte Herr Blaske und sah mich wieder an. »Gieb
mir deine Tafel.«
Er schrieb mir zehn lange Exempel auf. Es dauerte so lange;
ich guckte aus dem Fenster. Draußen machten die Jungens
schon Schneeballen und balgten sich.
Herr Blaske legte die vollgeschriebene Tafel auf den Tisch.
»Möchtest wohl auch schneeballen?« sagte er.
»Kreken!« sagte ich. Ich heulte.
»Na, so lauf!« er gab mir einen Klaps auf den Buckel, und
ich lief, was ich konnte.

ERNST WEBER (Hrsg.)

Kindheit

1903; 2. Aufl. 1911

[95]   *Das Orakel.*

Wenn man nachts nicht schlafen kann – –
Wären die Menschen oder wenigstens einige von ihnen
schon einmal auf den Gedanken gekommen, am Morgen,
wenn sie nach einer schlaflosen Nacht aufstehn, alles das
niederzuschreiben, was ihnen durch Kopf und Herz gegangen ist, während sie schlummerlos gelegen – welch eine
Fülle merkwürdiger Erlebnisse würden wir kennen lernen,
welch eine zweite Welt!
Denn für uns vom Sonnenlicht abhängige Geschöpfe ist
und bleibt die Nacht eine andere Welt, und wenn uns der
Schlaf nicht zu Hilfe kommt und unter seinem Mantel ge-

borgen uns hindurchführt durch die Schluchten der Finsternis, ist es eine Welt des Schreckens.

[...]

Gesichter, die wir längst vergessen, sind plötzlich greifbar wieder da; Stimmen, die wir einmal, als wir Kinder waren, gehört und seitdem nie wieder, sprechen zu uns mit so bekanntem Klange, als hätten sie gestern zum letztenmal gesprochen.

Und ein solches Gesicht war es, das neulich in einer solchen Nacht plötzlich aus der Vergangenheit wieder vor mir emportauchte, eine solche Stimme, die wieder zu mir sprach.

Das Gesicht gehörte einem Jungen an, einem dicken, fetten, wie man zu sagen pflegt: kugelrunden kleinen Jungen, mit dem ich ein Vierteljahr lang in Halle auf dem Pädagogium als Schüler zusammen war.

[96] Ganz deutlich sah ich ihn wieder in seinem Jäckchen von grünem Tuch, in seiner Weste, die immer in die Höhe gerutscht war, seinen grauen Hosen, die immer etwas zu kurz waren, mit seinem großen, runden Kopf, der immer etwas vornüber hing und auf dem er eine Wolkenschiebermütze von dunkelblauem Stoff trug.

Knaben, die so aussehen, haben unter ihren Mitschülern meistens einen schweren Stand, sie werden gehänselt und geneckt. Es müßte denn sein, daß sie sich durch besondere Fähigkeiten auszeichneten oder durch Körperkräfte in Respekt zu setzen wüßten.

Beides aber war bei dem kleinen Dicken nicht der Fall.

Er gehörte durchaus zu den Mittelgewächsen der Menschheit; vielleicht stand er sogar noch etwas darunter.

In der Klasse war er kein Licht, nicht gerade faul, aber immer träumerisch und verschwommen; außerhalb der Klasse war er kein Held, weichlich, beinah furchtsam, verschlossen, mit einem Worte, wie man in der Schuljungensprache sagt: »schlapp«.

Das zeigte sich besonders beim Turnunterricht, der im Pädagogium mit Eifer betrieben wurde.

Gleich nach den ersten Probeleistungen war der kleine Dicke in die unterste Turnriege gesteckt worden, in der sich die Kleinsten und Schwächsten befanden, und auch in der war er so ziemlich der Letzte.

Ein allgemeines Halloh erhob sich, wenn »Mops« – das war der Spitzname, mit dem er am ersten Tage seines Eintrittes getauft worden war – am Klettertau emporklimmen sollte.

Ampelnd und strampelnd mit Händen und Füßen, arbeitete sich der unbehilfliche kleine Körper ein paar Fuß in die Höhe, dann machte er keuchend Halt, und wie ein Fisch, der nach Luft schnappt, hing er droben fest, bis daß ein ärgerliches: »Na, komm nur wieder 'runter!« ihm das Zeichen gab, daß er herabrutschen durfte. Einige Hiebe mit dem Tauende über den Rücken schlossen regelmäßig den verunglückten Kletterversuch ab.

»Ein Muttersöhnchen« – das war das allgemeine Urteil über ihn; denn mit der ganzen Grausamkeit, mit der Schuljungen den Schwächen ihrer Kameraden nachzuspüren pflegen, hatte man sehr bald herausbekommen, daß er zum erstenmal aus dem Elternhause war, und daß er Heimweh hatte.

Heimweh! Im stillen hatten es wohl die meisten, die da im Pädagogium saßen, vielleicht alle; aber wer wird denn so etwas zeigen! Solche Schlappheit!

[97] Auf der Stube, auf der er untergebracht war, saß er immerfort an seinem Tisch.

Arbeitete er?

Nein, er schrieb Briefe. Immerfort mit großen, ungelenken Buchstaben Briefe und immerfort an die Mutter zu Hause.

[...]

An einem Nachmittag, als wir Hausscholaren – so benannten sich die Insassen der Anstalt – in Winterüberzieher eingeknöpft, unsern gewohnten Spaziergang im Garten machten, bemerkte ich, daß sich an der Mauer, die den Turnplatz vom Garten abschloß, eine Ansammlung bildete.

Mehrere Scholaren standen dort, die lachend andere heran-
winkten.

Mit meinen Spaziergangsgefährten trat ich hinzu. Man [98]
bedeutete uns, leise zu sein. »Mops turnt!« hieß es mit un-
terdrücktem Kichern. Er sollte nicht merken, daß er beobachtet wurde.

»Mops turnt?«

Wir blickten über die Mauer, die nur einige Fuß hoch war,
auf den Turnplatz hinunter, der etwas vertieft lag; – wahrhaftig!

Auf dem Platz, wo die Klettergerüste, die Barren und Recke
verlassen standen, die Hände in den Taschen seines Überziehers, ging der Junge mutterseelenallein hin und her.

Er schien über irgend etwas nachzudenken. Sein dicker
Kopf hing noch weiter vornüber als gewöhnlich. Dabei
hielt er die Augen fortwährend auf den Schwebebaum gerichtet, der inmitten des Raumes stand.

Endlich schien er zu einem Entschluß gekommen zu sein; er
kletterte auf den Schwebebaum hinauf, so ungeschickt, daß
er beinah im nämlichen Augenblick nach der andern Seite
wieder hinuntergepurzelt wäre.

Nur energische stumme Winke der Aufpasser dort oben
verhinderten, daß schon jetzt ein lautes Gejohle ausbrach.

Was in aller Welt machte der komische Kerl? Er überlegte
offenbar, ob es ihm gelingen würde, auf dem Schwebebaum
entlang zu gehen. Aber warum? Zu welchem Zweck? Zum
Zeitvertreib? Oder um sich zu üben? Das sah ihm nicht
ähnlich.

Jetzt ging ihm, wie es schien, abermals ein Gedanke auf. Mit
dem Überzieher am Leibe würde er sein Vorhaben nicht zu
Ende bringen.

Noch einmal kletterte er herab und trotz der Kälte zog er
seinen Flausch aus und legte ihn über das hintere Ende des
Schwebebaumes.

Man sah ihm an, wie er fror; seine Hände waren ganz blau,
die Finger daran sahen aus wie kleine Mohrrüben.

Und jetzt – was wurde das?

Vorsichtig blickte er um, ob auch niemand ihn sähe. – Alle Köpfe hinter der Mauer duckten sich und verschwanden; er sah niemand.

Und jetzt legte er die verfrorenen kleine Hände gefaltet ineinander, als wenn er betete.

Er betete, daß es ihm gelingen möchte, den Schwebebaum bis ans Ende hinunterzugehen?

Darum betete er?

Hinter der Mauer oben entstand ein geradezu krampfhaftes [99] Prusten und Schlucken – das rasende Gelächter wollte sich kaum noch bändigen lassen.

Endlich war er auch damit fertig.

Zum zweitenmal stieg er auf den Baum hinauf, und nun, beide Arme weit vom Leibe gestreckt, um sich im Gleichgewicht zu halten, mit einem Gesicht, als stände Leben oder Tod auf dem Spiel, trat er seine Wanderung an.

Anfangs, solange er den dickern Teil des Mastbaumes unter den Füßen hatte, ging die Sache leidlich gut. Bedenklich wurde sein Schwanken, je mehr der Baum sich verdünnte.

Trotzdem wäre er vielleicht glücklich bis an das Ende gelangt, wenn die Bosheit seiner Mitschüler es zugelassen hätte. Denn plötzlich fuhren jetzt die Köpfe hinter der Mauer empor, und es erhob sich ein johlendes Geschrei: »Mops, du fällst 'runter! Mops, du fällst 'runter!«

Man sah, wie der Junge erschrak.

Aber noch gab er die Sache nicht verloren. Wie verzweifelt biß er die Zähne aufeinander und setzte seinen Gang fort.

Nun aber kam es in Sprüngen über die Mauer, ein ganzes Rudel.

Der eine von den Buben packte mit beiden Händen das letzte schwankende Ende des Schwebebaumes und fing an, es nach rechts und links zu schütteln. Der kleine Kerl konnte sich nicht mehr halten.

»Nein!« schrie er mit gellender Stimme. Aber der andere schüttelte weiter.

Im nächsten Augenblick war der arme Mops vom Schwebebaum herunter.

Ein brüllendes Gelächter erhob sich; gleich darauf aber ein
zorniges Geschrei.

Mops, der sonst keiner Seele etwas zuleide tat und sich bei
Prügeleien wie eine Schnecke ins Schneckenhaus zurückzog,
war wie ein Wütender auf den Bengel losgefahren, der ihn
zu Fall gebracht, und hatte mit beiden Fäusten auf ihn los-
geschlagen.

Natürlich blieb dieser die Antwort nicht schuldig; andere
halfen ihm; denn eine solche Frechheit von dem Mops war
ja unerhört.

Und wenige Augenblicke darauf lag der arme kleine Kerl,
beide Arme über den Schwebebaum gebreitet, das Gesicht
in die Arme gedrückt, weinend wie ein Verzweifelnder.

Die Wolkenschiebermütze war ihm vom Kopf gefallen – in
[100] aller Kälte war er noch immer ohne seinen Überzieher;
er schien es gar nicht zu bemerken.

Endlich legten die älteren sich ins Mittel. Sie jagten die
Quälgeister, die immer noch höhnend um ihn herum-
standen, zur Seite, sie versuchten, ihm gut zuzureden, ihn
aufzurichten – alles blieb vergeblich. Ein dumpfes Schluchzen, ein trostloses Kopfschütteln war seine einzige Antwort.

Das ging so fort, bis endlich der Hebdomadar erschien. In
jeder Woche führte nämlich ein Lehrer der Anstalt die Aufsicht über die Zöglinge während der Arbeit und Freistun-
den, und weil wir eine höchst gelehrte Gesellschaft im Pädagogium waren, so wurde dieser Lehrer nach griechischer
Bezeichnungsart der Hebdomadar genannt.

In dieser Woche nun war es der alte Professor Daniel, dem
die Aufsicht oblag – ein großer, dicker, unendlich gütiger,
wohlwollender Mann.

Der Lärm und das Geschrei hatten ihn aufmerksam gemacht, als er in dem entfernteren Teile des Gartens für sich
hinspazierte, und so kam er denn nun so rasch, als er seinen

schweren Körper zu tragen vermochte, auf den Turnplatz
zu uns heran.

Ohne lange zu fragen, trat er sogleich zu dem Jungen, der
noch immer über den Schwebebaum gebeugt lag; mit seiner
breiten, fleischigen Hand liebkoste er ihm den Kopf und
das verwirrte Haar.

»Na, Möpschen? Na, Möpschen? Was hat man dir denn getan?«

Als der Kleine die freundliche Stimme des alten Lehrers
vernahm, richtete er sich langsam auf. Das Gesicht aber be-
hielt er zur Erde gesenkt. Es war ganz rot verweint und das
Schlucken und Schluchzen wollte nicht aufhören.

»Gebt ihm doch seinen Überzieher wieder an«, gebot der
alte Daniel. »Warum hast du ihn denn ausgezogen? Bei der
Kälte?« forschte er, zu dem Knaben niedergebeugt.

Möpschen blieb stumm.

»Er ist auf dem Schwebebaum entlang gelaufen«, antworteten zwei, drei von den andern an seiner Statt.

»Euch habe ich ja nicht gefragt«, versetzte der Lehrer.
»Möpschen soll's mir sagen; warum bist du denn auf den
Schwebebaum gestiegen? Willst du es mir nicht sagen?«

Er wollte schon, man sah es ihm an.

[101] Aber er konnte nicht. Es war, als wenn eine unaus-
sprechliche Scham ihn niederdrückte und zu sprechen ver-
hinderte.

Aus der Tasche seines Überziehers, den wir ihm wieder angezogen hatten, holte er sein kleines, weißes Taschentuch
hervor, damit wischte er sich die Tränen aus den Augen und
den Sand vom Gesicht, der vom Schwebebaum daran kleben geblieben war.

Der alte Daniel verlor nicht die Geduld. Er hatte ein gutes
und kluges Herz; er mochte ahnen, daß in der kleinen Seele
dort die heilige Keuschheit eines großes Leides war, das sich
vor rohen, neugierigen Augen zu verbergen strebte.

»Willst du mir's nicht sagen, Möpschen? Mir kannst du's
doch sagen.«

Er hatte sich auf den untern Teil des Schwebebaumes gesetzt; der Kleine stand zwischen seinen Knien, die Hände in
den Händen des Lehrers.

»Meine – Mutter« – fing der Knabe an – dann kam wieder
ein Schlucken und schnitt ihm die Worte ab.

Die breite, fleischige Hand des alten Daniel tätschelte ihm
den Kopf, klopfte ihn in den Rücken.

»Meine Mutter – hat geschrieben – sie ist so krank – und –
und –«

Ein Tränenstrom brach abermals von seinen Augen; mit
ausgebreiteten Armen stürzte er sich plötzlich dem Professor um den Hals. Es war kaum zu vernehmen, was er
sagte.

»Und – sie glaubt – sie wird nicht wieder gesund werden.«

Wir waren alle nahe herangetreten, alle ganz still geworden.

»Und da – bin ich hierher gegangen – und habe gedacht –
wenn ich auf dem Schwebebaum – bis ans Ende kommen
würde – und nicht herunterfallen würde, – dann – habe ich
gedacht – würde das ein Zeichen sein, – das der liebe Gott
mir gäbe – und meine Mutter würde doch wieder gesund
werden.«

Der alte Daniel drückte den Kopf des Kleinen an seinen
Hals.

»Und bist du denn ans Ende gekommen?«

Der Körper des Knaben zitterte und fieberte. »Wie ich –
beinahe bis ans Ende war, sind sie gekommen – und haben
mich 'runtergeworfen.«

Der Lehrer hob das Haupt auf und seine sonst so milden
Augen gingen wie ein vernichtendes Feuer über uns hin.

Kummervoll schüttelte er das Haupt, dann beugte er sich
[102] nieder zu dem Knaben. »Du armes Kind«, sagte er, »du
armes Kind!«

Er wartete, bis der Kleine sich einigermaßen beruhigt hatte.

Dann stand er auf, drückte ihn an sich und schlug mit ihm den Weg zur Anstalt ein.

»Geht ihr jetzt auch nach Haus«, wandte er sich an uns, »es ist Zeit zur Arbeitsstunde.«

Hinter dem alten Daniel zogen wir einher, lautlos wie eine Schar von Übeltätern.

Am andern Morgen erzählte uns der Stubenälteste des Jungen, daß in der Nacht, als schon alles im Schlafe gelegen, sich die Stubentür geöffnet hatte. Der alte Daniel war geräuschlos hereingekommen und an das Bett getreten, in dem Möpschen lag. Die Hand hatte er vor die Flamme des Lichts gehalten, das er in Händen trug; und so hatte er lange gestanden, lange und schweigend auf das schlummernde Kind herniedergesehen. Mit einem Seufzer hatte er sich dann abgewandt und geräuschlos, wie er gekommen, war er wieder gegangen.

An einem der nächsten Vormittage, als wir in der Klasse saßen, den Lehrer erwartend, der noch nicht erschienen war, tat sich die Klassentür auf und zugleich mit dem Lehrer kam der alte Daniel.

»Möpschen«, sagte er und man hörte seiner Stimme an, daß er sich bemühte, ruhig zu sprechen, »komm doch einmal heraus!«

Der Kleine schob sich aus der Bank heraus; der alte Daniel nahm ihn an der Hand; sie gingen hinaus – und Möpschen kam nicht wieder.

Als der Unterricht zu Ende war und wir aus den Klassen herunterkamen, stand drunten im Flur der Anstalt, mit dem Überzieher angetan, die Wolkenschiebermütze auf dem Kopfe, einen Schal um den Hals, der kleine Mops. Sein Koffer stand gepackt und verschlossen neben ihm.

Was bedeutete das? Sollte der Junge verreisen? Noch vor Beginn der Ferien?

In sich gekehrt wie gewöhnlich, stand er da; er gab auf Fragen keine Antwort; von ihm war nichts zu erfahren.

Nach einiger Zeit kam der alte Daniel die Treppe herunter, auch er zum Ausgehen gekleidet.

Wir drängten uns fragend um ihn. Mit gedämpfter Stimme [103] gab er Auskunft.

Eine Depesche war eingetroffen; die Mutter des Kleinen war plötzlich sehr krank geworden, der Junge sollte umgehend nach Haus kommen.

Der alte Professor blickte auf den Knaben, der auf der Schwelle der Tür stand.

»Sagt es ihm nicht – er weiß nicht, daß es so schlimm steht.«

Wir sagten ihm nichts. Wir traten nicht einmal zu ihm heran; wir getrauten uns nicht.

Die Mutter verlieren! – Jeder von uns fühlte, was das bedeutete.

Der kleine Kerl, der unserm Spott als Zielscheibe gedient hatte, war plötzlich zum Träger eines Schicksals geworden, vor dem unsre Herzen erbebten; wie etwas Geheiligtes erschien er uns.

Eine Droschke fuhr an der Tür der Anstalt vor. Der alte Daniel trat hinzu und legte den Arm um die Schulter des Kleinen.

»Komm jetzt, mein Junge, jetzt fährst du nach Haus, zu deiner Mutter.«

Der Knabe blickte auf; ein Freudenschein ging über sein Gesicht.

Er wollte seinen Koffer aufheben, aber wir kamen ihm zuvor. Jeder von uns griff zu, jeder fühlte ein dunkles Bedürfnis, dem Kinde einen letzten Liebesdienst zu erweisen.

»Leb wohl, Mops! Leb wohl, Mops!«

Zwanzig Hände griffen nach seiner kleinen, blau verfrorenen Hand und drückten sie ihm zum Abschied. Er wußte kaum, wie ihm geschah – man sah es an seinem erstaunten Gesicht.

Dann war er in die Droschke gehoben; der alte Daniel stieg

nach ihm ein und setzte sich neben ihn. Klappend schloß
sich die Wagentür.

Noch einmal bog er sich aus dem Fenster und nickte uns
mit der blauen Wolkenschiebermütze ein Lebewohl. Rum-
pelnd setzte sich das Gefährt in Bewegung. – Wir standen
und sahen ihm nach, bis der Wagen aus dem Hofe der Anstalt hinaus war. Dann gingen wir zurück. Niemand sprach
ein Wort.

Er war fort und ist nicht wiedergekommen in das Pädagogium.

Ich weiß nicht, ob er die Mutter noch vorgefunden hat – ich
habe ihn nie wiedergesehen.

Nie wiedergesehen bis neulich in der Nacht, da war er
plötzlich wieder da.

[104] Am Schwebebaum stand er, zwischen den Knien des
alten Daniel; ich sah sein weißes Tüchlein, mit dem er sich
das Gesicht abwischte, ich hörte sein Weinen.

Möchte er nicht wiederkommen – denn wenn er wiederkommt, kann ich nicht schlafen.

Ernst von Wildenbruch

LUDWIG THOMA

Lausbubengeschichten

1905; 11.–15. Tsd. 1906

[33]   *Der Meineid*

Werners Heinrich sagte, seine Mama hat ihm den Umgang
mit mir verboten, weil ich so was Rohes in meinem Beneh-
men habe, und weil ich doch bald davon gejagt werde. Ich
sagte zu Werners Heinrich, daß ich auf seine Mama pfeife,

und ich bin froh, wenn ich nicht mehr hin muß, weil es in seinem Zimmer so muffelt.

Dann sagte er, ich bin ein gemeiner Kerl, und ich gab ihm eine feste auf die Backe und ich schmiß ihn an den Ofenschirm, daß er hinfiel.

Und dann war ihm ein Zahn gebrochen, und die Samthose hatte ein großes Loch über dem Knie.

Am Nachmittag kam der Pedell in unsere Klasse und meldete, daß ich zum Herrn Rektor hinunter soll.

Ich ging hinaus und schnitt bei der Türe eine Grimasse, daß alle lachen mußten. Es hat mich aber keiner verschuftet, weil sie schon wußten, daß [34] ich es ihnen heimzahlen würde. Werners Heinrich hat es nicht gesehen, weil er daheim blieb, weil er den Zahn nicht mehr hatte.

Sonst hätte er mich schon verschuftet.

Ich mußte gleich zum Herrn Rektor hinein, der mich mit seinen grünen Augen sehr scharf ansah.

»Da bist du schon wieder, ungezogener Bube«, sagte er, »wirst du uns nie von deiner Gegenwart befreien?«

Ich dachte mir, daß ich sehr froh sein möchte, wenn ich den ekelhaften Kerl nicht mehr sehen muß, aber er hatte mich doch selber gerufen.

»Was willst du eigentlich werden?« fragte er, »du verrohtes Subjekt? Glaubst du, daß du jemals die humanistischen Studien vollenden kannst?«

Ich sagte, daß ich das schon glaube. Da fuhr er mich aber an, und schrie so laut, daß es der Pedell draußen hörte und es allen erzählte. Er sagte, daß ich eine Verbrechernatur habe, und eine katilinarische Existenz bin, und daß ich höchstens ein gemeiner Handwerker werde, und daß schon im Altertum alle verworfenen Menschen so angefangen haben wie ich.

»Der Herr Ministerialrat Werner war bei mir«, [35] sagte er, »und schilderte mir den bemitleidenswerten Zustand seines Sohnes«, und dann gab er mir sechs Stunden Karzer als Rektoratsstrafe wegen entsetzlicher Roheit. Und meine

Mutter bekam eine Rechnung vom Herrn Ministerialrat, daß sie achtzehn Mark bezahlen mußte für die Hose.

Sie weinte sehr stark, nicht wegen dem Geld, obwohl sie fast keines hatte, sondern weil ich immer wieder was anfange. Ich ärgerte mich furchtbar, daß meine Mutter so viel Kummer hatte und nahm mir vor, daß es Werners Heinrich nicht gut gehen soll.

Die zerrissene Hose hat uns der Herr Ministerialrat nicht gegeben, obwohl er eine neue verlangte.

Am nächsten Sonntag nach der Kirche wurde ich auf dem Rektorat eingesperrt. Das war fad.

In dem Zimmer waren die zwei Söhne vom Herrn Rektor. Der eine mußte übersetzen und hatte lauter dicke Bücher auf seinem Tische, in denen er nachschlagen mußte. Jedesmal, wenn sein Vater hereinkam, blätterte er furchtbar schnell um und fuhr mit dem Kopfe auf und ab.

»Was suchst du, mein Sohn?« fragte der Rektor. Er antwortete nicht gleich, weil er ein Trumm Brot [36] im Munde hatte. Er schluckte es aber doch hinunter und sagte, daß er ein griechisches Wort sucht, welches er nicht finden kann.

Es war aber nicht wahr; er hatte gar nicht gesucht, weil er immer Brot aus der Tasche aß. Ich habe es ganz gut gesehen.

Der Rektor lobte ihn aber doch und sagte, daß die Götter den Schweiß vor die Tugend hinstellen, oder so was.

Dann ging er zum andern Sohn, welcher an einer Staffelei stand und zeichnete. Das Bild war schon beinah fertig. Es war eine Landschaft mit einem See, und viele Schiffe darauf. Die Frau Rektor kam auch herein und sah es an, und der Rektor war sehr lustig. Er sagte, daß es bei dem Schlußfeste ausgestellt wird, und daß alle Besucher sehen können, daß die schönen Künste gepflegt werden.

Dann gingen sie, und die zwei Söhne gingen auch, weil es zum Essen Zeit war. Ich mußte allein bleiben, und bekam nichts zu essen.

Ich machte mir aber nichts daraus, weil ich eine Salami bei

mir hatte, und ich dachte mir, daß die zwei dürren Rektors-
söhne froh wären, wenn sie so viel kriegten.

[37] Der Ältere stellte sein Bild an das Fenster im Nebenzimmer. Das sah ich genau. Ich wartete, bis alle draußen waren und las dann die Geschichte vom schwarzen Apachen-
wolf weiter, die ich heimlich dabei hatte.

Um vier Uhr wurde ich herausgelassen vom Pedell. Er
sagte: »So, diesmal warst du aber feste drin.« Ich sagte: »Das
macht mir gar nichts.« Es machte mir aber schon etwas, weil
es so furchtbar fad war. Am Montag Nachmittag kam der
Rektor in die Klasse und hatte einen ganz roten Kopf.

Er schrie, gleich wie er herin war: »Wo ist der Thoma?« Ich
stand auf. Dann ging es an. Er sagte, ich habe ein Verbre-
chen begangen, welches in den Annalen der Schule unerhört
ist, eine herostratische Tat, die gleich nach dem Brande des
Dianatempels kommt. Und ich kann meine Lage nur durch
ein reumütiges Geständnis einigermaßen verbessern.

Dabei riß er den Mund auf, daß man seine abscheulichen
Zähne sah, und spuckte furchtbar und rollte seine Augen.

Ich sagte: »Ich weiß nichts; ich habe doch gar nichts getan.«

[38] Er hieß mich einen verruchten Lügner, der den Zorn
des Himmels auf sich zieht. Aber ich sagte: »Ich weiß doch
gar nichts.« Und dann fragte er alle in der Klasse, ob sie
nichts gegen mich aussagen können, aber niemand wußte
nichts.

Und dann sagte er es unserm Professor. In der Frühe sah
man, daß im Zimmer neben dem Rektorat das Fenster ein-
geschmissen war, und ein großer Stein lag am Boden, der
war auch durch das Bild gegangen, welches der Sohn gemalt
hatte, und es war kaput und lag auch auf dem Boden.

Unser Professor war ganz entsetzt, und sein Bart und seine
Haare standen in die Höhe. Er fuhr auf mich los und
brüllte: »Gestehe es, Verruchter, hast du diese schändliche
Tat begangen?« Ich sagte, ich weiß doch gar nichts, das wird
mir schon zu arg, daß ich alles getan haben muß.

Der Rektor schrie wieder: »Wehe dir, dreimal wehe! Wenn ich dich entdecke! Es kommt doch an die Sonne.«
Und dann ging er hinaus. Und nach einer Stunde kam der Pedell und holte mich auf das Rektorat. Da war schon unser Religionslehrer da und der Rektor. Das Bild lag auf einem Stuhl, [39] und der Stein auch. Davor stand ein kleiner Tisch. Der war mit einem schwarzen Tuch bedeckt, und zwei brennende Kerzen waren da, und ein Kruzifix.
Der Religionslehrer legte seine Hand auf meinen Kopf und tat recht gütig, obwohl er mich sonst gar nicht leiden konnte.
»Du armer, verblendeter Junge«, sagte er, »nun schütte dein Herz aus und gestehe mir alles. Es wird dir wohl tun und dein Gewissen erleichtern.«
»Und es wird deine Lage verbessern«, sagte der Rektor.
»Ich war es doch gar nicht. Ich habe doch gar kein Fenster nicht hineingeschmissen«, sagte ich.
Der Religionslehrer sah jetzt sehr böse aus. Dann sagte er zum Rektor: »Wir werden jetzt sofort Klarheit haben. Das Mittel hilft bestimmt.« Er führte mich zum Tische, vor die Kerzen hin, und sagte furchtbar feierlich:
»Nun frage ich dich vor diesen brennenden Lichtern. Du kennst die schrecklichen Folgen des Meineides vom Religionsunterrichte. Ich frage dich: Hast du den Stein hereingeworfen? Ja – oder nein?«
[40] »Ich habe doch gar keinen Stein nicht hineingeschmissen«, sagte ich.
»Antworte ja – oder nein, im Namen alles Heiligen!«
»Nein«, sagte ich.
Der Religionslehrer zuckte die Achseln und sagte: »Nun war er es doch nicht. Der Schein trügt.«
Dann schickte mich der Rektor fort.
Ich bin recht froh, daß ich gelogen habe und nichts eingestand, daß ich am Sonntag abend den Stein hineinschmiß, wo ich wußte, daß das Bild war. Denn ich hätte meine Lage gar nicht verbessert und wäre davongejagt worden. Das sagte der Rektor bloß so. Aber ich bin nicht so dumm.

FRITZ PISTORIUS

Von Jungen, die werden

1909

[23]   *Um die Ehrlichkeit.*

Am Freitag nachmittag – das war nun schon in der zweiten
Woche – hatte Dr. Fuchs Französisch in seiner Klasse. Es
war ein kleines Stück zum Übersetzen aus dem Deutschen
ins Diarium aufgegeben.
Während der Lehrer schon langsam die Bankreihen hinun-
tergeht, um so einen Blick auf die einzelnen Diarien zu wer-
fen, steht der Schmidt, einer der Alten, zögernd auf.
»Ich habe meine Arbeit nicht hier!«
Der erste Gedanke des Lehrers ist: »Der Junge hat sich um
diese kleine Arbeit, die noch dazu in der Klasse tüchtig vor-
bereitet war, ganz faul herumgedrückt!« Laut aber fragt er:
»Na, hast du denn die Kleinigkeit überhaupt gemacht,
Schmidt?«
»Ja!«
»Wann?«
»Gestern nachmittag!«
[24] »Wann da?«
»So um 5 ’rum!«
»Beweis!« –
Der Junge tut einen Augenblick ganz perplex ob solcher
Forderung. Dann aber sieht er seinen Ordinarius frech an
und möchte ihn mit seinen Blicken aufspießen. Worüber
sich Dr. Fuchs indessen nicht aufregt. Er weiß ja, das ist
eben die allbeliebte Waffe eines Jungen, der es so weit hat
kommen lassen, und der nun merkt, daß es um Kopf und
Kragen gehn soll.
Schließlich bequemt sich Herr Schmidt aber doch zu einer
Antwort. »Na, mein Bruder weiß das!«

»Wieso?«

»Der hat noch dabei gelacht!«

»Worüber?«

Ein leises Kichern bricht hier und da hervor. Dem Schmidt
jedoch ist es offenbar gar nicht zum Lachen. Er sieht sich
vielmehr im Kreise seiner Mitschüler um, als wollte er sagen: »Na, es wird ja immer schöner! Fragt dieser Kerl däm-
lich!«

»Na, also«, nimmt aber »dieser Kerl« unentwegt und ruhig
wieder auf, »worüber hat denn dein Bruder gelacht?«

»Na – na – ich habe – ich war vielleicht etwas laut dabei!«

[25] »Der Schmidt in der Unter-Sekunda, das ist ja wohl
dein Bruder!«

»Ja!«

»Primus!« – Dr. Fuchs winkt den Faber zu sich vor. »Geh
nach der Unter-Sekunda! Ich lasse höflichst bitten, mir auf
einen Augenblick den Schmidt zu schicken!«

Die Freude der andern Jungen über die ganze Geschichte!
Immerhin, sie kommt doch noch etwas versteckt und verstohlen heraus, diese Freude. Dr. Fuchs jedoch tut inzwischen, als müßte er durch die Wand hinten durch und durch
sehen. Er sagt kein Wort vorläufig, bis sich die Tür wieder
öffnet und der Primus mit dem ältern Schmidt erscheint.

An den wendet er sich jetzt. Der Junge ist ein Durch-
schnittsmensch, nicht besonders gut, doch auch nicht
schlecht. Lehrer und Schüler kennen sich übrigens schon.
Der Schmidt aus der Sekunda kommt auch gleich auf
Dr. Fuchs zu und gibt ihm die Hand.

»Guten Tag, Robert Schmidt! Wie geht's in der Sekunda?«

»Danke, gut!«

»So? Na, wir wollen dich – ach nein! Sehen Sie mal an! Jetzt
muß ich ja ›Sie‹ sagen! – Wir wollen Sie also nicht unnütz
aufhalten! Was hat Ihr Bruder gestern um 5 Uhr gemacht?
Sie haben dabei so lachen müssen!«

[26] »Um 5 Uhr?« – Der Sekundaner ist etwas verlegen; er muß sich besinnen. – »Ja, da hat er mächtig geschimpft!«
»Ich –« will der kleine Schmidt dazwischenkommen.
Dr. Fuchs hat aber im selben Augenblicke die Hand gehoben und dem Jungen so Schweigen auferlegt. Er sieht dem größern Schmidt dabei voll und lächelnd und neugierig ins Gesicht: »So? Was hat er denn da gesagt?«
»Ach, alles Mögliche!«
»Na, Sie können es ruhig sagen! Wir lachen auch mal gerne!«
Der Sekundaner indes sieht doch etwas verlegen vor sich nieder und möchte scheinbar nicht so recht mit der Sprache heraus.
»Na, schnell nur!« drängt Dr. Fuchs. »Wir haben dafür eigentlich keine Zeit! Wir sind übrigens auf das Schlimmste vorbereitet!«
Da sieht der junge Mensch wieder auf: »Na, zum Beispiel: ›Wenn ich den Kerl mal auf der Straße treffe, trete ich ihn tot, und –‹«
Die Klasse bricht a tempo in ein schallendes Gelächter aus, in das Dr. Fuchs unwillkürlich mit einstimmen muß.
»Ja«, setzt er schnell dazu, »der Größte bin ich freilich nicht, aber tottreten lasse ich mich auch noch nicht!« – Die Klasse möchte sich vor Jubel jetzt geradezu umbringen. –
»Wissen Sie, [27] Robert Schmidt, da meint Ihr Bruder nämlich *mich* damit!«
Eine neue Lachsalve donnert los.
Na, endlich beruhigen sich die Jungen aber doch wieder, und Dr. Fuchs fragt den ältern Schmidt, der selber etwas verschämt mitlachen mußte, weiter: »Wissen Sie, was Ihr Bruder dabei für eine Arbeit gemacht hat?«
»Ich glaube, er hat ein Stück aus dem Plötz übersetzt.«
»Gut! Ich freue mich, daß Sie mir das sagen können. Also hat Ihr Bruder wirklich seine Aufgabe gemacht! Ich danke Ihnen! Sie haben Ihrem Bruder damit wirklich einen Dienst erwiesen!« – Dazu drückt der Lehrer dem Jungen freund-

schaftlich die Hand. – »Nun können Sie wieder gehen! Ordonnanz! Mit bestem Dank zurück!«

Der Wilhelm Faber zieht so mit dem Schmidt wieder los; Dr. Fuchs aber wendet sich an seinen Delinquenten.

»Gearbeitet hast du also, Schmidt! Hattest du vielleicht dein Diarium heute vormittag hier?«

»Ja, freilich!«

Dr. Fuchs spricht jetzt zur ganzen Klasse. »Hat einer Schmidts Diarium heute früh gesehen?«

»Ich!« – Seifert, einer der Neuen, der bald in der Klasse warm geworden ist, steht auf.

[28] »Ja, kannst du mir da was Genaueres sagen?«

Der Junge ist ehrlich und antwortet lächelnd: »Ich wollte die Arbeit abschreiben!«

»Na, hast du es denn nicht getan?«

»Nein! Inzwischen hatte schon ein andrer das Heft!«

»So, so!« sagt Dr. Fuchs ruhig. Aber er hat auf einmal das Gefühl, daß er mit dieser scheinbar so netten Klasse doch auch tüchtig zu tun kriegen werde. Das Wort, das ihm schon einmal bei einer andern Gelegenheit durch den Kopf gegangen ist, das fällt ihm jetzt wieder ein. »Die Wildlingsklasse!« denkt er; laut aber und in bestimmtem Ton fügt er hinzu: »Dann hat der andre das Heft eben mit nach Hause genommen und nicht wieder mitgebracht! Wer war denn das nun?«

Keiner meldet sich.

»Na *aber*, Jungen! Ehrlich sein!«

Immer noch meldet sich keiner. Eine kleine Ewigkeit scheint zu verstreichen; unheimlich still wird's in der Klasse.

»Jungen!« sagt Dr. Fuchs noch einmal eindringlich. Er nestelt dabei seine Uhr los und legt sie vor sich auf das Klassenbuch. »Ich warte jetzt noch eine Minute! Eine geschlagene Minute! Meldet sich der Betreffende *nicht* in dieser Zeit, so werde ich den Schmidt weiterfragen. Der ist in die-

sem Falle kein Angeber [29] mehr; es ist sogar dann seine
Pflicht, alles zu sagen, was er weiß!«
Dr. Fuchs sieht auf seine Uhr hinunter.
»Jetzt!«
Die Minute hat angefangen; sie vergeht; die Klasse hält den
Atem an, aber – es meldet sich keiner.
Das Gesicht des Lehrers ist ganz ernst geworden. »Sech-
zig!« sagt er soeben und läßt die Uhr in die Westentasche
gleiten. Dann wendet er sich wieder an Schmidt. »Nun also,
Schmidt! Wer hat dein Diarium gehabt?«
Schmidt bleibt fest. »Ich weiß es nicht!« behauptet er mürrisch. »Es wird dann wohl einer aus meiner Mappe genommen und nicht wieder hineingesteckt haben!«
Dr. Fuchs überlegt schnell. Wäre dem so, dann hätte – nach
seiner Überzeugung und Erfahrung – der Schmidt sich
gleich zu Anfang sehr empört gemeldet, Skandal geschlagen
und entrüstet ausgerufen: »Heute vormittag habe ich aber
mein Diarium noch in der Mappe gehabt, und jetzt ist es
weg! Das muß mir jemand herausgenommen haben!« – So
wenigstens etwa ist die Formel bei solchen Vorkommnis-
sen! Nein, Schmidt weiß sicherlich, wer das Diarium zuerst
oder auch zuletzt gehabt hat; er sagt es bloß nicht. Aus fal-
schem Ehrgefühl!
»Schmidt, dann geht's nicht anders! Dein [30] Bruder hat
dich zwar vor dem Verdachte der Faulheit durch seine Aussage gerettet und dich so vor schlimmrer Strafe bewahrt. Du
kannst aber die aufgegebene Arbeit nicht zeigen, oder du
willst den Grund für das Fehlen deines Diariums nicht
angeben, das ist gleich! Du bekommst also hiermit einen
Tadel!« –
Dr. Fuchs hält einen Augenblick inne; dann fährt er ganz erleichtert und mit schalkhaft-heiterer Stimme und Miene fort:
»Dafür aber, Schmidt, daß du auf mich geschimpft hast und
mich sogar tottreten wolltest, dafür bekommst du – nichts!
Ich gestatte sogar jedem von euch, Jungs«, – er wendet sich
damit zur ganzen Klasse – »über seinen Ordinarius zu

schimpfen, soviel es ihm beliebt. An dem rutscht das ab, wie das Wasser an der Ente!«
Die ganze Bande lacht jetzt wieder lustig los; es kommt dem Lehrer aber doch vor, als wenn sich einige dabei etwas genieren. – – –
[...]

FRITZ PISTORIUS

*Die Kriegsprima und andere Geschichten
vom Doktor Fuchs.*

1915

[18]   *Et jeht los! Et jeht los!*

[...] Cranz stapft jetzt in aller Hast dem elterlichen Hause zu. Auf sein Sturmläuten öffnet sich ihm die Tür lange nicht schnell genug. Plötzlich steht die Mutter vor ihm. »Na, Junge, wo bleibst du denn nur den ganzen Nachmittag und Abend?«
»Mama! Mobil! Es geht los!« – Noch ganz atemlos. – »Ich mache das Notexamen! Dazu muß ich aber jedenfalls erst eure Erlaubnis haben, als Kriegsfreiwilliger mitzugehen. Es gehen alle mit!«
Die Mutter sieht still vor sich nieder und seufzt dann nur; der Junge aber schmettert für die andern, die jetzt herbeistürzen, in die Wohnung hinein: »Mobiiil! Et jeht los! Et jeht los!«

[19] *Die Kriegsprima an der Schwelle des Notexamens.*

»'n Morjen!« – Der kleine, dicke Cranz in einem unendlich
weiten Drilchanzug, mit seinem frischen, roten Gesicht und
seinen leuchtenden, lachenden Augen darin hat mit einem
Ruck die Tür aufgerissen, tritt aber jetzt langsam nur und
majestätisch in die Klasse herein. Es ist die Quarta, die neben dem Zimmer des Direktors liegt, und die der Schuldiener für die Notabiturienten aufgeschlossen hat. – »'n Mor-
jennnn, – die – Herrn!«
»Ach!« – »Nanu!« – »Mensch! Cranz!« – »Nanu?«
»Ja, seht ihr?« – Cranz hat sich breitbeinig hingestellt und
lächelt den andern freudig zu. – »Seht ihr? So sind wir!«
»Schon Soldat? Seit wann denn?«
»Ja! Forsch! Was? Seit jestern vormittag 5 Uhr 30 Minuten
42 Sekunden!«
[20] Da lachen alle. »Aber dann hättest du doch zu heute die
beste Kluft anziehen sollen! Zum Examen!«
»Jawoll! Hat sich was, beste Kluft! Det 's meine beste!
'ne andere habe ick noch nicht zu sehen gekriegt! Sieht
aber doch schneidig aus, solch Drilchanzug! Was? Benei-
det mich! Hm?« –
Auf den Gesichtern der andern Notabiturienten liegt wirklich so etwas wie ein leiser Neid. Sie treten jetzt alle um
Cranz herum; der eine faßt seinen Drilchärmel an; der andere bewundert den kleinen, dicken Kerl von vorn; der
dritte von hinten; die übrigen von den Seiten, von überall
her.
»Na, Platz genug hast du drin, Cränzken!«
»Ach, tut nischt! Hübsch luftig! Kann man brauchen, du,
beim Militär!«
Da hatte der eine der Kameraden wieder den Ärmel gefaßt.
»Aber dreckig bist du, Mensch! So willst du das Examen
machen?«
»Will ick nich bloß, mach' ick ooch! Jetzt kommen wir alle
durch! Alle elve durch die Bank! Und keene schriftlichen

Arbeiten! Jungen, Jungen, Jungen! Davor hatte ick doch
'nen heiligen Bammel!

[. . .]

[25] Die andern aber sind still geworden: das Examen liegt
doch noch vor ihnen und ist jetzt drohend nahe. »Wenn wir
aber nicht bestehen?« meint Brandt, und ein anderer läßt
sich halblaut hören: »Ihr könnt mich totschlagen, ich habe
von Mathematik keinen blassen Schimmmer mehr!«

Cranz ist obenauf. »Schimmer oder nicht, wir *müssen* ja alle
durchkommen! Wäre mir übrijens jetzt auch janz Wurscht
und Piepe!«

»Ach, wir bestehen es alle!« sagt der *Primus omnium*, der
Menzel, der mit der Brille. »Das wäre ja noch schöner! Wo
wir doch dem Vaterlande dienen wollen!«

[26] »Na ja!« – Der große Bühler fühlt natürlicher. –
»Selbstverständlich, dem Vaterlande dienen! Aber zu allerer-
erst müssen wir doch Soldat sein und die Uniform anziehn!
Die andere Geschichte kommt nachher! Wer weiß überhaupt, ob wir noch zeitig genug rauskommen!«

Auf dem Gesichte der andern liegt's auf einmal wie Enttäu-
schung. »Wie lange dauert denn die Ausbildung?«

»Mein Alter sagt, mindestens acht Wochen!«

Da schweigen alle und lassen die Ohren hängen. Acht Wo-
chen, das ist für die schnellebige Jugend, die sowieso die
Zeit nie erwarten kann, natürlich eine Ewigkeit! Acht ganze
Wochen? In aller Augen liegt die Besorgnis, daß dann die
»Sache« schon aus sein könnte.

[. . .]

[27] O Deutschland! Du liebes, deutsches Vaterland! Wie
stehst du strahlend da in deiner Jugend! Die sich zu Hun-
derttausenden herandrängt, um sich dir zu weihen auf Leben und Tod! Wie bist du stark in deiner Jungmannschaft,
deren einer hier – und alle wie einer! – vor heiliger und
freudiger Rührung, nun Soldat zu sein, nichts sagen kann!
Der den Kameraden nur den Schein hinhält, den Schein, ein
Stückchen Papier nur, aber ein Stückchen Papier, das ihm

das Recht gibt, für dich zu leiden, für dich zu kämpfen und zu bluten und sogar für dich zu sterben! – Es ist so still in dieser Quarta. Wie in einem Heiligtum, regungslos und in frommer Scheu stehen die jugendlichen Gestalten da.

Da dringt plötzlich durch die geöffneten Fenster der Klang gewichtigen Gleichschrittes marschierender Soldaten, und das bringt wieder Leben und Bewegung [28] in die elf. Sie horchen auf und wenden das immer noch ernst dreinblickende Gesicht nach dem Fenster hinüber. Das Volk in Waffen ist erwacht; auch hier in der äußersten Ecke der Schule. Nur noch über *eine* Schranke müssen sie weg, diese elf Oberprimaner, und schon drei oder vier Tage liegt ihnen das Wort Notexamen im Ohr und –

»Na, hören Sie denn nicht? So kommen Sie doch!« – Dr. Fuchs steht in der Tür. – »Sie haben doch nicht etwa Sorge vor dem Examen?«

Die jungen Leute sind durch die Bank etwas zusammengeschreckt. Doch! Vor dem Examen hat jeder regelrecht geratene Junge seine Sorge; denn für jedweden, der nicht weniger als zwölf Jahre lang gerade für dieses Examen auf der Schulbank sitzen mußte, ist das Wort Abiturientenexamen ein Schreck- und Bannwort. Aber jetzt ist ihnen dieses Examen doch wirklich nicht mehr so unerreichbar, wie es ihnen vor dem 1. August erschien, und *durch* müssen sie, und *durch* kommen sie auch! Also frisch vorwärts! Cranz, der erste Kriegsfreiwillige, der durfte sich doch als Soldat auf keinen Fall lumpen lassen. Er eröffnet den Reigen und geht schon auf die Tür zu, er, als Kleinster. Und drin sind sie jetzt in dem gefürchteten Direktorenzimmer und treten etwas zaghaft hinter elf Stühle hin, die da in einer langen, langen Reihe aufgestellt sind.

[29] Ein Gebet des Direktors.

»Setzen Sie sich!« – – –

So geht es los, und es geht leichter, als es sich jeder gedacht hat. Nach knappen drei Stunden schon sind die elf Abiturienten *muli*, oder nein, jetzt im Kriege sind sie es

nicht! denn schon am andern Morgen tragen sie alle wie
Cranz den Drilchanzug und sind stolz darauf, Gemeine des
Königin Augusta Garde-Grenadier-Regiments Nr. 4 zu hei-
ßen. –
[...]

[203]   *Gefallen und für uns gestorben.*

Frisch von der Schulbank weg in die Kaserne! Achtundrei-
ßig von unsern Jungen vom gerade vollendeten siebzehnten
bis zum zwanzigsten Lebensjahre waren so von uns gegangen, hingerissen von der allgemeinen, sinnberückenden Begeisterung und das Herz geschwellt von der Hoffnung, unsagbar Herrliches zu erleben, mitraten und mittaten zu dürfen und mitkämpfen zu können für Kaiser und Reich. An
Leiden und Sterben aber? Ach, daran dachte es nicht, das
junge Blut! Es dachte nur an Ringen und Vorwärtsstürmen,
und es glaubte felsenfest an den Sieg. –
Die meisten dieser achtunddreißig waren bei den Augusta-
nern eingetreten und hatten sich nach einer achtwöchigen
Ausbildungszeit beinahe alle im dritten Bataillon des neu-
errichteten, Berliner Regiments 202 wieder zusammenge-
funden.
Wie hatten sie da bei ihrem letzten Besuche auf [204] dem
alten Flur in der Penne vor dem Direktor und vor einigen
ihrer ehemaligen Lehrer gestanden! Hochaufgereckt, mit
jubelnden Augen und stolz auf ihre neue, schmucke, feld-
graue Uniform!
[...]
[205] Dann also waren alle unsere Feldgrauen fortgewesen,
erst nach Döberitz, dann nach Brüssel, endlich nach – ? Man
hörte so manches und konnte doch, streng genommen, rein
gar nichts erfahren. Es war geradezu, als wenn das Regiment 202, unser neues, Berliner Regiment, untergetaucht
oder gar verschwunden wäre, und ängstlich richteten sich

die Gedanken von Lehrern und Schülern nach allen Seiten
hin. Wo konnte man von unseren lieben, feldgrauen Jungen
wieder etwas hören oder sehen? Daß verschiedene Ge-
rüchte umliefen, das vermehrte nur die Spannung und Unruhe. Die Regimenter 202 und 206 sollten Gewaltmärsche
gemacht haben, nach der äußersten Südwestecke von Belgien hinaus, wo die Engländer hätten durchbrechen wollen.
Der eine Tertianer erzählte, sein Bruder wäre beim [206]
zweiten Bataillon des 202. Regimentes und hätte gleich am
ersten Tage vierzig Kilometer marschieren müssen; am
zweiten Tage noch mehr, und jetzt läge er, nur mit Mühe
belgischem Meuchelmord entkommen, in einem Lazarett da
draußen!
»Wo da draußen?« hatte Dr. Fuchs hastig gefragt.
»Das wissen wir auch nicht! Die Adresse hat er nicht mit-
schreiben dürfen. Da draußen!« –
Ja, da draußen waren sie! Vieleicht schon in Not und
Kampf? – – – – – – – – – – – – – – – – – –
Am andern Morgen fand Dr. Fuchs in seinem Fache
im Konferenzzimmer eine Feldpostkarte vor, die, in ein
nach Deutschland zurückfahrendes Auto geworfen, überraschend schnell hergekommen war. Nur wenige Worte
von Menzels Hand standen darauf; aber sie machten dem
Lehrer das Herz bleischwer und die Augen feucht. »Der
kleine Cranz«, so war auf die Karte flüchtig hingekritzelt,
»war heute morgen im Schützengraben zu unvorsichtig. Er
kriegte einen Schuß durch den Kopf. Wir haben unsern lieben Freund und Kameraden jetzt bei einbrechender Nacht
soeben der Erde übergeben. Neben der Kirche im Dorfe
hinter uns. Wir haben alle geweint!« –
Was denn? Cranz? Dieses sprühende Leben? Er war der
erste Kriegsfreiwillige der Schule gewesen; er sollte den andern auch in den Tod vor-[207]angegangen sein? Und schon
in der Erde liegen? Und so fern von der Heimat? –
Dr. Fuchs ging mit der Karte sofort zum Direktor; der war
ebenso erschrocken wie er. Hier hatte der Tod nahegegrif-

fen! Das also war der Krieg! Schonend wollte der Direktor
die Eltern vorbereiten. –

Dann folgte wirklich das Ringen bei und um Dixmuiden.
Die alten Schüler schrieben treu, so weit sie noch am Leben
waren. Mit dem Liede »Ein' feste Burg ist unser Gott!« hatten sie angesetzt; des teuren, lieben Vaterlandes gedenkend
waren sie – *morituri te salutant* – mit »Deutschland,
Deutschland über alles!« in den Tod gegangen. Mehrere
sollten gefallen sein; unter ihnen von den Notabiturienten:
Menzel und Piehl und Hertler; auch zwei Obersekundaner,
ein Untersekundaner und der Obertertianer, der einzige,
der aus seiner Klasse mitwar.

Auch Hertler also? Das einzige Kind seiner Eltern! Die
arme Mutter!

[...]

[208] Nach und nach sickerte von den Jungen in den andern
Klassen her, durch Einzelberichte, durch die überlebenden
Kriegsfreiwilligen mehr heran: von tollkühnem Draufge-
hen, von heldenhaftem Sterben. Sieben waren wirklich gefallen; neun andere verwundet; vier vermißt. Ein *dies ater*
war es für das Regiment, für die Familien, für die Schule.

Es lag wie eine überschwere Last auf allen; nur die Unter-
klassen spielten noch sorglos und unbefangen, wie auch
sonst, auf dem Hofe herum.

Tief kam der Schmerz dem Direktor aus dem Herzen, als
er in der Sonnabendandacht den versammelten Schülern
Heldentat und Heldentod ihrer alten Mitschüler mit trauer-
umflorter Stimme verkündete.

[...]

[209] Manchem dieser jungen Menschen hier auf den Bänken
der Aula war der Tod schon nahegetreten; nie aber mit einer so grausam reichen Ernte unter blühender, befreundeter
Jugend. Dort drüben, der lange Rother aus der Unterprima,
dem der Vater damals nicht die Erlaubnis gegeben hatte,
sich freiwillig mit den nun Gefallenen zu melden, und der
immer herumgelaufen war, als schämte er sich, noch dazu-

sein, der griff jetzt nach der Hand seines Nachbars und drückte sie, daß der hätte aufschreien mögen, und wie irr streifte Piehls, des Unterprimaners, des jüngeren Bruders des gefallenen Abiturienten feuchter, tränenumflorter Blick über den Direktor hin zur Decke hinauf und dann schwer zum Boden hinab. Das Gesicht zuckte vor verhaltenem Schmerz, und die Hände umklammerten zitternd das Gesangbuch.

War's die tiefwahre und innerlichste Ergriffenheit des Direktors? War es die stumme Verzweiflung der zurückgebliebenen Brüder, die still nach Fassung rangen? Waren es die Bilder der von uns Gegangenen, die uns jetzt gleichsam um[210]schwebten? War es das eine oder das andere oder alles zusammen? Es wurde trotz der sechshundert Jungen hier einen Augenblick so totenstill in der hohen Aula, daß jeder die leisen Schwingen des Todes zu hören oder zu fühlen glaubte.

Dorf- und Heimatgeschichten

Die Dorfgeschichte, die allgemeinliterarisch in den 40er und 50er Jahren ihre erste Blütezeit hat, ab 1860 dann in eine zweite Phase eintritt (Anzengruber, Rosegger, May, Ganghofer u. a.), ist kinder- und jugendliterarisch geringer vertreten, als man zu erwarten geneigt ist. Für die Jahrhundertmitte sind als hervorstechende kinderliterarische Titel belegt Isabella Brauns »Dorfgeschichten für kleine Knaben und Mädchen« (1857), August Corrodis »Dorfgeschichten für die Jugend« (1858), und Ottilie Wildmuths »Aus Schloß und Hütte« (1861). Freilich dürften die Abgrenzungsprobleme hier groß sein. Sollte man nicht annehmen, daß diese populäre Erzählgattung generell in beträchtlichem Maße zur Kinder- und Jugendlektüre gehörte? Wären zudem nicht zahlreiche Kinder- bzw. Jugenderzählungen, in denen dörfliche oder ländliche Schauplätze ja überaus häufig vertreten sind, dieser Gattung zuzurechnen, auch wenn der Gattungsname nicht fällt? Allerdings fehlt in diesen Erzählungen meist das, was die Dorfgeschichte gerade ausmacht: die detaillierte Beschreibung einer konkreten Landschaft wie der Mentalität, Sitten und Bräuche ihrer Bewohner. Das Dörfliche bzw. Ländliche bleibt nur zu oft blasser Hintergrund, bloße Staffage. Mit dem Erfordernis exakterer Topographie und ausgeführterem Lokalkolorit ist die Schwierigkeit benannt, die bei der kinderliterarischen Verwendung der Gattung unweigerlich auftreten muß. So sehr den jungen Lesern das Dorf als überschaubarer Bereich, als Modell der »kleinen Welt« entgegenkommen mag, das Regionalistische dürfte ihnen dort, wo es sich nicht um die eigene Region handelt, in der Regel schwer zugänglich sein.

Bereits Mitte des Jahrhunderts haben sich zwei kinderliterarische Varianten der Dorfgeschichte herausgebildet. Bei der einen ist das Dorf der Handlungsraum, in dem eine größere

Gruppe von Kindern agiert, wobei oft das Schloß, der Guts-
herrensitz, dazuzählt. In der anderen Variante geben mehr
der einzelne Hof, die einzelne bäuerliche oder Tagelöhner-
Familie den Hintergrund ab, aus dem ein einzelner kindli-
cher oder jugendlicher Held, oft auch ein Geschwister- oder
Freundespaar, hervortritt. Die erste Variante tendiert zum
Anekdotischen und zum Geschichtenzyklus (teilweise mit
Rahmen), die zweite zur längeren, eine Entwicklung nach-
zeichnenden Erzählung. Letzterem Modell sind zahlreiche
Erzählungen Johanna Spyris verpflichtet, der in den 80er
und 90er Jahren überragenden Gestalt auf dem Feld der
Heimatdichtung für junge Leser. Wiedergegeben ist hier die
Passage aus dem »Heidi«-Roman, in der das vitale Ange-
wiesensein des Kindes auf die »heimatliche Bergluft« er-
kannt wird, die ihre heilende Wirkung daraufhin sogleich
unter Beweis stellen darf. Der in den Vordergrund tretende
Stadt–Land-Gegensatz ist typisch für die Dorfgeschichte am
Ende des 19. Jahrhunderts.
Aus den Geschichten Peter Roseggers, die ab 1870 erschei-
nen, werden erst Ende der 80er Jahre Auswahlbände für die
Jugend zusammengestellt. Nicht zuletzt durch die Propa-
ganda des Hamburger Jugendschriftenausschusses, der eine
mehrbändige Jugendausgabe initiierte (1902), ist Rosegger
zu einem jugendliterarischen »Klassiker« emporgehoben
worden. Der Hamburger Lehrer William Lottig stellt ihn
als den naiven neben Theodor Storm als den reflektierten
wahren Dichter der Jugend. Roseggers Erzählungen seien
dabei nichts für »Bücherverschlinger«, sie verlangten vom
jungen (städtischen) Leser, »dem Erzähler willig in eine an-
dere Welt, ja, in eine andere Denk- und Empfindungsweise
[zu] folgen«. Doch gleiche sich dies aus durch »den Vorzug
unseres Dichters, daß er mit den Augen der Kinder zu
schauen und vom Standpunkt des Kindes aus zu schildern
versteht« (Jugendschriften-Warte 1900, H. 11). Wie wenig
Rosegger tatsächlich »Kinderwelt mit Kinderaugen« sieht,
dem heutigen Leser stößt es unmittelbar auf! – Daß es nicht

*nur Dorf- und Heimatgeschichten aus konservativer Gesin-
nung heraus, aus der Ablehnung von Großstadt und moderner Zivilisation gibt, belegen die Heimaterzählungen aus
dem Kreis der Bremer Reformpädagogen. Die hier wiedergegebene Geschichte Heinrich Scharrelmanns macht – wie
übrigens auch die Roseggers – anschaulich, wie das Ge-
schichtenerzählen im heimatlichen Raum verankert ist. Dieses soll aber mit dem Untergang von Heimat nicht verloren-
gehen, wie Scharrelmann im Nachwort seinen jungen Lesern glaubhaft zu machen sucht.*

*Ende des 19. Jahrhunderts bricht die Zeit der »Heimat-
kunstbewegung« an, zu deren Vertretern Heinrich Sohnrey
zählt. Dessen Dorfgeschichten, »für kleine und große Leute
erzählt«, erscheinen ab 1886 in immer neuen Auflagen und
Zusammenstellungen, einige dann ab 1910 unter der Gat-
tungsbezeichnung »Dorfjugendgeschichten«. In der hier ab-
gedruckten Geschichte ist der Handlungsort, der Kirchhof,
in dem man »ein Geschlecht auf das andere und ein Jahrhundert auf das andere bettete«, Symbol für Beständigkeit
und Unwandelbarkeit des dörflichen Lebensraumes. Die
von Isabella Braun begonnene Traditionslinie der Dorfgeschichte als heitere Kindergeschichte findet bei Josephine
Siebe ihre Fortsetzung; deren Oberheudorfer Geschichten
sind zu einem anhaltenden kinderliterarischen Erfolg geworden. Ist Isabella Brauns »Heimstätten« noch regional
verortbar – »ein trautes Örtchen im Schwabenlande« –, so
ist Oberheudorf ein »freundliches Dörfchen, das irgendwo
im deutschen Vaterland liegt, und in dem sich Buben und
Mädel so herzensfroh ihres Lebens erfreuen«. Das Ausmaß
der bei Siebe vollzogenen Entwirklichung läßt sich nicht zuletzt daran erkennen, daß der auch hier auftauchende
Stadt–Land-Gegensatz nur als ein weiterer Anlaß zu komischen Verwicklungen dient. Alles Städtische wird auch
bei Siebe abgewertet; die in kinderliterarischer Absicht in-
szenierte Dorfidylle erscheint jedoch an keiner Stelle bedroht.*

Heidis Lehr- und Wanderjahre

1880; 8. Aufl. 1887

[190] »[...] Nun, du bist doch recht gern in Frankfurt, nicht?«

»O ja«, war die leise Antwort; sie klang aber so, als bedeute sie eher das Gegenteil.

»Hm, und wo hast du mit deinem Großvater gelebt?«

»Immer auf der Alm.«

»So, da ist's doch nicht so besonders kurzweilig, eher ein wenig langweilig, nicht?«

»O nein, da ist's so schön, so schön!« Heidi konnte nicht weiter; die Erinnerung, die eben durchgemachte Aufregung, das langverhaltene Weinen überwältigten die Kräfte des Kindes; gewaltsam stürzten ihm die Thränen aus den Augen, und es brach in ein lautes, heftiges Schluchzen aus.

Der Doktor stand auf; er legte freundlich Heidis Kopf auf das Kissen nieder und sagte: »So, noch ein klein wenig weinen, das kann nichts schaden, und dann schlafen, ganz fröhlich einschlafen; morgen wird alles gut.« Dann verließ er das Zimmer.

Wieder unten in die Wachtstube eingetreten, ließ er sich dem harrenden Freunde gegenüber in den Lehnstuhl nieder und erklärte dem mit gespannter Erwartung Lauschenden: »Sesemann, dein kleiner Schützling ist erstens mondsüchtig; völlig unbewußt hat er dir allnächtlich als Gespenst die Hausthür aufgemacht und deiner ganzen Mannschaft die [191] Fieber des Schreckens ins Gebein gejagt. Zweitens wird das Kind vom Heimweh verzehrt, so daß es schon jetzt fast zum Geripplein abgemagert ist und es noch völlig werden würde; also schnelle Hilfe! Für das erste Übel und die in hohem Grade stattfindende Nervenaufregung giebt es nur *ein* Heilmittel, nämlich, daß du sofort das Kind in die hei-

matliche Bergluft zurückversetzest; für das zweite giebt's
ebenfalls nur *eine* Medizin, nämlich ganz dieselbe. Dem-
nach reist das Kind morgen ab, das ist mein Rezept.«
[...]
»[...] Das Kind hat keine zähe Natur, indessen, wenn du es
jetzt gleich wieder in die kräftige Bergluft hinaufschickst, an
die es gewöhnt ist, so [192] kann es wieder völlig gesunden;
wenn nicht – du willst nicht, daß das Kind dem Großvater
unheilbar, oder gar nicht mehr zurückkomme?«
[...]
[212] Heidi [...] stieg die Alm hinan mit seinem Korb am
Arm. Die Abendsonne leuchtete ringsum auf die grüne
Alm, und jetzt war auch drüben das große Schneefeld am
Cäsaplana sichtbar geworden und strahlte [213] herüber.
Heidi mußte alle paar Schritte wieder stillestehen und sich
umkehren, denn die hohen Berge hatte es im Rücken beim
Hinaufsteigen. Jetzt fiel ein roter Schimmer vor seinen Fü-
ßen auf das Gras, es kehrte sich um, da – so hatte es die
Herrlichkeit nicht mehr im Sinn gehabt und auch nie so im
Traum gesehen – die Felshörner am Falkniß flammten zum
Himmel auf, das weite Schneefeld glühte, und rosenrote
Wolken zogen darüber hin. Das Gras rings auf der Alm war
golden, von allen Felsen flimmerte und leuchtete es nieder,
und unten schwamm weithin das ganze Thal in Duft und
Gold. Heidi stand mitten in der Herrlichkeit und vor
Freude und Wonne liefen ihm die hellen Thränen die Wangen herunter, und es mußte die Hände falten und in den
Himmel hinaufschauen und ganz laut dem lieben Gott danken, daß er es wieder heimgebracht hatte, und daß alles,
alles noch so schön sei und noch viel schöner als es gewußt
hatte, und daß alles wieder ihm gehöre. Und Heidi war so
glücklich und so reich in all' der großen Herrlichkeit, daß es
gar nicht Worte fand, dem lieben Gott genug zu danken.
Erst als das Licht ringsum verglühte, konnte Heidi wieder
von der Stelle weg. Nun rannte es aber so den Berg hinan,
daß es gar nicht lange dauerte, so erblickte es oben die Tan-

nenwipfel über dem Dache und jetzt das Dach und die
ganze Hütte, und auf der Bank an der Hütte saß der Großvater und rauchte sein Pfeifchen, und über die Hütte her
wogten die alten [214] Tannenwipfel und rauschten im
Abendwind. Jetzt rannte das Heidi noch mehr, und bevor
der Alm-Öhi nur recht sehen konnte, was da herankam,
stürzte das Kind schon auf ihn hin, warf seinen Korb auf
den Boden und umklammerte den Alten, und vor Aufregung des Wiedersehens konnte es nichts sagen, als nur
immer ausrufen: »Großvater! Großvater! Großvater!«
[...]
[218] Während der Nacht verließ der Großvater wohl zehnmal sein Lager und stieg die Leiter hinauf und lauschte
sorgsam, ob Heidi auch schlafe und nicht unruhig werde [...]. Aber Heidi schlief in einem Zuge fort und wanderte keinen Schritt herum, denn sein großes, brennendes
Verlangen war gestillt worden: es hatte alle Berge und Felsen wieder im Abendglühen gesehen, es hatte die Tannen
rauschen gehört, es war wieder daheim auf der Alm.

PETER ROSEGGER

Deutsches Geschichtenbuch

1890

[21]   *Dreihundert vierundsechzig und eine Nacht.*

Mein Vater hatte vier große Ziegen im Stalle stehen, so wie
er vier Kinder hatte, welche zu den ersteren stets in enger
Beziehung standen. Jede der Ziegen hatte ihren kleinen Futterbarren, aus dem sie Heu und Klee fraß, während wir sie
molken. Keine einzige gab die Milch am leeren Barren. Die

Ziegen hießen Zitzerl, Zutzerl, Zeitzerl und Heitzerl und
waren, eben auch einer schönen Schenkung zufolge, das
Eigenthum von uns Kindern. Das Zitzerl und das Zutzerl
gehörten meinen zwei Schwesterchen; das Zeitzerl meinem
achtjährigen Bruder Jakoberle, das Heitzerl war mein!
Jedes von uns pflegte und hütete sein ihm zugetheiltes Ge-
spons in Treue; die Milch aber thaten wir zusammen in einen Topf, die Mutter kochte sie, der Vater schenkte uns
dazu die Brotschnitten – und Gott der Herr den Hunger.
Und wenn wir so mit den breiten Holzlöffeln, die unser
Oheim geschnitzt hatte, und die ihrer Ausdehnung wegen
fürs Erste kaum in den Mund hinein, fürs Zweite kaum
aus demselben herauszubringen waren, unser Nachtmahl
aus-[22]geschaufelt hatten, so nahmen wir Jedes unseren
Roßhaarkotzen und legten uns, Eins wie 's Andere, in den
Futterbarren der Ziegen. Das waren eine Zeitlang unsere
Betten, und die lieben Thiere befächelten uns mit ihren weichen Bärten die Wangen und beleckten uns die Näschen.
Aber, wie wir Kindlein auch in der Krippe lagen, so kam
das Einschlafen auch nicht just immer nach dem ersten Lek-
ken. Ich hatte von unserer Ahne eine Menge wundersamer
Geschichten und Märchen im Kopfe.
Die erzählte ich nun in solchen Abendstunden, und meine
Geschwister waren darüber glückselig, und die Ziegen hörten auch nicht ungern zu; nur daß diese dann und wann,
wenn ihnen das Ding gar zu unglaublich vorkam, so ein
wenig vor sich hinmeckerten oder mit den Hörnern ungeduldig an den Barren pufften. Einmal, als ich von der Ha-
bergais erzählte, die, wenn sie um Mitternacht auf dem
Felde schreit, den Haber (Hafer) schwarz macht, und die
nichts frißt als die grauen Bärte alter Kohlenbrenner, da
begann mein Heitzerl dermaßen zu meckern, daß die anderen drei auch mit einstimmten, bis meine Geschwister
schließlich in ein fürchterliches Gelächter ausbrachen, und
ich wie ein überwiesener Aufschneider erbärmlich schweigen mußte.

Von derselben Zeit an erzählte ich meinen Schlafgenossen lange keine Geschichten, und ich nahm mir vor, mit dem Heitzerl mein Lebtag kein Wort mehr zu reden.

Da kam der Sonnwendtag. An diesem Tage kochte uns die Mutter den üblichen Eierkuchen, mein liebstes Essen auf der Welt. In diesem Jahre aber hatte uns der Geier die beste Leghenne geholt, so wollte sich das Eierkörblein nicht mehr füllen und als am Sonnwendtag der Kuchen kam, war er ein gar kleinwinzig Küchlein.

[23] Wehmütig lugte ich hin auf den Holzteller. Mein fünfjährig Schwesterchen guckte mich an, und wie wenn es meine Sehnsucht wahrgenommen hätte, rief es plötzlich: »Du, Peterl, Du! wenn Du uns ein ganzes Jahr in jeder Nacht eine Geschichte erzählen magst, so schenk' ich Dir meinen Theil von dem Kuchen!«

Dieser hochherzigen Entäußerung der Kleinen stimmten seltsamerweise auch die Anderen bei, sie patschten in die Händchen, und ich ging die Bedingung ein. So stand ich denn plötzlich am Ziele meiner Wünsche und hatte auch mein Ehrgeiz etwas davon.

Ich nahm meinen Kuchen unter die Jacke hinein und ging damit in die Milchkammer, wo mich Niemand sehen und stören konnte. Dort verriegelte ich die Thüre, setzte mich auf einen umgestülpten Zuber, und ließ meine zehn Finger und das wohlgeordnete Heer meiner Zähne über den armen kleinen Kuchen los.

Aber nun kamen die Sorgen; daß meine Geschwister strenge auf ihrer Forderung bestehen würden, daran konnte kein Zweifel obwalten. Ihr Opfer war groß genug gewesen. – Ich ging auf meinen Hirtenzügen jeden Pecher, Kohlenbrenner, Halter und jedes wohlerfahrene Weiblein, wie ich's im Wald und auf der Heide traf, um eine Geschichte an. Es waren ergiebige Quellen, und ich war jeden Abend in der Lage, meiner Schuldigkeit nachzukommen. Mitunter allerdings war's ein Elend, bis ich was Neues auftrieb, und nach einer Zeit geschah es nicht selten, daß das Schwesterlein

mich unterbrechend von seinem Barren herüber rief: »Du!
die wissen wir, die hast uns schon erzählt!«

Ich sah wohl, daß ich auf neue Wege sinnen mußte, und war
daher bemüht, das Lesen besser zu lernen, um aus [24] manchen Geschichtenbüchern, wie sie in den Waldhütten nutz-
los auf den rußigen Wandstellen herumlagen, Schätze zu
ziehen. Nun hatte ich neue Quellen: die Geschichte von der
Pfalzgräfin (das Jakoberle sagte immer Schmalzgräfin) Ge-
novefa; die vier Heimonskinder; die schöne Melusina; Wen-
delin von Höllenstein – ganz wunderbare Dinge zu Dut-
zenden. Da sagte mein Bruder wohl oft aus seiner Krippe
heraus: »Mein Kuchen reut mich gar nicht! Das ist wohl so
viel unmöglich schön. Gelt, Zeitzerl?«

Nun wurden die Abende zu kurz und ich mußte eine solche Geschichte in Fortsetzungen geben, womit aber klein
Schwesterchen schier nicht einverstanden sein wollte, denn
es behauptete, in jeder Nacht eine *ganze* Geschichte! so sei
es ausgemacht.

So verging das Jahr. Ich erwarb mir nach und nach eine
gewisse Fertigkeit im Erzählen, und that es sogar hoch-
deutsch, wie es in den Büchern stand! Oft geschah es auch,
daß sich während des Erzählens meine Zuhörer tief in die
Kotzen vergruben und vor Schauer über die Räuber- und
Geistergeschichten zu stöhnen anhuben; aber aufhören
durfte ich doch nicht.

Es war schon wieder der Sonnwendtag nahe, und mit ihm
die Lösung meines Vertrages. Doch – ein eigen Geschick! –
noch vor dem letzten Abend ging mir gänzlich der Faden
aus. Alle meine Erinnerungen, alle Bücher, deren ich hab-
haft werden konnte, alle Männlein und Weiblein, denen
ich begegnete, waren erschöpft – Alles ausgepumpt – Alles
hoffnungslose Dürre. Bat ich meine Geschwister: »Morgen
ist der letzte Abend – schenkt ihn mir!« War ein Geschrei:
»Nein, nein, nichts schenken! Du hast Deinen Sonnwendkuchen kriegt!« Gar die Ziegen mäckerten mit.

[25] Am nächsten Tage ging ich herum, wie ein verlorenes Schaf: Da kam mir plötzlich der Gedanke: Betrüge sie! *Dichte* was zusammen! Aber allsogleich schrie das Gewissen drein: Was du erzählst, das muß wahrhaftig sein! Du hast den Kuchen wahrhaftig bekommen!

Doch geschah im Laufe dieses Tages ein Ereigniß, von dem ich hoffte, daß es im Drange der Aufregung mich meiner Pflicht entbinden würde.

Mein Bruder Jakoberle verlor sein Zeitzerl. Er ging in Kreuz und Krumm über die Heide, er ging in den Wald und suchte weinend und rufend die Ziege. Aber endlich spät am Abend brachte er sie heim. Ruhig aßen wir unsere Suppe, gingen in unsere Krippen, und von mir wurde die Geschichte verlangt.

Es war still. Die Zuhörer harrten in Erwartung. Die Ziegen scharrten im Wiederkauen mit den Zähnen.

Nun denn, so sollen sie die Geschichte haben.

Ich sann – – ich begann:

»Es war einmal ein großer, großer Wald gewesen. Und in dem Wald war es allweg finster gewesen. Keine Vöglein haben gesungen; nur der Todtenvogel hat geschrien. Wenn aber doch die andern Vögel auch gesungen, da haben auf den Bäumen alle Äste und alle Blätter vieltausend Thränen geweint. Mitten in diesem Wald ist eine Heide, wie der Todtenacker so still, und wer über dieselbe hingeht und nicht umkehrt, der kommt nicht mehr zurück. Ueber diese Heide sind einmal zwei blutige Knie gegangen.«

»Jesses Ma –!« rief mein älteres Schwesterlein aus, und alle Drei krochen unter die Kotzen.

»Ja, zwei blutige Knie«, fuhr ich fort, »und die sind über die Heide dahin geschwebt gegen den finsteren Wald, [26] wie verlorne Seelen. Aber auf einmal sind die zwei blutigen Knie –«

»Ich schenk' Dir mein blaues Hosenband, wenn Du still bist!« wimmerte mein Bruder angstvoll und verbarg sich noch tiefer in die Decke.

»– sind die zwei blutigen Knie stillgestanden«, fuhr ich fort, »und auf dem Boden ist ein Stein gelegen, so weiß, wie ein Leichentuch. Dann sind zwei funkelnde Lichtlein gewesen zwischen den Bäumen, und darauf sind vier andere blutige Knie dahergegangen –.«

»Mein neues Paar Schuh' schenk' ich Dir, wenn Du aufhörst!« hauchte das Jakoberl in seinem Trog und zog aus lauter Furcht das Zeitzerl am Barte zu sich.

»Und so sind alle sechs zusammengegangen durch den finsteren Wald, und heraus auf die Heide und über das Haferfeld herab zu unserem Hause – und herein in den Stall –«

Jetzt kreischten alle Drei auf, und sie wimmerten und wußten ihrer Angst kein Ende, und klein Schwesterlein versprach mir mit Zagen seinen Theil von dem auch heuer wieder zu erwartenden, morgigen Sonnwendkuchen, wenn ich aufhöre. Ich aber fuhr fort!

»Jetzt – na, jetzt hab' ich zum Anfang zu sagen vergessen, daß die zwei ersten blutigen Knie unserem Jakoberle, und die vier letzteren seinem Zeitzerl gehört haben – wie sie heut' im Wald herumgegangen sind, und daß die Knie nicht auswendig, sondern nur inwendig blutig sind gewesen.«

Brach auf einmal das Gelächter los. »Jeder Mensch hat zwei blutige Knie!« rief Schwesterlein, und die Ziegen mäckerten, daß ein Jubel war.

Ich hatte meine Rolle ausgespielt. Dreihundert vierundsechzig Nächte lang hatte ich geglänzt als weiser, wahrhaftiger [27] Geschichtenmann; die dreihundert fünfundsechzigste hatte mich entlarvt als argen Schwätzer.

Das Versprechen in Betreff des zweiten Sonnwendkuchens wurde rückgängig gemacht; Schwesterlein erklärte, die Zusage sei nichts als Nothwehr gewesen.

Und die Gläubigkeit meiner Zuhörer hatte ich mir verdorben ganz und gar, und wenn es in Zukunft an irgend einem Erzählten seinen Zweifel ausdrücken wollte, so rief es einstimmig: »Aha, das ist wieder ein blutiges Knie!«

JOSEPHINE SIEBE

Oberheudorfer Buben- und Mädelgeschichten

1908. 9. Aufl. [um 1925]

[1]   *Oberheudorf,*
    wo es liegt und wie es darin aussieht.

An einem Frühlingstage kamen drei junge Männer auf ihrer
Wanderung durch das deutsche Land nach Oberheudorf,
das zwischen Gebirg und Ebene liegt. Als sie in das Dorf
einzogen, lief ihnen unversehens ein Schweinchen in den
Weg. Da rief der erste, der sich leicht über jeden Quark
ärgerte: »Pfui, ist das ein abscheuliches, schmutziges Dorf!
Hier laufen ja die Schweine auf der Straße herum! Und was
für häßliche, baufällige Häuser das Dorf hat!« Er sah dabei
immer nur des Schnipfelbauers alten Ziegenstall an, die andern Häuser würdigte er keines Blickes. Schnurstracks eilte
er von dannen, und in sein Reisebuch schrieb er: »Oberheudorf ist klein, schmutzig und häßlich.«
Der zweite, der zu denen gehörte, die alles besser haben
wollen, sah, als er durch das Dorf ging, immer [2] in die
Luft und rief: »Wie niedrig die Berge sind! Und wie weit
der Wald entfernt ist! Auf einem der Berge müßte eine Burg
stehen. Der Bach müßte breiter sein und brausend bergab
stürzen. Ja, dann möchte mir das Dorf gefallen!«
Flugs lief auch er von dannen, und in sein Reisebuch schrieb
er: »Es lohnt sich nicht, Oberheudorf anzusehen, es hat
keine schöne Lage.«
Der dritte der jungen Leute aber blieb mitten im Dorf stehen und schaute sich um. Er sah die blühenden Flieder-
büsche in des Schnipfelbauers Garten und übersah darüber
den baufälligen Ziegenstall. Er sah die kleine weiße Kirche,
deren spitzes Türmchen sich scharf von dem lichten Früh-
lingshimmel abhob. Er sah die roten Ziegeldächer der Bau-

ernhäuser in der Sonne leuchten und sah, wie liebevoll
der große Apfelbaum seine blütenschweren Zweige über
Muhme Lenelies' Häuschen breitete. Wohl waren die Berge
nicht allzu hoch, aber schöner, dichter Tannen- und Laub-
wald bedeckte sie, auf dessen Boden weiche Moosteppiche
lagen und zarte, helle Blumen blühten. Wohl war das Bäch-
lein schmal, aber es plätscherte und brauste vergnügt durch
das grüne Wiesental und sah aus wie ein aus Silberfäden
gesponnenes Gürtelband. Kein Winkelchen im Dorf ließ
der junge Mann unbesehen. Er trat auch [3] ein in die Häuser, und freundlich hießen ihn die Bauern willkommen. Er
saß dann in den niedrigen, holzgetäfelten Stuben, freute
sich über die alten, buntbemalten Truhen, über die großen Schränke mit den dunklen Schnitzereien und die grünen Kachelöfen in den Ecken. Er ließ sich die Milch und das
Brot schmecken, das die Bäuerinnen ihm vorsetzten, und
freute sich, wie sauber die Höfe und Ställe aussahen, und
wie viele, viele Blumen in den winzigen Gärten blühten.
Er saß dann noch lange auf der grünen Bank vor Schuster
Pechdrahts Haus unter dem dicken Pfingstrosenbusch und
ließ sich allerlei von dem Schuster erzählen. Mit lachen-
dem Behagen sah er den Kindern zu, die auf der Dorfstraße
spielten.
[...]
[5] Vielleicht gefällt den Kindern, die dieses Buch lesen,
Oberheudorf auch so gut, und wenn sie einmal nicht hin-
reisen können, so denken sie vielleicht manchmal an das
freundliche Dörfchen, das irgendwo im deutschen Vaterland liegt, und in dem sich Buben und Mädel so herzensfroh
ihres Lebens freuen.

[65]   *Die Roggenmuhme.*

Schulzen-Jakobs Großmutter erzählte einmal im Juli die
Geschichte von der Roggenmuhme, die im Sommer im
Felde sitzt und das Korn bewacht. Wehe dem Kinde, das in
das Feld geht, um Kornblumen, Mohn und Rittersporn zu
suchen, und von der Roggenmuhme ertappt wird, wenn es
Ähren zertritt! Unweigerlich bekommt es eine schwere
Krankheit. In den Mittagsstunden, wenn die Sonne still und
heiß auf die Fluren herabbrennt, ist die Zeit, in der die Roggenmuhme am liebsten mit leisen Schritten durch die Felder
schreitet. Ihre Haare sind gelb wie das reifende Korn, und
ihre Augen blau wie die Kornblumen, ihre Lippen rot wie
blühender Mohn. Sie ist schön, die Roggenmuhme, aber
furchtbar in ihrem Zorn und unerbittlich gegen den, der nur
eine Ähre zertritt.
Als die Großmutter fertig war, sagte Jakob: »Ich glaub's
net!« Seine kleinen Geschwister sahen ihn erschrocken an,
aber Jakob stand auf, streckte die Hände in die Hosen-
taschen und sagte noch einmal: »Ich glaub's net!«
[66] »Ach, du bist ein dummer, naseweiser Bube«, rief die
Großmutter ärgerlich. »Dir könnt's nicht schaden, wenn
dich die Roggenmuhme mal ordentlich durchbeutelte, du
gehst auch immer mitten ins Feld hinein!«
Jakob verließ trotzig die Stube, ging auf die Dorfstraße und
sagte zum drittenmal laut und patzig: »Ich glaub's doch
net!«
»Was glaubst du nicht?« fragte der blaue Friede, der am
Gartenzaun stand und Jakobs Worte gehört hatte. Der erzählte ihm die Geschichte von der Roggenmuhme, und wie
er im besten Erzählen war, kam der dicke Friede herbei, der
wollte die Geschichte auch wissen. Jakob fing geduldig wieder an, und nach einem Weilchen kam Heine Peterle; natürlich mußte Jakob noch einmal beginnen. Und da auch noch
Bäckermeisters Mariele, die blonde Lisbeth, Anton Friedlich und mehrere andere dazukamen, dauerte die Geschichte

von der Roggenmuhme volle drei Stunden. »Ich glaub's doch net!« sagte Jakob, als er fertig war, und einige stimmten ihm bei, nicht alle, namentlich die Mädel waren nicht abgeneigt, an die Roggenmuhme zu glauben.

Sie stritten alle sehr lebhaft miteinander und hätten sich beinahe ein wenig geprügelt, wenn nicht Jakob auf einmal gerufen hätte: »Ich studier's!«

[67] »Was willst du studieren?« schrieen die andern erstaunt.

»Ob's eine Roggenmuhme gibt. Morgen geh' ich hin und seh' nach!«

Mariele kreischte laut auf, als käme die Roggenmuhme schon um die Ecke herum, Anton Friedlich aber und Heine Peterle riefen so laut bravo!, daß alle Gänse und Hühner auf der Dorfstraße erschraken und schnatternd und gackernd davonliefen. Und weil gerade Abendbrotzeit war, rannten auch alle Kinder nach Hause. Jakob war auf seinen Einfall sehr stolz und sagte daheim auch zur Großmutter: »Ich studier's!«

»Was, studieren willst du? Aber Bube, du kannst ja net mal richtig schreiben! Beinahe der allerfaulste bist in der Schule, und nun willst du studieren?«

Jakob wurde sehr verlegen, von seinem Fleiß hörte er nicht gerne reden, und ärgerlich brummte er: »Das mit der Roggenmuhme will ich studieren!«

Die Großmutter lachte so herzlich, daß ihr die Brille von der Nase fiel, und sagte: »Studier lieber Lesen und Schreiben, das ist besser!«

Aber Jakob blieb bei seinem Vorsatz. Am andern Tage, der heiß und sonnig war, marschierte er gleich nach dem Mittagessen zum Dorf hinaus. Einige seiner Freunde gaben ihm das Geleit bis an die große Linde, [68] die am Eingang des Dorfes stand. Dann legten sie sich gemütlich in den Schatten, während Jakob auf der sonnigen Landstraße weiter zog, dorthin, wo die Felder seines Vaters lagen.

Um die gleiche Mittagsstunde kam von der andern Seite her

ein Bäuerlein. Der führte an einem Strick ein rundes, fettes
Schweinchen. Er hatte es auf dem Markt in der Stadt gekauft und kehrte nun in sein Dorf zurück, das eine gute
halbe Stunde hinter Oberheudorf lag. Der Bauer war müde
und das Schweinchen auch, denn der Weg war sonnig und
die Hitze groß. Seufzend blieb der Bauer stehen. Freilich
war Oberheudorf nicht mehr weit, und dort gab es ein
Wirtshaus, aber vorher hätte er noch gern ein Mittagschläf-
chen gehalten. Auf einem schmalen Feldweg, zwischen
Kornfeldern, die wie ein goldenes Meer wogten, stand ein
wilder Apfelbaum. An den band der Bauer sein Schweinchen, er selbst legte sich an den Feldrand und nach wenigen
Minuten schlief er tief und fest.
Das Schweinchen aber hatte keine große Lust zu einer Mit-
tagsruhe. Ungeduldig zerrte und zog es an dem Strick, der nur
lose um den Baum geschlungen war, und auf einmal ritsch!
war das Schweinchen frei. Vergnügt trabte es davon und kümmerte sich gar nicht [69] um seinen schlafenden Herrn. Das
war sehr herzlos, aber Schweine sind nun einmal so.
Je näher Jakob den Feldern seines Vaters kam, desto bängli-
cher wurde ihm ums Herz. Es war so heiß und still; kaum
einen Luftzug spürte man, leise nur rauschten die wogen-
den Felder. Jakob hatte versprochen, zum Zeichen, daß er
wirklich im Felde gewesen war, einen riesengroßen Blu-
menstrauß zu pflücken. Nicht gerade sehr vergnügt machte
er sich an sein Werk, und sorgsam vermied er es, Ähren zu
zertreten. Wie er im besten Pflücken war, hörte er plötzlich
etwas im Felde rascheln, und erschrocken blieb er stehen
und lauschte.
Ein Weilchen war alles still, er mochte sich wohl getäuscht
haben. Seufzend pflückte er weiter, doch da – die Haare
sträubten sich ihm – deutlich sah er, wie sich etwas im Felde
bewegte. Stärker rauschte das Korn, und der Bube blieb vor
Angst und Entsetzen ganz still stehen.
Da – tauchte da nicht etwas Helles, Unheimliches auf?
Die Roggenmuhme, sie war es – niemand anders!

Jakob wagte gar nicht ordentlich hinzusehen. Mit einem gellenden Schrei ergriff er die Flucht und warf die Blumen weit von sich.

[70] Aber hinter ihm her kam es gerannt, seltsame Töne ausstoßend.

Jakob schrie immer lauter vor Angst. Er wollte über den kleinen Graben, der das Feld von der Landstraße trennte, springen, aber in seiner Aufregung strauchelte er, stürzte und lag plötzlich platt wie ein Frosch in dem Graben.

Plumps! sprang da etwas auf ihn drauf und krabbelte auf seinem Rücken herum; einmal rutschte das unheimliche Wesen nach rechts, einmal nach links.

Und Jakob brüllte in seiner Angst: »Die Roggenmuhme, die Roggenmuhme! Laß mich los, laß mich los!«

Er machte es dabei wie der Vogel Strauß, er steckte seinen blonden Struwwelkopf tief in das Gras und zappelte mit Armen und Beinen und schrie, als sollte er auf der Stelle mit Haut und Haaren verspeist werden.

Je lauter Jakob brüllte, desto mehr quiekte die Roggenmuhme auf seinem Rücken. Sie trampelte dabei immer hin und her und stieß ganz merkwürdige Töne aus, die einem Dorfbuben eigentlich hätten bekannt sein müssen. Aber Jakob gab sich keine Mühe, das Gequieke der Roggenmuhme zu »studieren«, er schrie [71] nur, und zwar so kräftig, daß das Bäuerlein am Feldrand davon erwachte.

Erstaunt richtete sich der Schläfer auf. Wo war er denn, und wo war sein Schweinchen?

Er hörte das Gebrüll und das Gequieke, und flugs war er auf den Beinen und rannte dorthin, woher der Lärm kam. Da erblickte er sein Schweinchen, das sich die Leine um die Beine gewickelt hatte, und das hilflos in einem Graben hin und her rutschte und als verkannte Roggenmuhme den armen Jakob in Angst und Schrecken versetzt hatte.

»Na, potz Blitz, was ist denn das for äne Schreierei?« fragte das Bäuerlein und zog sein Schweinchen aus dem Graben. »Du, Bube, komm doch raus! So än kleenes Schweinchen tut dir doch nischt!«

»Uah, uah, uah!« brüllte Jakob und strampelte und zappelte
weiter. Da packte ihn der Bauer kurz entschlossen am Ho-
senboden und zog ihn aus dem Graben. »Nu sag mir nur,
Bengel, warum schreist du denn so?« fragte er kopfschüttelnd.

»Die – die Ro-roggenmu-muhme!« schluchzte Jakob.

»Was?« sagte der Bauer, »den Rock-Muhme? Ja was soll
denn das heißen?«

Es dauerte eine geraume Zeit, bis Jakob ihm [72] schluchzend und stammelnd die Sache erklären konnte. »Nä, ä so
was! So än blitzdummer Bube, hält mein schönes Staats-
schweinchen für die Roggenmuhme! Hahaha!« schrie das
Bäuerlein und mußte sich geschwind auf einen Meilenstein
setzen, sonst wäre er vor Lachen umgefallen.

Jakobs Freunden war unterdessen die Zeit unter dem Lin-
denbaum etwas lang geworden. Es hatten sich noch einige
andere Kinder eingefunden, und sie beschlossen alle zusammen nachzusehen, ob Jakob mit »Studieren« fertig sei. Lustig trabten sie auf der Landstraße hin, und Jakob sah sie
schon von weitem kommen. »Jetzt werd' ich aber ausgelacht«, dachte er beschämt, und ohne sich lange zu besinnen,
rutschte er in den Graben, kroch am Felde entlang bis zu
einem schmalen Weg, und dann rannte er heidi! auf und
davon.

»Na, was ist denn das nu wieder?« sagte der Bauer verdutzt
und sah dem Ausreißer nach. Aber dann bemerkte er die
herankommenden Kinder, und er schmunzelte vergnügt,
denn er verstand, warum Jakob die Flucht ergriffen hatte.
Er zog also mit seinem Schweinchen den Kindern entgegen,
blieb vor ihnen stehen und fragte listig: »Wo wollt ihr denn
hin?«

»Schulzens Jakob wollen wir suchen, der ›studiert‹ die Roggenmuhme«, antworteten alle.

[73] »Na, dann geht man wieder nach Hause! Jetzt vor än
Weilchen hat die Roggenmuhme einen Jungen mit fortge-
schleppt, das wird er wohl gewesen sein!«

Entsetzt starrten sich die Kinder an, dann brachen sie in ein
wildes Jammergeschrei aus und rannten spornstreichs in das
Dorf zurück.

Dort kamen sie gerade an, als Jakob, der auf einem Umweg
das Dorf erreicht hatte, in das Schulzenhaus schlüpfen
wollte. »Da ist er ja, da ist er ja! Sie hat ihn losgelassen!«
brüllten seine Kameraden und stürzten auf ihn zu; der eine
packte ihn am rechten Arm, der andere am linken, einer am
Jackenzipfel und einer sogar am Bein.

»Hat sie dich losgelassen?« – »Wie sah sie denn aus?« –
»Hat sie dir etwas getan?« so schwirrten die Fragen durcheinander.

Dem armen Jakob wurde himmelangst, und es war sein
Glück, daß gerade die Großmutter vor die Haustüre trat
und ihn aus den Händen seiner teilnehmenden Freunde be-
freite. »Was schreit ihr denn so? Was ist denn los?« fragte
sie ärgerlich.

»Die Roggenmuhme hat ihn gehabt, sie hat ihn mit fortge-
schleppt«, riefen alle zusammen.

»Ich will rein, Großmutter«, bat Jakob ängstlich, und die
alte Frau nahm ihn an der Hand und zog ihn [74] ins Haus
und klappte seinen Kameraden die Tür vor der Nase zu.
Drinnen erzählte der Bube kleinlaut sein Abenteuer, und
die Großmutter lachte, aber nur ein wenig, denn nach echter Großmutterweise hatte sie gleich Mitleid mit dem Jungen und versuchte ihn zu trösten. Zu diesem Zweck gab sie
ihm ein dickes Honigbrot, das, wie man zu sagen pflegt, Jakob wieder etwas auf die Beine brachte.

Unterdessen war das Bäuerlein nach Oberheudorf gekommen und erzählte im Wirtshaus schmunzelnd Jakobs Abenteuer. So erfuhr das ganze Dorf die Geschichte, und alle
lachten darüber. Man lachte noch lange, und Jakob wurde
zu seinem Ärger noch recht oft zugerufen, wenn ihm ein
Schweinchen in den Weg lief: »Gib acht, da kommt die Roggenmuhme!«

HEINRICH SOHNREY

Draußen im Grünen

1910; 3. Aufl. 1913

[5]   *Der Frosch im Grabe.*

Eine Geschichte aus dem Mecklenburgischen.

Im Pfarrgarten blühten die Apfelbäume, und auf dem Friedhofe, der hart an ihn stößt, blühten die Gräber. Aber zwei Männer kamen und stachen von einer unebenen Stelle, die ein längst verfallenes Grab war, den bunten Rasen ab. Und gruben ein neues Grab. Denn während alles ringsum grünte und blühte [6] und schon die jungen Vögel das Fliegen probierten, war der Tod im Dorfe eingekehrt und hatte ein welkes Laub weggenommen, das nicht mehr in den Frühling paßte.

Nun kam von den Wiesen, die sich zwischen dem Kirchhofe und dem kleinen Flusse dehnen, »baben Klaus' Hannes« über die Kirchhofsplanken geklettert. Sein Vater, der Büdner Klaus, wurde zum Unterschiede von den ortsansässigen Kläusen »baben Klaus« genannt, weil er ganz oben im Dorfe wohnte. Ihm gehörte die Wiese, die sich unmittelbar am Kirchhof ausstreckt. Und ihm gehörte auch die blanke Stute, die dort mit einem drollig munteren Füllen weidete und Hannes' Obhut unterstellt war.

[...]

[7] Er dachte daran, was der Pastor am letzten Totensonntage in seiner Predigt gesagt und was alle Leute in der Kirche so mächtig ergriffen hatte. Tausend Jahre bald stand die Kirche, und so viele Jahre war auch schon der Kirchhof alt, der sich rings um die Kirche herumzieht. Und so klein er auch war, und so viele, viele Leute auch im Laufe der Jahr-[8]hunderte gekommen und gegangen waren, so hatte

er doch immer ausgereicht. Weil man eben immer ein Geschlecht auf das andere und ein Jahrhundert auf das andere
bettete.

Baben Klaus' Hannes war erst zwölf Jahre alt, aber er
dachte darüber nach wie ein Alter.

[...]

[11]Noch immer läuteten die Glocken, denn ein Schauer
mußte nach dem Herkommen volle zehn Minuten anhalten.
Vom Pfarrgarten sangen Grasmücken und Zeisige und Rot-
schwänzchen mit traulich-lieblichen Liedern in das Geläut
hinein, und von den drei alten Kirchhofslinden, die eng wie
ein einziger [12] Baum beisammen neben dem Glocken-
stuhle stehen, zwitscherte ein Star mit allerlei Vogelstim-
men, die ihm selbst gar nicht eigen waren, dazwischen. Auf
der Wiese wieherte die Stute, als wüßte sie was, und als
Hannes sich wieder nach ihr umwandte, sah er dicht vor
sich ein junges Fröschlein, das wohl von der Wiese herüber-
gekommen war, um zu sehen, was hier denn so merkwürdiges geschähe. Das Fröschlein hüpfte auf das Grab zu,
machte plötzlich kehrt und hopste mit großen Sätzen davon.

Hannes mußte unwillkürlich lachen, weil es wirklich so
aussah, als ob der Frosch aus Angst vor dem Grabe so flink
davonzukommen suchte.

Ein schabernacksches Gefühl stieg in dem Jungen auf.
»Warte ein bißchen!« rief er und setzte ihm nach, hatte ihn
auch bald ergriffen.

»Soll ich dich mal in das Grab werfen?« fragte er und hielt
das geängstigte Kerlchen, das mit großen, stillen Augen um
die Freiheit bettelte, fest in der Hand, dachte aber noch gar
nicht daran, es auch wirklich zu tun.

Doch die Gedanken in einem Jungenkopfe! Sie sind wie der
Wind, der jetzt um diese Ecke und im nächsten Augenblicke
um die andere Ecke weht. Eine heiße Welle kam plötzlich
aus [13] seiner Seele herauf, ein an der Angst der hilflosen
kleinen Kreatur entzündetes heimliches Lustgefühl wurde

mächtig in ihm, und – er ließ das arme Fröschlein hinunterfallen in das tiefe Grab. Gerade, als das erste Gruftgeläut zu
Ende war.
[...]
[16] Das Begräbnis war auf drei Uhr angesagt, und Hannes
gehörte von diesem Jahre an zu den 12 Knaben, die mit dem
Küster, wie in Mecklenburg der Lehrer wegen seiner kirch-
lichen Obliegenheiten noch genannt wird, [17] dem Sarge
nach alter Sitte singend voranschreiten.
[...]
Die Bahre stand mitten auf der Diele, und der Sarg war
offen, sodaß man schon von draußen das wachsgelbe Gesicht der Toten sehen konnte. Aus der Stube kam ein ge-
dämpftes Schluchzen.
Angesichts des Sarges und der Leiche durchzuckte Hannes
wieder ein heißer Schrecken. Wohin er auch seine Gedanken
zu lenken suchte, immer wieder, immer gebieterischer kehrten sie mit ihm zu der armen kleinen Kreatur zu-[18]rück,
die nun unter diesem Sarge lebendig mit begraben werden
sollte. Heiß und kalt durchlief es ihn, und er wußte auf der
Stelle nicht zu bleiben.
[...]
Immer mehr schwarze Leute kamen in das Haus, Männer
und Frauen, blieben still bei der Leiche stehen, als ob sie beteten, und gingen leisen Schrittes vorüber in die Stube.
[19] Und nun war auch der ehrwürdige Geistliche schon da,
der den zwölf Knaben freundlich zunickte, Hannes sogar
wohlwollend auf den Kopf faßte und dann mit dem Küster
an seiner Seite, der gar kein freundlich Gesicht machte, zu
den Leidtragenden hineinging.
[...]
[22] Langsam bewegte sich der Zug hin zum Grabe, an dessen Rande der Küster zunächst seine Knabenschar aufreihte,
bestimmt und [23] mit einer Miene, wie beim Rechenunter-
richt in der Schule.

So nahe stand Hannes am Rande, daß er hinuntersehen
mußte, er mochte wollen oder nicht. Und er brauchte nicht
lange zu suchen, er sah den Frosch auf den ersten Blick, sah
ihn, wie er wieder von der einen Wand nach der andern
hopste und dann wie in Todesangst in einer Ecke sitzen
blieb.

Der Geistliche stand und wartete in stiller Würde, bis die
Männer den Sarg hinunterließen.

Und die Männer hoben den Sarg und stellten ihn zunächst
auf die Balken, die über das offene Grab gelegt waren, während der Küster mit mächtiger Stimme einsetzte:

»Nun lasset uns den Leib begraben« . . .

Die Jungens folgten seinem Beispiele, und ebenso taten die
Alten.

Aber baben Klaus' Hannes stand stumm und starr und sah
unentwegt in das Grab hinunter.

Nun legten die Männer die Seile um den Sarg, und schon
zogen andere die Balken mit scharrendem Geräusch unter
ihm hinweg, wobei Erde und Knochen polternd hinunter
fielen.

[24] Da bemerkte der Küster das sträfliche Schweigen des
Jungen und stieß ihn mit einem grimmigen Blicke leise an
die Schulter.

Allmächtiger . . . !

Was war geschehen?

Von allen Seiten drängte man herzu.

»Baben Klaus' Hannes ist in das Grab gestürzt und unter
den Sarg gekommen!« ruft jemand. Seine Mutter schlägt
sich die Hände vors Gesicht und springt herzu, und sein Vater ist der erste am Grabe, der die Arme hinunterreicht.
[. . .]

Aber was ist das nur? Man sieht sich an, Schrecken in den
Augen. Ist denn der Junge wirklich ins Grab gefallen? Nein,
freiwillig ist er hinabgesprungen, versichern die, die es am
deutlichsten gesehen haben. Alles drängt sich durcheinan-

der. Und da unten läuft und kriecht der Junge aus einer
Ecke in die andere, und vor ihm hopst ein kleiner Frosch,
der ängstlich darauf bedacht ist, nicht in seine Hände zu fallen.

[25] Der Geistliche ist der erste, der das sieht und der erste
auch, der sofort alles begriffen hat. Er richtet sich auf,
lächelt unwillkürlich, winkt den Leuten beschwichtigend
zu und ruft etwas ins Grab hinunter, das so herzlich klingt,
wie wenn ein Vater an seinem Kinde eine ungewöhnliche
Freude erlebt hätte.

»Jetzt hat er ihn!« ruft nach einer Weile der ehrwürdige
Herr und winkt dem alten Klaus zu. Auch der Küster
streckt nun die Arme hinab, und im nächsten Augenblick ist
der Junge mit Hilfe der beiden Männer wieder oben. Aus
der festgeschlossenen Hand guckt mit großen Augen der
kleine Frosch. Hannes springt über einige Gräber hin und
läßt den Frosch leicht ins Gras fallen, worauf der in langen,
eiligen Sätzen, als fühlte er noch den Schrecken hinter sich,
nach den Wiesen zu davonhopst.

Komik und Ernst und Grauen sind eine der seltsamsten Verbindungen miteinander eingegangen, wie's ihrer auf
einem Kirchhofe wohl noch nicht gegeben haben mag.

[. . .]

[27] Als baben Klaus' Hannes nach der Beerdigung von dem
Geistlichen in den Pfarrgarten gerufen wurde, kam auch
der Küster dazu. In seinen sonst so strengen Augen leuchtete etwas unbeschreiblich Weiches. Er faßte den Jungen kräftig an der Schulter und sagte: »Hannes, gesungen hast du
schlecht, aber laß gewähren, ... der Frosch hat uns gezeigt,
was für eine brave Ader in dir schlägt. Wir sind quitt, und das
nächste Mal singst du auch wieder besser.«

Diese herzlichen Worte des immer hart [28] auftretenden
Lehrers rührten Hannes fast noch mehr, als das Lob des
Seelsorgers; er stand aber da, wie auf heißen Kohlen, und
auf seinem Gesichte brannte eine helle Glut. Denn es bedrückte ihn, beschwerte sein Gewissen aufs Neue, daß er

von den beiden Männern, zu denen er mit großer Ehrfurcht, Liebe und Scheu aufsah, noch so gelobt und gepriesen wurde. Er wandte das Gesangbuch um und um, brach
plötzlich in ein heftiges Weinen aus und schluchzte: »Ich
hab ja den Frosch selbst hinuntergeworfen, heute mittag,
als ich von der Wiese kam.« . . .
Der Küster warf den Kopf zurück und sah den Geistlichen
an. Der nickte und lächelte wieder sein eigenstes Lächeln
voll Güte und Klugheit. Derb faßte der Küster den Jungen
bei den Schultern. »Junge!« fuhr er ihn an. Dann aber lachte
er wie selten, und der Pastor lachte auch. Aber beide waren
einig darin, daß die gute Ader, die in dem Jungen schlüge,
durch das offene Geständnis nicht um ein weniges schlechter geworden war. Nein, jetzt erst hatte seine ganze Handlung Hand und Fuß bekommen, wie der Küster sich aus-
drückte, und es war Schuld und Sühne in der schönsten,
wenn auch seltsamsten Weise von der [29] Welt wieder aus-
geglichen, wie der Geistliche hinzufügte.
Nun war auch der letzte Schatten aus Hannes' Seele gewischt. Leicht und froh wie ein Erlöster ging er heim, und
so gut wie heute hatte ihm in seinem ganzen Leben kein
Abendbrot geschmeckt.
Ob er auch fortan im Dorfe nur noch der Froschhannes genannt wurde, – es kümmerte ihn nicht im geringsten. Es
war ein Name, den er sich in der Erinnerung an die um den
Frosch ausgestandene Angst und Pein gern gefallen lassen
wollte, lag doch immer schon ein bißchen von jener Sühne darin, mit der wir Menschenkinder uns bei Zeiten die
Brücke in den Himmel bauen müssen.

Großstadtprosa und Umweltskizzen

Die in diesem Abschnitt zusammengestellte Prosa verdankt bis auf eine Ausnahme ihre Existenz reformpädagogischen Initiativen aus den Reihen der Volksschullehrer. Eine Lehrerkommission machte sich in den 90er Jahren an die Umgestaltung der Lesebücher für die Hamburger Volksschulen und wandte sich an Schriftsteller mit der Bitte um Lesestücke, in denen sich die unmittelbare Umwelt der Kinder widerspiegeln sollte. Ilse Frapans 1899 erschienene »Hamburger Bilder für Kinder«, die erste Sammlung solcher Großstadtgeschichten, stellten eine regelrechte pädagogische Auftragsarbeit dar. Nach der Jahrhundertwende griffen einzelne Volksschullehrer selbst zur Feder. Mit der Einleitung zu seinen »Streifzügen durch die Welt der Großstadtkinder« von 1905, einer an Lehrer adressierten Sammlung von Unterrichtsentwürfen, legte Fritz Gansberg, Lehrer in Bremen, ein erstes Manifest vor: Dem »Anschauungsunterricht« solle ein »neues Gebiet« erobert werden – die »städtische Kultur«. In den Stadtschulen gelte es, sich von dem »Naturgeschichtlichen, Ländlichen und Dörflichen« zu lösen, um sich der »Welt der Stadtkinder« zuzuwenden. Ausschlaggebend hierfür war das pädagogische Prinzip, nach dem in den ersten Schuljahren nur mit »selbstgemachten Anschauungen der Kinder« gearbeitet werden solle; der »aktiv erworbene Anschauungsbereich« sei »der Kinder wertvollster Besitz«. Dies verlange nicht nur die Wahl städtischer Schauplätze und stadtkultureller Themen, sondern auch die strenge Einhaltung eines Alltagsrealismus. »Wir werden uns aufs Engste in unseren Schilderungen an die Alltäglichkeit halten müssen«, und dazu sei es »nötig, daß die romanhaften und phantastischen Momente in unseren Erzählungen stark zurückgedrängt werden zugunsten einer lebensgetreuen Situationsmalerei«.

Gansberg setzt sich ab vom bisherigen schulischen Anschau-

*ungsunterricht mit seiner trockenen Beschreibung isolierter
Dinge. Seine Forderung, die Dinge zu zeigen, »wie sie leben,
sich verändern, wie sie wirken«, führt zu einer Literarisierung des Anschauungsunterrichts: Zu dessen Grundlage
müßten »Erzählung« und »Schilderung« gemacht werden,
die Gansberg als die »Hauptmittel« gelten, »das Leben zur
Darstellung zu bringen«. Innovativ in kinderliterarischer
Hinsicht jedoch sind gerade die Grenzen, die Gansberg hierbei dem Erzählen setzt; er möchte nämlich den Anschauungsunterricht keineswegs im konventionellen Geschichten-
erzählen aufgehen sehen. Die Handlung dürfe nicht »zu
lebendig, spannend, märchenhaft und romanhaft« sein; es
käme dann nicht »zum scharfen Erfassen der Situation«.
Unverzichtbar sei die Handlung als »treibende Kraft« wie
als das Element, das für »Teilnahme« und »Beteiligung« auf
Seiten des Rezipienten sorge; doch sei sie nicht der eigentliche Zweck. Erst wenn die Handlung »eine Zeit zum Stillstand komme«, wenn die »Erzählung« von der »Schilderung« abgelöst werde, beginne die »eigentliche Aufgabe«,
die scharfsinnige Erfassung des »in Frage stehenden Stücks
Leben«. »[. . .] am besten wird unsere Darstellung fahren,
wenn sie sich möglichst auf der Grenze zwischen Handlung
und Beschreibung hält [. . .].« Man hat die relativ hand-
lungsarme kurze Großstadtepik für Kinder bislang nur in
ihrer Bezogenheit auf den schulischen Sachunterricht wahrgenommen. Es ist an der Zeit, den hier sich vollziehenden
kinderliterarischen Formenwandel zu registrieren – die Zurückdrängung nämlich der traditionellen »Kinder-Geschich-
te« und ihre Ersetzung durch offenere Prosaformen wie die
Schilderung, die Impression, die Skizze – und diesen zu
vergleichbaren erwachsenenliterarischen Erscheinungen der
Zeit in Beziehung zu setzen.
Beschreibende Passagen sind seit jeher in kinderliterarischen
Erzählungen anzutreffen; in ihnen pflegen der erwachsene
Erzähler oder eine erwachsene Autoritätsperson Kenntnisse
zu vermitteln und Erklärungen zu geben. Bei Gansberg da-*

gegen ist von eigenen Erfahrungen und Beobachtungen der
Kinder die Rede. Zwischen die Großstadtwelt und das kindliche Subjekt schaltet sich kein Erwachsener vermittelnd, er-
läuternd oder interpretierend mehr ein. Die städtische Umwelt soll so vergegenwärtigt werden, wie sie vom kindlichen
Helden wahrgenommen und erlebt wird. Das pädagogische
Prinzip des Anknüpfens an »selbstgemachten Anschauungen
des Kindes« setzt sich darstellungsmäßig in der uneinge-
schränkten Vorherrschaft der kindlichen Wahrnehmungs-
und Erlebnisperspektive um. In der Verlagerung des Erleb-
niszentrums in den kindlichen Protagonisten (bis hin zur
Nachbildung des kindlichen Zeiterlebens), im Erzählen von
den kindlichen Figuren aus, liegt die zweite hervorstechende formgeschichtliche Neuerung der reformpädagogischen
Großstadtprosa für Kinder. – Gerade in diesem Punkt weichen die beiden Kindergeschichten aus der Beilage zur
sozialdemokratischen »Gleichheit« markant ab: Auch in
ihnen geht es um Aspekte der großstädtisch-industriekapita-
listischen Welt in ihrer kindlichen Verarbeitung; zugänglich
werden diese Aspekte hier allerdings in der erklärenden und
interpretierenden Vermittlung durch die väterliche Autori-
tät – und zwar im Medium des Gespräches. In diesen Prosa-
stücken steht das Kind noch nicht alleingelassen vor der
großstädtischen Wirklichkeit, angewiesen auf nichts als die
eigenen Beobachtungen; es erfährt sich vielmehr als Mitglied einer gesellschaftlichen Klasse, deren Deutungsmuster
von ihren Autoritäten noch selbstbewußt vertreten werden.
Es zeigt sich eine verblüffende formgeschichtliche Nähe zur
bürgerlichen Kinderliteratur der Aufklärung.
Ilse Frapans Prosaskizzen verdeutlichen, welche Zumutun-
gen sich aus dem Abrücken vom vertrauten Geschichtener-
zählen für die kindlichen Leser ergeben. Wir haben es mit
wechselnden kindlichen Protagonisten zu tun, was jedoch
erst nach und nach realisiert werden kann, da niemand den
Helden einführt und der Held selbst sich niemandem vor-
und darstellt. Wir gelangen mitten hinein in eine ablaufende

*Beobachtung bzw. einen Erlebnisvorgang, wobei diese im-
mer wieder anderen Kindern zugeordnet werden. Auffällig
hoch ist zudem der Anteil innerer Rede, die hier als Wahr-
nehmungs- und Erlebnisprotokoll fungiert. – Die späteren
Großstadtprosasammlungen für Kinder im Vorschul- und
ersten Schulalter sind sichtlich um eine Reduzierung des
Schwierigkeitsgrades bemüht. In Otto Kampes »Kleinen
Geschichten« von 1914 findet sich zwar noch der verwir-
rende Wechsel von Figur zu Figur; dafür gewinnt die direkte
(Wechsel-)Rede an Bedeutung (»Feuer!«), was die Prosa
einfacher und zugänglicher macht. Bei Frapan und Kampe werden übrigens Mädchen und Jungen abwechselnd ins
Spiel gebracht, so daß vereinzelt auch geschlechtsspezifische
Erlebnismuster zur Artikulation gelangen.
Mit seinen ab 1908 erscheinenden Berni-Büchern führt
Heinrich Scharrelmann den individuellen kindlichen Helden als konstantes Erlebniszentrum in die Großstadtprosa
für Kinder ein. Auf der Handlungsebene ist damit ein stabi-
ler Bezugsrahmen geschaffen, was die Rezeption der Einzel-
stücke beträchtlich erleichtert. Dennoch mutet dies wie ein
formaler Rückschritt an, reflektierten sich doch die verwir-
rende Vielfalt und Inhomogenität großstädtischen Lebens
auf treffliche Weise im Springen von Figur zu Figur. Überhaupt treten in den Berni-Büchern konventionelle Züge des
Geschichtenerzählens stärker hervor – sei es auf der Ebene
der Handlungsführung, sei es auf der der Erzählperspektive,
die streckenweise auktorialen Charakter annimmt. Vielsa-
gend ist allein schon die Einführung des Helden: »[...] in
dem kleinen [Bett] lag ein Junge, der hatte blonde Locken
auf dem Kopfe und rote Backen und schlief fest.« Der kinderliterarische Erfolg der Berni-Geschichten – als solche
darf man diese Prosastücke mit einigem Recht wieder bezeichnen – belegt auf indirekte Weise den Schwierigkeits-
grad, den offene Prosaformen und skizzenhafte Darstel-
lungsweisen für kindliche Rezipienten besitzen. – Richard
Hennings greift mit seinen Heini-Büchern das Scharrel-*

mannsche Erfolgsrezept auf; einzelne Abschnitte scheinen
zwar blasser, teilweise auch läppischer geraten zu sein, der
Prosaband als ganzer wirkt jedoch impressionistischer, und
damit in formaler Hinsicht moderner als die Berni-Geschichten. – In den von Scharrelmann vorgezeichneten Bahnen bewegt sich schließlich auch Ernst Lorenzen, dessen
Heini Will die Stadt im Augenblick der Mobilmachung erlebt. Der Autor ist erkennbar bemüht, auch irritierende
Eindrücke des kindlichen Protagonisten, wie moderat auch
immer, zur Sprache kommen zu lassen. – Erst die 20er Jahre
bescheren – etwa mit Ilse Manz' »Klein Hilde« (1920/21),
Heinrich Scharrelmanns »Inge« (1920) und Franz Lichten-
bergers »Klein Susel« (1923/25) – Prosa-Bände vergleich-
barer Art mit einem Mädchen als zentraler Figur.

ILSE FRAPAN

Hamburger Bilder für Kinder

1899

[15] *Der Radfahrer.*

Hui, was fliegt da die Straße entlang? Ich sehe zwei Räder,
die sich schnell drehen und obendarauf hockt ein Mensch,
und seine Beine heben und senken sich, als träte er eine
Nähmaschine. »Lustig ist's, so dahin zu sausen, auf der ebe-
nen Straße«, das steht auf des Radfahrers Gesicht geschrieben. Sieh, wie gewandt er sich mit dem schmalen Rade zwischen zwei Wagen hindurchschlängelt, nirgends anstößt,
höflich den Fußgängern ausweicht. Das ist einer, der das
Fahren [16] auf dem Zweirad gut versteht. Auch vorsichtig
ist er. Immer hat er die Hand an dem Glöckchen, und wenn

jemand seinen Weg kreuzt, so klingelt er. Er warnt uns. Er
hat Furcht, jemand zu verletzen oder gar zu überfahren. Ja,
nun wird das Menschengedränge zu dicht, nun muß der
Radfahrer absteigen. Nun führt er sein Zweirad mit der
Hand neben sich her. Er lacht dabei und denkt: muß ich
dich auch führen, mein liebes Zweirad, so brauche ich dich
doch nicht zu füttern, wie der Kutscher dort auf dem Platz
seine Pferde füttert. Jetzt ist Raum geworden. Schnell
schwingt sich der Radfahrer wieder auf sein Rad, ergreift
die Lenkstange und rollt schnell dahin. Es geht weich und
sanft.

Die Räder sind mit einem Gummischlauch eingefaßt. Im
Schlauch ist Luft. Nein, ich freue mich, daß ich kein Fußgänger bin, denkt der Radfahrer. P–ff! macht es plötzlich!
Oh weh! oh weh! Was ist geschehen? Der Gummischlauch
ist geplatzt, die Luft ist aus dem Schlauch entwichen! Das
kommt von der alten Glasscherbe her, die auf dem Fahrweg
liegt. Die Scherbe hat den Schlauch zerschnitten. Armer

Radfahrer, was machst du jetzt? Wieder ist er abgestiegen, wieder führt er sein stählernes Pferd am Zügel. Aber das Pferd ist jetzt krank, und der Radfahrer macht ein langes Gesicht. Er wollte so schnell nach Bergedorf radeln; nun muß er sich eine ruhige Straße suchen und sein Zweirad flicken. »Siehst du«, sagt der Fußgänger, »jetzt lachst du mich nicht mehr aus! Jetzt lauf' ich an dir vorbei, etsch!«
[17] »Klinglingling!« tönt es hinter dem Fußgänger. »Schon wieder ein Radfahrer?« Ja, aber diesmal ist's ein Dreirad, das daher kommt, und darauf sitzt ein Hausknecht mit einem schweren Koffer. Dem gefällt das Dreirad sehr, das gute Dreirad, das nicht nur den schweren Koffer, sondern noch ihn selber schleppt! Wem sollte es nicht gefallen?

[18] *Die Straßenbahn.*

Es rasselt und klingelt; dort um die Ecke kommt etwas großes Gelbes, ein langer Wagen ohne Pferde! Das ist die elektrische Bahn. Ihre Schienen laufen die Straße entlang; oft sehe ich große blaue Funken oben aus den Drähten springen. Die Funken sehen aus wie kleine Blitze; schnell kommen und verschwinden sie. Ist es nicht lustig, so ohne Pferde durch die Straßen gefahren zu werden? Ich war immer traurig um die armen Pferde vor den Pferdebahnwagen. So schwer müssen sie ziehen, so viele, viele Menschen schleppen, und an jeder Straßenecke beinah ist eine Haltestelle. Wie strengen sich die Pferde an, den Wagen immer wieder in Gang zu bringen, wenn er gehalten hat! Wie traurig und müde hängen sie [19] abends die Köpfe! Wie unruhig schlagen sie mit den buschigen Schwänzen nach den Stechmücken, die ihnen um die Ohren summen, nach den Bremsen, die sie blutig stechen! Arme gequälte Pferde, jetzt brauchen wir euch nicht mehr für die schweren Wagen! Jetzt führt uns der schöne blaue Funke spazieren, der aus den Drähten aufblitzt. Glatt und gemütlich fahren wir den

weitesten Weg. Mag auch am Sonntag der Wagen fast über-
füllt sein, – das schadet nicht, kein armes Pferd muß deshalb
schwitzen. Mag auch an jeder Straßenecke der Wagen halten, – das schadet nicht, kein müdes Pferd muß deshalb
seine Kräfte anstrengen. Hell und lieblich brennt der schöne
blaue Funke als Lampe im Wagen, wenn es dunkel wird. Er
leuchtet wie der liebe Mond über der schönen Alster, ohne
Rauch, ohne Dunst.

[63]   *Unterm Dach.*

Neulich war Guschen Möller bei uns, weil mein Geburtstag
war. Wir wohnen in der fünften Etage. Als Guschen ankam,
sagte sie »Oha!«
Ich fragte sie: »Warum sagst du oha?«
Guschen nickte mit dem Kopf.
»Weil ihr fünf Treppen hoch wohnt. Meine Mama sagt
schon oha! wenn sie drei Treppen rauf geht.«
Als wir Kaffee getrunken und Kuchen gegessen [64] hatten,
guckten wir aus dem Fenster. Zuerst fing Guschen an zu
schreien: »O Gott, o Gott, nein!« und hielt sich an meinem
Kleid fest.
»Was ist da los?« fragte ich.
»Weil ihr so hoch wohnt! Man kriegt es ja mit 'n Schwindel.
Da möchte ich nicht runterfallen! äh!« Sie zeigte auf die
Straße hinunter.
»Nee, hinunterfallen möchte ich auch nicht. Aber das thut
ja auch nicht nötig«, sagte ich. Guschen war ein bißchen komisch. Ich mußte über sie lachen. »Hier sieht es gelungen
aus!« sagte sie, »nichts als Dächer und Dächer und Schornsteine und Schornsteine!« Als Guschen das sagte, fiel es mir
erst selber auf. Ja, das ist wahr, Leute sieht man beinahe garnicht bei uns, aber desto mehr Schornsteine. Guschen fand
es bald sehr schön bei uns: »Einige Dächer sind rot, die sind
gewiß neu. Die schimmeligen grauen da drüben müßten

mal abgeseift werden! Guck, da kommt Rauch aus den
Schornsteinen! Blauer, gelber, schwarzer Rauch! Das hab'
ich auch nicht gewußt, daß der Rauch verschiedene Farben
hat! Guck, wie das wirbelt! Ob wohl aus solchen Schornsteinen mit solchem schwarzen Rauch die Hexen auf dem
Besenstiel herausreiten?« sagte Guschen. »Hexen giebt es
gar nicht«, sagte ich, »das ist dummer Aberglaube.« Aber
Guschen sagte, das wäre nur schade, und sie möchte ganz
gern eine Hexe sein und über die Dächer wegfliegen, wie
eine schwarze Krähe.

»Krah! krah!« schrie es plötzlich. Guschen fuhr vom Fenster zurück. Da flog gerade über die Dächer [65] eine blanke
schwarze Krähe weg, und dann kam sie zurück und setzte
sich auf eine rote Dachpfanne.

»Du! sie guckt uns so merkwürdig an!« sagte Guschen und
kniff mich in den Arm. Die Krähe hatte eigentlich ein lä-
cherliches Gesicht, ganz frech saß sie da und starrte in unser
Fenster. Mit einem Mal schrie Guschen: »Die Katze! guck
die Katze!«

In der Dachrinne vor uns, ganz dicht, saß eine große gelbe
Katze mit schwarzem Schwanz und weißen Pfoten. Sie
hatte sich ganz zusammengeduckt, sie rührte sich nicht, nur
der Schnurrbart zitterte und der dicke schwarze Schwanz.

»Die lauert!« sagte Guschen.

Jetzt fingen eine Menge Sperlinge an zu piepen, zu flattern,
mit den Flügeln zu schlagen. Sie flogen um die Katze, pick-
ten von oben nach ihr, schrieen und schalten. Und die Krähe
schrie mit »krah! krah! krah!«

Da nahm die Katze einen Sprung und verschwand in einem
Bodenfenster.

»Etsch! etsch!« rief Guschen, ich freute mich auch, daß sie
keinen Vogel bekommen hatte. Die ganze Luft war voll
Spatzen.

Die Sonne kam noch durch. Hinter den Dächern sahen wir
die Masten der Schiffe im Hafen. Eine kleine Wetterfahne
glänzte wie von Silber. Wir hörten die Dampfer heulen, und

dann wachte der Wind auf und krachte im Schornstein. »Bei euch kann man bange werden, aber schön ist es doch«, sagte Guschen, als sie wegging.

[77]   *In der zweiten Elbstraße.*

Ich mag sehr gern durch die zweite Elbstraße gehen. Dort sieht es ganz anders aus, als in anderen Straßen. Zwei Reihen Karren stehen da dicht nebeneinander. Auf jeder Karre liegen Waren. Alles ist zu verkaufen. Neben jeder Karre steht der Verkäufer oder die Verkäuferin und ruft aus, was zu verkaufen ist.

[78] »Kuddelmuddel! Kuddelmuddel! und nicks im Buddel!« schreit der eine. Auf seiner Karre liegen Portemonnaies, Hemdknöpfe, Broschen, Cigarrenbecher, Strümpfe, Strumpfbänder, Tassen und Salzfässer – alles durcheinander. Der Verkäufer macht allerlei Unsinn. Er klappert mit den Tassen, daß sie klirren. Er schlenkert die Strümpfe hin und her. Er guckt in die Portemonnaies, als ob Geld darin wäre; und sie sind doch leer. Auf der Karre nebenan sind lauter alte Stiefel. Sie haben Reester und krumme Schnauzen. Sie sind alle geflickt. Viele Männer stehen an dieser Karre. Sie nehmen einen Stiefel auf und werfen ihn wieder hin. Dann nehmen sie ihn noch einmal in die Hand, besehen ihn von allen Seiten, fragen die Verkäuferin, wieviel dies Paar kosten soll. Wenn die Frau den Preis sagt, fangen sie an zu handeln. »Fief Mark«, sagt die Frau. »Dree Mark is noch toveel«, sagt der Käufer und lacht und wirft den Stiefel wieder auf die Karre. Zuletzt kauft er ihn doch. Die Verkäuferin hat ihm das Paar für drei Mark funfzig gelassen. Er geht damit weg. Die Straße ist naß und schmutzig. Jetzt kann der Mann sich wenigstens trockene Stiefel anziehen. Sie werden wohl nicht lange halten, weil er sie für alt gekauft hat, aber dafür sind sie auch billig. Neue Stiefel kosten fünfmal so viel. Der Mann ist gewiß nicht reich. Sein Rock sieht abgeschabt aus.

Sein Gesicht ist blaß und traurig. Vielleicht hat er keine Arbeit. Er besieht immer wieder die Stiefel in seiner Hand. Er ist wohl froh, [79] daß er den Trödler gefunden hat, der alte Stiefel verkauft.

Solch ein Lärm ist in der Elbstraße, daß man fast nichts verstehen kann. Überall wird verkauft und gekauft. An den Karren, auf der Straße, vor den Häusern auf dem Trottoir und in den kleinen niedrigen Läden hört man die Leute laut sprechen und schreien. Beinahe an jedem Laden ist zu lesen: »Verkauf von alten Kleidern.« Der Eingang der Läden hängt ganz voll von alten Hosen, Röcken und Westen. Alle die Männer und Frauen, die diese alten Sachen kaufen, sind zu arm, um sich neue Kleider zu kaufen. Das ist traurig. Neue Kleider kauft man doch viel lieber als alte. Es ist gewiß nicht angenehm, alte Kleider anzuziehen, die nicht einmal alle sauber sind. Wenn ich groß bin und Geld habe, möchte ich all diesen armen Leuten, die hierher kommen, um sich alte Kleider zu kaufen, neue Kleider schenken!

Dann würden sie sich freuen, und ich auch! Dem alten
Mann mit dem grauschwarzen Bart schenkte ich einen
neuen Rock, denn der, den er an hat, ist ganz abgetragen
und blank auf dem Buckel. Der armen Frau mit dem kleinen Kind auf dem Arm, schenkte ich einen warmen Mantel.
Und für das Kind kaufte ich Bonbons, denn es hustet ganz
schrecklich. Und solche gestrickte Puppe, wie sie hier auf
der Karre liegen, schenkte ich dem Kind auch, damit kann
es sich nicht weh thun.

Jetzt muß ich nur sehen, daß ich recht schnell groß werde
und Geld kriege! das denke ich jedesmal, [80] wenn ich
durch die Elbstraße gehe, wo die Trödler wohnen, und wo
die armen Leute sich alte Kleider kaufen müssen.

KLARA ZETKIN (Red.)

Für unsere Kinder

1905–21

[1906; Nr. 9, 33]   *Sedan.*

Bum – bum – bum – bum.
Otto spitzte die Ohren.
Jetzt hörte er auch zwischendurch schon das Tschingdara.
Im vorigen Jahre war er noch in die Vorderstube gelaufen
und hatte aus dem Fenster hinabgesehen.
Männer mit weißen Bärten und glänzenden schwarzen Hü-
ten waren in steifem Schritte würdevoll durch die Straßen
geschritten. Hier und da war ein Musikkorps in dem Zuge.
An der Spitze marschierte die Militärkapelle und hinter ihr
drein eine Anzahl Offiziere.
Im gewöhnlichen Leben waren sie keine Offiziere. Heinz

Müller, der eine Realschule besuchte, hatte Otto einen seiner Lehrer darunter gezeigt, einen dicken Herrn mit goldener Brille, der beim Marschieren sehr schwitzte.

Heinz Müllers Vater war auch mit im Zuge gewesen. Er hatte seine beste Zugführeruniform an, und auf der Brust trug er einen Orden. Als Heinz ihn sah, rief er laut: »Vater!« und der Vater hatte seinen Heinz daraufhin feierlich angelächelt und grüßend die Hand an die Mütze gelegt.

»Ist dein Vater nicht mit im Sedanfestzug?« so hatte Heinz Otto gefragt.

»Nein«, antwortete Otto kurz.

»Warum nicht? Ist er nicht im Kriegerverein?«

»Nein, mein Vater ist im Verband.«

»Im Verband? In was für'n Verband? Was ist das?«

»Im Holzarbeiterverband. Der marschiert nicht mit beim Sedanfest.«

»Warum nicht? Das sind wohl alles Sozialdemokraten?«

»Ja, das sind's auch! Mein Vater sagt, ein Arbeiter freut sich nicht darüber, wenn Krieg ist.«

»Die Schlacht bei Sedan war doch schon vor 36 Jahren.«

»Mein Vater sagt, daß man erst recht nicht nach so vielen Jahren eine Schlacht feiern soll.«

Heinz hatte Ottos Vater davon erzählt, daß sie in der Sekunda Schillers Tell läsen, und da hatte Ottos Vater ihm den ganzen Tell erzählt und erklärt und viele Zitate daraus vorgetragen.

> »Ans Vaterland, ans teure schließ dich an,
> Das halte fest mit deinem ganzen Herzen.«

Das sei schon richtig, hatte Ottos Vater erklärt, aber dann müsse das Vaterland auch so frei und schön sein, wie es die Schweiz damals gewesen sei, nachdem sich die Schweizer befreit hätten. Solange ein Druck auf dem Vaterlande ruhe, sei es höchste patriotische Pflicht, diesen Druck zu beseitigen. Es brauchten nicht immer äußere Feinde, Franzosen oder Russen, zu sein, die unser Volk bedrücken;

die unfreien Zustände, die gegenwärtig in Deutschland herrschten, seien jetzt der schlimmste Feind Deutschlands.

Otto und Heinz verstanden nicht immer alles, was Ottos Vater ihnen erzählte. Aber vieles leuchtete ihnen doch ein, und oft sprachen sie miteinander über dieses und jenes. Soviel hatten sie bald gelernt, daß die wahre Vaterlandsliebe nicht im Hurrarufen besteht, und daß es kein Ruhm ist für ein großes Reich, wenn es Jahr für Jahr durch pomphafte Umzüge und donnernde Festreden den Tag feiert, an dem vor vielen, vielen Jahren eine stolze, zivilisierte Nation durch Kanonen und Flinten, durch Blut und Massenmord besiegt und in den Staub gezwungen worden ist.

Wenn sie beide in der Schule, der eine in der Volksschule, der andere in der Realschule, in den Tagen vor Sedan patriotische Lieder singen mußten, so dachten sie aneinander, und wenn es der Lehrer nicht merkte, sangen sie die Lieder nicht mit.

Bei der diesjährigen Sedanfeier hatten sie sich vorgenommen, nicht mit auf die Straßen zu laufen, wenn der Festzug kam. Sie wollten das große Heer der Gaffer nicht noch vermehren.

Heinz hatte Otto versprochen, zu ihm zu kommen, wenn er unauffällig vom Hause verschwinden könnte.

Aber er schien doch abgehalten zu sein. Otto hielt sich die Ohren zu, um das Tsching-tsching, Bum-bum, das jetzt ganz nahe herangekommen war, nicht zu hören.

So hörte er auch anfangs nicht, als sich die Tür öffnete und Heinz mit erhitztem Gesicht hereinstürzte.

»Mensch«, sagte er zu Otto, »das war ein Kunststück, hierher zu kommen. Erst konnte ich schwer von zu Hause fort, wenn ich nicht mit der Mutter und den anderen zum Festzug wollte, und als ich mich endlich gedrückt hatte, mußte ich einen großen Umweg machen, weil wegen des Festzugs die Hauptstraßen gesperrt waren. Gerade als ich in euer Haus sprang, bog der Zug um die Ecke.«

Die Musik hörte plötzlich auf, und das Trommler- und Pfeiferkorps machte einen Höllenspektakel.

»Weißt du noch«, sagte Heinz, »im vorigen Jahre guckten wir noch beide zu.«

»Ja, und du riefst noch deinen Vater.«

»Aber heute rufe ich ihn nicht!«

Er griff nach einem Buche, das auf dem Tische lag.

Kaum hatte er einige Seiten darin durchblättert, als er wie elektrisiert aufsprang und ausrief:

»Höre, Otto, hier habe ich ein Gedicht, das paßt für den heutigen Tag. Höre zu:

> »Wacht auf! Wacht auf!
> Ihr habt zweitausend Jahre geschlafen,
> Das ist lange genug. Wacht auf! Seht,
> Es will lichter Morgen werden!
> Und es hören es die Hügel,
> Und es hören es die Täler,

[34]
> Und es hören es die Ufer des Meeres alle,
> Und die Wellen am Ufer hören es,
> Und beginnen es gegeneinander zu schlagen.
> Und die Tiefen des Meeres hören es,
> Und steigen mit Freuden empor,
> Und die letzten Wellen hören es
> Und schlagen es an die Felsen mit Jubel.
> Da dröhnt das Land.
> Ein neues Licht durchzuckt alle Menschen,
> Aufjauchzen die Nationen der Erde.
> Denn der Fluch ist von ihnen genommn,
> Und den Blinden sind die Augen aufgetan
> Und wollen als freie Menschen auf Erden wohnen,
> Und ein Blutbad unter ihnen wird nicht mehr sein.«

Otto schaute gedankenvoll und ergriffen in den Garten, wo sich schwere Früchte auf schwanken Zweigen wiegten.

Weit, weit in der Ferne klang es dumpf:

Bum – bum – bum – bum!

Ernst Almsloh

FRITZ GANSBERG und HEINRICH EILDERMANN

Unsere Jungs

1906; 4. Aufl. [um 1925]

[77]   *Der neue Anzug.*

Die Kinder mußten schon tüchtig mithelfen. Ach was, sagte
der Vater, wenn die Mutter ihnen beistehen wollte, spielen?
Kaffee trinken? Schularbeiten machen? Erst kommt unser
Geschäft, und da sollen die Kinder auch mit verdienen.
Diese Kinder, die so viel kosten – Kleider, Schuhe, Essen,
Trinken, Schulgeld, Spielsachen – sie sollen sich auch nütz-
lich machen. – Ja ja, sagte die Mutter, die am Herde stand
im blauen Dampf beim Pufferbacken, aber wir essen ja
gleich, und dann müssen sie ja nach der Schule. – Und
Hanni, das große Mädchen, weinte, daß sie noch einen Weg
ausgehen sollte. Aber der Vater war böse und schalt, und er
hätte nichts von der Deern; und kurz und gut, Hanni
mußte los, den Hut aufsetzen und einen neuen Anzug für
einen Herrn auf den Arm nehmen. – Faß doch ordentlich
an, sagte der Vater, denn sie packte das schön glatt gebü-
gelte Zeug so patschig an, daß es lauter Falten bekam,
warte doch nur, ich will es dir schon geben. – Und dann
legte er ihr das Zeug fein sauber über den Arm – erst die
Hose, die war so platt, so platt wie ein dicker Schlauch, auf
den man sich mit beiden Füßen hinaufgestellt hat; dann die
Weste, aber das hübsche, seidene Futter nach außen; oben
drauf der Rock, auch das Futter nach außen, so daß man in
die Ärmel hineinsehen konnte, – darin war dasselbe seidene
Futter wie an der Weste, und hinten am Kragen saß ein
hübsches, kleines Aufhängeband, darauf stand gedruckt der
Name des Vaters, [78] auch auf den Hosenknöpfen war er
zu lesen. – So, nun lauf zu, sagte der Vater, aber als er ihr
die Haustür aufmachte und zum Himmel hinaufsah, da

mußte sie noch mal warten – es könnte Regen geben – und
es sah auch grau am Himmel aus; darum wurde noch ein
grünes Tuch über das Zeug gebreitet, und dann mußte
Hanni zulaufen.

Ja, sie kam richtig zu spät, denn der Herr sagte, sie sollte
eben warten, und ging in die Kammer und probierte den
Anzug an. Und Hanni konnte doch nicht nein sagen! Wenn
das Zeug nicht saß, und etwa die Hose zu lang oder die Weste zu weit geworden war, so würde der Vater das ändern,
ohne daß es nachher zu sehen war. Aber die Anprobe dauerte eine Zeit und alle Zeit, und Hanni saß ängstlich in der
fremden Stube und sah die Bilder an und sah auf die Straße,
wo schon die Schulkinder wieder mit ihren Büchern gingen.
Endlich kam der Herr wieder heraus und sagte, es säße alles
gut, und ob ihr Papa gesagt hätte, was der Anzug denn kostete. – Ja, es steht hier auf dem Zettel, sagte Hanni und
langte einen etwas zerknitterten Schein aus der Tasche. Darauf stand der Name des Vaters und die Wohnung gedruckt,
und dann weiter unten, auf den gedruckten Linien, was der
Anzug kostete – 1. das Zeug, 2. das Futter und die Zutaten
und 3. das Machen – Strich darunter, die ganze Summe. – O
weh, die Rechnung, ist ja schon quittiert, sagte der junge
Mann und kratzte sich hinter den Ohren. Und richtig, der
Vater hatte gleich darauf geschrieben: Mit Dank erhalten,
und seinen Namen darunter. Aber er hatte Hanni auch gesagt – und das wußte sie auch schon von selbst – daß sie den
Zettel nicht hingeben dürfte, wenn sie nicht das Geld bekäme. – Ach dann komme ich die nächsten Tage mal vor,
sagte der junge Mann und gab ihr die Rechnung zurück. –
Aber was hast du denn, setzte er auf einmal hinzu, weinst
du? – Richtig, in ihrem Auge war es ganz voll Wasser, und
nun konnte sie sich nicht mehr halten, denn die Uhr, die auf
der Kommode stand, war schon viertel vor 2, und sie fing
an zu weinen, und sie müßte nach der Schule und hätte noch
gar nichts gegessen. – O du liebe Zeit, sagte der junge
Mann, das hätt ich nur wissen sollen, dann lauf nur schnell

zu! Aber die alte, dumme Weckuhr, die geht 10 Minuten zu
früh, und wenn du schnell zuläufst, [79] kannst du auch
noch drei Puffer essen. Hier hast du auch –. Und er wollte
ihr noch 5 Pfennige geben. Aber das mochte Hanni doch
nicht annehmen – ein Stück Kuchen aber, das der junge
Herr aus dem Kommodenauszug holte, das nahm sie doch
mit Dank an, wischte sich die Tränen ab, aß und lief und
kam mit roten Backen im Hause an. Im Hause war es ganz
voll von Pufferrauch, ordentlich blau war es auf dem Vor-
platz – sie waren aber schon fast ganz fertig mit Essen. –
Nun setz dich nur, sagte die Mutter, ich habe dir schon einen kaputt geschnitten, einen kannst du wohl noch unterwegs essen, und die andern stell ich dir in den Ofen für
heute nachmittag. – Und wenn du zu spät kommst, sagte
der Vater, als Hanni mit beiden Backen kauend schon wieder aufsprang, sage, du hättest noch mit im Geschäft helfen
müssen, wir hätten so viel zu tun.
Aber Hanni kam gerade noch im Klingeln.

HEINRICH SCHARRELMANN

Ein kleiner Junge. Was er sah und hörte,
als er noch nicht zur Schule ging.

1908; 4.–6. Tsd. 1909

[52]   *Die Straße wird gepflastert.*

Eines Morgens, als Frau Becker ihren Berni geweckt hatte,
fragte er: »Mutter, was ist das für ein Spektakel auf der
Straße?« Von unten schallten Stimmen und Klopfen und
Hämmern herauf, wie man es sonst gar nicht gewohnt war.
»Ja, steh du nur auf, dann sollst du schon sehen, was es

unten gibt«, sagte die Mutter. Berni lief im Hemd ans Fenster und drückte sein Gesicht gegen die Scheiben. Aber er konnte nichts rechtes sehen, nur, daß die Trottoirsteinplatten aufgehoben waren, sah er von da oben.

Als er gegessen und getrunken hatte, ging er gleich hinunter. Da sah er, daß in der ganzen Straße das Pflaster aufgerissen war. Sie sollte neu gepflastert werden.

Wagen kamen gefahren und brachten die alten, schlecht gewordenen Pflastersteine fort; Sandwagen fuhren frischen Flußsand heran. Mitten auf der Straße hatte man schmale Geleise gelegt, darauf fuhren kleine Kippwagen, die den Arbeitern neue Pflastersteine brachten.

Willy Weber stand auch vor seiner Haustür und winkte. Und Else kam auch. So standen die drei und guckten aus und sahen zu, wie die Straßenmacher die alten Steine mit ihren Brecheisen losbrachen und die neuen dafür einsetzten. Die Pferde vor den Sandwagen konnten die schweren Lasten oft nicht mehr vorwärts bringen, wenn sie an eine Stelle kamen, wo das Pflaster schon [54] aufgerissen war. Manchmal blieben die Wagen bis an die Achsen der Räder in dem aufgewühlten Boden stecken. Dann rief der Fuhrmann ein Dutzend Arbeiter heran, die griffen mit in die Radspeichen und brachten den Wagen dann glücklich wieder auf festen Boden.

Das gebrochene Rad.

Das hatten die Kinder schon zweimal mit angesehen, da kam wieder ein schwerer Sandwagen herangepoltert. Mit lautem »Hüh!« wurden die Pferde in den aufgerissenen Teil der Straße getrieben. Aber gerade an der Stelle, wo das Pflaster aufhörte und der Wagen von den letzten Steinen in den weichen Sand hinunterrutschte, gab es auf einmal einen lauten Krach und der Wagen kippte um. Die Pferde standen keuchend und mit weit offenen Nüstern da.

Ein Rad war gebrochen. Der Kutscher stand und sah das Unglück an. Dann nahm er die Peitsche und schlug auf seine Pferde, daß sie ordentlich in die Höhe gingen. Er schalt und schimpfte mit ihnen. Aber die Tiere hatten doch keine Schuld! Leute, die vorübergingen, sahen das und ein Mann rief dem Kutscher zu: »Lassen Sie die Pferde in Ruhe, sonst werden Sie angezeigt; die Pferde sind doch nicht schuld daran, daß das Rad gebrochen ist!« »Wat verstoht Se davon, swigen Se man still, Se heft hie nix to seggen!« schrie der Kutscher. Die Arbeiter kamen herzu und redeten auf den Kutscher ein. Er hatte ja selbst schuld. Warum hatte er seinen Wagen so übervoll geladen und mit solchem Galopp von dem Platze herunter in den weichen Sand gejagt. Der Aufseher der Arbeiter kam und schalt den Fuhrknecht auch [55] aus. Der knurrte in den Bart und drohte den Pferden. Dann ließ er die Zügel auf die Erde fallen und kletterte auf den umgekippten Wagen und schaufelte den Sand vom Wagen herunter.

Als er leer war, faßten die übrigen mit an und hoben ihn auf. Es wurde ein Balken mit Tauen und Ketten unter die gebrochene Achse gebracht und dann fuhr er davon.

Als er fort war, hörte die Arbeit in der Straße auf, denn die Straßenmacher wollten frühstücken.

Die Pause.

Sie setzten sich in den weichen, gelben Sand und holten sich ihre dicken Brotschnitte und Speck- oder Wurststücke heraus. Dazu tranken sie Kaffee aus Blechflaschen.

Als die Arbeiter frühstückten, gingen Berni und Willy und Else nach einem großen Sandhaufen und spielten. Sie gruben sich mit den Händen einen langen Tunnel mitten durch den Sand und bauten eine Treppe, die sollte den hohen Berg hinaufführen. Aber gerade, als sie im schön-[56]sten Spielen waren, war die Frühstückszeit zu Ende und ein Arbeiter

jagte sie davon. Sie mußten wieder stehn und zugucken.
Aber oft gingen sie in den nächsten Tagen noch zu dem großen Sandhaufen, um Kuchen zu backen oder einen Garten
zu machen oder andere Spiele zu spielen.

[64]   *Nach der Neustadt.*

Sie gingen zusammen durch die Stadt. »Hier bin ich auch
schon gewesen«, sagte Berni jedesmal, wenn sie in eine andere Straße kamen, »hier auch schon! hier auch schon!«
Aber da bog die Mutter um eine Ecke und kam auf den Ge-
müsemarkt. Da machte Berni große Augen, denn dort war
er noch nicht gewesen. Die Hökerfrauen saßen in Reihen
hinter ihren Körben mit Butter und Eiern und Gemüse.
Die Stadtfrauen, die kaufen wollten, gingen von einem
Stande zum andern und fragten nach den Preisen und be-
sahen sich die ausgestellten Waren. Da war ein Bauer, der
einen großen Kasten mit Hühnern vor sich zum [65] Verkaufe stehen hatte, ein andrer verkaufte Tauben, wieder einer junge Hunde und Kaninchen.
Berni wollte gar nicht weiter. Besonders die jungen Hunde
gefielen ihm, sie waren weiß mit schwarzen Flecken und
lagen in einem dichten Knäuel auf Stroh zusammen. »Ach,
wenn ich doch einen solchen Hund hätte!« seufzte er, »wie
schön kann man damit spielen! Der sollte aber Kunststücke
lernen!« »Wart nur, bis wir zu Oldenburgs kommen, die
haben einen Hund, mit dem kannst du heute spielen.« »Wie
heißt er denn?« »Türk.« »Beißt er auch?« »Nein, er tut niemand etwas. Er hat ein Halsband um und kann auch Kunststücke machen.«

Auf der Brücke.

Dann gingen sie weiter. Sie kamen nun zu der großen
Brücke, die nach der Neustadt hinüberführte. Unten auf
dem Flusse lagen Segelschiffe, die ganz mit Säcken gefüllt
waren. Oben auf der Ufermauer drehte [66] sich ein Lade-
kran, der immer vier Säcke, die mit einem Tau umschlungen
waren, auf einmal aus dem Schiffe heraufholte. Die Säcke
wurden auf kleine Wagen geladen und in ein riesiges Fa-
briktor hineingefahren. Eine Unmenge Spatzen saßen auf
dem Schiffe und balgten sich auf der Straße herum. Sie pick-
ten kleine, braune Körner auf, die hin und wieder aus einem
Sacke fielen.
»Was ist in den Säcken?« fragte Berni. »Ich glaube es ist
Reis darin«, antwortete die Mutter. »Der kommt von ganz
weit her, aus dem heißen Lande, wo die Sonne die Leute alle
wie Zigeuner braun und schwarz gebrannt hat. Den bringen
dann die großen Dampfer nach Bremerhaven, und von dort
werden die Säcke in diese kleinen Segelschiffe geladen und
nach Bremen gebracht.« »Die Schiffe sind doch nicht klein«,
sagte Berni. »Wenn du [67] an ein Ruderboot denkst, sind
sie groß, und wenn ich an einen Seedampfer denke, sind sie
klein«, sagte die Mutter. »Nun werden die Säcke in die
Reismühle gebracht, damit die Körner geschält werden.«
Berni lief hin und suchte sich ein paar Körner auf, die auf
dem Pflaster lagen. Sie sahen beinahe aus wie Roggenkör-
ner und waren mit einer braunen, harten Hülse überzogen.
»Die werden abgelöst, dann sieht man den weißen Kern«,
sagte die Mutter, »und von der Reismühle kaufen dann wieder die Krämer ihren Reis oder die Reisstärke.«
Auf beiden Seiten der Straßen, durch welche sie hindurch-
gingen, standen hohe Packhäuser und Speicher. Zollbeamte
waren vor den offenen Türen, schwere Lastwagen fuhren
und brachten oder holten Riesenfässer mit Tabak, schwere
Packen in Matten genäht, oder Kisten und Kasten. Auch
Fabriken lagen an den Straßen. Er hörte aus einer Kisten-

fabrik heraus das Kreischen der Sägen und das Stampfen der
Maschinen.
Küper, Fabrikarbeiter und Schreiber aus den Kontoren,
Zollbeamte und Kassierer, mit ihren schwarzen Lederta-
schen, begegneten ihnen. Dann kamen sie in stillere Stra-
ßen.

Die Schmiede.

»O Mutter! Mutter! wart mal!« rief Berni und blieb vor einem weit geöffneten Tore stehen. Es war eine Schmiede.
Der Schmied stand am Amboß und ein Geselle bei ihm. Der
Lehrling zog an dem großen Blasebalge und stocherte mit
einem Eisenhaken in dem Feuer herum, das jedesmal hell
aufglühte, wenn der Blasebalg angezogen wurde. Alles in
der Schmiede war dunkel und schwarz vom Rauch. Hunderte von Hufeisen lagen auf [68] dem Fußboden in einem
Haufen. Wagenräder, neue und alte, heile und zerbrochene,
standen herum. Eine große Bohrmaschine war in einer Ecke
aufgestellt. Schwere Hämmer und lange Eisenzangen lehnten an dem Amboß. Der Schmiedemeister griff mit seiner
Zange in das Feuer und holte ein weißglühendes Stück
Eisen heraus. Das wurde auf den Amboß gelegt und der
Geselle faßte einen schweren Hammer mit beiden Händen
und ließ ihn auf das glühende Eisenstück niederfallen. Der
Meister klopfte mit einem kleinen Hammer im Takte dazu.
Bumm-ping, ping, bumm-ping, ping, bumm-ping, ping«,
schallte es immer genau im Takte. Das glühende Eisen
wurde durch jeden Schlag breiter und platter geklopft. Die
Funken sprangen, sowie der große Hammer das Eisen traf,
nach allen Seiten, an die Lederschürze des Gesellen, auf
den Boden und überallhin. Dann wurde das Eisen mit
der Zange herumgedreht und wieder mit dem schweren
Ham-[69]mer bearbeitet. Als es nicht mehr ordentlich glü-
hend war, kam es noch einmal in das Feuer.

Berni hätte noch immer zusehen mögen und wäre am liebsten in die Schmiede hineingegangen, aber seine Mutter, die zur rechten Zeit da sein mußte, konnte nicht mehr warten und so gingen sie weiter. »Ich will auch Schmied werden«, sagte Berni, »und dann muß ich auch Hufeisen machen, und einen Amboß haben und einen dicken Hammer.« »Erst mußt du groß und stark sein, mein Kind«, sagte die Mutter, »sonst kannst du kein Schmied werden.«

[98]   *Schaufenster.*

Es war ein paar Tage vor Weihnachten. Der hohe Schnee war längst wieder fortgetaut, und nun war klares Frostwetter gekommen. Berni, Willy und Else waren an einem Nachmittage in die Stadt gegangen, um Schaufenster zu besehen.
Was für Menschen waren unterwegs! Fast alle [99] trugen Weihnachtspakete. Die Laufjungen und Austrägerinnen in den Geschäften hatten alle Hände voll zu tun und kamen abends totmüde nach Hause. Vor den Schaufenstern drängten sich Kinder und Erwachsene, um die ausgestellten Herrlichkeiten zu besehen.
Sie kamen zu einem Buchladen. Bunte Weihnachtsbücher lagen in Reihen hinter der großen Spiegelscheibe. Über den Büchern waren Bilder aufgehängt. Der Stall zu Bethlehem, und die Weisen aus dem Morgenlande. Christus auf dem Meere, und eine kleine Kirche, mitten in einem verschneiten Walde. Wie schön war das! Hinter den hellen, roten Kirchenfenstern wurde sicher die Orgel gespielt, und da stand wohl gerade der Pastor auf der Kanzel. Eine alte Mutter arbeitete sich durch den Schnee noch als letzte hindurch. Der dunkelblaue Himmel mit tausend Sternen und die schweigenden Tannen ringsum, auf jedem Zweige dick mit Schnee behangen. Berni schaute mit träumenden Augen zu dem Bilde empor. Die Frau sah aus wie Frau Meyer. Die hatte in

ihrer Kommode auch solch ein Gesangbuch mit Gold-
schnitt, wie diese alte Mutter in ihrer Hand trug. Aber wo
mochte diese Kirche stehen? – – – Die ausgelegten Bücher
hatten fast alle bunte Umschläge. Da war ein Tierbuch, mit
einem großen Löwenkopf darauf, ein Indianerbuch mit rei-
tenden Indianern, die wilde Ochsen jagten. Ein Buch mit
einem Negerhäuptling, und ein anderes mit drei hübsch an-
gezogenen Mädchen, die vor einem aufgetreppten Hause
standen und einer Postkutsche zuwinkten. Da lagen auch
schwarze Bücher, mit Gold verziert, große und kleine,
lange und breite.
Dann kam ein Schuhwarenladen. Daran gingen sie rasch
vorbei. Nur Else wollte stehen bleiben. Sie [100] wünschte
sich ein Paar neue Stiefel zu Weihnachten, aber braun sollten sie sein, mit rosa Futter.
Und dann kam ein Schaufenster mit Spielwaren. Puppen für
Else, eine Festung für Willy und ein Theater und Soldaten-
zeug für Berni.
Sein Säbel, den er auf dem Freimarkt erhalten hatte, war
längst kaputt. Aber solch einen blitzenden Helm und solch
einen Säbel mit vergoldetem Griff und solch bunte Fahne,
die hätte er doch zu gerne gehabt. »Wir wollen das mal einteilen«, sagte Berni zu den anderen. »Ich will dies haben,
was hier liegt«, und er zeigte mit ausgebreiteten Armen
nach der Seite wo die Rüstung hing. »Und dies ist alles
meins«, sagte Willy und lief nach der anderen Seite des
Schaufensters, wo die Festung stand. »Und da oben, das gehört mir«, sagte Else und zeigte hinauf nach den Börten. Da
hingen wohl zwanzig Puppen, da stand eine Badeeinrich-
tung und eine Puppenküche und ein großer, blanker Koch-
herd. Da lagen Bälle und Schultaschen, Kämme und ein
niedlicher Elefant aus Zeug. In die Mitte des Schaufensters
war ein Weihnachtsbaum gestellt, der über und über
mit Gold- und Flitterwerk behangen. Als die Kinder noch
so standen, wurde gerade vom Laden aus der Baum erleuch-
tet. Zwanzig rote und blaue und grüne Glasbirnen glühten

auf. »Ah!« riefen die Kinder alle drei auf einmal, »o, wie
schön ist das, jetzt brennt der Baum.«
Als sie sich satt gesehen hatten, gingen sie weiter. Sie kamen
noch zu vielen Läden, aber keiner war so hübsch wie dieser.
Als sie die ganze Straße hinuntergegangen waren, kehrten
sie um, um noch einmal alles zu sehen. Wieder standen sie
lange vor dem Laden.
[. . .]

RICHARD HENNINGS

Klein Heini, ein Großstadtjunge

1912; 26.–45. Tsd. [o. J.]

[66]   *Im Fahrstuhl.*

»Komm, Heini, wir wollen hier noch hinein, ich will dir für
morgen noch eine neue Schleife zu deinem Kragen kaufen«,
sagt die Mutter, als sie vor einem großen Haus mit vielen
Schaufenstern stehen. »Heini, wir müssen nach dem dritten
Stock; wollen wir mit dem Fahrstuhl hinauffahren?« fragt
die Mutter. »Ja, man zu«, sagt Heini. Da gehen sie nach der
einen Ecke. Da schiebt ein Mann eine kleine Glastür nach
der Seite, und sie müssen in eine winzig kleine Stube hin-
eingehen. Die hat an der einen Wand nur eine kleine Bank,
und weiter ist nichts darin. Nun macht der Mann die Tür
wieder zu. Dann drückt er an der Seite auf einen kleinen
Knopf, und – die kleine Stube steigt plötzlich nach oben. Ei,
geht das aber schnell . . . erster Stock – zweiter Stock – nun
drückt der Mann wieder auf den Knopf, und da sind sie
auch schon im dritten Stock. Der Fahrstuhl hält, und sie
steigen aus. »Mutter, laß uns wieder mit hinunterfahren«,
sagt Heini, als die Mutter ihm eine hübsche Schleife gekauft

hatte. Sie steigen wieder ein, und nun geht die Reise nach unten – zweiter Stock – erster Stock – Erdgeschoß; da hält der Fahrstuhl wieder. Schade! denkt Heini; denn er möchte noch oft so auf und ab fahren. »Da steigt man ja auch so hoch wie mit einem Luftballon«, sagt er zu seiner Mutter. »Aber hier müssen große Maschinen die kleine Stube hochziehen; sei mal ganz still, dann kannst du hören, wie die arbeiten.« Rumplum, rumplum, klingt es vom Keller her, wo die Maschinen stehen. Heini will noch von draußen hineingucken; aber da ist nichts zu sehen, nur rumplum, rumplum hört er immer. Da läuft er schnell der Mutter nach; denn er kann von hier aus nicht allein nach Hause finden.

[77]   *Beim Güterbahnhof.*

»Herr Sonnemann, darf ich mitfahren?« fragte am andern Tag Heini den Milchmann, der gerade mit dem Wagen vor der Haustür hielt. »Ja, wenn du ganz schnell deiner Mutter Bescheid sagst, dann darfst du mit. Ich will die Milch von der Bahn holen«, sagt Herr Sonnemann. Im Augenblick ist Heini wieder unten und klettert nun auf den Bock. »Hü!« sagt der Milchmann, und Fanni fängt an zu laufen. Der Wagen rollt über das Pflaster, und die leeren Milchkannen klingen und klappern. So geht es durch viele Straßen hin nach dem Güterbahnhof. Da fährt Herr Sonnemann nach dem großen Schuppen, und hier hält der Wagen. Jetzt kann man leicht vom Bock herunterklettern; denn vor dem Schuppen ist eine Rampe gebaut, die ist gerade so hoch wie der Wagen. Zwei große Türen werden zurückgeschoben, die laufen unter dem Dach auf einer eisernen Schiene. Heini geht auch mit in den Schuppen hinein. Da stehen viele Milchkannen, aber auch eine Menge andere Sachen. Die sind alle mit der Bahn gekommen oder sollen erst weiter geschickt werden. Herr Sonnemann zeigt dem Bahnmann einen Schein, und nun bekommt er die Kannen mit der Milch. Zwanzig Stück.

Die ladet er auf den Wagen. Heini will auch eine mit hintragen; doch er kann sie nicht aufheben, so schwer ist sie. Aber die [78] leeren Kannen trägt er mit in den Schuppen. Als alle Kannen aufgeladen sind, steigen sie wieder auf den Bock und fahren nach Hause.

Beim Buttermachen.

»Frau Sonnemann, was machen Sie da?« fragt Heini gleich, als er in den Laden tritt. »Ja, das hast du wohl noch nicht gesehen?« sagt sie und dreht an einem Faß eine eiserne Kurbel immer rundum. »Ich mache Butter; komm her, du darfst mal oben hineinsehen.« Da nimmt sie den Deckel ab und dreht dann die Kurbel langsam rundum. Das Faß ist fast ganz voll Milch, und drinnen bewegen sich Bretter mit vielen Löchern immer rundum, und die Milch muß immer durch die Löcher laufen. »So, nun kannst du mal einen Augenblick drehen«, sagt Frau Sonnemann zu Heini. Jedoch so leicht ist das gar nicht, aber er bringt es doch fertig. Im Faß plantscht und klatscht und poltert es wieder, und Heini wird ordentlich warm beim Drehen. Da löst die Frau ihn wieder ab. »So, nun kannst du noch einmal hineingucken«, sagt sie nach einer geraumen Weile. Da schwimmen oben auf der Milch lauter kleine gelbe Klumpen. »Das ist die Butter; komm, kannst mal ein Stück probieren«, sagt Frau Sonnemann. »Ii, die schmeckt nicht!« sagt Heini. »Nein, das glaub' ich wohl; die ist auch noch nicht fertig. Nun wird sie erst noch tüchtig geknetet und auch noch Salz daran getan. Dann erst wird sie verkauft«, sagt die Milchfrau. So lange will Heini aber nicht warten; er läuft wieder nach Haus.

[83] *Beim Siel.*

Nach langen Wochen hört Heini eines Morgens, als er gerade beim Kaffeetrinken ist, wie es draußen auf der Straße immer »kling, kling, klapp – kling, kling, klapp« macht. Als er hinunterkommt, da sind die Leute dabei und machen den Schnee fort. Mit Stangen und Schaufeln machen sie den Schnee, der nun schon so schmutzig aussieht, los; denn es ist Tauwetter geworden. Viele Leute, die sonst keine Arbeit haben, helfen jetzt den Straßenreinigern mit, die allein die Straßen nicht so schnell rein kriegen können. Die kleinen eisernen Karren sind schnell voll geschaufelt, und dann fahren sie damit nach dem Siel. Mitten auf der Straße haben sie einen großen, eisernen Deckel hochgehoben, und in das große Loch schütten die Leute nun den Schnee. »Das ist das Siel«, sagt Heini zu Emil, der bei ihm steht und auch mal in das schwarze, tiefe Loch hineinsieht. »Wo bleibt aber der Schnee? Das Loch wird ja gar nicht voll!« fragt Heini. »All der Schnee und all das schmutzige Wasser, das Mutter in den Handstein gießt, läuft durch diese großen Röhren hinein in den Kanal«, sagt der Mann, der dabei steht. »O, die Röhren hab' ich schon mal gesehen«, ruft Heini da, »die sind so groß, daß man da durchkriechen kann. Das hab' ich mal getan, als sie in unserer Straße neue Röhren legten. Aber da hat mich der Mann zu fassen gekriegt und hat mich verhauen.« – »Ach, das macht nichts«, sagt Emil, »die Leute sollten man nicht gleich schelten; davon gehen die Röhren doch nicht entzwei, wenn wir da mal durchkrabbeln, und das macht doch so viel Spaß.« [84] Nun aber laufen die beiden schnell in die Schule; sie wollen doch nicht zu spät kommen.

OTTO KAMPE

Ein Korb voll Kirschen

1914; 63.–82. Tsd. [o. J.]

[17]   *Feuer!*

Ich muß auf meine kleine Schwester passen. Sie ist erst zwei
Jahre alt. Ich spiele mit ihr vor unserer Wohnung.
Da saust ein Feuerwehrmann auf einem Fahrrad vorbei.
O, da ist irgendwo Feuer. Da muß ich hin. Gleich wird die
Feuerwehr kommen.
[18] Schnell bringe ich Marta rein zu meiner Mutter. Die
plättet in der Stube. »Sieh dich vor« – höre ich sie noch
rufen. Da bin ich auch schon wieder draußen.
Bimmellimmellimmel.
Da kommt die große Dampfspritze um die Ecke. Vier
schwarze Pferde davor. Die laufen aber! Der Kutscher hält
die Leine ganz stramm. Neben ihm sitzt ein Feuerwehrmann und bimmelt. Schwarzer Qualm kommt aus dem
blanken Schornstein. – Vorbei.
Bimmellimmellimmel.
Aha, der große Leiterwagen. Der Schlauchwagen – das
Auto vom Rettungskorps.
Wie der Wind saust alles vorbei. Man kann sich das gar
nicht genau angucken. Schutzleute kommen gelaufen. Menschen stürzen aus den Türen. Aus allen Fenstern gucken
sie.
An der Straßenkreuzung hält ein Schutzmann auf einem
Pferd. Er winkt immerzu mit den Armen. Andere Wagen
sollen halten. Da wird sein Gaul wild. Er hebt sich ganz
hoch. Beinahe wäre der Schutzmann runtergefallen.
Ich laufe rasch hinter der Feuerwehr her. Die Straße ist
schwarz von Menschen. Aber ich drängele mich durch.

Ob es ein Großfeuer ist? Ob eine Fabrik brennt? Ob es dicht unter dem Dach ist?

»Wo ist das Feuer? Wissen Sie, wo es ist?« so fragen alle.

»Es soll gar nicht weit von hier sein. Auf einem Hof«, höre ich sagen.

Es wird doch nicht da sein, wo meine Tante wohnt?

»Die große Tischlerei von Bertelt brennt!« ruft da einer.

»Was die Tischlerei? Das gibt aber ein böses Feuer!« antworten andere. Alle laufen und drängen nun noch mehr. Jungen klettern auf die Laternenpfähle.

»Halt!« »Halt!« höre ich da dicht vor mir. Großes Gedränge. Ich kann nicht mehr weiter. Ich kann kaum noch Luft kriegen, so stecke ich zwischen drei großen Männern.

[19] »Alles zurück! Hier ist abgesperrt! Immer weiter zurück!«

Das sind die Schutzleute.

Alles geht langsam rückwärts, ich auch. Ich muß ja, sonst treten sie mir die Füße ab. Das ist aber gemein! Nun bin ich so schnell gelaufen und kriege nichts zu sehen.

»Eben fährt der Leiterwagen nach dem Hof rauf«, ruft ein Junge oben auf dem Laternenpfahl. Er sieht über die Leute hinweg.

»Warum dürfen wir Mädchen nicht auf Laternenpfähle klettern?« denke ich und gehe ärgerlich wieder nach Hause.

Zwei Pferde werden scheu.

Auf der Straße hält ein Petroleumwagen. In zwei Reihen stehen die Petroleumkannen übereinander. Meist sind es schon alte Kannen mit vielen kleinen Beulen darin. Seife und Soda und Waschpulver verkauft der Mann auch noch. Das liegt in dem Kasten unter dem Kutscherbock.

Der Kutscher nimmt eine gefüllte Kanne und eine Dose mit grüner Seife vom Wagen und geht in ein Haus. Seine beiden schwarzen Pferde sind unruhig. Das sind wohl noch junge Tiere. Sie beißen und knappen sich immerzu und stampfen mit den Füßen.

Beut! Beut! O, da kommt ein großes Lastauto an. Das ist mit Steinen beladen. Das rattert aber. Beut! Beut! Wenn das nur gut geht! Die Pferde legen die Ohren an den Kopf. Sie springen zur Seite und auf den Fußweg rauf. Da – nun sausen sie ab mit dem Wagen! Der Kutscher stürzt aus dem Haus. Halt! Burr! Halt! Er flitzt hinterher. Frauen und Kinder schreien und laufen in die Häuser. Ein Kinderwagen kippt beinahe um dabei. Ich laufe dem Kutscher nach, so schnell ich kann, und schreie mit: »Halt! Burr! Halt!«

Ein Mann will die Pferde aufhalten. Er stellt sich mit ausgebreiteten Armen ihnen entgegen. Aber nun kriegt er Angst und springt zur Seite. Der Wagen fliegt [20] mit dem Hinterrad gegen die Bordsteine. Kannen poltern im großen Bogen herab, Petroleum spritzt über die Straße. Immer galoppe, galoppe weiter. Wieder kracht der Wagen gegen die Straßenkante. Da bricht die Deichsel ab. Der Wagen rollt quer über die Straße und bleibt stehen. Die Pferde rasen weiter, immer galoppe, galoppe.

Da! Nun hat sie ein Schutzmann gefaßt. Die Pferde schleifen ihn mit. Sie heben sich hoch. Der Schutzmann reißt mit Gewalt am Zügel. So – da stehen sie. Der Mann hat aber Kraft!

[44]   *Am Güterbahnhof.*

Wir gehen aus der Schule nach Haus. Über die Eisenbahnbrücke müssen wir jeden Tag, beim Güterbahnhof. Unter der Brücke fahren immer die Güterzüge durch. Und viele Wagen stehen rechts und links von der Brücke. Da gibt es immer was zu sehen. Dieser Weg gefällt mir besser als der Weg durch die Anlagen bei unserer Schule.

Sieh, da kommt ein Güterzug angefahren. Ganz langsam fährt er. Er ist ja auch so lang. O, wie pufft jetzt der weiße Wasserdampf aus dem Schornstein. Eine ganze Wolke ist es schon, unten spitz und oben immer breiter. Wir wollen mal stehen bleiben und uns den weißen Dampf ins Gesicht blasen lassen.

Bald ist die Lokomotive heran. Der Führer lehnt sich weit aus der Maschine und guckt nach vorn. Er will wohl sehen, ob auch die Weiche richtig gestellt ist: Hu, hu, hu, hu geht es immer. O, jetzt sind wir im Dampf verschwunden. Ich kann die andern Jungen gar nicht mehr sehen. Ganz warm und feucht ist der Dampf. Ich höre die anderen fortlaufen. Aha, sie wollen auf der andern Seite von der Brücke noch mal aufpassen.

[45] Ich halte mich am Geländer fest und bleibe stehen. Ich will mir die Güterwagen ansehen und sie zählen.

Eins: Wagen mit Steinkohlen. Die Steinkohlen glänzen ordentlich.

Zwei: Noch ein Wagen mit Kohlen. Die kommen vielleicht nach der Fabrik, wo mein Vater arbeitet.

Drei: Lauter große, neue Kisten auf dem Wagen. Sind da schon Weihnachtsgeschenke drin?

Vier: Lange Eisenrohre. Die sind wohl schwer. Es sind nur fünf Rohre aufgeladen.

Fünf: O, ein ganzer Wagen voll Lumpen. In großen Säcken stecken die Lumpen. Aber die Säcke sind entzwei. So kann man sehen, was drin ist. Ob mein alter Anzug auch dabei ist und die weite Reise mitmacht? Und was nun wohl aus ihm wird? Aus Lumpen macht man Löschpapier, sagt mein Vater immer. Aber das glaube ich nicht.

Sechs: Ein Wagen mit Heu. Hochbeladen. Eine graue Decke darüber, daß das Heu nicht naß regnet.

Sieben: »O, Fritz, Willi, Paul, kommt mal her! Kommt rasch her! Tannenbäume! Die ersten Weihnachtsbäume sind da! Drei – vier Wagen voll! Alle Wagen hoch vollgepackt! Und Taue darüber gebunden, daß kein Baum herunterfallen

kann. Nun stehen sie bald auf der Straße. Und dann kommt
Weihnachten. Hurra!«
Dann gehen wir rasch nach Hause und wollen der Mutter
erzählen, was wir gesehen haben. [. . .]

ERNST LORENZEN

Was der kleine Heini Will vom Weltkrieg sah
und hörte

1915; 2. Aufl. 1917

[5]   *Krieg, Krieg!*

Heini hatte es fast schon wieder vergessen, daß der Kron-
prinz von Österreich ermordet war. Er hatte ja auch an andere Sachen zu denken. Die Mutter wollte endlich wieder
einmal eine Reise nach Schleswig-Holstein machen und ihre
Eltern dort besuchen. Und Heini und Ida, seine Schwester,
sollten mit. Jeden Tag sprachen sie schon von ihrer Reise.
Die Großeltern wohnten dicht an der Ostsee, ganz nahe am
Strande. Da wollten sie sich Buden im Sande machen, wollten baden und Muscheln sammeln und Seesterne suchen
und alles mitbringen und den Kindern hier zeigen, die
kannten so was ja nicht. Und dann die weite Reise – einen
ganzen Tag lang mußten sie fahren, erst mit der Bahn und
zuletzt mit einem richtigen Dampfschiff. Heini hatte erst
gar nicht recht an die Reise glauben wollen; denn die Mutter hatte nun schon drei Jahre lang davon gesprochen, und
immer war nichts draus geworden. Aber jetzt ging's sicher
los: Vater und Heini hatten ja selbst die Karten zum Kie-
ler Ferienzug geholt, hatten auch drei Plätze drin bestellt.

Wenn jetzt doch bloß erst die Ferien wären! Doch war es
auch wieder gut, daß es bis dahin noch acht Tage dauerte.
Heini hatte ja noch so viel zu tun: er wollte den Großeltern
doch etwas mitbringen, und das wollte er nicht einfach kaufen, das wollte er selbst machen.

[...]

[7] Als Heini dann aber eines Mittags aus der Schule kam
und am Bahnhof vorbeiging, da stand dort ein Soldat, das
Gewehr geschultert, den Säbel an der Seite. Und er ging
dort immer auf und ab. Wo kam denn der auf einmal her?
Wir hatten hier ja sonst gar keine Soldaten. Er fragte sei-
nen Vater nachher. Der arbeitete ja im Maschinenschuppen
hinterm Bahnhof und mußte das ja wissen. Es sind heute
50 Soldaten aus Münster gekommen, sagte er. Überall stehen sie, auf den Bahnsteigen, in der Halle, zwischen den
Geleisen.
Können wir denn auch reisen? fragte die Mutter.
Natürlich. Ich bin heute noch am Schalter gewesen. Der
Beamte hat mir sofort gesagt, daß die Ferienzüge fahren. – – – – – – – – – – – – – – – – – – –
Und dann hingen eines Tages an allen Straßenecken weiße
Zettel. *Mobilmachung* stand darauf in fingerlangen Buchstaben. Und überall standen Männer davor und lasen.
Und einer fragte den andern: Wann mußt du weg? Und
dann kamen sie, Tag für Tag. Jeder trug in der Hand die
braune Pappschachtel. Und sie gingen in Reih und Glied,
eine Reihe hinter der andern. Und sie sangen: Ich hatt' einen Kameraden und dann: Deutschland über alles. Und [8]
auf den Bürgersteigen standen die Frauen, Männer und
Kinder. Und Schutzleute drängten sie zurück, um die Straße
frei zu halten. Hörte man aber das Klappen der Stiefel auf
dem Pflaster, hörte man den Gesang, da ließen sich die
Leute nicht halten, da drängten sie sich an die Marschieren-
den heran. Da drückte man noch schnell mal dem oder dem
andern die Hand und rief ihm ein: Wiedersehen! zu. Noch
ein Handschwenken – weiter.

Heini war den ganzen Tag auf der Straße.
[. . .]
Als Heini dann wieder im Hause war, sagte der Vater: Es tut mir leid, ich muß euch die Ferienfreude verderben: der Ferienzug fährt nicht.
Die Mutter meinte: Ach, wer denkt denn nun an Reisen! Leid können einem ja nur die Kinder tun.
Ach, sagte Heini, ich bleibe jetzt auch ebenso gern hier. Wir haben ja Ferien, da kann ich ja jeden Tag Soldaten sehen. Und wer weiß, ob in Schleswig-Holstein überhaupt Krieg ist.
Ja, Junge, meinte der Vater, sperr jetzt nur Augen und Ohren auf, was du jetzt siehst, das ist fürs ganze Leben.

[12]   *Alle sind fort.*

Am andern Tag geht Heini in die Schule. Als sie nachher in der Klasse sind, steht dort ein Fräulein. Euer Lehrer ist mit in den Krieg, sagt sie. Nun will ich bei euch bleiben, bis er wiederkommt. Heini geht mittags in Merkelmanns Laden, weil er seiner Mutter was mitbringen soll. Er sieht nicht Herrn Merkelmann, er sieht auch nicht Max, den Gehilfen, der sonst immer soviel Spaß machte. Auch hier steht ein neues Fräulein hinter der Theke und verkauft. Und als Heini fragt, ob die beiden Männer auch mit fort sind, da nickt sie mit dem Kopfe. Als Heini dann zu Hause davon erzählt, da sagt die Mutter: Ja, denk dir, unser Milchbauer ist auch eingezogen. Seine Schwester war heute morgen hier. Und die weinte und sagte: Nun ist mein Bruder auch weg, und einen Knecht können wir nicht kriegen. Ein Dienstmädchen fehlt uns auch. Nun bin ich allein auf dem Hof. Und dabei haben wir noch zwei Pferde abliefern müssen, die sollen auch mit in den Krieg. – Das Mädchen kann einem wirklich leid tun, meinte die Mutter. Sie ist ja erst neunzehn Jahr und soll nun alle Arbeit machen.

Und als sie noch so sprachen, da kam der Briefträger und
reichte eine Karte durch die Türritze. Heini sah, auch der
war neu, hatte auch nicht einmal eine Uniform an, sondern
bloß eine Armbinde mit einem Adler.
Ja, alles war anders.
[...]
[13] Vater, mußt du denn gar nicht mit? fragte Heini.
Noch nicht, antwortete der, ich habe ja nicht gedient. Die
Brust war wohl zu schmal. Aber ich arbeite ja im Lokomo-
tivschuppen. Und da müssen wir auch ordentlich ran. Es ist
ja auch Kriegsarbeit.
[...]

[30]   *Soldatenspiele.*

Alle Jungen aus der vierten Klasse, die da in der Gertrudstraße wohnten, hatten sich abgemacht, sie wollten einen
Kriegsklub gründen, einen richtigen, mit einer Fahne, mit
Säbeln und Gewehren und feldgrauen Mützen. Gewiß,
einiges konnten sie sich selbst machen – die Säbel. Und Be-
senstiele gaben ja auch Gewehre ab. Aber die Mützen, die
kosteten nun doch einmal Geld. Und Geld war knapp bei
ihnen. Heini meinte, wenn er seinen Vater bäte, der würde
ihm schon ein paar Groschen geben. Auch die andern fünf
wollten ihre Eltern darum bitten.
[...]
[31] Am nächsten Sonntagmorgen sollten sie antreten hinter
Kölsches Neubau in der Gertrudstraße. Da war ja noch ein
freier Platz. Und als sie da waren, kommandierte Heini:
Angetreten! und nahm dann ein schwarzes Buch aus der
Brusttasche und verlas die Namen und ließ jeden Hier!
rufen. Und dann ging das Marschieren los: links, rechts!
Gerade aus! Und das: Legt an! Gebt Feuer!
[...]

Als sie am andern Tag in der Schule waren und große Pause hatten, da rief Heini den Rudi zu sich und sagte: Hol mal flink die andern Jungen von unserm Kriegsklub und sag' ihnen, daß sie einmal flink an den Trink-[32]brunnen hier kommen – ich muß euch allen was sagen. Und als sie dann alle da waren, sagte Heini leise: Die von der Wilhelminenstraße wissen das auch schon von unserm Kriegsklub, und Martin Hartmann, – das ist ja ihr Hauptmann, – der hat vorhin zu mir gesagt: Nächsten Sonntag, da geht's aber los, da fangen wir mit euch Krieg an. – Was sollen wir nun tun?

Ja, die aus der Wilhelminenstraße, das waren auch nur fünf Mann. Aber Martin war eben dabei, und der hatte Kräfte wie ein Grobschmied. Aber dafür war auch Dirk Lütt dabei, das war ja nur ein Dreikäsehoch, da glich es sich wohl aus. Sie machten also ab, daß sie den Krieg annehmen wollten. Aber nicht in der Stadt, sonst kam leicht der »Putz« und schrieb sie auf, nein, sie wollten ins Niendorfer Gehölz, dahin kam sonst niemand.

So hatte Heini dem Martin gesagt, und der meinte: Mir recht, – also Sonntag nachmittag. – – – – – –

[21] *Zwei Züge.*

Bei der Überführung, wo die Eisenbahn hoch über der Straße herjagt, dort stand schon seit Wochen ein Wachtposten, ein Landsturmmann in grüner Jacke, das Gewehr auf der Schulter. Der heute hier stand, sagte zu den Jungen, sie sollten nur einen Augenblick warten, es käme gleich ein Zug mit Verwundeten. Und da standen sie nun und guckten nach dem hohen Damm.

Jetzt fühlen sie schon, wie die Erde zittert. Sie hören das Schnauben der Lokomotive. Und noch eins: ein Singen, ein lautes Singen – immer näher. Und nun fährt der Zug vorbei. Und an den Fenstern stehen Soldaten, einer neben dem an-

dern. Ihr Arm liegt in weißer Binde, ihr Kopf ist umwickelt.
Lange bunte Bänder flattern aus den Fenstern des Zuges.
Sie singen, unsere Braven, singen: Lieb Vaterland, magst
ruhig sein!
[...]
[22] Heini ging weiter. Er konnte ihn nicht vergessen, den
singenden Zug. Es waren doch Verwundete, Leute mit
Schüssen durch Arm und Bein, durch Schulter und Brust.
Tat's denn nicht weh? Wie konnten sie singen?
Er hat's gleich Mutter erzählt und die meinte: Gewiß haben
die Leute Schmerzen. Aber sie haben sie vergessen: sie
freuen sich so, daß sie wieder in der Heimat sind. Und da
singen sie. Und uns wollen sie auch wohl sagen: Haltet den
Kopf hoch, alles ist gut. – – – – – – – – – – – – – –
Als Heini abends auch dem Vater davon erzählte, da sagte
der: Ich habe gestern auch einen Zug gesehen, aber da sang
niemand. Es war ein Lazarettzug gemeldet. Ich lief auf den
Bahnsteig. Denke dir, der ganze Zug war ein Lazarett. Die
Bänke waren hinausgeschafft und Betten angebracht, an jeder Seite in zwei Reihen, eins oben, eins unten. Und Ärzte
und Schwestern gingen dort drinnen in langen weißen Kit-
teln. Ja, ein Operationszimmer soll richtig drin sein und
auch eine Küche.
Ein Mann vom Roten Kreuz hat mir davon erzählt. Da lagen nun die Leute in ihren Betten. Dort einer mit bren-
nendrotem Kopf, der immer laut vor sich hin redet: Vorwärts, Hurra! und noch mitten in der Schlacht ist und gar
nicht weiß, was er sagt.
Und dort ein junger Leutnant. Beide Beine hat man ihm abgenommen. Nun liegt er dort, blaß und still. Ein Sanitäts-
mann geht zu ihm und fragt, ob er etwas wünsche: Butterbrot, Schokolade, Trinken?
Eine Zigarette, bitte!
Und der Mann reicht ihm die Zigarette, gibt ihm mit zit-
ternden Händen Feuer, und der Leutnant liegt dort und

dampft ganz zufrieden vor sich hin. Er trug das Eiserne Kreuz.
Ja und dann trugen zwei Sanitäter eine Bahre aus dem Wagen. Und darauf lag ein Tapferer, das Gesicht bedeckt vom Tuche. Und sie brachten ihn in die Wartehalle.
Dann fuhr der Zug ab. Merkwürdig, sagte der Vater, die Lokomotiven [23] pfeifen ja nicht mehr, wenn der Zug abfährt. Wie's kam, weiß ich nicht. Aber die Lokomotive vorm Lazarettzug pfiff, nein schrie, als wäre sie lebend, als fühle sie Schmerz über alles, was sie zog. Solch schrillen Ton hörte ich noch nie. Aber leise, leise zog sie an. Unhörbar drehten sich die Räder. Da sah man kein Tücherschwenken, und ich hörte kein Hurra.
So fährt der Zug von Stadt zu Stadt. Weiß Gott, wie oft man unterwegs noch die schwarze Bahre hinaushebt. Immer einer weniger, einer dem keine Mutterhand die Augen zudrücken konnte.

[76]   *Was ein Verwundeter erzählt.*

[. . .] Haben Sie denn auch im Schützengraben gelegen?
Ja, sagte Kruse, Junge, meinst du, das wäre schön? Denk dir einen Graben mitten im Lehm. Und nun regnet's hinein, Tag für Tag. Die Wände sind schmierig, sie wollen einsakken. Unten steht alles voll Wasser, alles ein Matsch. Da kannst du dir denken, wie die Soldaten aussehen: von unten bis oben alles voll Schlick. Die Hände, der Mantel, alles ist gelb, im Gesicht sitzen die [77] Lehmspritzer.
[. . .]
Ja, wie wir zum erstenmal in den Graben kamen, da haben wir doch Augen gemacht. Es war nachts. Wir kamen aus unserm Quartier, einer alten Scheune. Drei Stunden waren wir marschiert. Da waren wir denn dort, d. h. an einem Wassergraben. Wir mußten hinein, einer hinter dem andern. Das Wasser ging bis ans Knie. Das war also der Schützen-

graben. Etwas anders hatten wir uns denn den doch gedacht. Und als wir dann erst die Unterstände, unsere Erd-
höhlen sahen, da machte doch mancher ein dummes Gesicht. Auch da stand alles unter Wasser. Stroh war nicht da.
Die Decke überm Kopf war nicht dicht. Der Ofen war kalt.
Wir sagten: Wenn's doch bloß erst hell würde! Liegen
konnten wir da nicht. Da sind wir denn in der Nacht im
Wasser hin und her getrappst. Natürlich ging das Wasser
durch die Stiefel. Und man konnte ordentlich fühlen, wie
die Kälte von den Füßen durch den ganzen Körper stieg.
Endlich war's hell. Nun ging's denn an die Arbeit.
[...]
[78] Und die Kanonen, Herr Kruse?
Ja, Junge, die Schrapnells, die schlagen immer von vorne ein.
Und da sind wir ja durch den Erdwall geschützt. Am
schlimmsten ist's mit den Granaten, wenn die gerade mal in
den Graben hineinfallen. Dann fliegen die Brocken. Aber
die Franzosen haben ja zu viele Blindgänger; ihr Pulver ist
ja zu schlecht.
[...]
Sind Sie da dann auch verwundet worden?
Ja, sagte Kruse, ein paar Tage später. 48 Stunden lagen wir
im Schützengraben, und dann ging's wieder 48 Stunden lang
ins Quartier. [79] Und da, auf dem Rückmarsch, wir waren
schon ein ganzes Stück vom Graben fort, da bekam ich den
Schulterschuß. Ich merkte nicht viel davon, es war, als wenn
ein Floh ordentlich sticht. Aber als ich dann hinguckte, da
waren meine Finger so klebrig, und als ein Kamerad mit der
Taschenlampe leuchtete, da war's Blut. Da hat mich dann
gleich ein Kamerad verbunden. Und ein anderer trug meine
Sachen. Ja, und dann bin ich erst nach dem Verbandplatz gekommen und dann ins Kriegslazarett und liege nun schon
drei Wochen in Hagen.
Sieh, Junge, das Loch kannst du noch sehen, das die Kugel
gerissen hat im Rock – hier ging sie hinein, auf dem Rücken
wieder hinaus.

Jugenderzählungen

Gemeint sind hiermit Erzählungen, die vom Austritt aus der Kindheit handeln und den (in der hier getroffenen Auswahl ausschließlich männlichen) jugendlichen Helden bei seinen Bemühungen zeigen, einen Platz in der Welt der Erwachsenen bzw. der Arbeitswelt zu finden. Was in diesem Lebensabschnitt den Mädchen widerfährt, wie sich die Einzwängung in die vorgegebene weibliche Geschlechterrolle vollzieht, ist Thema der sog. »Backfisch«-Romane, die in einem gesonderten Band dokumentiert werden. Zu den Jugenderzählungen wird hier Theodor Storms Novelle »Pole Poppenspäler« gezählt, auch wenn in ihr der Kindheitsdarstellung ein so breiter Raum gewährt ist, daß sie in ihrem ersten Teil als Kindheitserzählung bezeichnet werden darf. Doch legt schon die (hier wiedergegebene) Rahmenhandlung es nahe, auf Rezipienten fortgeschritteneren Alters zu schließen. Zudem bleibt die Kindheitsgeschichte bezogen auf die später durchaus prekäre Integration des Helden in die Gesellschaft, die im Spottnamen »Pole Poppenspäler«, der bekanntlich den Ausgangspunkt der Novelle bildet, ihre Stigmatisierung erhalten hat.
Der Stormschen Novelle ist in den nachfolgenden Jahren kein nennenswerter jugendliterarischer Erfolg zuteil geworden. Dies ändert sich erst mit ihrer jugendliterarischen Wiederentdeckung durch Heinrich Wolgast, der 1896/97 die Novelle zu einem »Buche von allgemeiner Bedeutung und anerkannter Einzigartigkeit« erklärt und 1898 eine preiswerte Sonderausgabe »mit einem Begleitwort für Eltern und Erzieher« besorgt hat, von der 1905 bereits das 64. Tausend vorliegt. Entscheidend sind hierbei für Wolgast die »für die Jugendschriftsache so hochbedeutsamen Worte«, die der Autor an die Entstehung dieser »Meisternovelle« geknüpft habe. Es handelt sich neben einigen brieflichen Äußerungen in erster Linie um das Nachwort zur Buchausgabe

von 1875, in der Storm sich zur »Jugendschriftstellerei«
äußert. Es heißt hier: »Die Schwierigkeit der ›Jugendschriftstellerei‹ war in ihrer ganzen Größe vor mir aufgestanden.
›Wenn du für die Jugend schreiben willst‹, – in diesem Para-
doxon formulierte es sich mir – ›so darfst du nicht für die Jugend schreiben! – Denn es ist unkünstlerisch, die Behand-
lung eines Stoffes so oder anders zu wenden, je nachdem du
dir den großen Peter oder den kleinen Hans als Publikum
denkst.‹ Durch diese Betrachtungsweise aber wurde die
große Welt der Stoffe auf ein nur kleines Gebiet beschränkt.
Denn es galt einen Stoff zu finden, der, unbekümmert um
das künftige Publikum und nur seinen inneren Erfordernis-
sen gemäß behandelt, gleichwohl, wie für den reifen Menschen, so auch für das Verständnis und die Teilnahme der
Jugend geeignet war.« Man darf in diesen Sätzen Storms
eine Vorwegnahme des Kerns der jugendliterarischen Position Heinrich Wolgasts sehen; letzterer scheute sich denn
auch nicht, sie zum »Evangelium der Jugendlektüre« zu
erheben. Ab Ende der 90er Jahre wird der »Pole Poppenspäler« für den der Kunsterziehungsbewegung zuzurechnen-
den Teil der Jugendschriftenkritik zur Programm-Novelle,
zum erstrangigen Beweisstück ihres Kernsatzes: »Die Jugendschrift in dichterischer Form muß ein Kunstwerk sein.«
Die »Geschichte eines jungen Arbeiters« von Jürgen Brand
liest sich anfänglich wie ein kritischer Dorf- bzw. Heimatroman, spielt sie doch in den ersten zwei Dritteln in einem abgelegenen Heidedorf. Die Bedrohung der Dorfwelt kommt
von außen, von der Stadt her: Es ist die Industrialisierung,
die die ländliche Welt unwiderruflich dem Untergang preis-
gibt. Der Weg des Landjungen führt in die Stadt und die
Fabrik, in sozialer Hinsicht aus der Familien- und Dorfge-
meinschaft in das Großstadtproletariat. Die Gradlinigkeit,
mit der der junge Wullenweber zum vorbildlichen Sozialdemokraten wird, ist ein Anzeichen dafür, daß diese Figur
nicht nach psychologisch-realistischen Maßstäben beurteilt
werden darf. Dieser idealistischen Jugendgestalt mit ihrem

*vorbildlichen Werdegang kann denn auch nur eine überper-
sönliche Schicksalsmacht, das dämonisierte Maschinen- und
Fabrikwesen, ein Ende bereiten – ein Ende, dem mensch-
heitsgeschichtliche Tragik anhaften soll.*

*Eine Vielzahl von jugendlichen Entwicklungsgeschichten
vereinigt der zweite Pfäffling-Roman der Agnes Sapper, der
vom Erwachsenwerden der Pfäfflingskinder handelt. Die
wohl interessanteste ist die des jüngsten der Kinder, des
künstlerisch begabten Frieder, von der einige Szenen hier
wiedergegeben werden. Der eingelegte Künstlerroman kann
jede Zuspitzung der in ihm eingelegten Gegensätze vermei-
den, weil der Protagonist mit seinem väterlichen wie müt-
terlichen Erbteil von vornherein beides ist: Künstler und
Bürger zugleich. Was lange Zeit als »unseliger Zwiespalt« in
Frieder rumort, kommt schließlich in einem biedermeierlich
anmutenden Kompromiß zur Ruhe. Es zeigen sich hier ein
Zurückweichen vor den Herausforderungen der Moderne,
eine letztendlich regressive Tendenz: Frieder kehrt in gewissem Sinne zur Mutter zurück.*

*In auffälligem Kontrast zur Verzagtheit der bisherigen
Jugenderzählungen steht die Erfolgsstory von John Workmann, ersonnen und ersponnen von Hans Dominik und
Kurt Matull. Es findet sich hier die gleiche Dämonisierung
des Maschinen- und Fabrikwesens wie bei Jürgen Brand;
der Held freilich ist berauscht davon und glücklich oben-
drein, ein Rädchen in diesem Höllenmechanismus zu sein.
Schier unglaublich, wie ein Tagtraum seiner Majestät, des
Ich, nimmt sich der Aufstieg des jungen Workmann aus,
unverblümt dreist die Lehre von den zwei Menschenklas-
sen und geradezu unverfroren die exakt kalkulierte »Mit-
menschlichkeit«, mittels der sich der Held in seiner Gier
nach abstraktem Reichtum aller moralischen Einschränkun-
gen – und dabei nicht zuletzt auch der Mutter – zu entledi-
gen weiß.*

*Die im heimatlichen Milieu, im eigenen Land angesiedelten
Geschichten vom Erwachsenwerden eines männlichen Ju-*

gendlichen zeigen eine merkwürdig regressive bzw. resigna-
tive Tendenz; sie suchen den Konflikten auszuweichen, prä-
ferieren Lösungen im Kleinen, raten zum Zurückstecken.
Sie stehen damit in markantem Gegensatz zu den hoch-
literarischen Schüler- bzw. Adoleszenzromanen eines Emil
Strauß, Robert Musil, Friedrich Huch, Hermann Hesse oder
Thomas Mann. Im eigenen Land situierte Erfolgsstories sind
anscheinend kaum glaubhaft zu machen; die amerikanische
Ostküste erweist sich da als der geeignetere Schauplatz.
Ganz und gar ungehindert entfaltet sich männliches Hel-
dentum jedoch erst auf exotischen Schauplätzen, und so
bietet dem jungen Leser am ausgiebigsten der Abenteuer-,
der Wildwestroman dieser Zeit Phantasien vermeintlich ge-
lungener Mannwerdung an, wofür im darauffolgenden Ab-
schnitt Beispiele folgen sollen.

JULIUS LOHMEYER (Hrsg.)

Deutsche Jugend

1873–85

[4. Bd., 1874, 129]   *Pole Poppenspäler.*

Von Theodor Storm

Ich hatte in meiner Jugend einige Fertigkeit im Drechseln,
und beschäftigte mich sogar wohl etwas mehr damit, als
meinen gelehrten Studien zuträglich war; wenigstens geschah es, daß mich eines Tags der Subrector bei Rückgabe
eines nicht eben fehlerlosen Exercitiums seltsamer Weise
fragte, ob ich vielleicht wieder eine Nähschraube zu meiner Schwester Geburtstag gedrechselt hätte. Solche kleine

Nachtheile wurden indessen mehr als aufgewogen durch die Bekanntschaft mit einem trefflichen Manne, die mir in Folge jener Beschäftigung zu Theil wurde. Dieser Mann war der Kunstdrechsler und Mechanicus Paul Paulsen, auch deputirter Bürger unserer Stadt. Auf die Bitte meines Vaters, der für Alles, was er mich unternehmen sah, eine gewisse Gründlichkeit forderte, verstand er sich dazu, mir die für meine kleinen Arbeiten erforderlichen Handgriffe beizubringen.

Paulsen besaß mannigfache Kenntnisse und war dabei nicht nur von anerkannter Tüchtigkeit in seinem eignen Handwerk, sondern er hatte auch eine Einsicht in die künftige Entwicklung der Gewerke überhaupt, so daß bei Manchem, was jetzt als neue Wahrheit verkündigt wird, mir plötzlich einfällt: das hat dein alter Paulsen ja schon vor vierzig Jahren gesagt. – Es gelang mir bald seine Zuneigung zu erwerben, und er sah es gern, wenn ich auch außer den festgesetzten Stunden am Feierabend einmal zu ihm kam. Dann saßen wir entweder in der Werkstätte, oder Sommers – denn unser Verkehr hat Jahre lang gedauert – auf der Bank unter der großen Linde seines Gärtchens. In den Gesprächen, die wir dabei führten, oder vielmehr, welche mein älterer Freund dabei mit *mir* führte, lernte ich Dinge kennen und auf Dinge meine Gedanken richten, von denen, so wichtig sie im Leben sind, ich später selbst in meinen Primaner-Schulbüchern keine Spur gefunden habe.

Paulsen war seiner Abkunft nach ein Friese und der Charakter dieses Volksstammes auf's schönste in seinem Antlitz ausgeprägt; unter dem schlichten blonden Haar die denkende Stirn und die blauen sinnenden Augen; dabei hatte, vom Vater ererbt, seine Stimme noch etwas von dem weichen Gesang seiner Heimathsprache.

Die Frau dieses nordischen Mannes war braun und von zartem Gliederbau, ihre Sprache von unverkennbar süddeutschem Klange. Meine Mutter pflegte von ihr zu sagen, ihre schwarzen Augen könnten einen See ausbrennen, in ihrer

Jugend aber sei sie von seltener Anmuth gewesen. – Trotz der silbernen Fädchen, die schon ihr Haar durchzogen, war auch jetzt die Lieblichkeit dieser Züge noch nicht verschwunden, und das der Jugend angeborene Gefühl für Schönheit veranlaßte mich bald, ihr, wo ich immer konnte, mit kleinen Diensten und Gefälligkeiten an die Hand zu gehen. »Da schau mir nur das Buberl«, sagte sie dann wohl zu ihrem Mann; »wirst doch nicht eifersüchtig werden, Paul!«

Dann lächelte Paul. Und aus ihren Scherzworten und aus seinem Lächeln sprach das Bewußtsein innigsten Zusammengehörens.

Sie hatten außer einem Sohne, der damals in der Fremde war, keine Kinder, und vielleicht war ich den beiden zum Theile deßhalb so willkommen, zumal Frau Paulsen mir wiederholt versicherte, ich habe grad' ein so lustigs Naserl wie ihr Joseph. Nicht verschweigen will ich, daß letztere auch eine [130] mir sehr zusagende, in unserer Stadt aber sonst gänzlich unbekannte Mehlspeise zu bereiten verstand und auch nicht unterließ, mich dann und wann darauf zu Gaste zu bitten. – So waren denn dort der Anziehungskräfte für mich genug. Von meinem Vater aber wurde mein Verkehr in dem tüchtigen Bürgerhause gern gesehen. »Sorge nur, daß du nicht lästig fällst!« war das Einzige, woran er in dieser Beziehung zuweilen mich erinnerte. Ich glaube indessen nicht, daß ich meinen Freunden je zu oft gekommen bin.

Da geschah es eines Tages, daß in meinem elterlichen Hause einem alten Herrn aus unserer Stadt das neueste und wirklich ziemlich gelungene Werk meiner Hände vorgezeigt wurde.

Als dieser seine Bewunderung zu erkennen gab, bemerkte mein Vater dagegen, daß ich ja aber auch schon seit fast einem Jahr bei dem Meister Paulsen in der Lehre sei.

»So, so«, erwiderte der alte Herr; »bei Pole Poppenspäler!«

Ich hatte nie gehört, daß mein Freund einen solchen Bei-
namen führe, und fragte, vielleicht ein wenig naseweis, was
das bedeuten solle.

Aber der alte Herr lächelte nur ganz hinterhaltig und wollte
keine weitere Auskunft geben. –

Zum kommenden Sonntag war ich von den Paulsenschen
Eheleuten auf den Abend eingeladen, um ihnen ihren
Hochzeitstag feiern zu helfen. Es war im Spätsommer, und
da ich mich frühzeitig auf den Weg gemacht und die Haus-
frau noch in der Küche zu wirthschaften hatte, so ging Paulsen mit mir in den Garten, wo wir uns zusammen unter der
großen Linde auf die Bank setzten. Mir war das »Pole Poppenspäler« wieder eingefallen, und es ging mir so im dem
Kopfe herum, daß ich kaum auf seine Reden Antwort gab;
endlich, da er mich fast ein wenig ernst wegen meiner Zer-
streuung zurecht gewiesen hatte, fragte ich ihn gradezu, was
jener Beiname zu bedeuten habe.

Er wurde sehr zornig. »Wer hat dich das dumme Wort ge-
lehrt?« rief er, indem er von seinem Sitze aufsprang. Aber,
bevor ich noch zu antworten vermochte, saß er schon wieder neben mir. »Laß, laß!« sagte er sich besinnend; »es bedeutet ja eigentlich das Beste, was das Leben mir gegeben
hat. – Ich will es dir erzählen; wir haben wohl noch Zeit
dazu. –

HANS DOMINIK und KURT MATULL

John Workmann der Zeitungsjunge

1909

[4] Abseits von der spielenden Gruppe stand ein schmächti-
ger, blondlockiger Knabe von 12 Jahren, preßte sein Gesicht
dicht an eine der mächtigen Spiegelscheiben und schaute mit

weitgeöffneten Augen auf die große Zweifarbenpresse, welche ununterbrochen wie ein märchenhaftes Ungeheuer große, farbige Zeitungsblätter mit mathematischer Genauigkeit aus seinem Innern heraus beförderte.

[...]

Sein sehnlichster Wunsch war es, auch einmal eine solche Maschine zu bedienen, ja, in seinem kühnen Traume sah er sich sogar als Besitzer solcher Maschinen und wenn er auf dem »Broadway« als einfacher »Zeitungsboy« seine Zeitungen verkaufte, dann hatte er das Gefühl, als stände er im Dienste eines den Menschen unbekannten, ungeheuren, mechanischen Riesen. – Ein Gefühl von Stolz und Selbstbewußtsein erfüllte dann den einfachen Zeitungsboy, das ihn weit über die Käufer hinaushob.

[...]

[6] Hart und unerbittlich ist der Weg der meisten unter den Zeitungsboys und doch – mit Stolz betrachtet der Amerikaner die wetterharten, zielbewußten, flinken Burschen und nennt sie: die Finanzgarde. –

[7] Denn aus diesen Reihen, aus dieser harten Schule kommen die leitenden großen Männer Amerikas – die Fürsten des Goldes. –

Die strenge Lebensschule stählte die Boys zu felderprobten Soldaten.

Es war ein kleines, ärmliches Heim von Stube und Küche in einem Hinterhause der 32sten Straße auf der Ostseite in New York, welches der blondlockige zwölfjährige Zeitungsjunge aufsuchte.

In scharfem Trab machte er den Weg nach Hause. – Gewandt wie eine Eidechse, schlängelte er sich durch den Wagenverkehr, mit lustigem Hoppla vor Pferden und Autos oftmals so scharf vorbeispringend, daß man an ein Wunder glauben konnte, wenn er mit heiler Haut auf dem Bürgersteig ankam.

Aber er war an das sinnverwirrende Treiben und Jagen der Wagen auf dem Broadway gewohnt. –

Mit sicherem Blick prüfte er die ihm zur Verfügung stehende Oeffnung zwischen Straßenbahnwagen und Fuhrwerk – mochten Kutscher und Wagenführer über seine turnerische Kühnheit schelten – er war bereits davon und hörte nichts. –

Als er vor dem schmucklosen, nüchternen Mietshaus ankam, in dem seine Mutter wohnte, ließ er einen gellenden Pfiff ertönen – einen Kunstpfiff auf zwei Fingern, den er sich gelernt. –

Das war jedesmal sein Freudensignal für die wartende Mutter.

[...]

[41] Es war das höchste Geschoß, der 36. Stock des Zeitungspalastes, in welchem sich fern von allem Getöse der Großstadt der Privatraum des Zeitungsriesen befand. Nur ganz dumpf, wie ein weit entfernter Donner, tönte der Lärm aus der Tiefe empor.

Weit über die Häuser fort zum Hafen, wo die Freiheits-Statue golden aufblinkte, über die grüne Insel von States Island fort reichte der Blick zu dem blau-grün schimmernden Ozean.

Ganz deutlich konnte John Workmann soeben in der Hafeneinfahrt einen der Riesenpassagierdampfer von Deutschland erkennen, trotzdem er nicht größer wirkte, wie eine Nußschale.

[...]

[44] Während sich John Workmann setzte, betrachtete Mister Bennett mit scharfen Blicken den Knaben, und der Eindruck, welchen John Workmann auf ihn machte, mußte ein sehr befriedigender sein, denn der harte Gesichtsausdruck milderte sich und in die grauen Augen des Zeitungsriesen trat ein warmes Leuchten.

»Sie leben bei Ihrer Mutter?« begann Mister Bennett und blätterte in einem kleinen Aktenstück, in dem, ohne daß es John Workmann wußte, alle seine Personalien, ja, man konnte fast sagen, der gesamte Lebenslauf bis zum heutigen

Tage auf Erkundigungen von Mister Bennett eingetragen waren.

»Jawohl«, antwortete John Workmann.

»Ich habe erfahren«, sprach Mister Bennett weiter, »daß Sie Ihre Mutter, die kränklich ist und nicht erwerbsfähig, bereits seit Jahren ernähren.«

»Jawohl, das tue ich.«

»Ihr Vater starb vor vier Jahren. Er war ein Deutscher von Geburt. Und, wie ich gehört habe, ein nicht besonders praktischer Mensch. Er malte Porträts, nicht wahr?«

Wiederum bejahte John Workmann und wunderte sich im stillen, woher der Zeitungsriese das alles wußte.

Mister Bennett las noch eine Weile in dem Aktenstück, dann klappte er es zu, blickte John Workmann fest an und sagte:

»Ich glaube, Sie sind aus dem Holze geschnitzt, aus dem einmal ganze und tüchtige Männer werden. [45] Ich liebe es, solche Männer in meinem Betriebe zu beschäftigen.

Haben Sie Lust, bei mir als Arbeiter einzutreten, so bin ich gern bereit, Ihnen den Platz, an dem Sie zu stehen wünschen, anzuweisen. Wofür interessieren Sie sich?«

»Für Maschinen.«

»Recht so«, erwiderte Mister Bennett, »die Maschinen sind die Beherrscher der gesamten Welt. In den Maschinen liegt das Höchste, was wir besitzen können; das heißt, in praktischer Beziehung. [...]«

[...]

[81] »Sieh' mal, Mutter«, sagte John Workmann, »ich habe den Zweck erreicht, genau wie ich wollte. Um das zu werden, was ich vorhabe, war es nötig, daß ich den Riesenapparat, der in solcher Zeitung steckt, in allen seinen Details kenne.

Das ist nun geschehen. Ich kenne den Betrieb der Druckmaschinen, weiß, wie die Setzmaschinen gehandhabt werden, kenne also ihre Vorzüge und Nachteile und habe gesehen,

wie eine Maschine sparsam bedient werden kann und was
sie leisten muß.

[...]

[83] Die Menschen, welche nur Körperkraft besitzen, vermögen allerdings auf dem Arbeitsplatz, auf dem sie stehen,
nur mit allem, was sie besitzen, einzutreten und das genügt
ihnen auch.

Derjenige Mensch aber, der mit einer großen Intelligenz be-
gabt ist, kann diese nur voll und ganz ausnützen, wenn
seine Arbeit voll und ganz mit seiner Intelligenz im Ein-
klang steht.

Mir sagt man nun dort in der Druckerei und in den Maschi-
nenräumen nach, daß ich in meinem Kopf eine große Por-
tion solcher Intelligenz hätte.

Und ich muß dir auch offen gestehen, Mutter, ich wüßte
nicht, wo ich den Arbeitsplatz bei Mister Bennett fände, an
dem ich meine Kräfte so ausnutzen könnte, daß ich mich
zu meiner inneren Zufriedenheit voll und ganz betätigen
könnte.«

Mit großen Augen blickte seine Mutter auf ihn. Zum ersten
Male sprach sie mit ihrem Sohne in [84] solcher Art. Wie ein
ganz fremder Mensch erschien ihr plötzlich der Knabe.

Sie erfuhr plötzlich den bitteren Schmerz, wie so viele andere Mütter, wenn das Kind anfängt, die Knabenschuhe
auszuziehen.

Zu antworten wußte sie nichts.

Das, was John ihr sagte, war ihrem einfachen Denken zu
hoch.

Sie fühlte wohl die Wahrheit der Worte, aber sie vermochte
den Sinn nicht zu erfassen.

[...]

[103] »Ich kann es Ihnen ja ruhig sagen. Ich habe die Absicht, einmal dasselbe zu werden wie Mister Bennett.«

»Alle Achtung«, lachte der junge Redakteur. »Da hast du
dir ja keine kleine Lebensaufgabe gestellt. Ich wünsche dir
viel Glück dazu.

Bist du dir denn auch schon klar, wie du das anstellen willst?«

»Selbstverständlich«, erwiderte John Workmann. »Aus dem Grunde bin ich ja zu Ihnen gekommen, um mich von Ihnen belehren zu lassen. Ich möchte bei Ihnen lernen, was ein Redakteur zu arbeiten hat.«

»Aha, ich verstehe«, erwiderte der Redakteur, den die Art und Weise John Workmanns amüsierte.

[...]

[111] »[...] All die großen Vermögen, welche wir hier in Amerika und überhaupt in der Welt besitzen, sind nur die Folge von günstigen Spekulationen.

Arbeit, in dem Sinne, wie der geistige oder technische Arbeiter sie ausführt, vermag niemals ein Millionenvermögen zu gewinnen, selten nur geschieht es, daß sie auch nur annähernd imstande sind, sich durch die Zinsen ihres Ertrages zu ernähren.«

In John Workmann arbeiteten seine Gedanken mit dem neuen Problem, das der Redakteur ihm gegeben, so mächtig, daß er mit starren Augen auf den Erzähler blickte, kein Wort sagte und nur tief Atem schöpfte.

Ihm erschien plötzlich die gesamte Weltordnung von einem anderen Standpunkte. Da war ihm nun endlich das Problem, wie man ein reicher Mann wird, gelöst. – Was bisher nur dumpf sich in ihm geregt hatte, die Erkenntnis, daß auch die angestrengteste technische oder geistige Arbeit nicht imstande sei, ein Millionenvermögen anzuhäufen, das war ihm jetzt absolut klar geworden.

[...]

[121] Immer wieder wie eine eherne Wahrheit hatte sich ihm der Satz, den Mister Berns gebraucht, ins Gehirn geprägt: Große Vermögen erringt man nur [122] als Arbeitgeber für Tausende von Menschen oder als glückbegünstigter Börsenspekulant.

[...]

[149] Die Mutter schlug die Hände zusammen:

»John, John, du versündigst dich. Ist das nicht etwa genug,

was du da sagst. Beten nicht Tausende von Menschen zum
lieben Gott, daß er ihnen ein behagliches Heim, ein warmes
Bett und ein gutes Essen gibt. [. . .]«
»Ganz gewiß«, antwortete John Workmann, »aber du mußt
nicht vergessen, daß es eben unter uns Menschen zu unterscheiden gibt. Ich kann doch nicht deswegen, weil sich Tausende nach einem warmen Essen und behaglichen Heim
sehnen und es nicht [150] haben, mich nun glücklich schät-
zen, daß ich solches besitze.
Es kommt doch immer darauf an, Mutter, was man eben als
das höchste Glück in der Welt ansieht. Für mich ist ein behagliches Heim zurzeit nicht das Höchste, sondern nur für
dich!
Und das nur aus dem Grunde, damit ich den Weg vorwärts
gehen kann, den ich mir vorgeschrieben habe.
Ich eigne mich nicht zum einfachen Arbeiter. Ich vermöchte
es nicht fertig zu bringen, stundenlang an der Stelle bei
einer Maschine zu stehen und im Laufe eines Tages, einer
Woche oder eines Monats stets dieselbe Tätigkeit tausendmal zu wiederholen.
Solche Beschäftigung können nur Leute ausüben, welche
kein weiteres Interesse in sich fühlen. Und diese Leute,
diese einfachen Arbeiter, sind in ihrer Art mit ihrer Beschäftigung vollkommen zufrieden in dem Leben, weil sie eben
auf ihrem Arbeitsplatz den höchsten Grad ihres Könnens
erreicht haben.
[. . .]
[153] Nein, Mutter, ich will kein Reporter werden, sondern
ein tatsächlicher Berichterstatter, oder besser gesagt, ein
Journalist!«
»Was ist denn ein Journalist? Ich habe das noch nie gehört.«
»Das glaube ich, Mutter. Ich werde es dir erklären.
Ein Journalist ist derjenige Mitarbeiter einer Zeitung, welcher aus fremden Ländern Berichte schreibt über Politik
oder über das wirtschaftliche Leben daselbst. Oder welcher
über Politik, Kunst, Wissenschaft oder aufsehenerregende

Verluste oder Unglücksfälle und sonstiges große Aufsätze
für die Zeitung arbeitet.

Ein Journalist, Mutter, muß fähig sein in schwierigen Ver-
brechen das, was die Polizei nicht finden kann, zu erfahren.

Ein Journalist, Mutter, wie mir Mister Bennett es erklärte,
muß stets für das Beste und Gute und für das Recht in der
Welt kämpfen. Und um zu verstehen, was das Beste und
Richtige ist, muß er reisen.

Nur dort in der Ferne, in fremden Ländern, unter Menschen, vermag er die Griffe zu lernen, welche er für seinen
Beruf nötig hat.«

»Das ist mir alles zu hoch«, erwiderte seine Mutter. »Ich erkenne nur aus deinen Worten, daß du nicht mehr bei mir
bleiben, sondern fort von mir willst.« –

[...]

[169] Das war das große Geheimnis, der große Plan, den
John Workmann sich ausgedacht, und den er nun verwirk-
licht hatte.

Er wollte für alle die armen Jungens in der Riesenstadt, welche eltern- und heimatlos sich durch das Leben schlugen,
ein Heim gründen.

Er kannte ihre erbärmlichen Unterkunftsstätten, für die sie
teures Geld bezahlen mußten. Wenn sie das nicht wollten
oder zu sparsam waren, mußten sie unter den Hochbahn-
bögen oder auf den Hausfluren trotz der Kälte hausen.

[...]

[170] In allen aber steckte die Sehnsucht nach besseren Zeiten, welche sie dadurch herbeizuführen wünschten, daß sie
möglichst viel und möglichst schnell Geld verdienten.

Für diese Boys nun, für seine Kameraden, wollte John
Workmann ein gutes Werk tun.

Als es Abend war, machte die Wohnung einen festlichen
Eindruck. Das Licht war angezündet, zwei Tische weiß ge-
deckt, in der Küche brodelte Wasser für den Tee, und Brot
und Butter standen auf dem Küchentisch.

Fast zaghaft und scheu kamen die ersten Broadwayboys in die Wohnung. Mit einer Art ehrfürchtiger Scheu blickten sie auf John Workmann, der in seinem Sonntagsanzug mitten im Versammlungszimmer stand, und endlich, als vierzig Jungens anwesend, folgendes sagte:

»Boys, ich habe Euch hierher eingeladen, damit Ihr von Eurem Eigentum Besitz ergreift. Keiner von Euch braucht mehr auf der Straße liegen, sondern kann für weniges Geld hier in der Wohnung schlafen, [171] essen und trinken. Wir wollen uns jetzt hinsetzen und alles genau besprechen und festlegen, wie wir unseren Zufluchtsort halten und womöglich fördern können. Nehmt jetzt Platz und hört weiter zu.«

[. . .]

[190] Einer nach dem andern schlief auf dem Stuhl, wo er gerade saß, ein oder legte sich auf den Fußboden.

Nur John Workmann wachte noch. – Ernst blickte er auf seine schlafenden Kameraden und ließ noch einmal all' die Ereignisse vorüberziehen. – Sein Plan war geglückt. – Für das Muttchen und die Boys war gesorgt. – Nun konnte er, aller Sorgen ledig, in die Welt ziehen, um etwas zu werden. – Jetzt hatte er sein Recht dazu erworben. –

Und vor sich sah er sich selbst als erwachsenen Mann und vielen Tausenden Brot durch Arbeit gebend.

Das sollte sein Ziel sein. –

Dasselbe wie der Zeitungsriese. –

AGNES SAPPER

Werden und Wachsen.
Erlebnisse der großen Pfäfflingskinder

1910, 6.–11. Tsd. 1911

[8] Wir hingegen betreten nun das große Gebäude, gehen
vorüber an den Lehrzimmern des ersten Stocks, an dem
Konzertsaal des zweiten und hinauf in den dritten, in dem
sich die Privatwohnung des Direktors befindet. Um Mittagszeit füllen sich täglich diese Räume, und als Frieder, der
jüngste der vier Pfäfflingssöhne, in das Wohnzimmer trat,
war um den großen, gedeckten Eßtisch schon die Familie
versammelt. Von den verschiedensten Seiten waren sie gekommen: Vater Pfäffling, der Direktor, aus den unteren
Räumen der Musikschule, Wilhelm, der lange Student, aus
dem naturwissenschaftlichen Kolleg, Otto von einer Feld-
dienstübung, die er als Einjähriger mitgemacht hatte, Marie,
die erwachsene Tochter, aus einem Nähkurs, und Else, die
jüngste, aus der Töchterschule.
[. . .]
[23] Karl hatte ganz harmlos den jüngsten Bruder gefragt:
»Und du kommst jetzt in die Klasse von Professor Weid-
ler?« Darauf erwiderte Frieder: »Nein, ich gehe zur Musik.«
Herr Pfäffling hörte diese Worte, die ihm wie offene Wider-
setzlichkeit klangen, der fröhliche Ausdruck wich aus seinem Gesicht, ein heftiges Wort lag ihm auf den Lippen.
Aber in demselben Augenblick fühlte er einen freundlichen
Druck *der* Hand, die ihn immer zu beruhigen verstand.
Frau Pfäffling stand auf: »Gehen wir noch [24] ein wenig
durch den Garten«, sagte sie, »komm Frieder!« und während alle sich erhoben und die Geschwister erstaunt Frieders Äußerung besprachen, nahm die Mutter ihren Jüngsten
mit sich nach der vorderen Seite des Gartens und wanderte
allein mit ihm durch die stillen Wege. »Frieder«, begann sie,

»wie kannst du sagen: ›Ich gehe zur Musik‹, wenn es der
Vater nicht haben will, ich verstehe dich gar nicht!«

»Aber es ist ganz gewiß besser, wenn ich jetzt aus der
Schule trete. Ulrich geht jetzt auch –« Frau Pfäffling unterbrach ihn.

»Davon können wir nachher reden. Zuerst möchte ich verstehen, warum du sagst: ›so wird's‹, wenn doch der Vater
gesagt hat, es soll anders werden. Wenn du dich so zu uns
stellst, dann ist es nicht mehr wie zwischen Kind und Eltern«, und sie entzog ihm die Hand, die er nach lieber Gewohnheit gefaßt hielt. »Mutter!« rief Frieder, und ein ehrli-
ches Erschrecken klang aus seinen Worten, »so meine ich's
ja gar nicht, gib mir doch deine Hand wieder!«

»Frieder, meine Hand ist nicht ohne des Vaters Hand zu
denken, und was ihn kränkt, das kränkt auch mich.«

»Ich wollte den Vater nicht kränken, es ist ganz anders her-
ausgekommen, als ich gemeint habe. Gewiß, Mutter, es ist
mir leid.«

»Dann ist's gut, ich will es auch dem Vater sagen.« Die
Hände fanden sich wieder zusammen, Mutter und Sohn
wandelten hin und her, und in der trauten Abendstunde kamen dem spröden Jungen Worte über die Lippen, die seine
glühende Liebe zur Musik [25] offenbarten, sein heißes Verlangen, sich ihr ganz hinzugeben. Die Mutter fühlte, wie
schwer es einer solchen Natur fallen mußte, nach nüchternen, verständigen Erwägungen zu handeln, und der junge
Mensch tat ihr leid.

Er schwieg nun und sie kämpfte mit sich selbst, denn ihr
Herz trieb sie, nachzugeben, und ihr Verstand verwehrte
es.

In diesem Zwiespalt wandte sie sich an das, was sie als das
Beste in ihrem Jungen kannte, an sein Gewissen. »Frieder,
du bist immer wahr gewesen, sei es auch jetzt gegen dich
und mich. Sage mir, glaubst du wirklich, der Vater irrt sich,
wenn er es für besser hält, daß du noch in die Schule gehst?
Glaubst du, daß vernünftige Gründe dich bestimmen? Ist es

nicht nur die leidenschaftliche Liebe zur Musik, die dich
hinreißt?«

[...]

»Freilich ist's die Leidenschaft zur Musik. Nichts weiter. Ich
wollte, sie wäre nicht mit mir auf die Welt gekommen. Sie
macht mich nur unglücklich. Aber ich kann ja unglücklich
sein. Ich bleibe in der Schule. Sage du es dem Vater. Ich
kann jetzt nicht zu den andern gehen. Ich lasse ihnen gute
Nacht sagen. Gute Nacht, Mutter.«

[...]

[104] Nach einem Zeitraum von drei Jahren kehren wir wieder zur Familie Pfäffling zurück.

Drei Jahre – an keinem gehen sie spurlos vorüber, denn die
Natur kennt keinen Stillstand.

[...]

[105] Mit dem Einzelnen verändert sich ganz unmerklich
auch die Familie. Sie entwickelt sich durch die Einzelmen-
schen, aus denen sie besteht, durch den Geist der Zeit, der
in sie hereingetragen wird. Und wo sie sich sträubt gegen
Weiterentwicklung und sich verschließt gegen äußeren Einfluß, ist sie doch eine andere geworden, gerade dadurch,
denn sie ist nun etwas Starres, Gebundenes, Leben Hem-
mendes geworden.

Keine Sorge, daß solches von der Familie Pfäffling zu sagen
wäre! Wie die Eltern einst ihre Lust daran hatten, wenn die
Kleinen die ersten Schrittchen machten, so nun, wenn ihre
Großen selbständig Lebensschritte tun; und wie sie sich
freuten, wenn ein neuer Begriff im Wörterschatz des Kindes
auftauchte, so jetzt, wenn neue Gedanken und Bestrebungen erwachen bei den jungen Leuten. Denn sie betrachten
sich selbst nicht als fertig, diese beiden Eltern, und eben
darum sind sie es auch nicht, sondern schreiten immer weiter fort. Nur mit dem Unterschied gegen ihre jungen Jahre,
daß sie die Hauptrichtung, in der sie gehen wollen, klar erkannt haben und sie fest einhalten. Dadurch üben sie ein oft
unbewußtes Führeramt ihren großen Kindern gegenüber

aus. Denn wir folgen im unbekannten Land – und das ist das Leben – gerne denen, die wir mit gutem Mut und heiterem Antlitz ruhig und stetig voranschreiten sehen. So folgten auch [106] die großen Pfäfflingskinder bei aller Freiheit der Bewegung willig der Hauptrichtung ihrer Eltern.

[...]

[300] Drei Jahre waren für Frieder in der Fremde verstrichen. Die zwei ersten waren Lernjahre gewesen und das dritte ein Reisejahr. Er hatte Glück gehabt, denn ganz ohne sein Zutun war er in das eigentliche Künstlerleben hineingekommen. Von einem rühmlich bekannten Streichquartett war er, nachdem der erste Geiger sich von seinen Genossen getrennt hatte, als Ersatz aufgefordert worden und hatte auf Zureden des Direktors angenommen. Mit seinen Kunstgenossen war er durch Deutschland, Schweden und England gekommen, die Konzerte waren von Kunstverständigen gut besucht und die Namen der Künstler berühmt geworden. Manches Zeitungsblatt hatte der Mutter und den Geschwistern daheim berichtet von den Erfolgen, die dieser jüngste Pfäffling draußen in der Welt errang. Und dann war die Nachricht gekommen, daß sie alle erholungsbedürftig seien und entschlossen, nach Abschluß dieser ersten Reise sich ein paar Monate Ruhe zu gönnen vor Antritt der zweiten, die sie nach Frankreich [301] führen sollte. Seitdem waren Frieders Briefe immer kürzer geworden, bald hoffte er umso ausführlicher mündlich zu berichten, und die Freude, die Seinigen wieder zu sehen, sprach aus jeder noch so kurzen Mitteilung.

So war der Vorabend von Frieders Heimkehr gekommen, ein Sonntag.

[...]

[312] »Ja, ja«, sagte Frau Pfäffling nachdenklich, »mir ist auch die Stille im Gebirg segensreich gewesen, und wenn ich's überdenke, so muß ich sagen, daß mein [313] ganzes Leben hindurch mir immer die stillen Stunden die Kraft ge-

geben haben für die lauten bewegten, für das eigentliche
Leben und Wirken; ich könnte sie nie missen.«
»Und ich ebenso wenig, siehst du, Mutter, das ist ja mein
Jammer! Von dir habe ich das geerbt und vom Vater das Mu-
sikalische; was sich bei euch so prächtig ergänzt hat, das
Stille und das Lebhafte, das lebt in mir als ein unseliger
Zwiespalt. Ich habe Hunger nach Musik und Verlangen
nach Stille, dem Hunger nach Musik bin ich gefolgt und
habe sie als Beruf erwählt, aber wie finde ich nun die Stille?
Es ist mir nicht wohl in solch einem Treiben, wie ich es im
letzten Jahr gehabt habe. Das Reisen, das Hasten, die furchtbar Vielen, mit denen man verkehren muß, die glänzenden
Säle, die geputzte Menge, die langen Abende in bunter Gesellschaft im Rausch des Ruhmes oder in der Niedergeschla-
genheit des geringeren Erfolges, das Trachten und Streben
nach Beifall, das alles ist mir im Grund der Seele zuwider!
Wie flüchtig ist auch der Erfolg! Der Genuß ist vorbei,
wenn die Töne verklingen. Ich habe am glänzendsten Kon-
zert nicht die Befriedigung, wie wenn ich etwas kompo-
niere, und wär's nur ein Marsch, den die Soldaten spielen,
oder ein Wiegenlied, das die Mutter ihrem Kinde vorsingt.
So etwas lebt weiter, das Spiel verrauscht.«
[...]
[326] Am Montag früh ging Frieder nach der Violine zu sehen, die dem Meister viel Arbeit machte. In der kleinen,
stillen Werkstatt saßen sie beisammen. Über ihnen an den
Wänden hingen Geigen, neue, alte, rohe weiße und glän-
zend lackierte, Bogen lehnten in den Ecken, Zirkel, Maße
und andere Instrumente von feinster Konstruktion lagen
auf dem Arbeitstisch. Lange hatten die ungleichen Männer,
der junge und der alte, still beisammen an der Arbeit gesessen, Frieder als aufmerksamer Handlanger. Jetzt sagte er:
»Ob die Geige wohl fertig wird, ehe ich abreise?«
»O, das *muß* sein«, sagte Neureuther, »Sie müssen sie probieren. Ich hörte neulich, Sie blieben hier an der Musikschule. Ist's nicht wahr? Ich wollte nicht darnach fragen,
weil Sie nie die Rede darauf gebracht haben.«

Frieder stand plötzlich auf, alles künstlich Zurückgedrängte
brach aus seinem gequälten Herzen hervor. »Nein, ich habe
nicht die Rede darauf gebracht, denn es ist unerquicklich für
alle, die es hören müssen. Wenn man so dasteht wie ich,
wenn man leibt und lebt in der Musik, sie nicht entbehren
kann und doch zu dem Beruf des Musikers nicht paßt, dann
ist man in einer trostlosen Verfassung.« Neureuther hatte
seine [327] Arbeit weggelegt, er wollte dem jungen Freund
ein beruhigendes Wort sagen, aber Frieder sprach weiter:
»Was mich freut und was ich in ruhigen Stunden kann, das
ist das Komponieren, aber davon allein kann man nicht leben. Sie wissen gar nicht, was ich innerlich durchgemacht
habe in diesen Wochen. Alles, was man mir freundlich an-
bietet und rät, ist mir nicht recht, so daß mich niemand versteht und ich selbst mir unmännlich und verächtlich vor-
komme!«
[. . .]
[329] »Etwas Wunderbares, etwas über die Maßen Schönes«,
sprach Frieder mit Begeisterung, »nichts anderes als die Lösung meines Lebensrätsels! Meister, könnten Sie *mir* Ihre
Kunst lehren, mir dieses Bereich übergeben? Ist das möglich oder kann ich es nicht lernen? Ist es etwas unerschwinglich Teures oder nicht? Ich habe ja keinen Begriff davon!«
Er sah den alten Herrn an, wie wenn von dessen Ausspruch
sein Leben abhinge. »Ich sehe nichts Unmögliches daran«,
entgegnete Neureuther, »wenn Sie das lernen wollten – Sie
verstehen schon so viel davon – in zwei Jahren ginge das,
und so lange könnte [330] ich Ihnen zuliebe noch ausharren,
denn wahrhaftig, Sie sind mir lieb wie ein Sohn, und mir
wäre es eine Herzensfreude, Ihnen das Geschäft zu übergeben.« Da wurde Frieder ganz stille, lehnte sich gegen das
Fenster, überblickte die kleine Werkstatt, die ihm lieb gewesen von klein an, und sprach dann mit einer Bewegung, die
er kaum meistern konnte: »Mir ist's, wie wenn mich jemand
fragte: ›Willst du das Paradies übernehmen?‹«
[. . .]
[332] Als er die kleine Werkstatt verlassen hatte, sahen ihm

die beiden Alten nach. »Der besinnt sich nicht noch einmal anders«, meinte Frau Neureuther.

»Nein, der hat heute sein Lebensglück gefunden.«

Es war schon die Mittagsstunde, heißer, strahlender Junitag, als Frieder halb wie im Traum in die Wagnerstraße einbog. Als ein trübseliger, ratloser und mit sich selbst unzufriedener Mensch war er heute morgen langsam in Gedanken versunken diesen Weg gegangen, als ein von aller Pein erlöster, frohlockender, entschlossener Mann eilte er raschen Schrittes, unbekümmert um die Mittagsglut, denselben Weg zurück. Ganz nahe an Ulrikens Haus sah er diese eben heimkehren und in ihrer Haustüre verschwinden. Und in demselben Augenblick, da er sie sah, war er auch entschlossen, zu ihr zu gehen. *Sie* vor allem mußte wissen, was er vor hatte, welche Wendung heute sein Leben genommen hatte, das Leben, das sie teilen sollte. Verschwunden wie Nebel vor der Sonne waren all seine Bedenken, ob sie ihn lieb habe, ob sie ihn achte, ob sie ihre eigenen Lebenspläne aufgeben würde, nichts fühlte er, als daß er [333] sie nun mit in sein Glück hineinziehen müsse. Und nicht einen Augenblick zögerte er anzuläuten an ihrer Glocke, sie in ihrem Zimmer aufzusuchen, das er nie betreten hatte.

[334] »[...] Kommst du mit mir in das kleine Paradies, das sich mir heute aufgetan hat, teilst du mein Glück? Verstehst du mich eigentlich oder rede ich ganz konfus?«

»Ja, ganz konfus«, sagte Ulrike, aber sie sah ihn dabei mit strahlender Liebe an, »ich weiß nicht, wo dein Paradies ist, aber wenn du mich hinein führen willst, so gehe ich mit dir und bleibe bei dir!« Da zog er sie an sich in unbeschreiblicher Wonne. Die beiden jungen Menschenkinder sprachen sich in seligem Glück die Liebe aus, die in ihren Herzen fest gewurzelt war und so lange im Verborgenen geblüht hatte.

JÜRGEN BRAND

Gerd Wullenweber.
Die Geschichte eines jungen Arbeiters

1915

[19] Seit Menschengedenken hatte diese Gegend fernab von allem Verkehr mit der Außenwelt in stiller Zurückgezogenheit dagelegen. Die meisten älteren Leute kannten die Eisenbahn nur vom Hörensagen; nur ganz wenige hatten das Wunderding gesehen, und die darauf gefahren waren, konnten an den Fingern hergezählt werden. Da war es kein Wunder, daß, wo sich zwei im Felde, oder auf dem Wege, oder im Kruge trafen, von nichts anderem geredet wurde, als von der Eisenbahn.
[...]
[24] Kurzum, da war wenig, was von der allgemeinen Umwälzung verschont blieb. Die Veränderung kam natürlich nicht plötzlich, sondern ganz allmählich; aber sie kam gleichwohl mit der Macht eines unabwendbaren Schicksals, dem niemand sich zu entziehen vermochte, wenigstens nicht auf die Dauer. Die alten Leute freilich verhielten sich größtenteils ablehnend oder nahmen das Neue nur schwer und mit Widerstreben an; desto leichtere und freudigere Aufnahme fand es bei den Jungen.
Inmitten dieser Umwälzungen wuchs der junge Gerd Wullenweber heran. Zwar blieb Eckernworth wegen seiner einsamen Lage und dank der feindseligen Stellung des Alten eine zunächst unberührte Insel in dem aufgeregten Meere; aber dennoch sah Gerd mit seinen offenen, klugen Augen [25] das Alte stürzen und sah das Neue kommen und siegen; und wenn er sich auch der Bedeutung und der Tragweite dieser Veränderungen wenig bewußt war, so gingen sie doch in keinem Falle spurlos an ihm vorüber. Sein wacher Geist fand überall Stoff zu reichlichem Nachdenken, und

die zahllosen neuen Eindrücke konnte er so wenig verlieren
wie eine photographische Platte die Einwirkungen des
Lichtes. Um seinen jungen aufnahmefähigen Geist in den
Stand zu setzen, den Fortschritt der Zeit zu begreifen, dazu
hätte er eines verstehenden Freundes bedurft, der, mehr als
die Bewohner von Eckernworth, Zeit, Fähigkeit und guten
Willen hatte, auf die Fragen des Knaben die befriedigende
Antwort zu geben.

Das Schicksal war ihm günstig; der Freund kam.

[...]

[50] Da blitzten plötzlich aus östlicher Richtung vom
Schacht her die elektrischen Bogenlampen auf und sandten
ihre Strahlen weithin in die einsame Heide.

»Merk auf, Gerd, was ich dir jetzt sage!« Die Stimme des
Lehrers klang von innerer Erregung zitternd und gedämpft.
»Siehst du dort die elektrischen Lampen? Sie reden heller
und dringender noch als dieser graue Stein; sie reden die
Sprache der neuen Zeit, die vor unseren Toren steht. Die
alten Götter, denen auf diesem Steine das Blut der Fremdlinge geopfert wurde, sie sind unterlegen. Die Fremdlinge
haben dennoch gesiegt; denn sie waren die Bringer einer
neuen, höheren Kultur. Jahrtausende sind vorübergezogen; das Christentum ist in die germanischen Wälder einge-
drungen. Die Wälder sind gerodet; das Land ist bebaut.
Dörfer und Städte sind gegründet. Kunst und Wissenschaft sind erblüht. Von göttlicher und menschlicher Liebe
hat man den Barbaren gepredigt, und mit Blut und Eisen
hat man Land und Volk erobert. Das Zusammenleben
der Menschen schafft unaufhörlich neue Bedürfnisse. Die
Bedürfnisse sind die Triebkraft der Entwicklung. Wieder sind Jahrtausende vorübergezogen; die Reichen und
Mächtigen haben das Land in ihren Besitz gebracht und
haben die Ärmeren gezwungen, ihnen Dienste zu leisten;
immer mehr! Und« – drohend hob er seinen Arm gen
Osten – »sie tun es heute noch. Man schlachtet keine Ge-
fangene mehr, um sie den Göttern zu opfern; aber man

tut Schlimmeres. Die [51] Reichen und Mächtigen beuten die Armen rücksichtslos aus; in Werkstätten und Fabriken müssen sie frönen; aber sie bekommen den Lohn nicht, den sie verdienen. Sie schleppen ihr Leben unter freudloser Arbeit und Entbehrung hin und können nicht so viel erwerben, um sich an der Schönheit des Lebens zu erfreuen. Und ihre Ausbeuter und Unterdrücker scharren Millionen zusammen. Und wenn sie sich rühren, die Unterdrückten, dann zwingt man sie nieder mit Blut und Eisen. Wie früher, Gerd, genau wie früher.«

Hellmann hielt erschöpft einen Augenblick inne; dann flammte er wieder auf:

»Aber die Unterdrückten denken über ihr Elend nach und begreifen, daß der einzelne schwach und hilflos ist, und weil ihrer immer mehr werden, so schließen sie sich zusammen zu mächtigen Organisationen, wie die Bäume im Walde und die Halme im Ährenfeld. Und nun sind sie nicht mehr machtlos. Nun sind sie eine Macht, Gerd, der auf die Dauer nichts widerstehen kann; auf die Dauer nicht! Und auf ihren Schultern tragen sie die neue Zeit. Sie wird kommen, sie kommt schon jetzt. Da, jene Lichter sind die Morgenröte der neuen Zeit, der Zeit des Sozialismus!«

Er hielt inne und lehnte sich an den Stein; sein Haupt sank ihm auf die Brust herab, und er atmete heftig.

Gerd blickte scheu zu ihm hinüber; er war nicht minder erregt. Die Leidenschaft, mit der Hellmann gesprochen, hatte auf ihn einen tiefen Eindruck gemacht, und er wagte nicht, ein Wort zu reden.

[. . .]

[65] Endlich hielt der Zug in Hannover, und alle Heimatgedanken und -gefühle wurden zurückgedrängt durch die Fülle der neuen Eindrücke. Die gewaltige Bahnhofshalle, das Gewimmel fremder Menschen, die alle eilig durcheinander hasteten, dann der Anblick der großen Hotels, der wohlgepflegten Straßen mit ihren gewaltigen Häuserreihen, der Straßenbahnen und sausenden Automobile, das

alles wirkte so sinnverwirrend auf Gerd, daß er völlig ver-
stummte. [...]

[66] Am Nachmittag ging der Mann, ein Bekannter Hell-
manns, mit Gerd nach der Fabrik, wo er am folgenden Tage
eintreten sollte. Es war ein großes, schmuckloses Gebäude,
und als sie über den Hof gingen, tönte aus den offenen Fenstern und Türen der Werkstätten das Geräusch der Hämmer und Räder. Im Kontor wurde die Angelegenheit sehr
schnell und rein geschäftsmäßig erledigt. Gerd wurde nach
seinen Personalien gefragt, je ein gedrucktes Exemplar der
Arbeitsordnung und des Lehrvertrags wurde ihm ausge-
händigt, und ihm wurde bedeutet, daß er am anderen Tage
früh um 7 Uhr anzutreten habe beim Meister G. in der Gießerei; in den anderen Abteilungen war zurzeit keine Stelle
frei. Damit war er entlassen.
[...]

[67] »Na, Gerd«, sagte der Meister, »stark scheinst du ja zu
sein; das ist gut; leicht ist die Arbeit hier nicht. Aber das
lernt sich alles mit der Zeit, wenn man den guten Willen hat.
Hier in der Gießerei sind noch mehr Lehrlinge eingestellt.
Hoffentlich kannst du dich gut mit ihnen vertragen. Nun
komm.«
Dann führte ihn der Meister an seine neue Arbeitsstätte. Es
war eine weite, hohe Halle mit Oberlicht, völlig von Rauch
geschwärzt. Die Arbeiter, denen er begegnete, waren ebenso
rußig wie ihre Umgebung, so daß sich Gerd in seinem
neuen blauleinenen Arbeitszeug vorkam, als hätte er ein
Sonntagsgewand an. Der Meister hatte wohl seine Gedanken erraten und lachte: »Es wird nicht lange dauern, dann
siehst du gerade so schwarz aus wie die anderen.«
Schon recht, dachte Gerd, tiefer als bis auf die Haut geht's
nicht.
An der einen Längswand der Halle waren zwei gewaltige
Schmelzöfen gemauert. Zwei kräftige junge Arbeiter mit
Lederschürzen und großen Schutzbrillen trugen an einer eisernen Bahre zwischen sich einen Tiegel mit flüssigem Me-

tall. Es zischte und knallte in dem Tiegel und sah gefährlich aus, wenn aus der weißglühenden Masse feurige Spritzer den Trägern an die Kleider, auf die Hände und gar ins Gesicht flogen; aber die schienen von alledem nichts [68] zu spüren; sie gingen ruhig im Gleichschritt auf eine am Erdboden stehende runde Form zu und gossen den Inhalt ihres Tiegels in die kleinen Gießlöcher, als wäre es Suppe oder dergleichen. Dabei zischte und knallte und sprühte es fortwährend. Gerd durchrieselte etwas wie Furcht. Wenn einer von den beiden Arbeitern strauchelte? Erschrocken trat er einen Schritt zurück. »Hallo, Gerd!« rief der Meister, »was machst du?« Er mochte wohl den Zusammenhang begreifen. »Ist nicht so schlimm, wie es aussieht, mein Junge; nur die Augen aufmachen und ruhig Blut behalten.«
[...]
Mit der Zeit lernte er auch seine Arbeitskollegen kennen und schloß sich enger an sie an; mit dem jungen Arbeiter, [69] mit dem er zusammenarbeitete, verband ihn schon nach kurzer Zeit ein herzliches Verhältnis. Er hieß Wilhelm Burgmeier; sein Vater war auch Arbeiter und gehörte, wie Wilhelm dem Freunde eines Tages auf dem Nachhausewege mitteilte, der »Partei« an. »Gehören denn nicht alle Arbeiter der Partei an?« fragte Gerd seinen Begleiter, der vielleicht um zwei Jahre älter war als er selber. »Leider nicht«, antwortete Burgmeier, »es muß ihnen erst noch dreckiger gehen, ehe sie einsehen, wohin sie gehören.« »Aber dann muß man ihnen das sagen«, erwiderte Gerd eifrig. Burgmeier lachte höhnisch auf. »Als ob das nicht alle Tage geschähe; aber sieh dir unsere Versammlungen an: sie kommen einfach nicht.« Gerd wurde nachdenklich. »Hör mal, Gerd«, sagte dann Burgmeier plötzlich, »jetzt fällt mir ein, daß ich einen Auftrag an dich auszurichten habe. Du wirst eingeladen, am nächsten Sonntag in unserem Jugendheim zu erscheinen. Das ist für uns jugendliche Arbeiter und Arbeiterinnen dasselbe wie für die erwachsenen Arbeiter die Partei. Solche Leute wie dich brauchen wir grade.« »Ich will es

mir überlegen, Wilhelm«, antwortete Gerd. »Überlegen?«
erwiderte Burgmeier, »da gibt's nichts zu überlegen. Da ge-
hörst du einfach hin. Na, Gerd, du wirst schon kommen.«
Damit trennten sich die beiden Freunde.

Und Gerd kam. Und wenn je ein Schritt ihn nicht gereute,
so war es dieser, der eine Bedeutung für sein ferneres Leben
gewann, die er nicht ahnen konnte. Nun erst, im ständigen
Verkehr mit seinen Arbeits- und Leidensgefährten und -ge-
fährtinnen lernte er das Gedanken- und Gefühlsleben der
Klasse, der er angehörte, kennen. Eine Begeisterung sonder-
gleichen überkam ihn, und alle freie Zeit und alle Kraft, die
ihm die schwere Arbeit in der Fa-[70]brik übrig ließ, widmete er hinfort der Arbeit im Jugendheim. Er sah mit Bewunderung, wie die abgerackerten und müden Genossen
und Genossinnen regelmäßig zusammenkamen; wie sie un-
verdrossen, trotz der schwierigsten Verhältnisse, arbeiteten,
um die Lücken ihrer jämmerlichen Volksschulbildung aus-
zufüllen; wie sie in ihren Reihen den Geist echter Solidarität
pflegten; wie sie bei allem, was sie taten, das eine große Ziel
im Auge hatten: brauchbare Mitglieder der kämpfenden Arbeiterklasse zu werden. Das alles erfüllte seine Seele und
ließ ihn nicht wieder los. Mit rastlosem Eifer arbeitete er an
seiner eigenen geistigen Befreiung, las einschlägige Bücher
und beteiligte sich an den Aussprachen im Verein.

Der Eifer, mit dem Gerd sich den neuen Aufgaben widmete, sein hoher Ernst und die Lauterkeit seines Charakters
erwarben ihm bald die allgemeine Zuneigung unter seinen
jugendlichen Genossen und Genossinnen, und es dauerte
nicht lange, so gaben sie ihm Beweise ihres Vertrauens, indem sie ihm Ehrenämter übertrugen, wie sie die Verwaltung
ihrer Gemeinschaft mit sich brachte. Nach Ablauf des ersten Jahres wurde er in den Vorstand gewählt.

[...]

[98] Wochentags verrichtete Gerd seine schwere Arbeit
in der Fabrik; er war jetzt, weil er ein kräftiger Bursche
war, beim Schmelzofen beschäftigt und mußte mit seinem

Freunde Burgmeier die gefüllten Tiegel an die Gußformen
tragen.

Wieder standen die beiden mit dem leeren Tiegel am Ofen.
Der Zapfen wurde ausgestoßen, und unheimlich zischend
und knallend ergoß sich der weißglühende Strom in den
Tiegel. Der Zapfen wurde geschlossen, und die beiden
Freunde ergriffen mit fester Hand die eiserne Trage, in der
der schwere Tiegel ruhte.

[99] Der Weg bis zur Form war nicht weit, nur etwa zwanzig Schritte. Und doch kauerte an ihm eine unsichtbare
graue Gestalt, bereit, im nächsten Augenblick zuzuschla-
gen. Der Weg war nicht weit; aber doch weit genug, um auf
ihm ein junges, blühendes Leben in wenigen Minuten zu
vernichten. Hatte der Meister die graue Gestalt bemerkt? Er
schrie plötzlich: »Festhalten, Gerd!« Es war zu spät. Gerd
strauchelte, kam zu Fall, und mit wütendem Gezisch und
Geprassel stürzte sich die weiße Glut über seine Brust.
Burgmeier sprang im rechten Augenblick zur Seite. Ein entsetzlicher Schrei, unartikuliert und brüllend, wie von einem
sterbenden Tier, dröhnte durch die Halle. Arbeiter sprangen
hinzu und trugen den leise Stöhnenden in den Hof der Fabrik. Dort legten sie ihn auf eine Bahre. Burgmeier kniete
am Kopfende nieder und hörte, wie Gerd mit letzter Kraft
die Worte hauchte: »Nach Hause – – –«

Als der Arzt kam, hatte die feurige Seele unseres jungen
Freundes ihre entsetzlich verbrannte Hülle verlassen; er
konnte nur noch den Tod feststellen. Burgmeier kniete noch
immer zitternd an der Bahre. Dem alten, freundlichen Meister rannen die hellen Tränen in den Bart; und in den Mienen der andern lagerte dumpfes Entsetzen und verhaltene
Wut, daß die Fabrik wieder einen der Ihrigen gemordet
hatte.

Dann kam der Leichenwagen und holte die jammervollen
Überreste des armen Gerd fort. – –

Die Nachricht von dem furchtbaren Unglück verbreitete
sich schnell. Noch am selben Abend kamen die jungen Ar-

beiter und Arbeiterinnen im Jugendheim zusammen. Alle,
alle waren erschienen und saßen nun wie eine verschüch-
terte Herde zusammen und wagten nicht, laut zu sprechen.
Dann erhob Burgmeier sich und sprach stockend und voll
tiefer Ergriffenheit die folgenden Worte: »Jugendgenossen
und -genossinnen! Unser Gerd ist nicht mehr. Er, den wir
[100] alle geliebt haben, ist auf dem Schlachtfeld der Arbeit
gefallen. Laßt uns klagen um ihn, denn er war der Beste unter uns. Keiner hat wie er gearbeitet für die Verwirklichung
unserer Ideale. Und weil er rastlos arbeitete im Dienste unserer Sache, war er uns allen ein Beispiel, dem wir nacheifer-
ten. Und so soll es auch ferner bleiben. Unser armer Gerd
ist tot; aber sein Beispiel ist nicht tot, sondern lebt unter uns
weiter und soll uns anspornen, mit gleicher Treue im Dienste der Arbeiterbewegung zu wirken wie er. Wir wollen das
Andenken an unseren toten Genossen ehren und hüten wie
ein teures Vermächtnis.« – –

Abenteuererzählungen

Die Abenteuerliteratur verlor in der zweiten Hälfte des 19. Jahrhunderts hochliterarisch an Bedeutung, erlebte auf der Ebene der Jugend- und Volksliteratur jedoch einen Aufstieg. Hier fanden Abenteuerschriften besonders in den Jahrzehnten nach 1870 wachsende Verbreitung. Daß die Abenteuerliteratur vornehmlich als Jugend- und Volksliteratur weiterlebte, beweist die große Zahl der Jugendbearbeitungen, die nun auf den Markt kamen. Genannt seien hier nur »Tokeah oder die weiße Rose. Nach Charles Sealsfield für die Jugend bearbeitet« (1895) von Paul Moritz und Karl Mays 1879 erschienene Bearbeitung des »Waldläufers« von Gabriel Ferry, um einen berühmten Bearbeiter eines berühmten Romans zu erwähnen. Mit James F. Cooper ist die Jugend, so Heinrich Pleticha, eigentlich erst in den Jahren nach 1875 bekannt geworden. Dafür sorgten Jugendbuchverlage wie Ensslin & Laiblin, Thienemann und Schaffstein, die Bearbeitungen der Lederstrumpferzählungen herausbrachten (die bereits 1845 von Franz Hoffmann vorgenommene Bearbeitung fand nur eine geringe Verbreitung). Für die Geschichte der Abenteuerliteratur jedoch ist es vor allem bedeutsam, daß die Autoren von vornherein für Jugendliche zu schreiben begannen. Der Adressatenwechsel führte zu erheblichen Veränderungen der bislang gattungstypischen Erzählmuster. Auffallend ist die Konzentration auf das Handlungsgeschehen, die Aktion. So verzichteten die Autoren beispielsweise auf Landschaftsbeschreibungen, die in den Abenteuerschriften aus der Mitte des Jahrhunderts noch breiten Raum einnahmen. In der Wahl der Motive hielten sie sich zumeist an das Eingeführte und längst Bekannte.
Die Abenteuerliteratur wurde teilweise in luxuriösen Prachtausgaben auf den Markt gebracht. Gegen Ende des Jahrhunderts kritisierte Heinrich Wolgast diese Editions-

*praxis der Jugendbuchverlage: Dem Käufer werde sugge-
riert, daß der hohe Preis zugleich eine Qualitätsgarantie sei.
In Wahrheit sei dies eine schiere Irreführung; die kostspie-
lige Aufmachung verberge in der Regel literarisch höchst
Anspruchsloses. Daneben entwickelten sich jedoch andere
Publikationsformen, die erst durch die rasante ökonomische
und drucktechnische Entwicklung dieser Jahrzehnte ermög-
licht wurden. Es handelte sich vornehmlich um Abenteuerliteratur, die in preiswerten Heftchenausgaben auf den Markt
gebracht und durch Kolporteure in unteren Bevölkerungs-
schichten vertrieben wurde. Zugleich veröffentlichten die
Autoren ihre Abenteuererzählungen mehr und mehr als
Fortsetzungsromane in Zeitungen und Zeitschriften, ehe sie,
sofern erfolgreich, in Buchform erschienen. In diesem Zusammenhang sei auf die Jugendzeitschrift »Der Gute Kamerad« hingewiesen, die viele der bekanntesten Abenteuer-
romane vorab publizierte. Auch »Das Neue Universum«
diente den Jugendschriftstellern als Publikationsorgan insbesondere für den technischen Abenteuerroman. Die Autoren der Heftchen- bzw. Fortsetzungsromane wurden von
Wolgast und anderen von der Kunsterziehungsbewegung
beeinflußten Jugendschriftenkritikern vehement bekämpft.
Zu sehr widersprach die Schriftstellerei der Serienautoren
ihren idealistischen Vorstellungen vom Dichter und von der
Dichtkunst.*
*Zu denjenigen, die zur Zielscheibe der Kritik wurden,
zählte Sophie Wörishöffer. »Robert, des Schiffjungen Fahrten und Abenteuer«, eine Umarbeitung von Max Bischoffs
Roman »Robert, der Schiffsjunge«, war ihr erstes Werk für
jugendliche Leser. »Eine Unmöglichkeit löst die andere ab«,
lautet einer der erhobenen Vorwürfe. Tatsächlich reiht sich
in dem hier auszugsweise wiedergegebenen Roman wie
auch in ihren nachfolgenden Büchern Abenteuer an Abenteuer. »Sophie Wörishöffers Romane sind«, so bemerkt
Bernd Steinbrink, »Ausbruchsphantasien, eher Anleitung
zum Ungehorsam gegen Zwang und strenge Anpassung als*

Erziehungslektüre für brave Bürgersöhne.« Gewiß, die Helden sind am Ende ihrer Romane nur zu oft an- und eingepaßt; bei genauerem Hinsehen jedoch wird dies erkennbar als ein äußerlich bleibendes Zugeständnis an eine Erwartungshaltung, die die Öffentlichkeit gegenüber der Jugendliteratur einnahm. Bei aller Konformität an der Oberfläche entschlüpfen der Autorin jedoch immer wieder Ausformungen rebellischer Phantasie – eine Widersprüchlichkeit, die auch in der Backfischliteratur jener Zeit zu beobachten ist.

Ganz anders verhält es sich bei Friedrich J. Pajeken, der seinen Helden Bob durch einen Entwicklungsprozeß führt, an dessen Ende die unwiderrufliche Akzeptierung einer Ordnung steht. Der einsam umherschweifende, mit dem Trapperleben experimentierende Abenteurer entwickelt sich zum »nützlichen Glied der Gesellschaft« – in führender Position, wie sich versteht. Pajeken benutzt dafür das Modell des Ansiedlerabenteuers, in dem Rüdiger Steinlein die »gezähmte, familiarisierte Version des Indianerabenteuers« sieht (ein Modell übrigens, das schon bei Philipp Körbers Lederstrumpf-Bearbeitung von 1847 Pate gestanden hat). Bei der Abschwächung charakteristischer Motive und Topoi aus der Abenteuerliteratur geht Pajeken freilich mit einer solchen Entschiedenheit vor, daß man besser von einer grundlegenden Umdeutung sprechen sollte. Von dieser ist nicht zuletzt auch die Naturmotivik betroffen: nahm die Natur in der bisherigen Abenteuerliteratur als Fluchtpunkt zivilisationsmüder Helden einen bedeutenden Platz ein, so sinkt sie bei Pajeken zum bloßen Industriestandort, zur simplen Rohstoffquelle hinab. Warum, so fragt man sich, greift Pajeken überhaupt auf Elemente der Abenteuerliteratur zurück, um sie dann bis zur Unkenntlichkeit zu entstellen? Anscheinend möchte dieser Autor, dem es letztendlich um die Bekämpfung solcher phantasieaufreizenden Gattungen geht, dennoch an deren Spannungseffekten partizipieren. Es erscheint angesichts der krassen

Eingriffe und Verkehrungen jedoch fraglich, ob ihm dies gelungen ist.

Karl May, der seine schriftstellerische Karriere als Kolportageautor begann, veröffentlichte in den Jahren 1887 bis 1897 insgesamt acht Erzählungen in der Jugendzeitschrift »Der Gute Kamerad«. Ab 1890 brachte sie der Union-Verlag auch in Buchform heraus. Es ist zwar nur ein verschwindend geringer Teil seines Gesamtwerks, der sich explizit an junge Leser wendet; dennoch haben Jugendliche ganz offensichtlich von Beginn an mehr als nur diese acht Erzählungen gelesen, und es verwundert nicht, daß Karl May als gefährlicher, »sittenverderbender« Jugendbuchautor gilt. In seiner 1911 erschienenen Autobiographie »Mein Leben und Streben« setzt sich Karl May zur Wehr: »Wenn die Jugend meine Bücher trotzdem liest, und zwar gerne, so beweist das doch nicht, daß ich sie für sie bestimmt habe, sondern daß die Jugendseele in ihnen findet, was ihr von anderen vorenthalten wird.« Indem er es seiner grenzenlosen Phantasie unterwirft, bietet Karl May seinen Lesern das, so Harald Eggebrecht, »totale Abenteuer«. So zielen etwa seine Heldenbeschreibungen auf eine ausschließlich sinnliche Teilhabe des Lesers. Die May'schen Helden entziehen sich aller psychologisch-realistischen Deutung, wie auch der Handlungsablauf, wie schon bei Sophie Wörishöffer, einer stringenten Logik entbehrt. Das Abenteuer ist bei Karl May auf eine unvergleichliche Weise nach den Mechanismen des »Tagtraums« gestaltet; er träumt, wie es die Blochsche Kolportagetheorie behauptet, immer auch einen utopischen Gegenentwurf zur real erfahrbaren Welt. So diffus sich dieser Entwurf bei May auch ausnimmt, in ihm scheint unzweifelhaft das Verlockende, das erzieherischen Zwecken sich Widersetzende seiner Schriften zu gründen. Neben Karl May gehören Graf von Bernstorff, Max Felde, Maximilian Kern und Franz Treller zu den bekannteren Verfassern von Abenteuererzählungen für die Jugend, und sie alle sind mit entsprechenden Titeln in der überaus erfolgreichen »Ka-

*merad-Bibliothek« des Union Verlages vertreten. Sie alle
beweisen mit ihren Werken eine genaue Kenntnis der Abenteuerliteratur eines Gerstäcker, Retcliffe, Sealsfield u. a., deren Motive sie sämtlich auf eine geschickte Weise verarbeitet
haben.*

*Die Eroberung deutscher Kolonialgebiete bescherte der
Abenteuererzählung neue Stoffe und Schauplätze. Dem bis
dahin vorherrschenden Indianerabenteuer gesellte sich der
Kolonialroman hinzu, der in der Regel ganz offen zu Zwek-
ken politischer Propaganda in Dienst genommen wurde.
Daß der Kolonialroman in vielem dem Indianerabenteuer
verpflichtet bleibt, ist gelegentlich schon am Titel zu erken-
nen. »Afrikanischer Lederstrumpf« etwa lautet der Titel ei-
nes Kolonialromans von Stanislaus von Jezewski, der unter
dem Pseudonym C. Falkenhorst schrieb. Dieser Autor publizierte in den Jahren 1894 bis 1897 eine zehnbändige Reihe
»Jung-Deutschland in Afrika«; zu den Intentionen dieser
Abenteuerserie gehörte, Kenntnisse über den afrikanischen
Kontinent und seine Geschichte zu vermitteln. Neben
August Niemann, der insbesondere durch seinen Roman
»Pieter Maritz, der Burensohn von Transvaal« (1893) als
Kolonialautor bekannt wurde, sei in diesem Zusammenhang
noch Josef Spillmann erwähnt, Verfasser zahlreicher aben-
teuerlicher Missionserzählungen. Gustav Frenssens 1906 er-
schienener Roman »Peter Moors Fahrt nach Südwest«, eine
Kombination von Abenteuer- und Kriegserzählung, wurde
über die Parteigrenzen hinweg als empfehlenswerte Jugendlektüre gepriesen. Der Autor läßt seinen ›naiven‹ Helden in
die Ferne aufbrechen, um ihn als geläuterten, vom Sinn des
Krieges überzeugten reifen Mann in die Heimat zurück-
kehren zu lassen; es gibt jedoch kaum eine Stelle in dem
Roman, an der so etwas wie eine innere Entwicklung des
Helden greifbar wird. Ebenso wenig verrät uns der Held,
welche Position er etwa im Streit um die christlich-morali-
sche Legitimität von Krieg und Eroberung einnimmt. Der
Autor schränkt seinen Helden aufs bloße Zuhören ein, ja, er*

*scheint sich selbst hinter dem Protagonisten zu verstecken,
denn eine Autorposition ist ebenso wenig auszumachen. An
der Oberfläche des Textes jedenfalls läßt sich eine deutlich
markierte ideologische Wirkungsabsicht, eine Tendenz, nicht
eindeutig nachweisen. Es ist schwer auszumachen, welche
Bedenken den schriftstellernden Pastor Frenssen gehindert
haben mögen, seine patriotischen und rassistischen Einstel-
lungen unverhohlener zu äußern. Die in den folgenden Jahren erscheinende Kriegsabenteuerliteratur weiß von derlei
Skrupel nichts mehr.*

*Der Einfluß Jules Vernes, der dem Abenteuerroman in the-
matischer, aber auch formaler Hinsicht neue Impulse gab,
ist in der deutschsprachigen Jugendliteratur vor allem in den
Schriften Friedrich Maders greifbar. Was Vernes in Bezug
auf seine »Voyages extraordinaires« als literarisches Pro-
gramm besonders im Hinblick auf seine jugendlichen Leser
verkündet, nämlich der Vermittlung des neuesten technischen Wissensstandes mit spannender Unterhaltung, gilt
auch für Maders technisch-utopische Romane. So informie-
ren die »Wunderwelten«, von Friedrich Schegk »als der be-
merkenswerteste deutsche Science-fiction-Roman« einge-
schätzt, über das Sonnensystem und die Planeten. Mader
untermauert seine wissenschaftlichen Behauptungen, indem
er im Anhang des Romans die entsprechende Sekundärlite-
ratur aufführt. Der technisch-utopische Roman, verstanden
als Antwort auf die enormen technischen und wissenschaftlichen Veränderungen im Leben dieser Jahrzehnte, wird für
die Entwicklung der Abenteuerliteratur immer entscheiden-
der. Hingewiesen sei hier nur auf den großen Erfolg der
Technikromane Hans Dominiks in den 20er Jahren.*

S. WÖRISHÖFFER

Robert des Schiffsjungen Fahrten und Abenteuer auf der deutschen Handels- und Kriegsflotte

1877; 5. Aufl. 1887

[207] Von einer kurzen, glücklich verlaufenen Dampfschiffs-
reise und namentlich von dem, was während derselben ein
Heizer erlebt, läßt sich nicht viel Interessantes berichten,
wir beginnen daher aufs neue, nachdem sich der Dampfer
im Hafen von New York vor Anker gelegt hatte und Robert entlassen worden war. Zwar gab sich der Kapitän alle
mögliche Mühe ihn wieder anzumustern und am liebsten
ganz für sich zu gewinnen, aber unser Freund schlug das
Anerbieten rund ab.
[. . .]
[208] Jetzt erst war sein Wunsch erfüllt, jetzt befand er sich
in der weiten Welt und sah und staunte, ohne gleich alle
diese einzelnen Eindrücke ganz in sich verarbeiten zu können.
Auf den Dämmen an der Hafenmauer sah er dasselbe Treiben wie auf dem Baumwall in Hamburg, nur ebenfalls in
bedeutend erweitertem Umfange und außerdem malerisch
belebt durch die verschiedenen Nationaltrachten der Farbigen in allen Abstufungen, der Chinesen und Orientalen. In
Hamburg hatte er diese Gesichtszüge und diese Rassen-
eigentümlichkeiten schon kennen gelernt, aber doch nur unter dem alltäglichen Gewande der Schiffer, jetzt dagegen sah
er den Chinesen mit langem Zopf, spitzen Schnabelschu-
hen, den Türken mit Turban und buntem Kaftan, sah den
Armenier im langen dunkelbraunen Rock und den Japane-
sen mit seiner hellen, weiten, auf große Hitze berechne-
ten Kleidung. Alle diese Leute suchten und fanden Arbeit,
schlossen und lösten neue oder ältere Verbindungen, sprachen in babylonischer Verwirrung gruppenweise durchein-

ander und verrichteten namentlich solche Arbeiten, die nur
im Hafen stattfinden; sie löschten und beluden die Schiffe
und waren an den Kränen und Landungsplätzen beschäftigt.

Überhaupt hatte unser junger Freund von der Großartig-
keit der amerikanischen Einrichtungen bis jetzt noch keinen
Begriff gehabt. Wie staunte er, als er z. B. schwebende, von
Brückenpfeilern getragene Eisenbahnen sah, deren Wagen
über dem Schiffe Halt machten, worauf sich eine Klappe
öffnete, und durch dieselbe der Inhalt – meistens Weizen –
in den Raum geschüttet wurde.

[. . .]

[209] Was zehn kräftige Männer kaum in einer Viertelstunde
vollbracht hätten, das wurde hier durch das Ineinandergrei-
fen der technischen Einrichtungen spielend in wenigen Minuten gethan.

Robert ging langsam, um alles zu sehen, alles zu beobachten, namentlich aber, um das Hochgefühl der Freiheit so
recht in langen Zügen zu genießen. In seiner Tasche klapperten die Dollar und unter seiner Mütze wirbelte es von
den Plänen und Hoffnungen einer goldenen Zukunft. Jetzt
erst konnte er thun oder lassen, was ihm beliebte, konnte
seinen Wunsch nach Abenteuern vollständig befriedigen
und von Pol zu Pol die ganze Erde kennen lernen. Er war
nun bald ein volles Jahr von Hause entfernt und hatte das
siebzehnte Lebensjahr beinahe zurückgelegt; seine besten
Freunde hätten in dem lang aufgeschossenen, von der südli-
chen Sonne braun gefärbten Burschen mit dem ersten dunklen Schatten auf der Oberlippe und dem ganzen gereifteren
Aussehen wohl kaum das Kindergesicht aus Milch und
Blut, welches er vor Jahresfrist noch aufweisen konnte, wie-
dererkannt. Auch die Stimme hatte den Übergang vom
Knaben zum Jüngling so ziemlich vollbracht, und die Schultern waren breiter geworden, mit einem Worte, unser
Freund hatte sich, wie man zu sagen pflegt, stattlich heraus-
gemacht, und der Gedanke, nach Hamburg zurückzukeh-

ren, erschien ihm unleidlich. Ja, wenn er das Geld seines
alten Freundes in der Tasche gehabt hätte! – Aber mit
leeren Händen vor den Vater treten? – Nein und tausendmal nein. Erst mußte er es zu etwas bringen, dann sollten
die Pinneberger Augen machen und sich zuflüstern: »Der
Robert Kroll ist doch ein Teufelskerl, hat richtig draußen in
der Welt das große Los gewonnen.«

[...]

[242] Er bezahlte in der Frühe des zur Abreise bestimmten
Tages seine Rechnung beim Schlafbas, nahm die Kiste auf
die Schulter und ging mit der schweren Bürde seelenvergnügt zum Hafen hinunter.

Jetzt begann das neue Leben. Nicht mehr Junge, nicht mehr
du angeredet und von den älteren Genossen gehänselt, nicht
mehr zu den Arbeiten einer Scheuerfrau verwendet, und neben allem diesen die Aussicht auf Abenteuer über Abenteuer! – Wer war glücklicher als er, wem schien die Sonne so
hell wie ihm? – –

An Bord sah er etwa fünfundzwanzig bis dreißig sehr verschiedene Gesichter, schwarze, braune, gelbe und weiße bis
zu dem halb ängstlichen, halb verlegenen Auswanderer, der
vielleicht von Beruf ein Schuster oder Schneider war, und
der ein halbes Menschenleben hindurch die Nähnadel re-
giert hatte, um dann den Verlockungen des »Schleppers«
nachzugeben und sich für den Walfischfang ködern zu lassen.

[...]

[244] Als endlich der Befehlshaber an Deck erschien, wurden
die zum Auslaufen nötigen Vorbereitungen getroffen, und
Robert konnte seinen neuen Gebieter von Angesicht zu
Angesicht mustern, [245] obwohl Kapitän Wright keinen der
Matrosen zu bemerken schien, sondern ohne Gruß oder
Blick in die Kajütte ging und selbst mit dem Obersteuermann nur einige wenige Worte wechselte. Robert sah, daß
dieser letztere in beinahe militärischer Haltung verharrte,
und daß er wiederholentlich die Hand an die Mütze legte,

– alles Dinge, welche man auf der ›Antje-Marie‹ nicht gekannt hatte und die einen sehr strengen Vorgesetzten verrie-
ten.

Er sah auch ganz wie ein solcher aus, dieser Amerikaner mit
dem hohen Wuchs und den breiten, muskulösen Schultern.
Sein Gesicht war regelmäßig, aber kalt, seine Augen grau
und scharfblickend, Haar und Bart fuchsrot.

Wie bei so vielen Grönlandsfahrern gehörte auch in diesem
Fall das Schiff nicht etwa einem Reeder, sondern dem Kapitän selbst, der vielleicht fremdes Geld darin stecken hatte,
dem aber doch keinerlei Vorschriften mit auf die Reise gegeben wurden. Thomas Wright war auf dem »Vogel Greif«
wie auf einer Insel im Weltmeer der unumschränkte Herr
und König.

[. . .]

[248] Es wurde unter dem besten Wetter immer stetig Ost-
Nord-Ost gesteuert und Robert konnte nicht umhin, dem
Kapitän das Zeugnis eines vortrefflichen Schiffers zu geben.
Thomas Wright hielt seine Wache so gut wie der letzte
Kajüttsjunge, d. h. er ließ sich durch den Obersteuermann
pünktlich alle vier Stunden wecken und machte persönlich
eine Runde, um den Stand der Dinge bis ins kleinste hinein
selbst zu beurteilen. Als man in die Nähe von New-Found-
landsbanken kam, schlief er nur für Augenblicke auf dem
Sofa und ging dann auf der gefährlichsten Stelle während
der ganzen Nacht auf dem Verdeck von einer Seite zur anderen, um auszuspähen.

»Ein ganzer Mann!« dachte Robert. »Ich möchte so einer
werden, aber kein Leuteschinder, wie dieser. Er ist ein Geiz-
hals durch und durch.«

[. . .]

[250] Man hatte jetzt die gefahrdrohenden Banken hinter
sich, so daß gerade nördlich in das atlantische Meer hinein-
gesteuert wurde. – Die sämtlichen Hessen und Nassauer
mußten, da sie zu Seediensten untauglich waren, das Schiff
scheuern, Kartoffeln schälen, Geräte reinigen und was der-

gleichen untergeordnete Arbeiten mehr waren, also blieben die Leichtmatrosen von diesen unangenehmen Beigaben ganz verschont. Robert konnte manche freie Stunde dazu verwenden, einige gute Bücher, welche ihm der Untersteuermann lieh, zu lesen, um dadurch seine geistige Ausbildung zu fördern. Während die übrigen würfelten oder mit in den Taschen geballten Fäusten auf den Kapitän schimpften, vertiefte er sich in Werke über Länder- und Völkerkunde, oder er studierte die englische Sprache, welche er längst geläufig redete, auch ihrem inneren Wesen nach und zwar, um nicht bloß die Matrosenausdrücke, sondern ebenso die Schriftsprache kennen zu lernen.

Kam er bei solchen Streifzügen in die verschiedenen Gebiete der Naturwissenschaften auch einmal an ein Kapitel über das Pflanzen- und Tierleben in den nordischen Gegenden, so hüpfte ihm das Herz vor Freude und er vergaß sowohl die schlechte Gesellschaft, in welcher er sich befand, als auch die mageren Mahlzeiten aus der Kombüse. Das alles würde er nun bald sehen, bald von Angesicht zu Angesicht kennen lernen; immer weiter hinauf in [251] das atlantische Meer eilte der »Vogel Greif«, immer kälter wehte es durch das Takelwerk, bis endlich die Thüren fest verschlossen gehalten und die Spaziergänge an Deck auf das Unentbehrlichste beschränkt wurden.

Die Insel Jan Mayen war erreicht, Robert sah Scharen von Seehunden auf den Eisfeldern liegen und erwartete, daß jetzt eine aufregende Jagd beginnen müsse, aber diese Hoffnung sollte nicht allein ihm, sondern auch in ganz anderer Beziehung den übrigen fehlschlagen. Der Kapitän erklärte, keine Seehunde fangen zu wollen.

Die Leute sahen einander an. »Gebt acht«, raunte Sheppard, »er will bis nach Nowaja Semlja hinauf, um den Wal zu hetzen. Diese Fische sind jetzt so selten geworden, daß man bis an solche entlegene Küsten vordringen muß, um sie zu treffen. Es wird kaum Tag geworden sein, wenn wir in der Eiswüste anlangen.«

Mehrere andere, besonders die Hessen, hörten bedenklich zu. »Kaum Tag, Sheppard, wie meinst du das?«
Der Amerikaner lächelte ärgerlich. »Gerade so, wie ich es sagte, Maaten. Auf Nowaja Semlja herrscht von Oktober bis Anfang März eine ununterbrochene Nacht. In diesen Breiten kann kein Mensch leben, ja, das Innere der Insel ist völlig so unbekannt und unerforscht, wie das Innere von Afrika.«
[...]
[253] Der Matrose sah von einem zum anderen. Er schien sich an der angstvollen Spannung aller dieser Gesichter heimlich zu freuen. »Vernehmt also«, begann er, »daß an Bord ein Würgengel sein Haupt erhebt, – daß eine furchtbare Geißel uns bedroht! – Im [254] Logis liegt einer der Männer krank und elend darnieder, – er hat den Skorbut!«
[...]
[263] Heute wurden zwei Opfer aus ihrer Mitte dem unergründlichen Schoße des Ozeans überliefert, – nach wenigen Stunden sollten zwei weitere den vorangegangenen folgen und vielleicht stand in kürzester Frist auch ihnen selbst das gleiche Schicksal bevor. Mangel und Kälte und Mutlosigkeit, diese drei furchtbaren Geißeln der Armen und Elenden, hatten sich an Bord des Unglücksschiffes zu einem einzigen Dämon vereinigt, zu einer Pest, die, in seltener Stärke auftretend, vielleicht den »Vogel Greif« seiner sämtlichen Bewohner berauben und ihn führerlos und verloren als Wrack an Grönlands unwirtbare Küste schleudern würde. Niemand konnte voraussehen, wie bald ihn die Seuche ereilen und dem Tode in die gierig geöffneten Arme werfen würde. –
[...]
[264] Es ist etwas unendlich Wehmütiges, Ergreifendes, ein Seemannsbegräbnis.
Ernst und still waren die beiden Leichen aufgehoben und halb über den Schiffsrand hinausgelegt. Langsam, feierlich

schwebte das Sternenbanner der Vereinigten Staaten am
Großmast bis zu [265] halber Höhe dreimal empor und dreimal wieder herab, – letzte Grüße, letztes Lebewohl für die,
welche aus dem Kreise der Kameraden geschieden.

Und dann trat Robert vor. Das hübsche Gesicht des noch
nicht ganz achtzehnjährigen jungen Menschen war blaß vor
innerer Bewegung. »Maaten«, sagte er, »unser Kapitän ist
nicht erschienen, um für die Toten, wie üblich, ein Gebet
zu sprechen. So laßt es mich an seiner Stelle thun, da doch
die beiden Verstorbenen meine Landsleute waren, arme
deutsche Auswanderer, denen eine Gesellschaft von Seelen-
verkäufern auch noch das Letzte raubte, was sie ihr eigen
nannten, Gesundheit und Leben. Laßt mich Gott bitten,
daß bald dem schändlichen Treiben dieser Schurken ein
Ende gemacht werde, um der vielen Bethörten willen, die
in ihre Hände fallen, und daß er diesen Unglücklichen,
ihren Opfern, eine selige Auferstehung schenken möge.
Amen!«

[. . .]

[272] Es mochte vielleicht um neun Uhr morgens sein,
als der Ausgucker dasselbe Zeichen gab wie gestern. »Die
Fische! Die Fische!«

Zwischen den Eisriesen, welche im stillen Wasser überall
[273] majestätisch dahinsegelten und langsam der schwachen
Windrichtung folgten, zeigten sich die blasenden Walfische.
Es war ein eben so schönes als anregendes Schauspiel, der
goldene Sonnenschein, welcher die Eisriesen umspielte und
mit tausend diamantenen Tropfen überglänzte, – die em-
porgeschleuderten Wasserstrahlen aus den Nüstern der Ungeheuer, und das stille, beinahe unbewegte Meer mit seinen
zahllosen treibenden, größeren und kleineren Eisschollen.
Man konnte begreifen, daß sich die Jagdlust aller dieser
Männer bis zum Taumel steigerte.

In zehn Minuten stießen die Boote ab. Das des Kapitäns
enthielt außer ihm selbst noch unseren jungen Freund und

drei Matrosen. In atemloser Eile ging es den blasenden
Fischen entgegen.
Thomas Wright stand aufrecht mit der Harpune in der
Hand. Sein rotes Haar schien phosphorisch zu leuchten,
sein Auge glühte, seine Wangen von seemännischem Braun
waren rotdurchschimmert. Eine starke, wilde Leidenschaft-
lichkeit sprach aus jeder Bewegung.

C. FALKENHORST

In Kamerun. Zugvogels Reise- und Jagdabenteuer

1887; 2. Aufl. 1887

Vorwort.

Der Held der nachstehenden Erzählung war vor Jahren einer meiner besten Schüler, den ich wegen seines geraden
aufrichtigen Wesens stets lieb hatte.
Schon als er bei uns auf dem Gymnasium war, nannten ihn
alle den »Zugvogel«; denn er mochte nicht, wie das seine
Vorfahren seit altersher gethan, an der Scholle kleben, sondern trug sich immer mit weiten Reiseplänen. Die Kunde
von den großartigen Entdeckungen, welche Livingstone,
Stanley, Nachtigal, Schweinfurth und andere in den letzten
Jahren gemacht hatten, erweckte in ihm ein unbezähmbares
Verlangen, in die weite Welt hinauszuziehen und jene Wun-
derländer, von denen er so viel gelesen, mit eigenen Augen
zu schauen.
Nachdem er mit dem besten Zeugnis das Maturitätsexamen
bestanden hatte, wußte er von seinem Vater die Erlaubnis
zu erwirken, daß er als Handelslehrling in ein großes Hamburger Haus, welches nach allen Weltteilen Schiffe aus-

sandte, eintrat. Mit Zustimmung seiner Eltern unternahm er im Jahre 1880 seine erste Reise nach Afrika, von der er mir später so viel Interessantes berichtete, daß ich beschlossen habe, die Erlebnisse meines jungen Freundes, welcher damals etwa 19 Jahre alt war, niederzuschreiben und zur Belehrung der Jugend der Öffentlichkeit zu übergeben.

[. . .]

[15] Als Zugvogel am Morgen eines der ersten Dezembertage erwachte, überraschte ihn ein überwältigender Anblick. Eines der großartigsten Panoramen der Erde lag vor ihm ausgebreitet: auf der einen Seite stieg aus dem Meere der herrliche und schön geformte Pic von Fernando Po, auf der andern ragten, mit üppigem Grün bekleidet, die vulkanischen Gebirge von Kamerun empor, über deren gewaltiger Kette die kahlen Spitzen des »Götterberges« thronten. So war der junge Reisende am Ziel angelangt, und bald lief das Schiff in die Mündung des Kamerunflusses ein, die eine so starke Ausdehnung besitzt, daß man sie eher für einen Meeresarm als einen Strom halten möchte. Kein Wunder, denn nicht allein der Kamerunfluß vereinigt hier seine Fluten mit den Wogen des Oceans, noch vier andere große Ströme feiern an dieser Stelle ihre Vermählung: der Mungo, der Lungasi, der Edea und der Moanja, und viele andere kleinere Flüsse und vom Gebirge herabrieselnde Bäche ergießen ihre Wasser in den breiten Kanal. Und mit den Wogen des Süßwassers ringt hier die Salzflut; meilenweit erstreckt sich der Einfluß ihrer Ebbe und Flut; meilenweit entsendet sie ihr eigentümliche Tierarten in das Bett des Flusses, sodaß derselbe noch bei den von der eigentlichen Mündung weit entfernten Negerdörfern von zahlreichen Meeresquallen zeitweise im phosphoreszierenden Glanze schimmert. Großartig wird der Anblick dieses Kampfes, wenn am Ende der Regenzeit die Wasser schwellen; dann treibt auch der siegreiche Fluß entwurzelte Bäume und Leichname von Tieren und Menschen zu Thal.

[16] Auf dem Grenzgebiete dieses Kampfes giebt es weder Wasser noch Land; die Elemente schufen hier ein merkwürdiges Mittelding zwischen beiden, das aus Hunderten kleiner Inseln besteht, auf denen dichtes Mangrovegehölz wuchert und die zur Flutzeit oft im Wasser verschwinden. In langen Linien umrahmen die Mangrovesümpfe die Mündung und wachsen bald an beiden Ufern zu Wäldern heran, welche durch ihr monotones blasses Grün an unsere Weiden erinnern. Nur streben hier die schlanken Stämme, die ein eisenhartes Holz liefern, zu beträchtlicherer Höhe empor. Rudert man an jene Sumpfwälder heran, so erblickt man staunend eine eigenartige Pflanzenwelt, ein dichtes Gewirr von Wurzeln, Ästen und Stämmen, in welchem selbst der im Baumklettern gewandte Wilde nicht weit vordringen kann, und in dem unten nur Meeresbewohner ungestört hausen, oben aber nur Vögel nisten und Affenbanden ihr Unwesen treiben können.

[...]

[46] Es war die Zeit des Vollmondes, in welcher die Dualla zu Ehren des Gottes »Elung«, der das böse Prinzip darstellt, nächtliche Feste abhalten.

Die Hauptceremonie, zu welcher die Weißen nur ungern zugelassen werden, war schon in der vorhergehenden Nacht vollzogen worden. Nach verbürgten Erzählungen einiger Forschungsreisenden pflegt sie in folgender Weise zu verlaufen.

Zunächst werden unter großem Geschrei Weiber und Kinder in die Häuser gejagt, deren Thüren hierauf sorgfältig verriegelt werden; denn nach dem Glauben der Dualla dürfen weder Weiber noch junge Leute den »Elung« sehen, ohne tödlich zu erkranken.

Hat man sich auf diese Weise der unnötigen Zeugen erledigt, so ziehen die Männer auf den Fest- oder Jujuplatz, der vor dem Dorfe liegt und eingezäunt ist. Hier wird ein Loch in die Erde gegraben und unter allerlei Zaubersprüchen werden Kräuter und Früchte in dasselbe gethan und wieder mit Erde zugedeckt. Dann trinkt die Versammlung Palmwein und spuckt auf die frisch zugedeckte Stelle, in die man einen Bananensproß einsetzt. Zum Schluß wird ein Huhn geschlachtet, mit dessen Blut man den Bananensproß begießt, und wiederum Palmwein getrunken.

Der Sinn dieser Ceremonie ist bis jetzt nicht enträtselt worden.

Am nächstfolgenden Tage aber beginnt das eigentliche Volksfest, an dem Weiber und Kinder eine hervorragende Rolle spielen und an dem sich heute auch die Weißen der »Anna-Marie« beteiligten.

[47] Die Festfreude aller Völker äußert sich vornehmlich in Gesang, Musik und Tanz. Bei Völkern auf niedriger Kulturstufe nimmt der Tanz die wichtigste Stelle in jeder Festlichkeit ein und entwickelt sich zu dem, was wir bei uns Ballett nennen, zu einer pantomimischen Darstellung einer bestimmten Handlung.

Eingeborene einiger Südseeinseln legen zu diesem Zwecke bunte Masken an, schmücken sich mit Blumenkränzen und führen Tänze auf, die Scenen aus dem Leben verschiedener Tiere und Vögel, z. B. des Känguruh und des Pelikans, darstellen. Auch unter den Völkern Westafrikas gelangt hier und dort die Tanzkunst zu hoher Vollkommenheit. Berühmt sind namentlich die Ballettkünste, welche die Amazonen des Schreckensreiches Dahome zum besten geben und durch die namentlich kriegerische Scenen dargestellt werden.

In dieser Hinsicht sind die Dualla im Vergleich zu andern Naturvölkern wahre Stümper, und auch bei diesem Jujufeste war ihr Gebahren nichts weniger als interessant. Ein mächtiges Feuer loderte in der Mitte der Umzäunung; ringsherum saßen, Tabak rauchend und Palmwein trinkend, die Männer, während die Weiber im gleichmäßigen Takte Rundgänge machten oder auch Solotänze aufführten, die in sonderbaren Fußverdrehungen und Körperstellungen bestanden. Dazwischen lärmten unaufhörlich die Trommeln

und tönte der Gesang oder vielmehr das Geheul der Zu-
schauer.

Die Festnacht in Kamerun hatte wenig Verlockendes.

[51] Am Kaffeetisch der »Anna-Marie« wurde heute lebhaft
debattiert. Dr. Reinhold rüstete zu einer Expedition. Er
wollte, um das Leben der Tiere kennen zu lernen, auf einige
Wochen in den Urwald ziehen, dort eine Jagdhütte errichten und dann seinen Lieblingswunsch erfüllen, die Spitze
des Kamerunberges besteigen. [...]

[52] Man reist in Westafrika anders als in Europa. Im »dunklen Weltteil« giebt es keine Straßen in unserm Sinne des
Wortes, nur schmale Pfade führen über Berg und Thal.
Keine Brücken führen über die Ströme, der Neger verfügt
weder über Zug- noch Lasttiere und kennt keine Wagen.
Alle Lasten trägt der Mensch selbst, die weitesten Strecken
legt er zu Fuß zurück, und nur der vornehme Reisende läßt
sich in einer Hängematte tragen.

Wer aber Forschungsreisen unternimmt, verzichtet auch auf
diesen Luxus; er muß in diesen Gebieten ein tüchtiger Fußgänger sein, und mancher von den berühmten Forschern
mußte barfuß hunderte von Meilen zurücklegen, bis er das
erwünschte Ziel erreichte.

In Europa stecken wir Geld in die Tasche, wenn wir auf
Reisen gehen, und brauchen, wenn wir viel Banknoten bei
uns führen, kein Gepäck mit uns herumzuschleppen. In
Westafrika hat Geld gar keinen Wert. Hier, wo überall der
Tauschhandel herrscht, muß der Reisende Waren mit sich
führen, mit welchen er sich freien Durchgang erkauft, mit
welchen er seine Leute bezahlt und für seine Karawane Le-
bensmittel einkauft, ja Westafrika ist sogar an Nahrungs-
mitteln so arm, daß selbst von diesen ein gewisser Vorrat
mitgenommen werden muß.

Darum rüstet auch hier der Weiße, wenn er auf Reisen geht,
eine ganze Karawane aus. Baumwolltücher, Messingbecken,
Glasperlen, Eisenwaren, selbst Pulver und Gewehre und
auch Rum werden in Ballen zu 60–80 Pfund verpackt und

unter die Träger verteilt. Große Forscher traten ihre Ent-
deckungsreisen mit Hunderten von Trägern an.

Für die kleine Expedition Reinholds genügte eine Anzahl
von etwa zwanzig Krunegern, die bis zum Bestimmungs-
orte die Vorräte hintragen und dann heimkehren sollten,
während in der Urwaldstation nur Dr. Reinhold, Zugvogel
und Jan Cuny mit fünf Krujungen dauernd zu bleiben be-
absichtigten.

FRIEDRICH J. PAJEKEN

Bob der Fallensteller

1890, 9. Aufl. 1914

[5] Vom dreiundvierzigsten Grad nördlicher Breite bis weit
nach Norden hin erstrecken sich im Territorium Wyoming
die steilen Bighorn Mountains. Wild sind die Bergformen
von Süden nach Norden durcheinandergeworfen; überall
sieht man zerrissenes Gestein, Schluchten, senkrecht abfal-
lende Felswände, schmale Täler, durch die hier und dort in
vielen Krümmungen ein kleiner Fluß braust, an dessen
Ufern Gestrüpp und in den tiefer gelegenen Gegenden langes Präriegras wuchert. [...]

So kahl aber auch die Natur diese Berge ausgestattet hat, die
Felsmassen in ihrem seltsamen und riesenhaften Bau ersetzen in ihrer erhabenen Wirkung alles, was den Menschen
auf unserer nordischen Ebene im saftigen Frühlingsgrün
wie in des Herbstes bunter Herrlichkeit ergötzt, und was
uns in den Tropen beim Anblick der Fülle organischen Lebens entzückt.

Inmitten dieser großartigen, gewaltigen Naturgebilde steht
der Mensch voll staunender Bewunderung; sein Auge ver-

mag nicht auf einmal die Größen um sich her zu messen;
überwältigend wirkt auf ihn die Natur in ihrer von Menschen unbezwungenen Wildheit.

[...]

[36] Mit Vergnügen hatte Bob gehört, wie nahe der Hütte
sich die Indianer befänden. Täglich schaute er bisher vergeblich nach ihnen aus. Er hegte den sehnlichsten Wunsch,
diese Menschen zu sehen, von deren Heldentaten ihm die
Bücher, welche er sich in der Heimat von seinen Freunden
geliehen hatte, so viel Spannendes erzählten. Jetzt sollte er
also wirklich in ein Lager der Indianer geführt werden. Eine
größere Freude hätten die Brüder ihm gar nicht machen
können, und laut äußerte sich dieselbe durch frohe Lieder,
welche er aus voller Kehle erschallen ließ.

Der Knabe fühlte sich ungemein glücklich in seiner neuen
Tätigkeit. Für ihn gab es kein schöneres Leben als das, welches er jetzt führte. An die kalte, nasse Beschäftigung in
dem eisigen Wasser gewöhnte man sich bald. Welches Vergnügen aber bereitete die Arbeit, wenn sie lohnend war,
wenn die Biber in der Falle zappelten, und ein Fell nach
dem anderen beiseite gelegt werden konnte. – Und nach ge-
taner Arbeit wurden mit der Büchse auf dem Rücken die
herrlichen Berge durchstreift, um ein Wild zu erlegen, an
welchem die Gegend so überaus reich war. Vor wonnigem
Entzücken vermochte Bob dann oft nicht zu schießen,
wenn die Tiere plötzlich in einer Vertiefung oder hinter
einem Felsen vor ihm auftauchten und ihn verwundert und
ohne Scheu mit ihren großen Augen anstarrten, als sähen sie
zum ersten Male einen Menschen. Erst wenn sie sich endlich
doch zur Flucht wandten, erinnerte sich der Knabe, daß die
Trapper in der Hütte auf eine Zufuhr ihrer Hauptnahrung
warteten. Dann erhob er die Büchse zum Anschlag, rasch
nahm er sein Ziel, der Schuß krachte, zwischen den hohen
Felswänden pflanzte sich der Widerhall rollend von Berg zu
Berg, einem Donner gleich, fort, und getroffen sank das
Wild zur Erde. – Mit geschickter Hand wurde es ausgewei-

det, und die Hinterbeine auf der Schulter, schleifte Bob die
Beute hinter sich her bis nach der Hütte, wo die Trapper
den tüchtigen Jäger mit Lob und Dank empfingen. – Und
abends, wenn die drei am Lagerfeuer saßen, erzählten die
Brüder von ihren Er-[37]lebnissen und glücklich überstan-
denen Gefahren aus längst vergangenen Jahren, bis die Zeit
mahnte, das Lager aufzusuchen, um mit der aufsteigenden
Sonne, wieder frisch gestärkt, das Tagewerk zu beginnen.
Gab es wohl ein schöneres Leben? – So fragte der Knabe sich oft. Er konnte es sich nicht herrlicher ausdenken,
und sein sehnlicher Wunsch war, daß es ewig so bleiben
möchte.
[. . .]
[40] Als alle gesättigt waren, was bei den Indianern, die gierig, als hätten sie tagelang nichts genossen, das Fleisch hin-
abwürgten, eine geraume Zeit in Anspruch nahm, ging man
vor die Hütte. Dort bat der Knabe Charley, ihn auf einem
Gang durch das Lager zu begleiten. – Langsam wanderten
die beiden zwischen den Wigwams hindurch bis an den
Bach.
Mehrere Frauen waren hier mit der Bearbeitung von Büf-
felfellen beschäftigt, welche man mit den Haaren nach unten durch Pflöcke auf der Erde ausgespannt hatte. Tief darüber gebeugt, kratzten und schabten die Weiber mit einem
Stück abgebrochener Säge oder einem Messer die Haut, um
dieselbe so nach und nach geschmeidig zu machen.
»Die haben sich auch eine lange Zeit nicht gewaschen«,
meinte Bob, nachdem er den Frauen neugierig eine Weile
zugeschaut hatte.
»Waschen?« lachte Charley. »Diesen Luxus kennt der Indianer überhaupt nicht. Wasser ist ihm ein Greuel! Wenn der
Regen ihn [41] nicht durchnäßt, oder wenn er im Sommer
nicht gezwungen wird, auf seinem Pferde einen Fluß zu
durchschwimmen, berührt Wasser seine Haut niemals.«
»Das ist ja abscheulich!« rief der Knabe entrüstet.
»Sieh nur die Weiber«, fuhr der Trapper ruhig fort und

zeigte auf die Frauen, deren Hände fortwährend hier und dort an ihrem Körper beschäftigt waren. »Wirst dir unter solchen Umständen wohl denken können, daß allerlei lebende Wesen sich unter dem Zeuge einquartiert haben.« Bob schüttelte sich vor Ekel und wandte sich ab.

[...]

[42] Bob ging noch einmal durch das Dorf. – Jetzt betrachtete er alles mit ganz anderen Augen als bei seiner Ankunft. Die Niederlassung mit ihren grauen, zum Teil von dem in ihrem Innern sich ansammelnden Rauch geschwärzten Hütten zwischen den schneebedeckten Bergen, welche wie flimmerndes Silber in der Sonne erglänzten, wollte ihm gar nicht mehr gefallen, und für die trägen, schmutzigen Menschen, von denen seine Einbildung sich ein von der Wirklichkeit so ganz verschiedenes Bild ausgemalt, hatte er alle Teilnahme verloren.

[...]

[97] Zwischen den Steinblöcken hervor trat jetzt ein Mann, nachdem er eine längere Zeit dort umherspähend gestanden hatte. Hinter sich her zog er vier Gäule, von denen einer Sattel und Decken trug, während die anderen drei mit allerlei eingeschnürten Bündeln beladen waren. Behutsam kam er, die Büchse in der Linken, näher.

[...]

[100]»Tex nennt man mich, weil ich einige Jahre in Texas war, bevor ich hier in das Land kam. Das Old habe ich meinem früh ergrauten Haare zu verdanken. Geboren bin ich in Österreich als der Sohn reicher Eltern. – Eins fehlte mir in der Jugend, Prügel, dann wäre ich wahrscheinlich nicht der Taugenichts geworden, der ich wurde. – Die Schule besuchte ich wenig. Ich war zu faul. Lieber lief ich in den Wald oder auf das Feld hinaus. Am liebsten aber saß ich dort und las Geschichten, Abenteuer zu Wasser und zu Lande. Die verdrehten meinen von dummen Streichen hinreichend angefüllten Kopf gänzlich. – Eines Tages war ich auf und davon, nachdem ich vorher die Kasse meines Vaters um eine

beträchtliche Anzahl Gulden erleichtert hatte. – Ich kam
nach New York und von da nach Texas. Abenteuer suchte
ich!« Old Tex wiegte bedächtig das Haupt von einer Seite
zur anderen. »Ich habe genügend davon erlebt, aber keine
Freude, sondern allein Kummer und Sorge brachten sie mir.
[...]«

[102] Stumm und scheu ritt er weiter. Er blieb auch wortkarg
während der übrigen Reise. Es schien, als bereue er es, dem
Knaben seine Vergangenheit offenbart zu haben.

Sie aber gab Bob viel zu denken. War er nicht, wie einst jener Mann, vom Vaterhause fortgelaufen! War auch die Ur-
sache bei ihm eine andere, so hatte er sich doch ebenfalls einen Aufenthalt erwählt, wo rohe, unwirtliche Verhältnisse
ihn umgaben. – Solange er bei seinen Freunden weilte, war
ihm der Gedanke daran wenig gekommen. Nur als er damals nach der langen Zeit der Einsamkeit plötzlich in Fort
Reno das geschäftige Treiben vor sich gesehen und nachher
in dem wohnlichen Gemache des Kommandanten das Bild
seiner Heimat erblickt, hatte ihn ein eigentümliches Gefühl
erfaßt. Jetzt wußte er auf einmal, daß es ein Verlangen nach
einem Dasein unter Menschen gewesen war, denen der
Segen ihrer Arbeit in der heiligen Ordnung unter dem
Schutze der Gesetze zuteil wird. – Wie ganz anders hatte er
sich einst das freie, ungebundene Leben hier im Lande gedacht! – Freiheit herrschte wohl, doch sie wurde von den
Menschen durch die rohe Gewalt allein, unbekümmert um
das Verderben der Mitmenschen, erkauft.

Leise schlich sich dem Knaben das Heimweh in das Herz.
Nicht nach seinem väterlichen Hause wünschte er sich
zurück, nur nach einem friedlichen, sicheren Dasein voll
segenspendender Arbeit zog es ihn mit wachsender Sehnsucht, wie es daheim die Menschen führten in seinem Vaterlande an den geschäftig belebten Ufern des Missouri-
stromes.

[...]

[157] »Was habt Ihr mit dem Gerichtsbeamten Davis Gabert

in Omaha gemein? Ist Euch derselbe verwandt? Sprecht die Wahrheit!«

Bob wurde kreidebleich. »Er ist mein Vater«, erwiderte er kaum hörbar.

»Euer Vater? – Nein nein! Das ist unmöglich! Der Mann hat niemals einen Sohn besessen!« rief der Kommandant heftig. »Befand sich außer Euch ein Knabe von Euerm Alter im Hause, der sich Reinfels nannte wie ich?«

»Nein! Ich war stets allein«, entgegnete Bob mit wachsender Verwunderung. Er vermochte sich die Aufregung des Hauptmanns nicht zu erklären, und doch war ihm so wunderbar zumute, als könne der nächste Augenblick ihm eine ganze Zukunft enthüllen.

»Tragt Ihr an der linken Seite Euers Körpers unter dem Herzen ein braunes Mal von der Größe einer Büchsenkugel?« fragte Reinfels mit atemloser Spannung.

»Ja! Von wem könnt Ihr das wissen?« stotterte der Knabe, und unwillkürlich legte er die Hand auf die Stelle, wo sich das Mal befand.

Der Hauptmann wankte. – Bob sprang hinzu, um ihn zu stützen. Da legten sich des Mannes Arme um seinen Hals.

»Nicht Bob Gabert heißt Ihr«, jubelte der Kommandant auf. »Robert Reinfels ist dein Name. Du bist mein geliebter Sohn, von [158] dem ich mich so lange trennen mußte. – O der Schändliche! Dieser Mensch vermochte mir in den zwei Jahren, seitdem du von ihm fort bist, die günstigsten Berichte von dir zu senden, nur um den schnöden Gewinn weiter einzuziehen. – Hättest du mir doch damals deinen Namen genannt, als du mir zum ersten Male begegnetest. Dann wäre dir, mein Sohn, manche trübe Stunde erspart geblieben. – Und doch, ist es nicht, als hätte es so werden sollen? Vielleicht lebte ich nicht mehr, wärest du nicht in die Lage gekommen, Fort Phil. Kearny mit seinen Menschen vor dem vollständigen Verderben zu retten. – Zürnst du mir, daß ich dich so lange fern von mir hielt? Jetzt willst du vielleicht gar nichts von mir wissen? Du sprichst kein Wort zu mir«, rief der Hauptmann scherzend im Übermaß seiner Freude, und doch lag ein besorgter Ton in seiner Stimme.

»Vater! Mein Vater! Ja, ist es denn möglich?« stammelte Bob. Schluchzend warf er sich an Reinfels' Brust. »Ich vermag mich noch nicht in mein Glück zu finden. – Laßt mir Zeit! Meine Gedanken wirbeln mir wüst durcheinander. Alles stürmte so plötzlich auf mich ein. Ist es denn kein Traum, der meine Sinne umfangen hält? – Vater, mein Vater!«

[. . .]

[162] Im Staate Dakota nimmt ein kleiner Strom, der Heart River, seinen Lauf von Westen nach Osten. Langsam wälzen sich seine klaren Fluten bis zum Missouri, in den sie sich bei Bismarck ergießen.

Etwa zwanzig Meilen von dieser immer mehr erblühenden und an Einwohnerzahl wachsenden Stadt entfernt liegen in der Nähe der zum Teil bewaldeten Ufer des Heart River fünf Blockhäuser. Eines derselben ist im Schweizer Stil auf einer Anhöhe erbaut und blickt weit hinweg über die sich in das Land hinein erstreckenden, hier und dort von Wald begrenzten Mais- und Kornfelder, auf denen die Saat in üppiger Fülle emporschießt.

[. . .]

[163] Jetzt öffnet sich die große Eingangstür unter dem Balkon des Hauses. Ein schlanker, kräftig gebauter Jüngling von etwa vierundzwanzig Jahren tritt daraus hervor. Auf dem blondlockigen Haupte sitzt ein gelber Strohhut, unter dessen breitem Rande ein Paar blaue Augen lustig umherschaut. Ein schwarzes Tuch ist nachlässig um den Hals geschlungen, und eine graue Joppe schließt sich eng an den Oberkörper. Auf dem hübschen Gesichte, in welchem ein blonder, voller Schnurrbart keck nach den Seiten gestrichen ist, erscheint ein freundliches Lächeln, als der junge Mann den Alten bemerkt, der soeben ein blinkendes Rad prüfend vor sich hinhält.

[. . .]

[164] »Sage mir nur, mein Junge, was wollt ihr mit dem vielen Lande beginnen?« rief der Alte kopfschüttelnd. Er legte eine Stange beiseite, deren Reinigung zu seiner Zufriedenheit ausgefallen war, und rieb sich die fettigen Hände an seinem Lederhemde ab. »Du ziehst hierher und kaufst eine unabsehbare Landstrecke. Dein Vater, dem die Wunde später mehr zu schaffen machte, als anzunehmen war, nimmt seinen Abschied, kommt zu dir und kauft noch etwa einmal so viel. Unser Geld steckst du ebenfalls in Land; und nun genügt dir das alles noch nicht! Mit deinen zehn Knechten vermagst du doch unmöglich die weiten Strecken urbar zu machen? Bedenke doch, Bob! Vor wenigen Jahren ritten die Indianer hier noch auf der Büffeljagd umher. Wie viel gehört dazu, um Felder herzustellen, wo Wälder stehen und Präriegras wächst!«

Der Jüngling schaute lächelnd auf seinen besorgten Freund. »Von heute zu morgen läßt sich das nicht bewältigen; aber es ist wohl mit Gewißheit darauf zu rechnen, daß nördlich von hier die bereits im Bau begriffene Bahn vorbeiführen wird. Gedulde dich noch wenige Jahre, [165] dann ist unser Land das Zehnfache wert, und hier liegen nicht mehr fünf Häuser, sondern fünfzig und noch mehr, ein kleiner Flekken. Will man eine Stadt gründen, muß man mit Ausdauer, langsam, aber sicher beginnen und sich keine Mühe verdrießen lassen.«

Sprachlos blickte Charley den Jüngling eine Weile an; dann rief er im höchsten Erstaunen: »Eine Stadt sagst du? Eine richtige Stadt mit Straßen, steinernen Häusern, Beer-Saloons und dergleichen?«

»Allerdings!« erwiderte Bob, während er sich schmunzelnd die Spitzen seines Schnurrbartes drehte. »Anstatt der Bier- und Whiskyhäuser möchte ich hier jedoch lieber Fabriken sehen. Meine Pläne gehen sehr weit, alter Freund; doch, wie gesagt, langsam aber sicher muß alles gemacht werden.«

[...]

[172] Die Eingangstür des Hauses führte in eine große Vor-

halle, um die im ersten Stock eine Galerie lief. Überall hingen an den Wänden Reh- und Hirschgeweihe, Wolfs- und Bärenfelle, und dem Eingange gegenüber war ein mächtiger Büffelkopf befestigt, der mit seinen gläsernen Augen ungemein natürlich von da oben herabsah. – In der Mitte des Raumes stand, von mehreren Kerzen beleuchtet, eine lange, gedeckte Tafel, an der Reinfels, Jim, Belford, Bill und zehn Männer Platz genommen hatten, welche als Arbeiter auf dem Besitztum beschäftigt waren.

[...]

[174] »Der Biber erinnert mich wieder lebhaft an die Vergangenheit, an unser Leben in den wilden Bergen«, sagte Bill und schaute vor sich hin, »Es war doch eine schöne Zeit! Frei wie der Vogel in der Luft durch das weite, herrliche Land zu jagen; heute hier, morgen dort; ohne Ziel weiter und immer weiter zu ziehen über Berg und Tal mit dem königlichen Bewußtsein: so weit der Blick reicht, gehört alles dir, und wer dir nicht gutwillig weicht, weicht deiner Gewalt. Dort in der Wildnis bildet sich die ungeknickte Menschennatur heraus, und selbstvertrauend auf seine Kraft erkennt der Mann mit sicherem Auge den Weg, welchen er einzuschlagen hat! – Auch Ihr, Bob, habt dieses göttliche Leben genossen. Ihr habt ebenfalls Eurer eigenen Kraft vertraut, als Ihr die Arapahoes zum Siege führtet. Zwar waret Ihr damals nur ein Knabe noch, aber schon brach sich die Natur in Euch Bahn, und mit sicherem Auge er-[175]kanntet auch Ihr den Weg. – Euer Wohl! Ich trinke auf den Bob der vergangenen Zeit. Dieses Glas gilt Bob dem Fallensteller!«

Die Männer verließen ihre Sitze und stießen mit dem Jüngling an. Laut erklangen die Gläser.

[...]

Jetzt erhob sich Hauptmann Reinfels. »Werte Männer!« begann er mit seiner klaren, vollen Stimme. »Meinem Sohne ist heute ein neues Ziel eröffnet. Die ersten Bewohner einer künftigen Ortschaft sind hier angelangt, und nun

heißt es, mit aller Kraft an das Werk gehen, um ihnen eine
neue Heimat zu schaffen, in welcher sie sich glücklich fühlen und vergessen lernen, daß sie fern von der alten Heimat
weilen. – Wohl erkenne ich an, daß ein Leben, wie es uns
Bill soeben entworfen hat, einen ganzen Mann erfordert
und auch zu bilden vermag. In diesem Leben außerhalb der
Gesellschaft aber liegt gewiß der Beruf des Menschen nicht.
Seine höchste Aufgabe ist und bleibt es, als dienendes Glied
der Gesamtheit zum Wohle seiner Brüder zu wirken und
mit Verzicht auf einen Teil seiner natürlichen Neigungen
sich einzufügen in die Arbeit des öffentlichen Lebens. –
Darin wird auch mein Sohn seinen Segen suchen und fin-
den, und darum möchte ich mein Glas leeren mit dem
Wahlspruch: Es lebe, wirke und schaffe Bob der Bürger, der
Städtegründer!«

Der gute Kamerad.
Spemanns Illustrierte Knabenzeitung
1886 ff.

Der Schatz im Silbersee.

Von Karl May.

[5. Jg., 1891; Nr. 11, 144] Die Rollingprairie lag im Mittagsson-
nenglanze. Hügel auf Hügel, mit dichtem Grase, dessen
Halme sich im leisen Winde bewegten, bewachsen, glich sie
einem Smaragdsee, dessen Wellen plötzlich erstarren mußten. Eine dieser festgewordenen Wogen glich in Beziehung
auf Länge, Gestalt und Höhe der andern, und wenn man
aus einem der Wellenthäler in das andre kam, hätte man
das letztere mit dem ersteren verwechseln können. Nichts,
gar nichts rundum als Wellenhügel, so weit der Horizont

reichte. Wer sich hier nicht nach dem Kompaß oder dem
Stande der Sonne richtete, der mußte sich verirren, wie der
Laie im kleinen Boote sich auf der weiten See verirrt.

In dieser grünen Einöde schien es kein Lebewesen zu geben; nur droben, hoch in den Lüften, zogen zwei schwarze
Hühnergeier, scheinbar ohne die Flügel zu bewegen, ihre
Kreise. Sollten sie wirklich die einzigen Geschöpfe sein, die
es hier gab? Nein, denn soeben läßt sich ein [145] kräftiges
Schnauben vernehmen, und hinter einem der Wellenberge
kam ein Reiter hervor, und zwar ein höchst sonderbar aus-
gestatteter Reiter.

Der Mann war von gewöhnlicher Gestalt, weder zu groß
noch zu klein, weder zu dick noch zu dünn, schien aber
kräftig zu sein. Er trug lange Hose, Weste und kurze Jacke,
welche Kleidungsstücke aus wasserdichtem Gummistoffe
gefertigt waren. Auf dem Kopfe saß ein Korkhut mit Nak-
kentuch, wie die englischen Offiziere in Ostindien und andern heißen Ländern zu tragen pflegen. Die Füße steckten
in indianischen Mokassins.

Die Haltung dieses Mannes war diejenige eines geübten
Reiters; sein Gesicht – – ja, dieses Gesicht war eigentlich ein
sehr sonderbares. Der Ausdruck desselben war geradezu
dumm zu nennen, und zwar nicht etwa ausschließlich durch
die Nase, welche zwei ganz verschiedene Seiten hatte. Auf
der linken Seite war sie weiß und hatte die leicht gebogene
Gestalt einer gewöhnlichen Adlernase; auf der rechten Ge-
sichtseite war sie dick, wie geschwollen und von einer Farbe,
welche man weder rot noch grün noch blau nennen konnte.
Eingerahmt wurde dieses Gesicht von einem Kehlbarte, dessen lange, dünne Haare vom Halse aus bis über das Kinn
hervorstarrten. Der Bart wurde gestützt durch zwei riesige
Vatermörder, deren bläulicher Glanz verriet, daß der Reiter
es in der Prairie vorzog, Gummiwäsche zu tragen.

[...]

Plötzlich blieb das Pferd stehen; es spitzte die Ohren, und
der Reiter schreckte leicht zusammen, denn vor ihm, es war

Der Gute Kamerad

5. Jahrgang.   Spemanns Illustrierte Knaben-Zeitung.   № 1.

Erscheint wöchentlich. Preis pro Quartal 2 Mark = 2 fr. ö. W. — in Oesterreich nach Kurs exkl. Stempel.

Der Schatz im Silbersee
Von Karl May

Verfasser von „Der Sohn des Bärenjägers", „Geist der Llano estakata", „Christ Abend das Ehrenwort", „Die Sklavenkarawane".

So lange Dein Fuß den Weg durchmißt,
Den alle müssen zum Grabe wandern,
Thu immer was Deiner würdig ist
Und kümm're Dich niemals um die andern.

Friedrich Bodenstedt.

Auf dem Arkansas River.

Es war um die Mittagszeit eines sehr heißen Junitags, als der „Dog-fish", einer der größten Passagier- und Güterdampfer des Arkansas, mit seinen mächtigen Schaufelrädern die Fluten des Stromes peitschte. Er hatte am frühen Morgen Little Rock verlassen und sollte nun bald Lewisburg erreichen, um dort anzulegen, falls neue Passagiere oder Güter aufzunehmen seien.

Die große Hitze hatte die besser situierten Reisenden in ihre Kajüten und Kabinen getrieben, und die meisten der Deckpassagiere lagen hinter Fässern, Kisten und andern Gepäckstücken, welche ihnen ein wenig Schatten gewährten. Für diese Passagiere hatte der Kapitän unter einer ausgespannten Leinwand einen Bedarfboard errichten lassen, auf welchem allerlei

„Hier deinen Lohn, du rotes Heißling!" rief der Cornel.

Gläser und Flaschen standen, deren scharfer Inhalt jedenfalls nicht für verwöhnte Gaumen und Zungen berechnet war. Hinter diesem Schenktisch saß der Kellner mit geschlossenen Augen, von der Hitze ermüdet, mit dem Kopfe nickend. Wenn er einmal die Lider hob, wand sich ein leiser Fluch oder sonst ein kräftiges Wort über seine Lippen. Dieser sein Unmut galt einer Anzahl von wohl zwanzig Männern, welche vor dem Tische in einem Kreise auf dem Boden saßen und den Würfelbecher von Hand zu Hand gehen ließen. Es wurde um den sogenannten „Drink" gespielt, d. h. der Verlierende hatte

V. 1.

nur nicht zu sehen, woher eigentlich, ließ sich eine scharfe, befehlende Stimme hören:

»Stop, keinen Schritt weiter, oder ich schieße! Wer seid Ihr, Master?«

Der Reiter blickte auf, vor sich, hinter sich, nach rechts und nach links; es war kein Mensch zu sehen. Er verzog keine Miene, zog den Deckel von der langen, rollenförmigen Blechkapsel, welche vorn quer über den Sattel hing, schüttelte ein Fernrohr heraus, schob die Glieder desselben auseinander, so daß es wohl fünf Fuß lang wurde, kniff das linke Auge zu; hielt das Rohr vor das rechte und richtete es gegen den Himmel, den er eine Weile ganz ernsthaft und angelegentlich beguckte, bis dieselbe Stimme sich lachend vernehmen ließ:

»Schiebt doch Eure Sternenröhre wieder zusammen! Ich sitze nicht auf dem Monde, der auch gar nicht zu sehen ist, sondern hier unten auf der alten Mutter Erde. Und nun sagt mir, woher Ihr kommt!«

[. . .]

[Nr. 12, 155] »Von Schloß Castlepool«, antwortete der Mann im Tone eines Schulknaben, welcher sich vor dem strengen Gesichte des Lehrers fürchtet.

»Das kenne ich nicht. Wo ist dieser Ort zu finden?«

»Auf der Landkarte von Schottland«, erklärte der Reiter, indem sein Gesicht fast noch dummer wurde als vorher.

»Gott segne Euren Verstand, Sir! Was geht mich Schottland an! Und wohin reitet Ihr?«

»Nach Kalkutta.«

»Mir auch unbekannt. Wo liegt denn dieser schöne Ort?«

»In Ostindien.«

»Lack-a-day! So wollt Ihr also an diesem sonnigen Nachmittage von Schottland aus über die Vereinigten Staaten nach Ostindien reiten?«

»Heute nicht ganz.«

»So! Würdet es wohl auch nicht leicht machen können. So seid Ihr wohl ein Englishman?«

»Yes.«

»Von welcher Profession?«

»Lord.«

[...]

Jetzt wurden auf der Höhe des nächsten Wellenhügels zwei Gestalten, welche dort im Grase gelegen hatten, sichtbar, eine lange und eine sehr kleine. Beide waren ganz gleich gekleidet, ganz in Leder wie echte, richtige Westmänner, selbst ihre breitkrämpigen Hüte waren von Leder. Die Gestalt des Langen stand steif wie ein Pfahl auf dem Hügel; der Kleine war buckelig und hatte eine Habichtsnase, deren Rücken fast so scharf wie ein Messer war. Auch ihre Gewehre waren von gleicher Größe und Konstruktion, alte, sehr lange Rifles. Der kleine Buckelige hatte das seinige mit dem Kolben auf die Erde gesetzt, und doch ragte die Mündung des Laufes noch um einige Zoll über seinen Hut hinaus.

[...]

Die Haltung und das Gesicht des Engländers hatte sich plötzlich außerordentlich verändert. Das waren nicht die dummen Züge von vorher, und aus den Augen blitzte eine Intelligenz, eine Energie, welche den beiden andern die Worte benahm.

»Meint ihr wirklich, daß ich verrückt bin?« fuhr er fort. »Und haltet ihr mich wirklich für einen Menschen, vor welchem ihr euch gebärden könnt, als ob die Prairie nur euer Eigentum sei? Da irrt ihr euch. Bisher habt ihr mich gefragt, und ich antwortete euch. Nun aber will auch ich wissen, wen ich vor mir habe. Wie heißt ihr, und was seid ihr?«

[...]

»Unsre eigentlichen Namen können Euch nichts nützen. Mich nennt man den Humply-Bill, weil ich leider buckelig bin, worüber ich aber noch lange nicht Lust habe, vor Gram zu sterben, und mein Kamerad hier ist nur als Gunstick-Uncle bekannt, weil er stets so steif in der Welt herumläuft, als ob er einen Ladestock verschluckt hätte. So, nun kennt Ihr uns und werdet uns auch über Euch die Wahrheit sagen, ohne dumme Witze zu machen.«

[158] »All right! Ihr habt euren Stolz, und das gefällt mir. Es kann hier nur von einem Honorare die Rede sein, dem ich, wenn ich mit euch zufrieden bin, eine Extragratifikation zufüge. Ich bin hierher gekommen, um etwas zu erleben, um berühmte Jäger zu sehen, und mache euch also folgendes Anerbieten: Ich bezahle euch für jedes Abenteuer, welches wir erleben, fünfzig Dollar.«

[...]

[160] »Jetzt, Mylord, werdet Ihr wohl sehr bald die ersten fünfzig Dollar einzahlen müssen«, sagte Humply zu dem Engländer, indem er sich wieder niederduckte.

»Wird es ein Abenteuer ergeben?«

»Sehr wahrscheinlich, denn der Häuptling blickte jedenfalls nach Feinden aus.«

»Ein Häuptling ist er?«

»Ja, ein tüchtiger Kerl, Osagenhäuptling.«

[...]

Nach kurzer Zeit begannen die Pferde zu schnauben, und gleich darauf sah man den Indianer kommen. Er befand sich in den besten Mannesjahren und trug die gewöhnliche indianische Lederkleidung, welche an einigen Stellen zerrissen und an andern mit frischem Blute befleckt war. Waffen hatte er keine. Auf jede seiner Wangen war eine Sonne tättowiert; an seinen beiden Handgelenken war die Haut aufgeschunden. Er mußte gebunden gewesen sein und die Fesseln gesprengt haben. Jedenfalls befand er sich auf der Flucht und wurde verfolgt.

[...]

[Nr. 13, 170] »Bist du so schlimmen Leuten begegnet?« erkundigte sich Humply.

»Ja. Meine Brüder mögen ihre Gewehre bereit halten, denn diejenigen, welche mir nachjagen, können jeden Augenblick hier sein, obgleich ich sie nicht gesehen habe. Sie werden zu Pferde sitzen und ich mußte gehen; aber die Füße der ›guten Sonne‹ sind so schnell und ausdauernd wie die Läufe des Hirsches, den kein Roß erreicht. Ich bin viele Bogen und

Kreise gegangen, auch habe ich mich oft rückwärts bewegt, mit den Fersen voran, um sie aufzuhalten und irre zu führen. Sie trachten nach meinem Leben.«

[...]

[173] Endlich blieb der Häuptling stehen und flüsterte:
»Meine Brüder mö-[174]gen lauschen. Ich habe die Stimmen der Tramps vernommen.«

[...]

[Nr. 14, 183] Kaum gesagt, huschte der Rote schon fort und war im nächsten Augenblicke verschwunden. Es war wohl über eine halbe Stunde vergangen, als er zurückkehrte. Sie hatten sein Kommen weder gesehen noch gehört; er tauchte plötzlich vor ihnen, wie aus der Erde, auf.

»Nun?« fragte Bill. »Was hast du uns zu melden?«

[...]

»Es brannten mehrere Feuer und der ganze Platz war [184] hell. Die Tramps hatten einen Kreis gebildet, in welchem ein Bleichgesicht mit roten Haaren stand und eine lange und sehr laute Rede hielt.«

»Wovon sprach er? Hast du ihn verstanden?«

[...]

[184] »Er sagte, der Reichtum sei ein Raub an den Armen und man müsse also den Reichen alles nehmen, was sie haben. Er behauptete, der Staat dürfe von dem Unterthan keine Steuern erheben und man müsse ihm also alles Geld, welches er in den Kassen habe, wieder wegnehmen. Er sagte, daß die Tramps alle Brüder seien und schnell sehr reich werden könnten, wenn sie seinen Vorschlägen folgen wollten.«

»Weiter! Was noch?«

»Ich habe nicht weiter auf seine Worte geachtet. Er sprach noch von der großen, vollen Kasse einer Eisenbahn, welche leer gemacht werden müsse. Dann aber habe ich nicht mehr auf seine Worte gehört, denn ich sah den Ort, an welchem sich meine roten Brüder befinden.«

[...]

[185] Das Feuer, an welchem die vier Anführer der Tramps
saßen, war vielleicht zehn Schritte von dem Rande des Wal-
des entfernt. An dem letzteren standen die Bäume, an welche die Gefangenen in aufrechter Stellung an Händen und
Füßen gebunden waren. Neben jedem Gefangenen saß oder
lag ein bewaffneter Wächter. Der Englishman strengte seine
Augen an, den Häuptling zu sehen, doch vergebens. Er sah
nur, daß einer der Wächter, welcher gesessen hatte, sich jetzt
umlegte und zwar mit einer so schnellen Bewegung, als ob
er umgefallen sei. Auch die andern drei Wächter bewegten
sich, einer nach dem andern, und sonderbarerweise so,
daß ihre Köpfe in den Schatten der betreffenden Bäume zu
liegen kamen. Dabei war kein Laut, nicht das leiseste
Geräusch zu hören gewesen.
Es verging noch eine kleine Weile und dann sah der Lord
plötzlich den Häuptling zwischen sich und Bill am Boden
liegen.
»Nun, fertig?« fragte der letztere.
»Ja«, antwortete der Rote.
»Aber deine Osagen sind ja noch gefesselt!« flüsterte der
Lord ihm zu.
»Nein; sie sind nur stehen geblieben, bis ich mit euch gesprochen habe. Mein Messer traf die Wächter mitten in das
Herz, und dann habe ich ihnen die Skalps genommen. Jetzt
schleiche ich mich wieder hin, um mit meinen roten Brü-
dern zu den Pferden zu gehen, bei denen sich auch die uns-
rigen noch befinden. Da alles so gut gegangen ist, werden
wir nicht fortgehen, ohne unsre Pferde zu holen.«
[...]
Der Lord fixierte die Gefangenen; sie lehnten steif aufge-
richtet an ihren Bäumen, dann waren sie in einem Nu fort,
wie in die Erde hinein verschwunden.
»Wonderful!« flüsterte er dem Buckeligen begeistert zu.
»Ganz, wie man es in Romanen gelesen hat!«
[...]

GUSTAV FRENSSEN

Peter Moors Fahrt nach Südwest.
Ein Feldzugsbericht.

1906; 1909

[1] Als ich ein kleiner Junge war, wollte ich Kutscher oder
Briefträger werden; das gefiel meiner Mutter sehr. Als ich
ein großer Junge war, wollte ich nach Amerika; da schalt sie
mich. So um die Zeit, als die Schuljahre zu Ende gingen,
sagte ich eines Tages, ich möchte am liebsten Seemann werden; da fing sie an zu weinen. Meine drei kleinen Schwestern weinten auch.
Aber am Tage nach meiner Schulentlassung stand ich, ehe
ich recht bedachte, was mit mir geschah, in meines Vaters
Werkstatt am Amboß, und unser Geselle, der aus Sachsen
zugewandert war und schon lange Zeit bei Vater arbeitete,
sagte: »Siehst Du – da stehst Du! Und da bleibst Du stehn,
bis Du grau wirst«, und lachte. Da wir gerade eine gute Arbeit hatten, nämlich vor einem schönen Neubau an der
Breiten Straße Tor und Gitter machten, gab ich mich zufrieden und blieb also die [2] drei Jahre in der Werkstatt meines
Vaters und arbeitete mit ihm und dem Gesellen und ging
abends in die Gewerbeschule. Ich bekam zweimal einen ersten Preis.
Im zweiten Jahr meiner Lehrzeit, in meinem siebzehnten
Lebensjahr, traf ich auf der Straße Heinrich Gehlsen, den
Sohn vom Lehrer Gehlsen, der früher bei uns angestellt war
und jetzt Hauptlehrer in Hamburg ist, mit dem ich als
Junge zuweilen gespielt hatte. Er war einige Jahre älter als
ich und war nun Student in Kiel. Während wir zusammen
die Breitenburger Straße hinunter gingen, erzählte er mir,
daß er im Herbst 1903 als Einjähriger beim Seebataillon
eintreten wolle. Ich fragte: »Warum willst Du gerade da eintreten?« Er sagte: »Es ist eine feine Truppe. Und dann ist es

möglich, daß man einmal auf Reichskosten übersee kommt.
Denn wenn in irgendeiner unserer Kolonien ein Aufstand
ausbricht, oder sonst in der weiten Welt was los ist, kommt
zu allererst das Seebataillon unterwegs.« Ich sagte nichts
weiter dazu; aber ich dachte in meinem Sinn, daß ich später
auch zum Seebataillon gehen könnte. Ich war schon einige
Male in Kiel gewesen; und ich mochte auch die Uniform
wohl leiden. Auch gefiel mir, was er von Übersee gesagt
hatte. Ich wußte aber damals noch nicht, wie ich das Ding
anfassen sollte.

[3] Aber im nächsten Jahr erfuhr ich eines Tages von einem
älteren Schulkameraden, der in Kiel bei den Fünfundachtzi-
gern diente, daß das Seebataillon Dreijährig-Freiwillige an-
nähme. Da fragte ich am selben Abend meinen Vater, als ich
beim Aufräumen war und er mit seiner halblangen Pfeife
durch die Werkstatt ging, um ein wenig die Straße entlang
zu sehen, wie er abends zu tun pflegte: ob ich mich melden
solle. Ihm gefiel das wohl; denn er hatte es bei den Einund-
dreißigern in Altona bis zum Unteroffizier gebracht. Er
sagte also nichts weiter als: »Deine Mutter wird vor dem
Wort ›See‹ bange werden.«

[. . .]

[5] Ich war gerne Soldat, besonders nachdem wir die Ausbildung hinter uns hatten. Wir hatten lauter ordentliche Leute
auf der Stube, und der Unteroffizier, der ein Schleswiger
war, war nur dann ungemütlich, wenn einer faul oder drek-
kig war. Den Leutnant taxierten wir damals nicht richtig.
Wir meinten, er wäre für einen Offizier zu zart. Aber nachher haben wir erkannt, daß er ein Held war.

Am Anfang meines zweiten Dienstjahres, in den Weih-
nachtstagen 1903, war ich auf Urlaub bei meinen Eltern in
Itzehoe und tanzte am zweiten Weihnachtstage auf dem
Ball mit Maria Genthien.

[. . .]

Als wir zum drittenmal miteinander tanzten, lachten wir
uns an und sagten beide zu gleicher Zeit: »Das geht schön!«

Wir dachten [6] aber mit keinem Gedanken daran, daß es eine ernste Sache werden könnte. Am Tage nach Neujahr ging ich wieder nach Kiel in den Dienst.

Vierzehn Tage später, am Abend des 14. Januar, ging ich mit Behrens und einem andern Kameraden durch die Dänische Straße; da kam Gehlsen uns entgegen, der nun wirklich als Einjähriger diente und bei meiner Kompanie stand, und sagte zu mir: »Hast Du schon gelesen?« Ich sagte: »Was denn?« Er sagte: »In Südwestafrika haben die Schwarzen feige und hinterrücks alle Farmer ermordet, samt Frauen und Kindern.« Ich weiß ganz gut in der Erdkunde Bescheid; aber ich war erst doch ganz verwirrt und sagte: »Sind diese Ermordeten deutsche Menschen?« »Natürlich«, sagte er: »Schlesier und Bayern und aus allen andern deutschen Stämmen, und auch drei oder vier Holsteiner. Und nun, was meinst Du, wir vom Seebataillon . . .« Da erkannte ich plötzlich in seinen Augen, was er sagen wollte. »Wir müssen hin!« sagte ich. Er hob die Schultern: »Wer sonst?« sagte er. Da schwieg ich eine kurze Weile; es ging mir sehr viel durch den Kopf. Dann war ich damit fertig und sagte: »Na, denn man zu!« Und ich freute mich. Und ich sah im Weitergehn die Leute an, die des Weges kamen, ob sie vielleicht schon wüßten und uns anmerkten, daß wir nach Südwest gingen, um an einem wilden Heidenvolk vergossenes deutsches Blut zu rächen.

[. . .]

[27] Wir steuerten südöstlich, der afrikanischen Küste zu. Wir sollten hier unterwegs siebzig Neger an Bord nehmen, wie die meisten Schiffe tun, die nach Swakopmund hinunterfahren. Diese siebzig Neger sind unterwegs Trimmer, Heizer und Helfer aller Art und da unten Schauerleute, laden ein und aus, und fahren nachher wieder mit dem Schiff zurück und werden an ihrer Küste wieder an Land gesetzt.

[. . .]

[30] In meiner freien Zeit stand ich oft bei den Schwarzen

und beobachtete sie, wie sie friedlich beieinander saßen und in gurgelnden Tönen miteinander schwatzten und wie sie um die großen Eßtöpfe hockten, mit den Fingern eine Unmenge Reis zum Munde führten, und mit ihren großen knarrenden Tiergebissen Beine, Gekröse und Eingeweide ungereinigt fraßen; es schien ihnen gar nicht drauf anzukommen, etwas Schmackhaftes zu essen, sondern nur, ihren Bauch zu füllen. Und es schien mir, daß es so stand, nämlich, daß die Leute von Madeira zwar Fremde für uns sind, aber wie Vettern, die man selten sieht, daß diese Schwarzen aber ganz, ganz anders sind als wir. Mir schien, als wenn zwischen uns und ihnen gar kein Verständnis und Verhältnis des Herzens möglich wäre. Es müßte lauter Mißverständnisse geben.

[. . .]

[66] Zuweilen, wenn wir an unserm Kochloch saßen, machte ich mich davon und ging zu den alten Afrikanern, die ihr Feuerloch immer an einem der Wagen hatten, die Sergeant Hansen führte. Dann winkte mir Hansen; denn er mochte mich leiden, seit ich ihn im Hof der Feste angesprochen hatte. Sie saßen immer für sich, nicht allein aus Stolz, sondern auch, weil sie meist fünf oder gar zwanzig Jahre älter waren als wir. Einige von ihnen waren schon zehn Jahre oder darüber im Lande.

Ich setzte mich still zu ihnen und hörte mit großer Begierde, was sie miteinander redeten. Zuweilen sprachen sie von den wilden fünfzehnjährigen Kämpfen in der Kolonie, die sie ganz oder zum Teil mitgemacht hatten, und von den Kämpfen der letzten drei Monate. Sie nannten manchen Ort tapferer Tat und manchen wackern Mann, Tote und noch Lebende. Ich wunderte mich, daß schon so große und harte Dinge von Deutschen in diesem Lande ausgeführt waren, davon ich nimmer [67] auch nur ein Wort gehört oder gelesen hatte, und daß schon so viel deutsches Blut qualvoll in diesem heißen, dürren Lande geflossen war. Sie kamen auch auf die Ursachen des Aufstandes; und ein Älterer, der schon

lange im Lande war, sagte: »Kinder, wie sollte es anders
kommen? Sie waren Viehzüchter und Besitzer, und wir waren dabei, sie zu landlosen Arbeitern zu machen; da empörten sie sich. Sie taten dasselbe, was Norddeutschland 1813
tat. Dies ist ihr Befreiungskampf.« »Aber die Grausamkeit?« sagte ein anderer. Aber der erste sagte gleichmütig:
»Glaubst Du, daß es ohne Grausamkeit abginge, wenn bei
uns das ganze Volk gegen fremde Unterdrücker aufstände?
Und sind wir nicht grausam gegen sie?« Sie sprachen auch
darüber, was wir Deutschen hier eigentlich wollten. Sie
meinten, darüber müßten wir uns klar werden. »Jetzt
stände es so: Es wären Missionare hier, die sagten: ›Ihr seid
unsere lieben Brüder in dem Herrn, und wir wollen Euch
diese Güter bringen: Glauben, Liebe und Hoffnung‹, und es
wären hier Soldaten, Farmer und Händler, die sagten: ›Wir
wollen Euch Euer Land und Euer Vieh so allmählich ab-
nehmen und Euch zu rechtlosen Arbeitern machen.‹ Das
ginge nicht nebeneinander. Das sei eine lächerliche und
verrückte Sache. Es sei entweder recht und richtig, zu kolo-
nisieren, das heiße entrechten, rauben und zu Knechten
machen, oder es sei recht und richtig, zu [68] christianisie-
ren, das heiße Bruderliebe verkünden und vorleben. Man
müsse das eine klar wollen und das andre verachten, man
müsse herrschen wollen oder lieben wollen, gegen Jesus sein
wollen oder für Jesus. Die Missionare predigten ihnen: Ihr
seid unsre Brüder! Und verwirrten ihnen die Köpfe! Sie
seien nicht unsre Brüder; sondern unsre Knechte, die wir
menschlich aber streng behandeln müßten! Diese sollten
unsre Brüder sein? Sie mögen es einmal werden, nach hundert oder zweihundert Jahren! Sie mögen erst mal lernen,
was wir aus uns selbst erfunden hätten: Wasser stauen und
Brunnen machen, graben und Mais pflanzen, Häuser bauen
und Kleider weben. Danach mögen sie wohl einmal Brüder
werden. Man nimmt niemanden in eine Genossenschaft auf,
der nicht vorher seinen Einsatz bezahlt hat.«
[...]

[121] Dies langsame, schwerfällige Trekken durch das menschenleere, weite, eintönige Land, dies Liegen und Rauchen in den Ruhestunden, im Schatten der Wagen, und das gemütliche, gemächliche, langsame Reden, Necken und ein wenig Prahlen, dies dürftige Essen und spärliche Trinken, ein Schuß im Busch auf eine Schar Perlhühner, und wenn das Glück wollte, auf [122] eine Antilope, vier Stunden Schlaf am verglimmenden Feuer, den Sattel unterm Kopf: das alles erlebte ich nun wieder. Und es war mir, da ich nun zum zweitenmal so unterwegs war, als wenn ich dies Land nun schon lange, lange kannte, als wenn ich schon vor langer, langer Zeit, die weit vor meiner Geburt lag, so neben einem Wagen durch solch wildes Land gezogen war, und im Wagenschutz geruht und geschlafen hatte. Das sind ja wohl die Erlebnisse der Vorväter, die in den Geschlechtern einen langen Schlaf tun und in dem Kinde, das wieder alte Wege und Stege geführt wird, aufträumend das graue Haupt erheben.

[...]

[191] Um ein Uhr in der Nacht traten wir an und zogen, müde Pferde und Reiter, sieben Stunden. Da kamen wir zu der Stelle; aber Wasser war nicht da. Von einer Anhöhe aus sahen wir, wie zwei mächtige Staubwolken eilig nach Osten und Nordosten zogen, hinein in den Dursttod. Aber auch wir waren am Ende. Der vierte Mann war an Ruhr oder Typhus krank; die anderen überangestrengt. Von unseren Pferden waren über die Hälfte gefallen; unsere Kleider und Sättel waren zerrissen. Und wir waren sieben Stunden von der nächsten dürftigen Wasserstelle entfernt und vierundzwanzig von der besseren. Es war die Gefahr nicht fern, daß wir hier am Rande der Wüste [192] hängen blieben. Darum befahl der General, die Verfolgung abzubrechen.

Doch sollten einige Patrouillen versuchen, noch einige Stunden weit vorzustoßen. Es meldeten sich, wie zu allen Patrouillenritten, so auch jetzt zu diesem letzten schweren, Freiwillige genug. Da ich ein guter Reiter war, bekam ich das Pferd eines Unteroffiziers, der eben krank aus dem Sattel geglitten war, und ritt mit der einen Patrouille aus dem Lager. Ein Oberleutnant, der aussah wie ein Gelehrter, führte uns.

[. . .]

[197] In dem Augenblick kam aus dem Busch, in dem der Schutztruppler verschwunden war, ein kurzes Geräusch von Schelten, Laufen und Springen. Gleich darauf erschien er und hielt einen baumlangen, magern Schwarzen in europäischer Kleidung an der Hüfte und riß ihm das Gewehr aus der Hand und schalt in fremder Sprache auf ihn ein, und zerrte ihn zu uns heran und sagte: »Ein deutsches Gewehr hat der Lump; Patronen hat er nicht mehr.«

[198] Er war ziemlich munter geworden, fing an auf ihn einzureden, drohte ihm und stieß ihn in die Knie. Der Schwarze hockte und antwortete auf jede Frage mit einem großen Wortschwall und mit raschen, sehr gelenkigen und merkwürdigen Bewegungen der Arme und Hände. »Er sagt, er hat den Krieg nicht mitgemacht.« Dann fragte er wieder und deutete nach Osten und der Schwarze deutete auch dahin und antwortete dies und das, wovon ich nichts verstand. Der Schutztruppler sagte: »Er lügt mir die Haut voll.« Er drohte ihm mit dem Gewehr und fragte weiter. So ging es eine Weile. Ich höre noch die beiden leise kreischenden, vertrockneten Stimmen, die des Deutschen und des Fremden. Dann hatte er wohl genug erfahren und sagte: »Der Missionar sagte einmal zu mir: ›Mein Lieber, vergessen Sie nicht: die Schwarzen sind unsere Brüder‹; nun will ich meinem Bruder seinen Lohn geben.« Er stieß den Schwarzen von sich und deutete: »Lauf weg!« Der sprang auf und versuchte in langen Zickzacksätzen schräg hinunter über die Lichtung zu kommen. Aber er hatte noch nicht fünf Sprünge gemacht, da traf ihn die Kugel, daß er lang nach vorn hinschlug und still lag.

Ich knurrte ein wenig; ich dachte, der Schuß könnte feind-

liche Haufen, die etwa noch zurückgeblieben waren, auf uns aufmerksam machen; der [199] Oberleutnant aber meinte, mir wäre nicht recht, daß er den Schwarzen erschossen hatte, und sagte in seiner gelehrten, bedächtigen Weise: »Sicher ist sicher. Der kann kein Gewehr mehr gegen uns heben und keine Kinder mehr zeugen, die gegen uns kämpfen; der Streit um Südafrika, ob es den Germanen gehören soll oder den Schwarzen, wird noch hart werden.«
[. . .]
So standen wir beide eine gute [200] Weile. Darauf sagte er: »Diese Schwarzen haben vor Gott und Menschen den Tod verdient, nicht weil sie die zweihundert Farmer ermordet haben und gegen uns aufgestanden sind, sondern weil sie keine Häuser gebaut und keine Brunnen gegraben haben.« Dann kam er auf die Heimat zu sprechen und sagte dies und das und meinte: »Was wir vorgestern vorm Gottesdienst gesungen haben: ›Wir treten zum Beten vor Gott den Gerechten‹, das verstehe ich so: Gott hat uns hier siegen lassen, weil wir die Edleren und Vorwärtsstrebenden sind. Das will aber nicht viel sagen gegenüber diesem schwarzen Volk; sondern wir müssen sorgen, daß wir vor allen Völkern der Erde die Besseren und Wacheren werden. Den Tüchtigeren, den Frischeren gehört die Welt. Das ist Gottes Gerechtigkeit.«
Der Schutztruppler war eingeschlafen; der Oberleutnant stand aufrecht, zuweilen ein wenig schwankend, die Uhr in der Hand. Ich stand neben meinem Pferd, halb wachend, halb schlafend. Der Mond ging auf; die Nacht wurde kalt und windig. Nach einer Weile sagte der Oberleutnant: »Aber der Missionar hat doch recht, daß er sagt, daß alle Menschen Brüder sind.«
Ich sagte: »Dann haben wir also unsern Bruder getötet«; und sah nach dem dunkeln Körper, der lang im Grase lag.
[201] Er sah auf und sagte mit seiner heisern, schmerzenden Stimme: »Wir müssen noch lange hart sein und töten; aber wir müssen uns dabei, als einzelne Menschen und als

Volk, um hohe Gedanken und edle Taten bemühen, damit
wir zu der zukünftigen, brüderlichen Menschheit unser Teil
beitragen.« Er stand und sah in Gedanken über die weite,
mondbeschienene Steppe und wieder auf den stillen, toten
Körper.
Ich hatte während des Feldzugs oft gedacht: ›Was für ein
Jammer! All die armen Kranken und all die Gefallenen!
Die Sache ist das gute Blut nicht wert!‹ Aber nun hörte
ich ein großes Lied, das klang über ganz Südafrika und
über die ganze Welt, und gab mir einen Verstand von der
Sache.

FRIEDRICH WILHELM MADER

*Wunderwelten. Wie Lord Flitmore eine seltsame Reise
unternimmt und durch einen Kometen in die
Fixsternwelt entführt wird.*

1911; 11. Aufl. [um 1925]

[1] Professor Dr. Heinrich Schulze lehnte sinnend in seinen
Sessel zurück. Vor ihm auf dem mit Büchern und Papieren
bedeckten Schreibtisch lag ein Brief, der seine Gedanken
beschäftigte.
Da läutete es an der Eingangstüre seiner Wohnung und
kurz darauf pochte es gewaltig an die Studierzimmertüre.
»Herein!« rief der Professor, sich erhebend.
Die Türe öffnete sich und es erschien ein ältlicher, doch
frisch und blühend aussehender Mann von stattlicher Lei-
besfülle.
»Kapitän Münchhausen!« rief Schulze und eilte überrascht
und erfreut auf den Mann zu, ihm beide Hände entgegen-
streckend. »Welcher günstige Monsun führt Sie von Austra-

lien nach Berlin, und just in dieser Stunde? Ich bin starr!
Denken Sie, soeben weilten meine Gedanken bei Ihnen in
Adelaide und ich wünschte mir, Sie herzaubern zu kön-
nen.«

»Nun! Der Zauber ist gelungen!« lachte Münchhausen. »Da
bin ich. Und was mich herführt? Sie wissen, ich halte das
untätige Herumsitzen auf dem Kulturboden nicht lange
aus. Na! habe ich gedacht: schaust einmal nach, was der olle
Schulze macht; vielleicht plant er wieder irgend ein famoses
Unternehmen; da muß ich dabei sein! Und plant er keins,
so will ich ihn aufrütteln, und wir planen eins miteinander.
He! Wie steht's damit, Professorchen?«

»Ich sage Ihnen, Sie kommen wie gerufen. Da, setzen Sie
sich her, altes Haus.«

[...]

[2] »Ich habe eigentlich gar nichts geplant; aber ein anderer:
Sie erinnern sich wohl noch Lord Flitmores?«

Münchhausen lachte, daß es dröhnte. – »Auf so eine Frage
kann doch nur ein weltfremder Professor verfallen! ›Erinnern‹ ist gut! Wenn man mit einem Manne, wie der Lord,
solche Abenteuer erlebt, solche Kämpfe durchfochten und
solche herrliche Stunden durchkostet hat, wie wir zwei
beide, dann soll man ihn wohl vergessen können? Verzei-
hen Sie, Professor, aber Ihre Frage ist . . . na, wie soll ich sagen?«

»Dumm!« ergänzte Schulze, seinerseits lachend. »Sie haben
recht, oller Seebär. Also! Hier habe ich einen Brief von Flitmore erhalten. Er schreibt, er habe eine kaum glaubliche
Entdeckung gemacht.«

»Kaum glaublich? Hören Sie, dem glaube ich alles, dem
traue ich das Wunderbarste zu nach den Proben seines Er-
findergeistes, die er uns in Afrika gegeben.«

»Das stimmt! Aber hören Sie: er schreibt, seine Entdeckung
hebe die trennenden Räume des Weltalls auf und gestatte
Reisen nach dem Mond, nach den Planeten, vielleicht gar in
die Fixsternwelt. Und nun ladet er mich ein, ihn auf seiner

ersten Fahrt zu begleiten. Was halten Sie davon? Sollte er nicht doch ein wenig übergeschnappt sein?«

»O, daß Sie Männer der Wissenschaft keine neue, erstaunliche Entdeckung begrüßen können, ohne sie anzuzweifeln! Wenn die Professoren darüber zu entscheiden hätten, alle genialen Erfinder kämen ins Irrenhaus! Ich sagte Ihnen, dem Lord traue ich alles zu. Er ist ein Genie. Telegraphieren Sie ihm nur gleich, ob er mich mitnimmt? Ha! das gibt eine Reise! Das ist noch nie dagewesen, außer in der Phantasie kühner Schriftsteller: da muß ich mit!«

»Das ist es ja gerade: Lord Flitmore bittet mich, ihn zu begleiten, da er weiß, daß ich mich in den letzten Jahren ganz auf die Astronomie geworfen habe und er meine Veröffentlichungen [3] auf diesem Gebiet mit Interesse und Beifall verfolgte, wie er schreibt. Dann aber fragt er nach Ihnen und nach Ihrer Adresse. Er ist voll Bewunderung für das Automobil, das Sie erfanden, und mit dem wir Australien durchforschten.«

»Ja, ja, die Lore!« sagte schmunzelnd der Kapitän. »Sie war kein übler Gedanke. Aber nach dem Mond – ne! Das hätte sie doch nicht geleistet.«

»Also, bei Ihren technischen Kenntnissen und Ihrer Erfindungsgabe auf diesem Gebiet glaubt der Lord keinen besseren Ingenieur und Kapitän für sein Weltschiff finden zu können, als Sie, und er wäre höchlichst erfreut, Sie für das Unternehmen gewinnen zu können.«

»Topp!« rief Münchhausen begeistert. »Wann reisen wir?«

[...]

»Eine große Gesellschaft wird es nicht werden: zunächst wird die Gattin des Lord ihn begleiten.«

»Schau, schau! Mietje! Alle Achtung! Ein beherztes Frauenzimmer ist sie stets gewesen: das hat sie uns damals in Ophir zur Genüge bewiesen.«

Schulze aber fuhr fort: »Ferner Flitmores Diener, John Rieger. [...] [4] Endlich will noch mein junger Freund Heinz

Friedung sich uns anschließen. Ich riet ihm vergebens ab; er
ist Feuer und Flamme für die Weltreise.

[...]

Er hat sich auf die Sprachwissenschaften geworfen und lebt
hier in Berlin als Privatdozent. Er beginnt, sich einen Namen zu machen und hat, wie er mir anvertraute, eine hoch-
wichtige Entdeckung auf seinem Gebiet gemacht; doch verrät er noch nichts Näheres davon.«

[...]

[41] Die Sannah, die seit der vergangenen Nacht, wenn man
von einer Nacht reden konnte, nicht mehr von dem Strom
der Fliehkraft durchkreist wurde, befand sich in dem An-
ziehungsbereich [42] des Planeten, der seit lange den Beob-
achtungseifer und die Phantasie der Astronomen am meisten angeregt hat.

[...]

[44] Sobald die Anziehungskraft des Mars bei größerer An-
näherung auf die Sannah wirkte, verlangsamte sich ihre
Umdrehungsgeschwindigkeit, und als sie sich zuletzt auf
den Planeten herabsenkte, hörte ihre Eigenbewegung ganz
auf und ihr Schwerpunkt wurde in den Mittelpunkt der
Marskugel verlegt. Nach völliger Abstellung der Fliehkraft
verhielt sie sich wie irgendein Meteor, das auf die Oberfläche eines Planeten stürzt.

[...]

Der Stoß, den die Landung verursachte, war im oberen
Raume, wo sich alle zu dieser Zeit aufhielten, kaum spür-
bar.

»Wir werden vom Nord- oder Südpolzimmer aus ausstei-
gen müssen«, erklärte der Lord. »Dort liegen die Ausgangs-
pforten neben den Fenstern bei unsrer jetzigen Lage in
wagrechter Linie, das heißt parallel zur Marsoberfläche,
und mittels einer Strickleiter können wir hinabsteigen.«

[...]

[54] Das Frühstück wurde in der Nähe der Sannah einge-

nommen, fern von den immer noch zuckenden Leibern der
erlegten Lumbriciden auf dem nächtlichen Schlachtfeld.
»Ich schlage eine Entdeckungsreise auf dem Mars vor«, begann Schulze, als der Imbiß vertilgt war.
Alle waren damit einverstanden.
[. . .]
[57] Nach einer halbstündigen Wanderung war der Fuß der
Berge erreicht, nach einer weiteren halben Stunde die erste
Anhöhe erklommen.
Der Ausblick, der sich hier unseren Freunden bot, über-
zeugte sie sofort, daß die Sage von den Marsmenschen keine
reine Phantasie der Astronomen sein konnte; denn vor
ihren Blicken öffnete sich ein Hochtal, das von einer ganzen
Anzahl von Bauten erfüllt war, die zweifellos vernunftbe-
gabten Wesen ihren Ursprung verdankten.
Auch diese Bauwerke hatten ihre auffallenden Eigentümlichkeiten: zum ersten waren sie schmal und hoch, turmartig
aufgeführt; zum zweiten erschienen sie alle dreieckig, zum
dritten sahen sie wie aus einem Guß gefertigt aus.
Der Professor, der für alles eine Erklärung suchte und auch
gleich bei der Hand hatte, ließ sich also vernehmen: »Die
Marsbewohner bauen offenbar in die Höhe wie die Neu-
yorker, jedenfalls auch aus demselben Grund: sie müssen an
Platz sparen. In der Tat erreicht die gesamte Oberfläche des
Mars noch keine [58] drei Zehntel der Erdoberfläche; da
überdies die schrecklichen breiten Sümpfe einen großen Teil
des Festlandes einzunehmen scheinen, so müssen sie an
Bauplatz sparen. Dreieckig sind die Häuser aufgeführt, um
den Orkanen und den Wasserfluten bei der Schneeschmelze
wirksamen Widerstand bieten zu können; daß sie so glatt
und ungegliedert aussehen, weist auf eine besondere Masse
hin, mit der die Baumeister die Gebäude von außen gleichmäßig bestreichen, auf einen Mörtel, der vielleicht dem
Mars eigentümlich ist.«
[. . .]

Das, was der Professor eine »Stadt« nannte, waren etwa hundert zumeist gleich geformte Bauwerke von mäßigem Umfang. Sie leuchteten in allen Regenbogenfarben, eins blau, das andere rot, das dritte grün; einige schneeweiß, andere schwarz; daneben gelbe, braune, organgerote, violette Türme in allen Farbenabstufungen. Dadurch gewährten sie trotz ihrer Einförmigkeit einen ungemein malerischen Anblick.

Im Innern erwiesen sie sich sämtlich ganz ähnlich angelegt; statt einer Treppe führte ein gewundener Gang empor, von schmalen Seitenfenstern erhellt. Ganz oben befand sich ein dreieckiges Gemach, in welchem auf erhöhten Matten – Leichen lagen.

Ja, nur Leichen!

»Eine Begräbnisstätte, ein Friedhof«, rief Heinz aus.

»Wenigstens eine Totenstadt«, entgegnete Schulze, »da von Gräbern und Begräbnis hier nicht die Rede ist.«

Die Leichen waren alle in lange Gewänder von einem eigentümlichen, glatten und sehr schmiegsamen Stoffe gekleidet, der [59] keine Fäden, kein Gewebe erkennen ließ. Entweder war dieser auf Erden unbekannte Stoff aus einer äußerst zähen Gummiart papierdünn gewalzt, wobei der Gummi jegliche Dehnbarkeit verloren hatte, oder er war aus einem nur den Marsbewohnern bekannten Material gegossen.

Die Gewänder glänzten auch in den verschiedensten lebhaften Farben. Die Körper unterschieden sich nicht wesentlich von menschlichen Körpern; sie waren aber alle sehr klein, schlank und zierlich, und jedenfalls wiesen sie eine Rasseneigentümlichkeit auf, die auf Erden nicht zu finden war. Diese Eigentümlichkeit bestand im wesentlichen in einer auffallenden Schädelform: man hätte meinen können, jedes dieser Häupter trage eine Kappe; denn über der Stirne eingeschnürt, saß eine zweite mäßig gewölbte und dichtbehaarte Schädelkammer.

»Zwei Stockwerke!« rief Münchhausen in ehrlichem Staunen. »Ein zweistöckiges Gehirn haben diese Marsiten besessen! Nein, müssen die gescheit gewesen sein!«

[...]

[60] Am Ausgange der Schlucht lehnte an der Bergwand ein niedriger, dreieckiger Bau aus »Gußstein«; denn so hatte Schulze das steinerne Material, das gleichmäßig glatt war und keine Lücken aufwies, benannt. Er vermutete, daß die Marsbewohner eine besondere Steinart wie Lava zu schmelzen verstünden, im flüssigen Zustand färbten und dann ihre Häuser in einem Block in Formen gossen.

[...]

Vor dem neuentdeckten Hause nun saß ein steinaltes Männlein, dessen Doppelschädel den Eindruck machte, als trage es eine Mütze aus Eisbärenfell; denn schneeweiß war sein dichtes Pelzhaar, das zottig herabhing, jedoch nicht länger, als es bei einem Tierpelz zu wachsen pflegt.

Ein ebenso zottiger kurzer Bart umrahmte sein Gesicht.

Mit den großen, gescheiten Augen betrachtete er die Ankömmlinge, offenbar sehr interessiert, aber durchaus nicht mit der Verwunderung oder gar dem Entsetzen, welches diese sich geschmeichelt hatten bei dem ersten Marsbewohner zu erregen, der ihre fremdartige Erscheinung gewahren würde.

Als sie sich ihm nahten, erhob er sich langsam. Ein leuchtendes rotes Gewand umfloß seine schlanken Glieder.

Und nun zeigte Schulze den unentwegten Professor: er redete den Marsgreis im elegantesten Latein an, das ihm zur Verfügung stand; denn er dachte, Latein sei eine Weltsprache, die von gebildeten Wesen überall verstanden werden müsse. Er bedachte nicht, daß die alten Römer, so unternehmungslustig sie waren, die Grenzen ihres Reichs doch nicht über den Erdball ausgedehnt hatten.

Übrigens war der Marsite stocktaub, wie er durch ein beredtes Berühren seiner Ohren und sein trüblächelndes Kopfschütteln zu verstehen gab.

[...]

[61] Da deutete er auf die Gruppe, die ihn anstaunte, und erhob den Blick gen Himmel. Gleichzeitig streckte er den Arm empor und wies auf einen blassen Stern.

Das war die Erde!

Da die Erde dem Mars weit näher steht als die Sonne und diese ihm infolge ihrer Entfernung nicht so blendend leuchtet wie uns, konnte man die Erde hier bei Tageslicht am Himmel stehen sehen.

So sehr Lord Flitmore an Selbstbeherrschung gewohnt war, die Gebärde des Greises brachte ihn doch aus der Fassung.

»Allmächtiger!« rief er aus. »Sollte man das für möglich halten? Dieser Marsmensch vermutet, daß wir von der Erde herkommen! Offenbar ist ihm das Vorhandensein von Menschen dort bekannt und man rechnete hier damit, eines Tages einen Besuch vom Nachbarsterne her zu erhalten!«

»Nein! Welche Hilfsmittel müssen diese Marsmenschen besitzen!« meinte Schulze verwundert.

»Ich glaube fast, ihre Augen ersetzen ihnen das beste Teleskop«, bemerkte Heinz. »Sehen Sie doch nur, wie der Mann seine Augen weit heraustreten läßt, wenn er nach der Erde schaut, und wie tief er sie in die Höhlen zurückzieht, wenn er uns betrachtet.«

In der Tat bemerkten jetzt alle dieses seltsame Augenspiel, je nachdem der Marsite den Blick auf nähere oder entferntere Gegenstände richtete.

»Fragen Sie doch den Alten, wo wir noch mehr seinesgleichen treffen können«, wandte sich Münchhausen ironisch an Schulze, der mit seinem Latein am Ende war nach dem ersten vergeblichen und etwas törichten Verständigungsversuch.

Heinz Friedung aber bewies, daß er einer solchen Aufgabe gewachsen war: er unternahm es, die gewünschte Auskunft zu erhalten.

Das griff der scharfsinnige junge Mann folgendermaßen an: Er wies auf die eigene Brust und streckte den Daumen der

geschlossenen linken Hand empor; dann deutete er der
Reihe nach auf Flitmore, Mietje, Schulze und Münchhausen, jedesmal einen weiteren Finger der Linken ausstreckend.

[...]

[62] Jetzt zeigte Heinz auf den Marsiten und streckte wieder
den Daumen allein vor. Das hieß: »Du bist nur einer.«
Dann sah sich der junge Mann forschend und fragend nach
allen Seiten um mit hilflosen Handbewegungen, aus denen
der Marsbewohner sofort die Frage erriet: »Wo sind die andern Bewohner des Mars?«

Da schüttelte er den Kopf und eine tiefe Traurigkeit überzog seine milden Züge: eindringlich streckte er den Daumen
empor, berührte seine Brust, wies dann mit dem Arm im
Kreise umher, immer kopfschüttelnd und zugleich die Hand
verneinend schwenkend, als wollte er sagen: »Ich bin allein
da! Sonst ist nirgends mehr jemand vorhanden.«

Erstaunt blickten ihn unsere Freunde an; da winkte er
ihnen, ihm zu folgen.

Er führte sie an den Rand des Hügels und deutete in den
Sumpf hinab.

Da sahen sie schaudernd die Spitzen von Gebäuden aus
dem schwarzen Schlamme emporragen und die traurigen
Gebärden des Greises sagten: »Alle sind verschlungen von
den Wassern, alle modern im Sumpf oder dienen den
Sumpfwürmern zum Fraß.«

Dann raffte sich der Alte auf, deutete auf seine Gäste und
dann hinauf zur Erde, ihnen mit heftigen Handbewegungen
begreiflich machend: »Fliehet, fliehet! Sonst ereilt euch das
gleiche Schicksal!«

Dieses gräßliche Geschick verdeutlichte er noch dadurch,
daß er wieder hinab in den Sumpf zeigte, dann die Handfläche wagrecht über den Boden hielt und sie ruckweise am
eigenen Körper immer höher steigen ließ, bis er sie hoch
über den Kopf hob.

»Er will andeuten, daß die Gewässer plötzlich steigen und hoch über unsere Köpfe weggehen können«, erklärte der Lord.

»Allerdings«, bestätigte Schulze. »Die Astronomen haben des öfteren derartige Katastrophen auf dem Mars beobachtet. Das Land wird urplötzlich vom Meere verschlungen, und die [63] Verteilung von Erde und Wasser nimmt eine ganz neue Gestaltung an.«

»So werden wir hier nicht mehr viel zu entdecken haben«, meinte Münchhausen. »Der Mann kennt sich jedenfalls am besten aus auf dem Mars, und wir werden gut tun, seine Warnung nicht in den Wind zu schlagen.«

Historische Erzählungen und Lebensbilder

Neben den Abenteuerschriftstellern sind es vor allem Autoren historischer Schriften und geschichtlicher Lebensbilder, die das Bild der gründerzeitlichen wie der wilhelminischen Jugendliteratur prägen. Hermann L. Köster spricht in seiner »Geschichte der Deutschen Jugendliteratur« von einer »Hochflut der geschichtlichen Erzählung« für die Zeit nach 1870, wobei Vergleichbares durchaus auch im erwachsenenliterarischen Bereich zu beobachten ist. Daß so viele Autoren zu geschichtlichen Themen griffen, war zum einen sicherlich durch das politische Ereignis der Reichsgründung bedingt, die es historisch zu legitimieren galt. Dies erklärt jedenfalls die Vorliebe vieler Jugendbuchautoren für Themen wie »Preußische Hofgeschichte«, »Geschichte des Hauses Hohenzollern«, »Deutsche Vor- und Frühgeschichte«. Zum anderen läßt sich die Hochkonjunktur dieses Genres als Reaktion auf eine Welt interpretieren, die undurchschaubarer geworden war, die nach dem Verblassen von Mythos und Religion dem einzelnen Menschen immer weniger Halt zu bieten vermochte. Geschichte, in literarische Form gekleidet, hatte in erster Linie die Funktion, Sinnzusammenhänge herzustellen und eine Gesetzmäßigkeit historischer Prozesse zu suggerieren. Der heranwachsende Leser sollte auf diese Weise von der Vorstellung abgehalten werden, der Weltlauf wie das eigene Schicksal seien das Werk von Willkür und Zufall. Diese mit dem Erzählen von Geschichte einhergehende Wirkungsabsicht hat den historischen Schriften der Epoche ihr charakteristisches Gepräge verliehen. Zu ihr gesellte sich zumeist eine politische Überzeugung, die, wie Heinrich Wolgast zu Recht bemerkt, durch »wachsenden Chauvinismus« und »zunehmende Militanz« gekennzeichnet ist. Als Befürworter strikter Tendenzfreiheit von Kunst und Literatur mußten er und seine Nachfolger innerhalb der Jugendschriftenbewegung ihre

Gegner zwangsläufig im Bereich eben der historischen Schriften finden.

In belehrender Absicht zwar, aber nahezu frei von nationalem Pathos, schrieb der Zoologe Christian D. Weinland seine »Erzählung aus der Zeit des Höhlenmenschen und des Höhlenbären«. Im Vorwort zur ersten Auflage von »Rulaman« erläutert er sein literarisches Konzept: »Leitender Grundsatz war, von den festen beobachtbaren Tatsachen auszugehen, nichts naturwissenschaftlich Unmögliches zu bieten, und auch bei der Fiktion alles Unwahrscheinliche auszuschließen.« Die Art und Weise, in der Weinland Belehrung und Unterhaltung miteinander verbindet, erinnert an die »Professorenromane« eines Felix Dahn. Dessen ursprünglich an ein erwachsenes Publikum gerichteter Roman »Ein Kampf um Rom« (1872) war denn auch eine überaus erfolgreiche Jugendlektüre dieser Zeit. Thematisch eröffnete Weinland in seiner Hinwendung zur Vor- und Frühgeschichte der Jugendliteratur ein neues Gebiet, das etwa in A. Th. Sonnleitners »Höhlenkindern« (1918) wieder aufgenommen wurde.

In den Jahren 1879–81 erschien als Auftragsarbeit des Leipziger Verlages Hirt und Sohn Oskar Höckers vierbändiger Romanzyklus »Das Ahnenschloß«. Inspirationsquelle war für Höcker dabei, wie sich auch formal belegen läßt, Gustav Freytags Werk »Die Ahnen« (1873–81). Wie bei Freytag, so wird auch in Höckers kulturgeschichtlichem Epos der Aufstieg des protestantisch gesinnten Bürgertums über Generationen hinweg verfolgt. Was Thomas Nipperdey als Absicht der Freytagschen »Ahnen« erkennt, nämlich »[. . .] die Reichsgründung liberal national als Leistung dieses ganzen Volkes auszuweisen«, läßt sich auch auf Höckers literarische Unternehmung übertragen. Dabei sucht er dem heranwachsenden Leser die nötigen Kenntnisse über das eigene nationale Erbe zu vermitteln. Zudem legt die Art und Weise, in der Höcker Geschichte erzählt, die Vermutung nahe, daß er

*auch eine emotionale Verbundenheit des Lesers mit seinen
Vorfahren herstellen wollte.*

*Zahlreiche Autoren wählten den Deutsch-Französischen
Krieg 1870/71 zum historischen Schauplatz ihrer Geschichten. Detlev von Liliencrons »Kriegsnovellen« sind hierfür
ein herausragendes Beispiel. 1895 erstmals für ein erwachsenes Publikum publiziert, fanden sie recht bald als Jugendlektüre sowohl bei den Sozialdemokraten wie auch bei eher
konservativ ausgerichteten Kritikern Zustimmung. 1899
brachte der Altonaer Prüfungsausschuß für Jugendschriften
eine Buchausgabe auf den Markt, 1909 eröffnete eine Auswahl von drei »Kriegsnovellen« als Band 1 die »Deutsche
Jugendbücherei«. A. Volquardsen, der Herausgeber der Altonaer Jugendausgabe, sieht die ästhetische Qualität der
Novellen darin begründet, daß sie »durch das ungesucht
grausige künstlerisch schön« wirken. Er hält »Liliencrons
Ausdrucksweise [...] für gewählt schön, da sie die Sache
treffend beschreiben will und somit ungezwungen durch
Belehrung und Veredlung Wahres und Gutes vermittelt, soweit es der Sache innewohnt«. Bemerkenswert ist, daß der
Patriotismus der »Kriegsnovellen« den Tendenzgegnern
nicht zum Stein des Anstoßes geriet. Dies ließe sich damit
erklären, daß der Patriotismus hier als Moment der episch-
fiktionalen Welt angehört und nicht zur Darstellungsabsicht
gerät, wie es beispielsweise bei Wilhelm Kotzdes »Geschichte des Stabstrompeters Kostmann« der Fall ist. Daß
diese Erzählung den jugendlichen Leser auf ziemlich ein-
deutige Weise in eine patriotische, kriegsbejahende Haltung
versetzen will, ist denn auch unübersehbar. Sie spielt ebenfalls zur Zeit des Deutsch-Französischen Krieges, und wie
Liliencron läßt auch Kotzde seinen Helden selbst von seinen
Abenteuern als Kriegsteilnehmer berichten. Im erbittert ge-
führten »Tendenzstreit« dieser Jahre spielt diese mit pikaresken Zügen ausgestattete Jugenderzählung eine zentrale
Rolle. Kotzde reagiert auf die Ablehnung des »Hamburger*

*Jugendschriftenausschusses« mit der Streitschrift »Das Elend
der Hamburger Jugendschriftenkritik« (1910) und eröffnete
damit eine über mehrere Jahre andauernde Kontroverse
zwischen Wolgastianern auf der einen, Befürwortern nationaler Tendenzschriften auf der anderen Seite.*

*Wolgast formulierte in einem Vortrag über »Das Patrioti-
sche und Religiöse in der Jugendschrift« (1899) seine Einstellung zum Thema auf unmißverständliche Weise. Dabei bezieht er sich in erster Linie auf die in diesem Band mit
einem Auszug vertretene zeitgeschichtliche Erzählung »Der
Freiwillige des ›Iltis‹« von Karl Tanera. Seiner Ansicht nach
offenbaren sich hier erzählerische Absichten, die das typische
Erscheinungsbild der Tendenzschrift jener Jahre prägten.
»Das Buch«, so faßt er am Ende seiner polemischen Auseinandersetzung zusammen, »bewährt sich als echte spezifische
Jugendschrift, die immer gleich geartet ist. Die agitatorische
Absicht – hier Deutschland vor allen Nationen, besonders
den Franzosen gegenüber, herauszustreichen und nebenbei
für die deutsche Flotte zu begeistern – bestimmt den Lauf
der Begebenheiten und die Darstellung des Buches. Nirgends eine künstlerische Freude an der Darstellung deutscher Herrlichkeit; jeder Satz ist bedingt durch die Erwä-
gung: wie imponierst du dem französischen Jüngling und
dem deutschen Leser mit deutscher Überlegenheit? So stellt
sich das Religiöse und Patriotische in der spezifischen Jugendschrift dar. Was an dichterischer Qualität ursprünglich
vorhanden war, wird erdrückt und erstickt durch die Absicht, für Religion und Vaterland zu werben. Die unbefan-
gene Lust am Schildern und Gestalten wird abgelöst durch
das Umherspähen nach Beweisen für die Lehre und Gesinnung, die man propagieren will, und statt eines Ausschnitts
aus dem Leben erhalten wir ein Zerrbild, das nur derjenige
nicht als solches erkennt, der nie gewöhnt war, an seine Lektüre den Maßstab der Natur oder der Kunst anzulegen, also
in erster Linie das Kind.«*

Die Mehrzahl der für die Jugend verfaßten Lebensbilder

*kann als unmittelbare Reaktion auf die krisenhafte Um-
bruchsituation jener Jahre verstanden werden. In Reaktion
darauf entwarfen die Autoren durchweg Bilder selbstdiszi-
plinierter und selbstbewußter Charaktere, die auf vorbild-
hafte Weise ihren einmal gefaßten Lebensplan verfolgen.
Nationalerzieherischen Zwecken dienten die Biographien
von Gestalten aus der preußischen Geschichte wie beispielsweise »Friedrich der Große, als Feldherr und Herrscher«
(1886) von Oskar Höcker, »Friedrich Wilhelm der I., König
von Preußen« (1888) von Ottokar Schupp oder die Biographie der zur idealen Landesmutter erhobenen »Königin
Luise« (1877) von Ferdinand Schmidt. Eine herausragende
Rolle in der Biographik der Epoche spielt Bismarck, der oft
ins Mythische emporgehoben wird. Marie von Felsenecks
Biographie ist ein Beispiel für eine solche Bismarck-Mythi-
sierung. In relativ ausführlichen Eingangspassagen wird er
in die Reihe tatkräftiger Ahnen gestellt und sein Geburtsort
zur »geweihten Stätte« erhoben. Schon die Schilderung einzelner Episoden aus den Knabenjahren lassen keine Zweifel
aufkommen an seiner Berufung zum Retter des deutschen
Volkes und Wiedererwecker »alter Kaiserlichkeit«. – Der
Typus des »selfmademan« begegnet einem vorwiegend in
den Jugenderzählungen und den Abenteuerromanen der
Epoche. Vergleichbares findet sich auch in den Lebensbil-
dern – so zum Beispiel in der erfolgreichen Sammlung
»Männer eigener Kraft«, die der Verleger Otto Spamer 1875
unter dem Pseudonym Franz Otto herausbrachte. Ebenso
wie Spamer ist auch Helene Stökl, die hier mit ihrem Lebensbild von Alfred Krupp zu Wort kommen soll, an Menschen interessiert, »deren Lebensweg nicht durch Glück und
Geist geebnet war, sondern sie erst nach Überwindung einer
Reihe großer, anscheinend unübersteiglicher Hindernisse
zum Ziele führte«.
Felix Salten schrieb seine Kaiser-Max-Biographie für den
Ullstein-Verlag, der, angeregt durch die Jugendschriftenbewegung, ästhetisch anspruchsvolle Jugendlektüre veröffent-*

*lichen wollte. In der Tat fällt der hier in Auszügen vorge-
stellte Text aus dem Rahmen der historischen Jugendschriften dieser Zeit. Auffällig ist der ungewohnte, frische Erzähl-
ton, der besonders die ersten Kapitel prägt. Hier erscheint
kein Erzähler, der seinen Leser mit unanzweifelbaren Worten auf den Boden vermeintlich historischer Wahrheiten
stellen will. Vielmehr wird der zeitliche Abstand zur Vergangenheit, wenn auch auf sehr verdeckte Weise, als Problem des historischen Erzählens mitbedacht. Dies wird erkennbar, wenn der Autor historische Dokumente für seine
Darlegungen anführt.*

*Gerade diese Absicherungsbemühungen aber zeigen, wie
unsicher er im Erzählen von Historischem eigentlich ist.
Weiterhin ist auffällig, daß Felix Salten eine historische
Persönlichkeit für seine Biographie gewählt hat, die sich
als »komplexer Übergangsmensch« bezeichnen läßt. Auch
darin hebt sich Saltens Text von den üblichen historischen
Schriften ab. Nicht der in sich ruhende, selbstsichere und
zielbewußte Mensch interessiert den Autor, sondern die su-
chende, irrende Persönlichkeit. Die Vermutung liegt nahe,
daß Salten damit auch sein eigenes Zeitempfinden zum Ausdruck bringen wollte.*

DAVID FRIEDRICH WEINLAND

Rulaman

1878; 6. Aufl. 1906

[21] Es war vor tausend und abertausend Jahren. – Die Eis-
zeit, die wir oben erwähnt, war an ihrem Ende, die Erde
wieder wärmer, die Sonne mächtiger geworden. Aber noch
war unser Deutschland ein unwirtliches Land; denn noch

Die Nallis erlegen ein Twoba (Mammut).

herrschte die wilde Natur allerorten, und der damalige
Mensch – der Höhlenmensch – griff in sie kaum anders ein
als das Raubtier, mit dem er kämpfte. –

In dieser alten, alten Zeit war es, da sehen wir im Geiste an
einem warmen Frühsommer-Nachmittage auf dem freien,
sonnigen Platze vor dem Eingang einer unserer Albhöhlen,
die jetzt einsam und verlassen im Waldesdüster verborgen
liegt, ein gar lustiges, munteres Treiben. Nackte, gelbbraune
Kinder mit schwarzen, struppigen Haaren kollern auf dem
weichen Grasboden herum. Auf einem jungen Bären reitet
ein mutwilliger Knabe und schlägt mit einem Tannenzweig
auf ihn los, während ein anderer ihn an einer Waldrebe, die
er um seinen Hals geschlungen, vorwärts zerrt. Dort liegt
ein zahmer Wolf, neben ihm ein etwa vierzehnjähriger
Junge, der ihm Kopf und Nacken streichelt, während das
Tier ihm gutmütig das Gesicht leckt. Andere Knaben jagen
sich in den Ästen eines uralten Eibenbaumes[1] herum, der
etwas im Hintergrunde, nahe dem Ein-[22]gang der Höhle
steht, und dessen schwarzgrün glänzender Nadelwald sich
scharf von dem grauen, sonnebeschienenen Felsen abhebt.
[...]

[23] Dort unter der Eibe erhebt sich keuchend und ächzend
ein altes Weib, eine sonderbare Erscheinung. Der weit vorwärts geneigte Kopf ist mit langen schneeweißen Haaren

---

1 *Der Eibenbaum* oder *Taxus* (Taxus baccata). Derselbe ist ein echter Ureuropäer, war noch im vorigen Jahrhundert in Thüringen häufig, wird
aber jetzt immer seltener in Deutschland. Von Dermbach im Eisenach-
schen führt *Roßmäßler* noch einen Bestand von 311 Eibenbäumen an,
alle mindestens 30 cm dick. Auch in dem Bayrischen Gebirge soll es
noch kleine Waldungen geben. Vor allem aber sind England und
Schottland die Länder des Eibenbaumes. Dort in den alten Parken des
Landadels und auf Kirchhöfen werden sie hochgeschätzt und fast heilig
gehalten. Das Holz ist außerordentlich elastisch und dauerhaft, daher
wurden in alten Zeiten, die *besten Bogen* daraus gemacht, und die alten
Engländer sagten, daß sie die Unterwerfung Irlands nur ihren Eiben-
bogen verdankten. Unzweifelhaft ist der Eibenbaum im Aussterben begriffen, eine *alternde geologische Spezies* (Seehaus), die von den Forst-
wirten, wo sie noch vorkommt, geschont werden sollte. [...]

bedeckt, die beinahe bis zum Boden herabfallen. Die mageren, braunen, runzligen Arme sind auf Stöcke gestützt. Das Gesicht ist wunderbar fahl und verzogen, das Kinn steht weit vor, und die langen weißen Augenbrauen reichen fast bis zu ihm herab. Die Augen sind tief eingefallen und scheinen fast ganz geschlossen, so daß man sie für blind halten könnte. Über die Schultern hängt ein weißes Wolfsfell[3], eine seltene Farbe, die bei diesem Volke für eine große Auszeichnung galt. Es ist die alte Parre, die Urahne der hier versammelten Familie. Langsam tappt sie über den freien Platz vor der Höhle bis an den Rand, wo der steile Fels jäh ins Tal abfällt. Dort erhebt sie die Krücke in der rechten Hand gegen den Himmel nach der eben untergehenden Sonne zu. Sie murmelt eintönige Reime in melancholischen, halb singenden, halb sprechenden Tönen, und wenn sie eine Reimkehr vollendet hat, fallen die Weiber und Kinder ein in demselben Ton und klatschen in die Hände. – Es ist das Abendgebet an die scheidende Sonne.

[. . .]

[34] Jagdbares Wild war stundenweit ringsherum kaum mehr zu finden, wohl aber lebten auf der weniger bewohnten Hochfläche der Alb noch einige Herden von Renntieren und von kleinen wilden Pferden, während in den dichten Waldungen an den Abhängen schon einzelne Rehe, Hirsche und Wildschweine sich zeigten.

[. . .]

Noch in der Nacht sollte aufgebrochen werden. ·

Hinter Rul, dem Häuptling und Ältesten der Brüder, stand sein Sohn mit dem Wolf. Dieser trat vor und blickte fragend

---

3 *Weiße Wolfspelze* gelten auch heute noch für die wertvollsten, besonders die von Tieren, die mitten im Winter erlegt und welche außerordentlich weich und schön sind. Im Jahre 1850 z. B. lieferte die Hudsonsbai-Company im nördlichen Nordamerika über 8000 Wolfsfelle, meist vom Mackenzie-River, fast alle schwarz und grau in allen Übergängen, doch auch ziemlich viel weiße. Erstere sind nur etwa drei Mark wert, die weißen aber ungefähr dreißig Mark. Letztere gehen fast alle nach Ungarn zur Einfassung anderer Pelze und der Husarenjacken.

und bittend den Vater an. – »Ja, Rulaman, du kannst mitgehen, aber ohne den Wolf«, sagte der Vater. Nur halb befriedigt schlich sich der Knabe fort. –
[...]
[40] Es war jetzt fast Tag. Knietief wateten die Männer
durch hohes, taunasses Gras am Bache hin. Plötzlich stand
Rul, wie vom Blitz getroffen, still. Da lag, nur wenige
Schritte von ihnen, ein zerrissenes, noch blutendes Pferd.
»Der Burria, der Burria!« flüsterten die Männer leise und
ängstlich. Sofort hatten sie alle erkannt, daß nur ein Höh-
lenlöwe, ihr furchtbarster Feind, diese Beute gemacht und
hier hatte liegen lassen. Ein Höhlenbär hätte sie mit fortge-
schleppt in seine Grotte. – [...]
Eine breite Spur führte durch das hohe Gras nach der dunklen Waldschlucht hinab, eine andere, noch viel breitere, hinein in den Wald. Auf letzterer hatte offenbar der Löwe seine
Beute hierher geschleppt; hier am Bache, wie die Löwen es
lieben, verzehrt und dann nach der Schlucht sich zurückge-
zogen. Ja, sogar seine frische Fährte fanden sie. Nicht weit
vom Pferde war an einer Stelle das Gras abgekratzt oder ab-
getreten und die Erde bloßgelegt, ohne Zweifel von den
Hufen dieses Tieres, das erst hier vollends getötet worden
war. In diese weiche Erde nun war eine Fährte des Löwen
tief eingedrückt. Sie war fast kreisrund und maß beinahe
einen Fuß im Durchmesser. Eine Bärenfährte wäre länglich
eirund gewesen, mehr der des Menschen ähnlich.
[...]
»Er hat sich satt gefressen und satt getrunken, er schläft«,
flüsterte Rul. »Auf, ihm nach! Endlich haben wir ihn, den
Mörder unseres Vaters! Denkt an die alte Parre. Keiner
wird zurückbleiben!«
Tief sich bückend, fast kriechend wie eine Katze, schlich er
auf der Spur des Löwen dahin. Aber nur Rulaman und drei
Männer folgten ihm. Rul [41] wandte sich um, sah die mut-
los Zurückgebliebenen und bemerkte jetzt erst seinen muti-
gen Knaben. Zornig und voll Verachtung blickte er jene an,

ergriff dann seinen Knaben bei der Hand, drückte sie zärtlich, gab ihm aber zugleich ein Zeichen, zurückzugehen zu
den anderen. Hoch klopfte das Herz des armen Jungen,
aber ohne Murren gehorchte er, und mit angehaltenem
Atem stand er dort und blickte seinem Vater und den Männern nach.
[. . .]
Da plötzlich hörte man ein donnerähnliches Gebrüll, das
schauerlich aus der Waldschlucht herauftönte, und gleich
darauf den herzerschütternden Angstschrei eines Menschen.
»Mein Vater, mein Vater!« schrie Rulaman erschreckt, glitt
blitzschnell von dem Baume herab, ergriff Steinaxt und Bogen und rannte hinunter in die Schlucht.
[. . .]
Kaum war der Knabe einige hundert Schritte das felsige
Rieß hinab, da erblickte er zwei Männer, die seinem Vater
gefolgt waren, atemlos den Berg herauf ihm entgegenren-
nend. Schon von ferne riefen sie ihm zu: »Zurück, zurück!
der Burria, der Burria!« Aber er hörte nicht. Kampfwütig
und voll Angst um seinen Vater stürzte der Knabe weiter
und schon nach wenigen Schritten sah er links vom Bache
am Fuße einer hohen, senkrechten Felswand das Ungetüm,
mit Pfeilen bespickt, aber noch fest aufrecht stehend, und
unter seinen Vordertatzen einen Mann, regungslos, wie tot,
in der rechten, hochgehobenen Hand eine Steinaxt. Er erblickte den weißen Wolfspelz, – es war sein Vater. Wie ein
Falke auf seine Beute schoß er in langen Sätzen den Rain
hinauf und war zur Stelle neben dem Löwen.
Ruhig, ohne seiner nur zu achten, peitschte das Raubtier
mit dem Schweife seine Flanken, – die glühenden Augen
starr und wütend auf einen gegenüberstehenden Baum gerichtet. Dort saß der dritte Mann, ohne sich zu rühren.
[42] »Rulaba, Rulaba!« schrie und schluchzte der Knabe,
und dabei schlug er auch schon wütend in wahnsinniger
Verzweiflung mit seiner kleinen Feuersteinaxt von der

rechten Seite her nach den Schläfen des Tieres, die er eben
erreichen konnte, – denn so hoch war das Ungeheuer.
Brummend schüttelte dieses seinen buschigen Kopf, und als
der brave Junge nicht nachließ, drehte es sich plötzlich nach
ihm um und hieb nach ihm mit der breiten Tatze, wie um
eine Fliege abzuwehren. Doch vergeblich. Denn schon war
Rulaman unter ihm durch nach der anderen Seite ge-
schlüpft.
Bei der Beugung des Tieres aber war der alte Rul, auf dessen
Brust die rechte Pratze des Löwen gestanden, frei geworden. Im Nu raffte er sich auf. Mit zerrissener Schulter und
über und über mit Blut bedeckt, sprang er nach links,
packte seinen Knaben mit dem linken Arm und rannte vorwärts an der Felswand hin, einem Gebüsche zu.
Im gleichen Augenblick sauste schwirrend ein Pfeil vom
Baume herab, dem Löwen in den Hals, – denn nur darauf,
wann er endlich ohne Gefahr für den Bruder schießen
konnte, hatte der Mann auf dem Baume gewartet. – Diesmal schien der Löwe gut getroffen; er brüllte fürchterlich,
zitterte am ganzen Leibe, ein Blutstrom stürzte aus seinem
Rachen und er sank röchelnd in die Kniee. Dann überschlug
er sich dreimal und kollerte endlich, eine Menge Steingeröll
mit sich wälzend, den kleinen Rain hinab in den Bach.
[...]
[75] Nun denke man sich dagegen erst die Freude und den
Stolz jener braven, tapferen, aber fast hilflosen Ureuropäer,
wenn es ihnen glücklich einmal gelungen war, mit ihren fast
kindlichen Pfeilen aus Haselnußgerten und den einfachen
Wurfspießen einen Höhlenlöwen, das Ungetüm ihrer Wälder, welches seit einem halben Jahrhundert die ganze Gegend tagereisenweit unsicher gemacht, endlich zu erlegen.
Das war ein Ereignis für jene Menschen und für die ganze
Nachbarschaft, von dem noch Kind und Kindeskind erzählte. Daher wurde auch jedesmal ein großes Fest veran-
staltet, an dem sich nicht etwa nur die Männer, sondern
auch Frauen und Kinder beteiligten. –

Mit Tagesanbruch erschien am anderen Morgen schon das
ganze Volk der Tulka auf dem freien Platze vor derselben
und harrte begierig der Dinge, die da kommen sollten.
Auch von der Huhkahöhle stellte sich der versprochene Zu-
zug von gegen zwanzig Männern, Frauen und Kindern ein.
Von allen Anwesenden hatte niemand ein Burriafest mitgemacht als die alte Parre. Man legte daher die ganze Anord-
nung der Sache in ihre Hand.
[. . .]
Der Tanz, – wenn wir das oft unschöne wilde Springen der
Naturvölker so nennen dürfen, begann, begleitet von Trommel und Pfeife und dem eintönigen, melancholischen Gesang der Weiber.
[. . .]
[77] Nunmehr folgte eine feierliche Szene. Der junge Held
Rulaman, der seinem Vater das Leben gerettet, sollte nach
dem Beschluß der Männer jetzt schon den Speer, das Zeichen des Mannes, erhalten, der sonst, wie wir wissen, erst
dem Jünglinge, nachdem er einen Bären erlegt, zu teil
wurde.
Festlich geschmückt, im weißen Wolfspelz, mit Bogen und
Steinaxt bewaffnet, trat er, von Repo, dem Burriamate, geführt, aus der Höhle.
Es ward ein großer Kreis geschlossen; an dessen Spitze die
alte Parre unter ihrer Eibe, zu ihrer Rechten Rul, der Vater.
Schüchtern trat der Junge in den Kreis hinein, vor die alte
Parre hin, die einen rot und schwarz bemalten Speer, wie
ihn sonst nur die Häuptlinge trugen, in der Hand hielt. Vor
ihr stand ein junges Mädchen mit einem Kranz aus Hain-
buchenlaub, dem Baume, aus welchem die Speere gefertigt
wurden. Die Alte murmelte einige feierliche Worte, dann
kniete Rulaman vor ihr nieder und empfing aus ihrer Hand
den Speer, worauf ihm das Mädchen den grünen Kranz auf-
setzte. – Er stand auf und fiel seinem Vater, Freudentränen
im Auge, in die Arme. Jetzt traten die Männer auf ihn zu,
schüttelten ihm einer nach dem anderen die Hand, und als

Zeichen seiner neuen Würde tanzten sie mit ihm den Speer-
tanz, den nur Männer tanzen durften.

[...]

[78] Dies war das Burriafest vor der Tulka. Es war das letzte.
Das Schicksal dieses tapferen Völkleins sollte sich jetzt bald
erfüllen. Schon war ein anderes Geschlecht im Lande, neben
dem es nicht bestehen konnte. –

Nach Jahr und Tag stand die Höhle traurig und verlassen,
ein Zufluchtsort für Bären und Hyänen, bis auch diese verschwanden. –

Jetzt liegt sie düster und einsam in einem forstlich wohlgepflegten Buchenwalde. Der schöne freie Platz vor ihr, auf
dem sich einst das ganze Leben eines Menschenstammes bewegte, ist zum großen Teil in den Abgrund hinunter gestürzt, und von der einsam stehen gebliebenen rechten Ecke
desselben blicken friedliche Reisende hinunter in die grünen
Auen des Armitales und auf den hohen – Schornstein einer
Fabrik. – Gegenüber aber knallt die Peitsche des Albbauern
auf der Steige, der den mit Albkorn reichlich beladenen Wagen zu Markt ins Tal führt.

Aber noch tönt von den schroffen Felswänden herab, wie
eine Stimme aus längst vergangenen Tagen, an Frühsom-
merabenden der melancholische Ruf des einsamen Uhus,
derselbe Ruf, der wohl schon vor Jahrtausenden, auch während jenes Burriafestes, erklungen. Es ist noch einer. Wer
weiß, wie bald wird auch er als wertvoller Balg in ein Mu-
seum wandern!

OSKAR HÖCKER

Der Erbe des Pfeiferkönigs
1879

[30] Der alte Ratbod saß in seinem Ehrenstuhl und las in einer der lutherischen Flugschriften, die ihm wenige Stunden zuvor von Freund Gerbel überbracht worden waren. Obgleich die Lesefertigkeit des Handelsherrn viel zu wünschen übrig ließ und er nur langsam vorwärts zu kommen vermochte, schien ihn die Lectüre doch sehr zu interessiren, denn sie handelte »von der babylonischen Gefangenschaft der Kirche« – »von des christlichen Standes Besserung« und »von der Freiheit eines Christenmenschen«.* In diesen drei Hauptschriften zerstörte der große Reformator die Bande, durch welche der geistliche Stand mit seinen Gnadenmitteln die Seelen knechtete, er rief ferner die Christenheit zum Kampfe wider die Anmaßungen des Papstes und des ihm blind gehorchenden Clerus, – und schließlich wies er in dem unmittelbaren Verhältniß, das zwischen den an Christus Glaubenden und Gott besteht, den tiefsten Grund der Ruhe und Seligkeit nach.

Michael Ratbod war mit dem Lesen dieser neuesten lutherischen Flugschriften eben zu Ende gekommen, als sein Sohn Johannes mit dem Gevatter Schwarber in's Zimmer trat.

»Nun, wie ist's ausgefallen?« fragte der Handelsherr, den Letztern zum Niedersitzen einladend.

»Nach Recht und Billigkeit«, gab Johannes zurück, welcher mit [31] seinem Pathen und den andern betheiligten Personen vor das Gericht der sogenannten Fünfzehner geladen worden war, um bei der eingeleiteten Untersuchung über

---

* Dieser letztere Traktat war sozusagen eine Gegengabe Luthers auf die Bannbulle, welche er bekanntlich am 10. December 1520 nebst den päpstlichen Verfügungen öffentlich vor dem Elsterthore zu Wittenberg verbrannte.

den nächtlichen Angriff auf die Person des Leutpriesters Zell als Zeuge zu fungiren. »Der fremde Kriegsknecht heißt Sebald und will bei einem gar fürnehmen Rittersmann in Dienst gestanden haben. Den Namen seines ehemaligen Herrn verschweigt er aber und so ward er denn nach dem Schwörbrief abgeurtheilt.«

Zum nähern Verständniß des Lesers wollen wir bemerken, daß dieser Schwörbrief – die Straßburger Verfassung – seit 1482 erst bestand und als das Resultat vieler erbitterter Kämpfe, die Adel, Geistlichkeit und Bürgerthum gegenseitig geführt, zu betrachten war. Die einzelnen Artikel dieser aus einer weisen Mischung adeliger und zünftiger Elemente hervorgegangenen Verfassung galten beinahe unverändert bis zur französischen Revolution und wurden von allen Gelehrten und Staatsmännern bewundert. Wir wollen an dieser Stelle nur die drei Hauptsätze anführen, welche das freie Bürgerrecht begründeten und Straßburg zu einer der ersten und einflußreichsten Städte des deutschen Reichs erhoben: *Erstens*, die Stadt war frei; das ganze Land mochte Fürsten und Herren mit Zins und Dienst hörig sein, Straßburg regierte sich selbst. *Zweitens*, die Stadt hatte Frieden; soweit ihr Weichbild ging, ruhte alle Fehde, d. h. auf diesem »gefeiten« Bezirk galt nur öffentlich Recht und Gericht, und jedwede Eigenmacht und Gewaltthat wurde streng geahndet. *Drittens*, die Stadtluft machte frei; sobald ein Fremder das städtische Gebiet berührte, stand er im Schutze des Stadtfriedens. Kein Herr durfte seinen hörigen Mann, der nach Straßburg flüchtete, verfolgen und antasten, ausgenommen, er vermochte gerichtlich zu beweisen, daß er ihn nicht mit Unrecht bedrücke.

Aus dem soeben Angeführten geht hervor, daß Sebald sich schwer gegen das Stadtrecht vergangen hatte. Da er jedoch als Fremder und »unkundig des Gesetzes« angesehen wurde, so verhängte das Gericht die mildeste Strafe über ihn, nämlich die Verbannung aus der Stadt für die Dauer von drei Jahren.

[...]

[32] »Der Bursche hat sein Loos verdient«, nickte Ratbod zustimmend, nachdem ihm der Gevatter Schwarber das Nöthige mitgetheilt.

»Er ist viel zu gelind gestraft worden«, schalt Johannes ein. »Einen solch' frommen, ehrwürdigen Mann, wie Meister Mathis, nächtlich zu überfallen – das ist wahrhaft unerhört.«

»So?« versetzte der Vater und auf seiner Stirn zeigten sich Zornesfalten. »Sind die geistlichen Herrn etwa mehr wie wir? Ueberfall bleibt Ueberfall, mag er sich nun gegen einen Würdenträger der Kirche oder einen armen Bauern richten.«

»Gewiß, Herr Vater; nur möchte ein solch' von Gott begnadeter Geist, wie unser Meister Mathis, schwerer zu ersetzen sein, als der erste beste Bauer.«

»Geschwätz, nichts als Geschwätz«, eiferte der alte Handelsherr. »Mir ist ein ehrlicher Bauer lieber als ein unehrlicher Priester, der sich gegen das Allerheiligste versündigt. Wie es heutzutag um die Pfaffen steht, weiß ich nur zu gut, und ich lasse nur eine einzige Ausnahme gelten – den Doctor Martin Luther. Von all' den Andern halt' ich nichts.«

Johannes kannte die starre Gesinnungsweise des Vaters, und da derselbe außerdem noch schlecht auf ihn zu sprechen war, wegen seines Entschlusses, Theolog werden zu wollen, – so widerlegte er die irrige Ansicht nicht, sondern gab vielmehr dem Gespräche eine andere Wendung, indem er auf seine bevorstehende Abreise zu sprechen kam.

[. . .]

[98] Dem Jüngling war sehr, sehr weh um's Herz und sein Entschluß, die Wittenberger Reise anzutreten, gerieth in's Wanken. Wahrscheinlich würde er unterlegen sein, hätte nicht ein Zufall den treuen Freund Gerbel in's Haus geführt, welcher Alles aufbot, Johannes zu trösten und seinen gesunkenen Muth wieder aufzurichten.

»Hast Du die Kämpfe vergessen, die Martin Luther mit sei-

nem Vater gehabt, der in seiner Sonderbarkeit dem Deini-
gen so sehr ähnelt?« fragte Gerbel, indem er den Jüngling
freundlich umfaßte. »Als Martin sich heimlich aus dem
elterlichen Hause entfernt hatte und in das Kloster gegangen war, zürnte der Alte heftig, denn er hatte weltliche
Pläne mit seinem Stammeserben vorgehabt. Und als es
endlich Freunden gelang, den empörten Vater zur Versöh-
nung zu bringen, als er dem flehenden Sohne wieder gegenüber trat und [99] dieser gestand, daß eine furchtbare
Erscheinung, nämlich ein gewaltiges Gewitter, das ihn zwischen Mannsfeld und Erfurt ereilt, ihn zum stillen Gelübde
des Klosters getrieben, da warf ihm der Vater die beküm-
merten Worte entgegen: Gott gebe, daß es nit ein Betrug
und teuflisch Gespenst gewesen ... Und noch mehr er-
schütterte er Martins Herz durch die zürnende Frage: Du
glaubtest einem Gebot Gottes zu gehorchen, als Du in das
Kloster gingst; hast Du nit auch gehört, daß man den Eltern gehorsam sein soll? ... Tief stach dies Wort des Sohnes Herz, lange, lange vermochte er es nit zu überwinden
und im Wachen wie im Traume verfolgte es ihn, bis er endlich in der heiligen Schrift das Geheiß fand: Du sollst Deinen Nächsten wie Dich selbst, Deinen Gott aber über Alles
lieben, denn der Herr spricht ›Wer Vater oder Mutter *mehr*
liebet, denn mich, der ist meiner nicht werth!‹ Gott lieben,
das ist die allerschönste Weisheit, darum ziehe aus, Johannes, und wandere nach dem Borne göttlicher Lehre und
Weisheit.«
[...]
Verschiedenen meiner jungen Leser wird es sonderbar erscheinen, daß um eine Reise von Straßburg nach Wittenberg
zu jener Zeit so viel Wesens gemacht wurde, zumal wir
heutzutage gleiche oder noch größere Länderstrecken, wie
die zwischen Berlin und Köln, oder Basel und Paris, binnen
vierundzwanzig Stunden durcheilen; allein zwischen dem
Reisen unserer Altvorderen und dem von jetzt ist ein gewaltiger Unterschied. Selbst die kleinste Tour war ein Un-

ternehmen, welches die weitschichtigsten Vorbereitungen
erforderte und wobei oft Leib und Leben, wenigstens die
gesunden und geraden Gliedmaßen [100] auf dem Spiele
standen, – so schlecht waren damals die Landstraßen be-
schaffen. Außerdem mußte der Reisende jeden Augenblick
gewärtig sein, von Wegelagerern überfallen zu werden,
mochten dieselben sich nun aus ritterlichen Stammbaume-
sitzern oder soldatischen Buschkleppern rekrutiren.
[. . .]
Zehn Tage befanden sie sich bereits unterwegs und die
durch die Beschwerlichkeiten der Reise hervorgerufene Er-
schöpfung begann sich an ihnen und ihren Thieren geltend
zu machen, zumal sie selbst in den kleinen Herbergen an
der Heerstraße keinerlei Erholung, ja, oft nicht einmal
Speise und Trank gegen theueres Geld fanden. Da endlich,
am elften Tage ihrer mühseligen Wanderung, näherten sie
sich dem Städtchen Jena im thüringer Land, vermochten es
aber nicht zu erreichen, da ein schweres Gewitter sich über
ihren Häuptern entlud und die gelblich schwarzen Wetter-
wolken Ströme von Regen und Hagel herabsandten. Links
und rechts fuhren im gigantischen Zickzack die Blitze nieder, so daß sich Johannes unwillkürlich an das Gelübde
erinnerte, welches dereinst Martin Luther gethan; auch er
faltete jetzt die Hände, blickte zum zürnenden Himmel
empor und folgte dem Beispiele des großen Reformators,
ohne daß sein Freund Kaspar die inbrünstigen Worte vernahm.
»Unsere Kleider sind durchnäßt«, sagte der junge Schweizer, »wer weiß, wie lange das Unwetter noch anhält, darum
schlage ich vor, daß wir für heute Rast machen und an jener
Herberge anklopfen, die dort links an der Landstraße
steht.« Er deutete auf ein langgestrecktes Haus, dessen Ein-
gangsthor fest verrammelt war, auf dem Schilde oberhalb
desselben stand die Aufschrift: »Zum schwarzen Bär, wo
ehrliche lüte uffnahm finden.«
[. . .]

[102] Ein Reitersmann, welcher allein an einem der Tische
saß und in einem kleinen Buche las, grüßte freundlich die
Ankömmlinge und lud sie ein, sich an seiner Seite nieder-
zulassen, denn er bemerkte ihre Verlegenheit, in die sie,
ihrer beschmutzten Kleider wegen, geriethen. Er brachte
ihnen sogar einen Willkommentrunk dar, den sie natürlich
nicht ausschlagen durften, und als ihre langen, schwarzen
Ueberwürfe durch die Ofenwärme wieder getrocknet waren, setzten sie sich am Tische des Reitermanns nieder und
ließen ein Maß Wein auftragen, damit sie seinen Willkommentrunk erwiedern konnten. Der Fremde trug die Tracht
eines gewöhnlichen Reiters, das heißt Hosen und Wamms
ohne Rüstung und ein Schwert an der Seite, dessen Knopf
er mit der linken Hand umfaßt hielt. Mithin hatte er nichts
besonders Auffallendes an sich, seine tief schwarzen Augen
etwa ausgenommen, die gleich Sternen blitzten und funkel-
ten.
»Nach Euerer Aussprache seid Ihr Schwyzer oder Aleman-
nen«, begann er das Gespräch, worauf ihm Johannes Bescheid ertheilte und auch das Ziel ihrer Reise nannte.
»Wollt Ihr von hier nach Wittenberg«, sprach der Reitersmann weiter, »so findet Ihr dort gute Landsleute, nämlich
den Doctor Schurf und seinen Bruder Augustin.«
»Hm«, versetzte Johannes, »könnt Ihr uns nit sagen, mein
Herr, ob Martinus Luther jetzt zu Wittenberg verweilt,
oder an welchem Orte er sonst sei? Wir haben Briefe an
ihn.«
»Je nun«, antwortete der Reitersmann, »ich habe gewisse
Kundschaft, daß der Luther jetzt gerade nit zu Wittenberg
ist, aber bald dahin kommen wird. Jedoch Philippus Me-
lanchthon verweilt dort, er lehrt die griechische Sprache, so
auch andere die hebräische lehren. Da Ihr geistlich zu werden gedenkt, so will ich Euch in Treue rathen, beide Sprachen zu studiren, denn sie sind vorher nothwendig, um die
heilige Schrift zu verstehen.«
[. . .]

[103] Der Wirth des schwarzen Bären – ein freundlicher, behäbiger Mann – hatte in der Nähe gestanden und das Gespräch mit angehört. Als die beiden Freunde jetzt abermals ihr Verlangen und ihre Begierde, den Doctor Luther kennen zu lernen, ausdrückten, trat er näher heran und sprach:

»Liebe Gesellen, wäret Ihr vor zwei Tagen hier gewesen, so wäre es Euch gelungen, denn hier an dem Tisch hat er gesessen, just an der Stelle, wo der Herr Reiter sitzt.«

Man kann sich denken, wie sehr es die beiden Freunde verdroß, nicht früher zur Stelle gewesen zu sein, doch tröstete sich Johannes schließlich damit, daß er sagte:

»Nun freut uns doch, daß wir in dem Haus und an dem Tische sitzen, woselbst der große Reformator verweilt.«

Darüber mußte der Wirth lachen und ging zur Thüre hinaus. Wenige Minuten später öffnete er sie wieder und gab Johannes ein Zeichen, zu ihm auf die Flur heraus zu kommen. Etwas verblüfft folgte der Jüngling dieser Weisung, der Wirth aber zog ihn draußen bei Seite und raunte ihm zu:

»Dieweil ich erkenne, daß Ihr den Luther in Treue zu hören und sehen begehrt, so will ich's Euch nur sagen: der Reiter ist's, der bei Euch sitzet.«

[...]

[104] Johannes kehrte in das Gastzimmer zurück, doch wollte er noch immer nicht daran glauben, daß die Mittheilung des Wirthes auf Wahrheit beruhe. Kaspar warf ihm einen neugierigen Blick zu und trat ihm unter dem Tische heimlich auf den Fuß, denn er wollte gar zu gern wissen, was der Wirth draußen dem Freunde verkündet. Bei einer schicklichen Gelegenheit flüsterte ihm Johannes in's Ohr:

»Der Wirth hat mir gesagt, der Mann da sei der Luther.«

»Warum nit gar«, versetzte Kaspar gleichfalls ungläubig, »vielleicht hat er gesagt, es sei der Hutten und Du hast ihn nit recht verstanden, denn die Reiterkleidung gemahnt doch eher an einen Ritter, denn an einen Mönch?«

»Wie kann's denn der Hutten sein, da dieser schon todt
ist?«

[105] »Ei was, ich glaub nit recht an die Hiobsbotschaft«,
versetzte Kaspar eigensinnig. »Ich vermein' immer, daß der
Hutten plötzlich wieder zum Vorschein kommt und irgendwo verborgen lebt, wie es der Luther auf der Wartburg
gethan, nachdem er in Worms auf dem Reichstag den Herren die Wahrheit gesagt.«

Während dieses Gesprächs traten zwei Kaufleute in das
Gastzimmer, die gleichfalls im schwarzen Bären zu über-
nachten wünschten. Nachdem sie ihre Kleider in Ordnung
gebracht, ließen sie sich an dem Tische der Freunde nieder
und der Eine legte neben sich ein uneingebundenes Buch.

»Was habt Ihr da?« fragte der Reitersmann, als die ersten
Begrüßungen vorüber waren.

»Es sind Doctor Luthers Auslegungen etlicher Evangelien
und Episteln, erst neu gedruckt und versandt«, antwortete
der Gefragte. »Habt Ihr die nie gesehen?«

»Sie werden mir auch bald zukommen«, meinte der Reitersmann. »Doch da erscheint der Wirth, der uns zu Tische ruft.
Laßt uns nit säumen und ihn uns bei guter Laune erhalten, damit wir fein was Ordentlichs zu genießen bekommen.«

Sämmtliche im Zimmer anwesende Gäste begaben sich an
eine gedeckte Tafel, die im Hintergrund stand, worauf ein
Aufwärter erschien und vor jeden einzelnen einen hölzer-
nen Teller, einen Holzlöffel und ein Trinkglas hinsetzte.
Eine kleine Weile später nahte sich der Wirth der Tafel und
stellte Weinkrüge auf.

Der Reitersmann winkte ihn zu sich heran und fragte lächelnd: »Ist's ein fein Tröpflein, lieber Alter?«

»Ein gesegnetes Tröpflein«, versetzte der Wirth und
schnalzte mit der Zunge. »Die liebe Sonne hat's mit ihren
Strahlen gebraut und ausgekocht, während zu gleicher Zeit
so mancher Wanderer verschmachten wollte.«

»Also vom schönen Rhein?«

»So ist's, Herr, und laßt Euch das Tröpflein munden.«
Jetzt brachten der Aufwärter und eine Magd die Schüsseln,
welche Fleischbrühe mit Brodschnittchen, Pökelfleisch, Gemüse und gesottene Fische enthielten. Unsere beiden jungen Freunde, sowie die Kaufleute langten tüchtig zu, als
aber der Reitersmann in hinreißender Rede einen Lob-
und Dankspruch auf Gottes Güte ausbrachte, welcher der
Mensch so unendlich viele Gaben zu verdanken [106] habe,
da achteten die Gäste mehr auf seine Worte, als auf die Spei-
sen, und ihre Blicke hingen bewundernd an seinem Angesicht.

MARIE VON FELSENECK

Fürst Bismarck

1899

[4] Die Bismarcke, ein altes, ehrenfestes Geschlecht, stammen aus der Altmark. Im Stendaler Kreise liegt ein Städtchen: Bismarck an der Biese, der kleine Fluß hat nicht dem
Städtchen, wie manche Historiker vermuten, zu seinem Namen verholfen, sondern im Jahre 1203, wo es zuerst in alten
Urkunden genannt wird, heißt es Biscopesmark, das ist Bi-
schofsmark, woraus später, durch Zusammenziehen der
Buchstaben, Bismarck entstanden ist.
[...]
[5] Auf eine lange Reihe edler Vorfahren können die Bismarcke zurückschauen. Besonders ein Rule*) von Bismarck
wird in alten Urkunden zu Anfang des 14. Jahrhunderts
oftmals erwähnt.
Er soll ein Mann von großer Klugheit und besonderer Be-

*) Rudolf.

444 Historische Erzählungen und Lebensbilder

deutung gewesen sein, er leitete wichtige Verhandlungen an
verschiedenen fürstlichen Höfen, besonders diplomatische
Geschäfte und verstand es, entstandene Streitigkeiten mit
Umsicht und Klugheit zu schlichten. Auch ein Claus von
Bismarck widmete sich mit gutem Erfolge diplomatischen
Geschäften, er leistete dem Staate so vortreffliche Dienste,
daß Markgraf Ludewig am 15. Januar 1345 ihm Schloß
Burgstall zu einem »rechten Manneslehen« schenkte. Nach
dieser Schenkung zählten die Bismarcke zu den ersten altmärkischen Adelsfamilien, sie waren »Schloßgesessen« geworden.
In schwerer Zeit blieb Claus von Bismarck dem Markgrafen
von Brandenburg**) treu, obgleich Kaiser Carl IV. sich die
größte Mühe gab, den altmärkischen Junker für seine Pläne
zu gewinnen. Schon damals waren die Bismarcke landes-
treue Patrioten, die nicht allein Habe und Gut, sondern ihre
persönliche Freiheit, ja selbst ihr Leben den Diensten, der
Verherrlichung und Machtentfaltung ihres geliebten Vaterlandes opferten.
Und die gleiche Vaterlandsliebe, das gleiche treue Festhalten
zieht sich wie ein roter Faden durch die Geschichte des
Hauses Bismarck.
[...]
[10] Von starken Charaktern und kraftvollen, zielbewußten
Männern erzählt die Geschichte des Hauses Bismarck. Selten haben sich die guten Eigenschaften einer Familie so treu
und stark fortgeerbt, wie hier.
Fürst Bismarck darf stolz auf seine Altvordern sein, aber
auch die alten Ritter, die ehrenfesten Staatsdiener, die tapferen Kriegsführer und treuen Vaterlandsverteidiger, sie
schauen voll berechtigtem Stolzes auf ihren größten, her-
vorragendsten Sohn.

**) Sohn Kaiser Ludwig IV. Erst später, 1411, ward Burggraf Friedrich
  VI. von Nürnberg, aus dem Hause Hohenzollern, zum Markgrafen
  von Brandenburg durch Kaiser Sigismund eingesetzt.

Ehe wir uns eingehend mit den Schicksalen, Kämpfen und
Siegen unseres Helden beschäftigen, ist es notwendig, uns
mit dem Orte bekannt zu machen, der durch die Erinnerungen an [11] den größten deutschen Staatsmann für alle Zeiten dem deutschen Volke eine geweihte Stätte sein wird.
[...]
Die Kirche und das Herrenhaus sind auf einem Hügel, dicht
nebeneinander erbaut. Vom Kirchhof genießt man einen
weitausgedehnten Fernblick über das flache Land, das wenig landschaftliche Reize aufweist. Zwischen den Aeckern
ziehen sich Streifen düsteren Kieferngehölzes hin, nach der
Elbe und Havel zu flacht sich das Land ab, und weidenbepflanzte Niederungen ziehen sich längs der Flüsse hin.
[...]
[13] Dicht neben der Kirche steht das Schloß. Ein einfacher,
schlichter Bau, dessen gewaltige Grundmauern noch von
dem ehemaligen Schlosse herrühren, welches die Bismarcke
früher bewohnten.
[...]
[15] In den letzten Jahren sind einige Zugeständnisse an die
neue Zeit im Schlosse zu Schönhausen gemacht worden; dennoch umgiebt es noch heute ein undefinierbarer Zauber, es ist,
als hätte das Hasten, Treiben und Jagen der unruhvollen Welt
hier pietätvoll vor dem stillen, lindenumblühten Hause
»Halt« gemacht. Goldener Sonnenschein spielt um das Dach
des Schlosses und um die Wipfel der hohen alten Bäume. Eine
feierliche Stille umhegt das Stammhaus des deutschen Reichskanzlers, man könnte sich hier weltfremd fühlen und doch hat
hier der Mann gelebt, der den Lauf der Weltgeschichte in den
letzten 50 Jahren nach seinem eisernen Willen gelenkt hat.
[...]
[16] Schon in seiner ersten Jugend, im Jahre 1816, verließ
Otto von Bismarck mit seinen Eltern Schönhausen. Die Familie siedelte nach Pommern über. Durch Erbschaft war das
Rittergut Kniephof an Carl Wilhelm Ferdinand von Bismarck gefallen.

Kniephof war ein großer Besitz. Fruchtbare Ländereien, ein reicher Waldbestand gehörten dazu. Hinter dem Herrenhause [17] breitete sich ein stattlicher Park aus, in dessen Mitte, eingebettet zwischen hochragenden Bäumen, ein großer Karpfenteich lag.

Hier, fern einer Stadt, verlebte Otto von Bismarck seine schönsten Knabenjahre. Gesund und kräftig an Leib und Seele wuchs er auf. In froher Ungebundenheit streifte er durch Feld und Flur und tummelte sich in Haus und Hof, bald lief er mit den Hunden um die Wette, bald besichtigte er die Fohlenkoppel, bald durchstreifte er die weitläufigen Stallungen. Dann wieder fuhr er, stolz von seinem hohen Sitz herabschauend, auf einem Fuder duftenden Heues in den Gutshof ein, kurz, der frühgeweckte Knabe suchte und fand immer neue Beschäftigungen.

Mit strahlenden Blicken beobachtete ihn sein Vater.

»Aus dem Otto wird einmal ein tüchtiger Landwirt, der fängt früh an, sich um Haus und Wirtschaft zu kümmern!« lobte er in aufwallender Vaterfreude.

Wenn der geliebte Gatte Betrachtungen über Ottos Zukunft anstellte, dann schüttelte Frau Wilhelmine von Bismarck ihr Haupt und ihr sonst etwas strenges Antlitz verschönte ein sonniges Lächeln.

»Nein, mein Gemahl«, erwiderte sie fast feierlich, während sie die hellen Augen ihres Sohnes in berechtigtem Mutterstolze küßte, »soll er gar nicht, unser Sohn soll ein großer Staatsmann werden, wie seine Urahnen Claus und Rule von Bismarck gewesen, fleißig lernen soll er, nicht immer in Hof und Garten herumtollen. Von ihm wird die Welt einst reden«, setzte sie in prophetischem Geiste hinzu, »vielleicht sind wir dann längst tot und schlummern in der stillen Dorfkirche zu Schönhausen den letzten langen Schlummer.«

[...]

[28] Am Ende des großen Schulgartens stand eine alte, breitästige Linde, diese erkletterte Otto bis zur halben Höhe.

Hier teilte sich der Hauptstamm in zwei dicke Stämme und in dieser sogenannten Gabel nahm Otto Platz und hielt flammende Ansprachen an seine Gefährten. Er berichtete von Trojas Fall, von den Thaten des Herkules, vom Argonautenzug, von Kastor und Pollux und von Achilles und seinem Kampf auf der Ebene von Troja.

Dann herrschte eine fast feierliche Stille im Garten und die Turnplätze standen verlassen, alle Spiele ruhten, nur die Gegend um die Linde war besucht. Die Schüler drängten sich herbei, jeder wollte Ottos Worte hören, mit Begeisterung hingen alle an den Lippen des Redners. Jene Aufmerksamkeit, die Männer den Reden des späteren Abgeordneten und Fürsten zollten, ward dem Knaben Otto schon in seiner frühesten Jugend zu Teil. Aber nicht nur als Volksredner, nein, auch als Anführer in Streit und Kampf glänzte Otto von Bismarck.

Besonders zur Winterzeit, wenn der Schnee im Schulgarten fußhoch lag, dann wurde mancher heiße Kampf und manche Schneebataille ausgeführt. Und wieder, obgleich noch sehr jung an Jahren, gehorchte man willig den Anordnungen und Befehlen des kleinen Otto. Wenn es galt, Kriegspläne zu entwerfen, dann war er in seinem Elemente, dann glänzten seine Augen in heller Jugendlust und kriegerischem Mute. Der Macht seiner hinreißenden Persönlichkeit beugten sich die Gefährten. Nach vortrefflich ausgedachten Plänen ver-[29]wendete er seine Truppen, ersah mit Scharfblick eine schwache Stellung des Feindes, und sobald dies geschehen, dann ging er mit »Marsch, marsch – Hurrah!« vor. – Ein hitziges Schneebombardement entwickelte sich und erreichte seinen Höhepunkt – und bald war der Sieg erfochten.

In kurzer Zeit hatte sich Otto zum Befehlshaber aufgeschwungen, er, den die »Alten« einst zum Gehorsam zwingen wollten.

– –

Es gäbe noch eine ganze Reihe ähnlicher Episoden aus Otto von Bismarcks Jugend zu erzählen, sie alle zeigen, daß der spätere Fürst schon als Knabe einen festen Willen, einen scharfen Blick besessen und daß er in allen Lebenslagen fest und unentwegt einem einmal ins Auge gefaßten Ziele entgegenstrebte und es durch Ausdauer und Beharrlichkeit auch stets erreichte. Diese Eigenschaften haben ihn später als Mann geschmückt und ihn befähigt, jene großartigen Erfolge zu erringen, die seinen Namen berühmt gemacht und weit hinaus getragen haben über die Grenzen seines Vaterlandes, bis hinaus in die weitesten Fernen.

DETLEV VON LILIENCRON

Kriegsnovellen

1899; 50. Aufl. [o. J.]

[53]   *Der Narr.*

Wir belagerten die große Festung.
Ich hatte den Befehl erhalten, um Mitternacht mit drei Unteroffizieren und dreißig Mann den vor unserer Postenlinie liegenden Hof La Grenouille anzuzünden. Bald lag der Feind, bald steckten wir darin. Es war ein ewiges Gezänk. Nun sollte dem ein Ende gemacht werden.
Um zehn Uhr abends ließ ich antreten und war nach einer Stunde, nachdem ich die nächstliegenden Feldwachen in Kenntnis des mir gewordenen Auftrages gesetzt hatte, vor den Doppelposten.
Ja, wie soll ich sagen: So etwas, als wäre ich jetzt außerhalb der Erde, in der Luft, abseits unseres Planeten im Weltraum. Wir waren so allein; keine Fühlung mehr. Die

Schleichpatrouillen, hatte ich die Feldwachkommandeure gebeten, nicht ins Vorland gehen zu lassen, um nicht zu Verwechslungen Veranlassung zu geben, und nun war alles so stumm um uns.

Wir hatten wachsenden Mond. Der alte Onkel [54] hatte die Liebenswürdigkeit, sich gänzlich hinter Wolken zu verbergen. Ich sandte ihm für seine Artigkeit eine Kußhand: Denn es war dunkel, doch nicht in dem Maße, daß alles unerkennbar verschwamm.

Los ... Schst ... Katzen auf dem Raubzug ... Kein Geklirr ... Vorsichtig, vorsichtig, langsam schleichend, zuerst lange Zeit in einem Graben, dann längs einer Garteneinfassung, Mann hinter Mann, zuweilen »auf allen Vieren«, zuweilen blitzschnell über die Landstraße, Pst, wieder gebückt wie ein Apotheker im Moor, Halt ... vorwärts ... Was war das? Langer Halt. War nichts ... wieder weiter ... »Nach rückwärts geben, leise: Meier soll nicht so prusten« ... Weiter ... Pst ... »Halt« ... und – Langer Halt ... *Ganz* leise: »Sergeant Barral!« »»Hier, Herr Leutnant!«« »Schreien Sie doch nicht so ... Hansen her.« Einer drängt sich an mich ... »Vorwärts.« Ich immer voran. Den Revolver hielt ich bereit. (Meinen Säbel, als überflüssig, hatte ich zurückgelassen.) Hinter mir Sergeant Barral und Gefreiter Hansen.

Weiter ... Lautlos ... Katzen auf dem Raubzug ... Kein Geklirr ... »Halt« (leise nach rückwärts gebend; einer poltert auf den andern). »Ruhig, Kerls ...«

Vor uns tauchen, dicht vor uns, auf: das Schlößchen La Grenouille und zwei Nebengebäude; alles in einem großen Garten ...

[55] Ist es besetzt? ... Halt ... Tiefe Stille: Man hätte den Kaiser von China und seine erhabene Mutter, die Kaiserin, von Peking her niesen hören können.

Ich krieche allein vor ... Was ist das? Eine Barrikade. Verflucht. Zurück. Im Flüsterton: »Vorwärts.« Wieder an der Barrikade. Ich fange an zu klettern. Sachte, sachte ... Jeden

Augenblick kann mir ein feindlicher Schuß in den Rippen
sitzen: Der Feind kann's bemerkt haben; läßt uns erst alle in
die Mausefalle. Es knackt etwas: ich bin mitten auf der Barrikade mit einem Stiefel zwischen die Speichen eines Rades
geklemmt. Es gelingt mir, mich zu befreien ... Mein Kommando krabbelt nach ... Nun sind wir alle drüber weg; wir
stehen im Hofe. Der Feind ist nicht da ... Nun aber muß
alles gedankenschnell gehen. Ich nehme Barral und zehn
Mann, um mich gegen den Feind, vor den Gebäuden, als
Sicherheit für das Brandkommando aufzustellen ...
Ich lauschte atemlos in die Dunkelheit hinein. Neben mir
links steht Barral, rechts Hansen. Einen Augenblick tritt der
Mond vor. Ich sehe Barral an, ich sehe Hansen an: Ihre Gesichter sehen fahl aus, aber gespannt. Hansen sagte leise:
»Herr Leutnant, Herr Leutnant.« Was ist? »Da sind Turkos
vor uns.« Unsinn, Hansen ...
Noch kein Brandschein ... Da blitzt es in den [56] Forts vor
uns auf, und, wie auf ein gegebenes Zeichen, fliegen hoch
über uns in das weit hinter uns liegende Lager ungeheure
Granaten. Sie hinterlassen einen langen feurigen Streifen.
Blaues Licht scheint, bald hier, bald dort in den Kasemat-
tenluken ...
Da steigt eine einzelne grasgrüne Rakete; dort eine halbe
Meile davon, eine purpurrote ... Und ist doch alles so still,
so still ...
Nun bricht hinter uns die Flamme aus ... Unterdrücktes
Schreien ... Ein Schwein grunzt kläglich. »Hansen, gehen
Sie sofort zurück: Das Schwein soll lautlos erwürgt wer-
den.« »Zu Befehl, Herr Leutnant.«
Knister, Knister ...

*   *

*

Mein Auftrag war erfüllt. Ich hatte meine Meldungen gemacht. »Wissen Sie schon, daß Helmsdorff diese Nacht
schwer verwundet ist durch einen Granatsplitter?« sagte

mir der Oberst. »Nein, Herr Oberst, ich hörte nichts. Ist
die Wunde tödlich?« »Wir erfuhren es nicht. Ich habe ihn
außer Granatbereich nach Grand Doubs bringen lassen.«
Ich bin eng mit Helmsdorff befreundet. »Erlauben mir
Herr Oberst, auf einige Stunden hinüberzureiten?« »Ich
bitte darum. Wollen Sie mir nach Ihrer Rückkehr [57]
Bericht über seinen Zustand geben?« »Zu Befehl, Herr
Oberst.«

* *
*

Um den Herd des Hauses in Grand Doubs finde ich eine
alte Großmutter, die einen Schnurrbart hat und Gebete
murmelt, zwei Kinder und einen finster blickenden Mann.
Alle starren in die Flamme. Es sind die Bewohner. Der Vater zeigt wortlos, den Daumen seiner rechten Hand als
Richtung nach rückwärts in Bewegung setzend, auf eine
Tür. Ich trete hinein. Auf einem breiten französischen Bett
liegt Helmsdorff. Er schläft. Sein Gesicht ist gelbgrau. Er
rührt sich nicht. Drei Ärzte stehen an seinem Bett und zwei
graue Schwestern aus Deutschland.
Die Ärzte ziehen sich zu einer letzten Beratung zurück. Der
eine von ihnen, der bisher Rock- und Hemdsärmel über die
Knöchel zurückgebogen hatte, glättet sie wieder nach vorn
und schließt die Knöpfe. Ich bitte die Schwestern –
Deutschland, küsse ihnen den Saum ihrer Gewänder; sie
sind in den Kriegen deine Engel – auf einige Zeit der Ruhe
zu pflegen: ich würde wachen.
Dem jungen Offizier hat der Granatsplitter das Fleisch vom
rechten Oberschenkel völlig weggerissen.
Ich bin allein mit ihm.
Ich kniee an seinem Lager nieder, nehme des [58] Schlafen-
den Hand in die meine und lege meine Stirn auf sie. Meine
Gedanken sind ein Gebet, eine flehentliche Bitte zu Gott:
Nimm ihn noch nicht zu dir; er ist ja mein einziger, bester
Freund.

Nun richt' ich mich auf, lasse aber seine Hand nicht frei. Über sein Gesicht spielt es oft wie matte Irrlichter. Es huscht etwas darüber hin. Wie der Schatten eines fliegenden Vogels. Er schläft so ruhig; seine Atemzüge gehen regelmäßig.

Auf dem Nachttischchen an seinem Kopfende brennt die Lampe. Sie ist mit einem Schirm bedeckt. Auf diesem, mir zugekehrt, tanzt ein Narr in der Schellenkappe; mit einer Pritsche schlägt er auf eine kleine Handtrommel. Er hat ein widerwärtiges Gesicht.

Ich starre und starre, bewegungslos: um den Verwundeten nicht durch die leiseste Regung zu wecken, auf die Lampe. Seine Hand liegt immer noch in der meinen. Eine nicht mehr zu bewältigende Müdigkeit überkommt mich: die vielen Feldwachen, mein nächtliches Kommando, die furchtbaren Anstrengungen, das tagelange Liegen in den nassen Gräben zu steter Abwehr, die Eindrücke auf das junge Herz ... aus den Schlachten ... Ich kann ... den ... Kopf ... nicht ... mehr ... hoch ... Er sinkt.

*   *
*

[59] Und vor mir tanzt und springt der Narr ho und heidi. Wie ausgelassen dieser dumme Kerl ist. Wie er sein breites Maul grinsend verzerrt. Und ich tanze ihm nach; ich muß alle seine Bewegungen mitmachen.

Aber ich *will* nicht, und ich *muß* ...

Das Scheusal hält an, steht still. Auch ich bin wie gebannt. Der Narr beugt seinen Kopf. Was will er? Einen Erde aufwerfenden Maulwurf beobachten? Eine Blume wachsen sehn? Den Eilweg eines Käfers verfolgen? ... Er winkt mich heran. Ich folge; ich schaue mit ihm in ein tiefes, großes Grab. Und viele tausend nackte Arme, in hechtgrauer Farbe, mit ineinander gekrampften Fingern strecken sich mir entgegen. Solche Arme sah ich oft auf den Schlachtfeldern.

Und der Narr lacht und lacht und schlägt Purzelbaum wie
ein Clown, und lacht, und zeigt hinunter.
Ich will ihn schlagen ... Ich ... kann ... nicht ... von ...
der ... Stell ... e ... Hund, verfluchter ... deck zu, deck
zu ...

*   *

*

Ich wache jählings auf; ich kann keine fünf Minuten geschlafen haben. Ich reiße den Kopf in die Höhe. Die Hand
meines Kameraden liegt noch [60] in der meinen. Herr Gott,
was ist das? Sie ist feucht, schleimig, nicht kalt, nicht warm
... ein bißchen letzte Wärme noch, wie der erkaltende Ofen
... Sein Gesicht ist auf der linken Seite etwas nach oben verschoben ... Die Augen ... »Helmsdorff, Helmsdorff«,
schrei' ich und werfe mich über ihn ...
Die Tür öffnet sich. Die barmherzigen Schwestern erscheinen sanft, liebevoll ... Die eine, die ältere, beugt sich über
mich ... Ich liege wie ein Sohn in Mutterarmen: Sie sagt mir
so gütige, beruhigende, tröstende Worte; immer im gleichen
Tonfall spricht sie. Und an ihrer Brust schluchz' ich wie ein
zehnjähriger Knabe ...

KARL TANERA

Der Freiwillige des »Iltis«

1900; 10. Aufl. 1906

[78] Während Louis sich noch von den beiden Damen verabschiedete, sprach der Offizier leise zu seinem Sohne: »Sei
recht höflich mit dem jungen Kurmann. Du weißt, es ist ein
patriotisches Werk, wenn wir eine verhetzte Elsässer Familie für die deutsche Sache zurückgewinnen.«

»Verstehe, Vater. Du kannst dich auf mich verlassen.«
Nunmehr war auch der junge mit Louis etwa gleichalterige
Berliner bereit, und beide machten sich auf den Weg.
Auf der Straße meinte Otto Dreher: »Wir haben bis zum
Beginn der Oper noch vier Stunden Zeit. Abgerechnet eine
halbe Stunde zum Abendessen können wir noch viel anse-
hen. Wollen Sie mir die Führung überlassen?«
»Selbstverständlich. Ich bin ja wildfremd.«
Nun fuhren sie mit der Straßenbahn bis zum Leipziger
Platz. Dann gingen sie zu Fuß durch die Leipziger- und die
Friedrichsstraße nach den Linden. Hierauf über den Opern-
platz, auf den Schloßplatz, wieder zurück zum Lustgarten,
über die Linden und auf den Pariser Platz. Otto Dreher erklärte dem Fremden alles und zeigte ihm unzählige Dinge.
Was machte Louis Kurmann da wieder für Augen! Das
übertraf aber auch seine höchsten Vorstellungen. So eine
Riesenstadt! Solch ein Wagenverkehr! Solch ein Menschen-
gewühl! Wie verschwand dagegen Constantine, Algier und
Lissabon! Selbst Hamburg konnte in Beziehung auf das
Straßenleben da nicht mittun. Freilich der Hamburger Hafen! Nun, der ging natürlich über alles. Berlin war eben [79]
keine Seestadt. Aber was für eine Stadt war es! So großartig,
so vornehm, so schön, daß Louis Kurmann diese Stadt gar
nicht genug bewundern konnte, daß er mit immer wachsendem Staunen vor Deutschland erfüllt wurde, dessen Größe
und Macht er sich ja noch gar nicht so recht klar gemacht
hatte.
Beide Knaben kehrten nun nach dem Gasthause, in welchem Louis wohnte, zurück, letzterer aß etwas, ordnete seinen Anzug für die Oper und ward von Otto Dreher nach
dem Opernhause begleitet.
»Hier an dieser Säule wollen wir uns nach der Vorstellung
wieder treffen.«
Damit trennten sich beide. Otto Dreher verließ das Gebäude, Louis Kurmann begab sich auf seinen Platz im Par-
kett.

Schon das hell erleuchtete, große Haus rief seine höchste Bewunderung hervor. Er hatte bis jetzt nur das kleine, übrigens ganz hübsche Theater von Constantine gesehen und darin unbedeutende französische Opern gehört.

Als nun die wunderbaren Klänge des Wagnerschen Meisterwerkes den weiten Raum durchzitterten und das vornehme Publikum mit andächtiger Ruhe lauschte, als dann der Vorhang sich hob, Scene um Scene in großartiger Ausstattung an dem Auge des Knaben vorüberzog, als die Töne herrlicher Stimmen und unvergleichlicher Harmonien in sein Ohr drangen, da kam er sich allmählich wie verzaubert, wie vollständig der Erde entrückt vor, und wiederholt liefen ihm vor seelischer Erregung Tränen über die Wangen. Das war eben die Wirkung der Musik des deutschen Meisters auf das Gemüt eines in musikalischer Beziehung einfachen, fast unerfahrenen Jünglings.

[...]

[80] Nach einer herzlichen Begrüßung der Familie Dreher stieg man in den Wagen und fuhr nach dem Tempelhofer Felde. Der Hauptmann war schon weggeritten. In der Belle-Alliance-Straße marschierten noch Garde-Ulanen und Garde-Artillerie hinaus. Alle übrigen Truppen standen schon auf dem Paradefelde.

Hier konnte Louis zum ersten Male deutsche Reiterei beobachten. Die erschien ganz anders als das Regiment der Chasseurs d'Afrique, das er in Setif gesehen hatte. Was für schöne, große Pferde hatten diese Ulanen, und welche stattliche, elegant erscheinende Reiter waren sie selbst! Die Lanzen mit den wehenden Fähnchen machten einen großen Eindruck auf ihn, denn Lanzen hatte er bei den Franzosen nie erblickt. Nun kam man auf die Höhe des Kreuzberges, das Paradefeld lag vor den Ankommenden.

[...]

[81] Das Spielen sämtlicher Musikkorps, das Einschlagen aller Trommler unterbrach das Gespräch. Otto Dreher rief: »Nun kommt Seine Majestät! Sehen Sie dort jene glänzende

Reiterschar! Voraus zwei Flügeladjutanten, dann ein Reiter
allein in weißer Gardedukorps-Uniform. Das ist Seine Majestät, das ist der Kaiser. Und hinter ihm in weißem Reit-
kleid mit gelbem Ordensband über der Brust galoppiert
Ihre Majestät die Kaiserin. Was folgt, sind Prinzen, Gene-
rale, die fremden Militärattachés, Adjutanten, eingeladene
Offiziere und nichtregimentierte Herren der Garde.«
Louis Kurmann wandte keinen Blick von dem großartigen,
glänzenden, stolzen Bilde. Das war aber auch eine prächtige,
tige, eine wahrhaft leuchtende Reiterschar! Als sie näher
herankam, erscholl auf der ganzen Linie der Truppen ein
dreimaliges brausendes Hurra, alle Musikkorps bliesen und
alle Trommler schlugen; es war ein erhebender, wirklich fei-
erlicher Augenblick.
[82] Während des Reitens des Kaisers längs der beiden Treffen mußten noch die Wagen mit den Zuschauern zurückbleiben.
Jetzt durften sie vorfahren. Da kam auch Hauptmann
Dreher angesprengt, begrüßte seine Angehörigen sowie
Louis und sorgte, daß dieser Wagen einen guten Platz bekam. Daher sahen dessen Insassen den ganzen nun begin-
nenden Vorbeimarsch der Truppen ausgezeichnet. Louis
aber betrachtete sich vor allem den deutschen Kaiser, den
Beherrscher des mächtigen Reiches, das, seitdem der junge
Afrikaner es betreten, ja seitdem er die ersten Deutschen
in Lissabon erblickt, einen so gewaltigen Eindruck auf ihn
gemacht hatte. Er konnte deutlich das schneidige, ernste
und doch so wohlwollende Gesicht des Monarchen erkennen, er sah, wie dieser Fürst seine Pflicht genau nahm, wie
er jedes Regiment mit kundigem Blicke musterte, wie er
hie und da beifällig nickte, immer aber ganz bei der Sache
war und die Parade nicht als ein Schauspiel, sondern als
eine ernste Prüfung seiner Truppen betrachtete. Aber
Louis Kurmann erkannte auch, wie sich die Regimenter
anstrengten, wie Kompanie um Kompanie, Schwadron
um Schwadron und Batterie um Batterie ihr möglichstes

tat, um vor dem prüfenden Auge des obersten Kriegsherrn gut zu bestehen.

Und wie diese Truppen auch vorbeikamen! Das sah aus, als ob eine solche Kompanie eine fest eingestellte Maschine mit nur einem Fuß und nur einem Bein statt Hunderten wäre. Selbst die Pferde der Kürassiere, Ulanen und Dragoner und die Geschütze der Artillerie erschienen wie mit dem Lineal ausgerichtet; kurz, das sah selbst der in militärischen Dingen wenig erfahrene Knabe, daß man hier an Mannszucht und soldatischer Schulung das Höchste erreicht hatte, und daß sich [83] mit solchen Truppen die algerischen Tirailleure sowie die Linienbataillone in Constantine oder die Chasseurs aus Setif oder die Spahis aus Batna nicht annähernd vergleichen konnten.

Noch mehr bestach Louis der zweite Vorbeimarsch der Truppen. Er erfolgte bei der Infanterie in Regimentskolonnen, bei der Kavallerie schwadrons- und bei der Artillerie batterieweise im Trab.

»Das sind ja unwiderstehliche Massen, solche geschlossene Regimenter!«

»Ja, ja, Herr Kurmann«, meinte Frau Dreher, »wo unsere deutschen Truppen erscheinen, da heißt es für alle anderen weichen.«

»Ich glaube es, Frau Dreher. Solche Soldaten müssen ja alles niederwerfen.«

Die Parade war nunmehr zu Ende. Otto dirigierte den Kutscher schnell nach dem Ausgange des Tempelhofer Feldes, um nochmals den Kaiser in der Nähe zu sehen. Das Bild der heimmarschierenden Regimenter war wieder ein ungemein anziehendes. Jetzt aber rief Otto: »Achtung, links schauen! Seine Majestät kommt an der Spitze der Fahnenkompanie.«

Alles stand in dem stillhaltenden Wagen auf. Als der Kaiser hinter der Musik des zweiten Garderegiments vor der Masse der Fahnen des ganzen Gardekorps vorbeikam, verneigte sich Louis Kurmann, einem inneren Drange folgend,

ganz besonders. Zufällig sah der Monarch auf ihn und
grüßte ihn in seiner leutseligen Art. Dem jungen Afrikaner
schoß alles Blut in den Kopf, der für ihn so ergreifende Augenblick, das Spiel der Musik, der Anblick der Gardetrup-
pen, alles hatte ihn so begeistert, daß er, als der Kaiser vorüber war, unwillkürlich in französischer Sprache ausrief:
»Vive l'empereur!«, dann aber sofort deutsch hinzufügte:
»Jetzt will ich bestimmt ein deutscher Seemann und ein guter Untertan Seiner Majestät des Kaisers Wilhelm II. werden.«
»Bravo, Herr Kurmann«, riefen alle im Wagen, und Frau
Dreher reichte dem Knaben freundlich die Hand. [...]

HELENE STÖKL

»Ich will!« Lebensbilder hervorragender Männer.

1909

[217]   *Ich will das Werk meines Vaters fortsetzen!*
              (Alfred Krupp)

[220] Überraschend schnell hatte der Knabe unter der väterlichen Anleitung sich mit allen Einzelheiten des schwierigen
Betriebs vertraut gemacht und sich vor allem in das Geheimnis der Herstellungsart des vom Vater erfundenen
Gußstahls einführen lassen. Das Auge des ernsten, strengen
Mannes blitzte freudig auf, wenn er sah, wie ganz in seinem
Geist sein Sohn arbeitete, mit welcher Geschicklichkeit und
welchem Scharfsinn er die schwierigsten Aufgaben aus-
führte. Der Verfall des Werkes aber ließ sich nicht [221]
mehr aufhalten, und als der Vater am 8. Oktober 1826 die
Augen schloß, da tat er es mit dem bitteren Bewußtsein,

sein Werk zerstört, seine Familie in Armut zurückzulassen.

[...]

[223] Nun ruhte das Werk des Vaters auf den schwachen Schultern des vierzehnjährigen Sohnes; aber dieser brach nicht darunter zusammen, wie mißgünstige Bekannte prophezeiten. Mit zäher Beharrlichkeit setzte er weiter, was er unter dem Beistande der Mutter begonnen hatte. Aber schwer, unsagbar schwer erwies sich seine Aufgabe. Die Kunden hatten sich zum großen Teil anderen Fabriken zugewandt, da ihre Aufträge während der Krankheit des Vaters nicht immer ausgeführt werden konnten. Es galt neue Abnehmer und neue Bestellungen zu gewinnen. Da es bei der Gußstahlfabrikation nicht genügt, die richtige Herstellungsart ein für allemal festzusetzen, sondern jeder einzelne Guß die sorgfältigste Überwachung verlangt, weil der kleinste Fehler, die geringste Nachlässigkeit den ganzen Guß unbrauchbar machen können, so mußte der neue Fabrikherr die schärfste Aufsicht ausüben und oft selbst helfend eingreifen, um tadellose Ware zu liefern.

Hatte er, anfangs von nur zwei Arbeitern unterstützt, den ganzen Tag vor dem Amboß und an der Esse gestanden, dann brachte ihm der Abend erst den schwereren Teil seiner Arbeit. Dann hieß es zeichnen, Pläne entwerfen, Rechnungen ausstellen, Anfragen beantworten usw. Woher aber sollte der frühere Quartaner die nötigen Kenntnisse für dies alles nehmen? Wo aber ein Wille ist, da findet sich auch ein Weg. Am Sonntag lernte der junge Krupp bei einem Onkel die Buchhaltungskunde, und spät am Abend, wenn alles Geschäftliche erledigt war, dann nahm er wissenschaftliche Bücher vor, studierte Englisch und Französisch und erweiterte seine technischen Kenntnisse.

Er selbst erzählt später von dieser schweren Zeit: »Ich sollte laut Testament für Rechnung meiner Mutter die Fabrik fortsetzen ohne Kenntnis, Erfahrung, Kraft, Mittel und Kredit. Von meinem vierzehnten Jahre an hatte ich die Sor-

gen eines Familienvaters und die Arbeit bei Tage, des
Nachts das Grübeln, wie die Schwierigkeiten zu überwinden wären. Bei schwerer Arbeit, oft Nächte hindurch, lebte
ich bloß von Kartoffeln, Kaffee, Butter [224] und Brot, ohne
Fleisch, mit dem Ernst eines bedrängten Familienvaters,
und fünfundzwanzig Jahre lang habe ich ausgeharrt, bis ich
endlich bei allmählich steigender Besserung der Verhältnisse
eine leidliche Existenz errang.«

Nicht schnell und plötzlich kehrte der Erfolg sich dem jungen Krupp zu, kein Glücksfall kam ihm zu Hilfe, mühevoll
und beharrlich mußte er dem Schicksal jeden kleinen Fortschritt abringen. Er scheute sich nicht, ganz gewöhnliche
Gesellenarbeit zu verrichten, er reiste unermüdlich umher,
um seine Ware anzubringen und Bestellungen einzusam-
meln, er brachte die fertigen Münzstempel selbst in die
Münze nach Düsseldorf, um das Geld gleich zu bekommen
und das Porto für Briefe zu sparen, bis endlich nach langem,
heißem Ringen langsam eine bessere Zeit für ihn anbrach.
[...]

Von da an ging es schneller vorwärts. Die Zahl der Arbeiter
stieg auf über hundert, die Fabrikräume erweiterten sich,
immer neue Absatzgebiete taten sich auf. Was Krupp verdiente, [225] das verwandte er aber nicht für sich, sondern
steckte es bis auf den letzten Heller in seine Unternehmun-
gen. Nie dachte er auch nur einen Augenblick daran, sich
Bequemlichkeit oder Wohlleben damit zu verschaffen. Das
Werk seines Vaters fortzusetzen und zur höchsten Entwicklung zu bringen, war das Ziel, das ihm unablässig vor der
Seele stand.
[...]

[226] Jetzt, wo die Not des ersten Emporarbeitens hinter
ihm lag und seine Fabrik auf festem Grunde stand, jetzt
konnte Krupp an die Ausführung eines Gedankens gehen,
der ihm seit langem auf dem Herzen gelegen hatte.
Er wollte seinen Arbeitern, die schon nach Tausenden zählten, ein besseres Los schaffen. Nicht länger sollten sie in der

beständigen Furcht leben, im Falle von Krankheit und Arbeitsunfähigkeit zugrunde gehen oder der Mildtätigkeit anderer zur Last fallen zu müssen. Sollten sie ihm ihre Kraft und ihre Arbeit widmen, so wollte er dafür ihr leibliches und geistiges Wohl sichern, so weit dies irgend möglich war.

So gründete er denn zuerst eine »Hilfskasse in Fällen von Krankheit und Tod«, zu der er die Hälfte aller Einzahlungen leistete. Eine Pensionskasse für Arbeitsunfähige folgte.

[. . .]

[227] Aber auch auf das geistige Wohl seiner Arbeiter war Krupp bedacht. Eine Volksschule mit zwanzig Schulzimmern sorgte für unentgeltlichen Unterricht der Kinder, Fortbildungs-, Industrie- und Haushaltungsschulen standen der schulfreien Jugend zu Gebote, für die Bedürfnisse der Erwachsenen sorgte eine reichhaltige Volksbibliothek.

Alles dies entstand aus Krupps persönlicher Entschließung. Aus seiner eigenen Erfahrung und aus seinen eigenen Mitteln schuf er diese Einrichtungen, durch welche er ein Bahnbrecher auf dem Gebiete der Arbeiterfürsorge ward.

[. . .]

[229] Die eigenste Bedeutung gewann der Kruppsche Gußstahl erst, als Krupp ihn zur Waffenfabrikation verwandte.

Das deutsche Heer mit Waffen zu versehen, die allen anderen überlegen seien, und ihm dadurch den Sieg über alle Angreifer zu sichern, das hatte schon Friedrich Krupp gewollt, sein Sohn führte es aus.

WILHELM KOTZDE

Die Geschichte des Stabstrompeters Kostmann

1910

[23] Ich kam in eine schöne Welt hinein, und von ihr will ich erzählen. Mein Heimatdorf Jeseritz, eine Kolonistensiedlung, liegt inmitten großer Waldungen an dem Flüßchen Plöne, zwischen Stettin und Stargard. Nicht weit von Jeseritz ist der berühmte »Weizacker«, wo die alte, eigenartige Kleidung, die wir Kinder immer gern gesehen haben, sich bis in unsere Zeit erhalten hat.
[. . .]
[24] Mein Vater war von Haus aus Musiker, hatte aber eine kleine Landwirtschaft erworben. An Festtagen spielte er in den Dörfern mit seiner sechs Mann starken Kapelle. Da er ein guter Musiker und zu den Leuten freundlich war, wollte man ihn immer wieder haben, und so wußte er oft nicht, wie er allen Wünschen nachkommen sollte.
[. . .]
[25] Meine Mutter war die Tochter des Stellmachermeisters Kistenmacher, der in jener Gegend allgemein bekannt war, da er im Auftrage der Kreisbehörde die Wagen zu den damals neu aufgekommenen Landfeuerspritzen machte.
[. . .]
[26] Mein ältester Bruder August sollte Lehrer werden und spielte deshalb früh die Geige. Den Unterricht gab ihm mein Vater. Später ging er zweimal in der Woche nach Altdamm zum Stadtmusikus Seiler, mit dem mein Vater [27] befreundet war. Da er nun schnelle Fortschritte machte, ließ ihn mein Vater auch im Kornettblasen unterrichten. Wenn es danach in den Feiertagen an Musikern fehlte, mußte mein Bruder aushelfen. Das spornte uns andere in der Familie an, und wir lernten von ihm die Anfangsgründe.
[. . .]

[44] Nach dem Tode des Vaters, ich war nun neunzehn Jahre alt, ging ich oft zu der Unterförsterei Mühlenbeck, die nur wenige Minuten vom Wünschensee liegt. Der Förster hatte zwei Söhne in meinem Alter, die auch viel musizierten, und wir hielten gute Freundschaft.

Eines Tages traf ich dort den Sohn des neuen Mühlenbesitzers Behnke.

»Du willst ja Soldat werden?« sagte er zu mir.

»Ich habe mich schon in Stettin bei der Artillerie gemeldet«, gab ich zur Antwort.

Da meinte er, in den nächsten Tagen käme ein Freund zu ihm, der als Trompeter bei den Blücherhusaren in Stolp diene.

»Möchtest du nicht Husar werden?« fragte er weiter. »Ich sehe dich schon im roten Husarenattila.«

Damit verabschiedete er sich.

[. . .]

[45] Nach einigen Wochen, es war gegen Weihnachten, saßen wir Brüder mit einem Freunde, der den Baß spielte, in der Stube und übten Tänze. Es klopfte jemand an die Tür. Wir ließen uns nicht stören. Da öffnete unsere Mutter die Tür, und es trat mein Freund Behnke mit dem Trompeter von den Blücherhusaren ein. Wir hörten auf zu proben.

»Lassen Sie sich nicht stören!« sagte der freundliche Mann. »Woher haben Sie denn die schönen Tänze?«

[. . .]

[46] Nach einer kurzen Unterhaltung fragte der Trompeter:

»Sie wollen bei unserm Regiment eintreten? Welche Instrumente spielen Sie denn zur Kavalleriemusik?«

»Tenorhorn!« war meine Antwort.

»Nun noch Flöte zur Streichmusik, dann können Sie gleich bei uns eingestellt werden«, fuhr der Trompeter fort.

Nun spielte ich ja Flöte, und der freundliche Gast versprach, daß er gleich, wenn er in die Garnison zurückkäme, mit seinem Stabstrompeter sprechen werde. Erst aber

wollte er mich noch alleine hören. Ich blies auf dem Tenorhorn aus dem Kopfe und, was er aus den Büchern angab,
nach den Noten. Er sagte nichts, aber es schien ihm zu ge-
nügen. Nun kam die Flöte. Da hatte ich ein kleines Solo aus
der Oper Lucrezia Borgia, das blies ich, dann noch einige
Tonleitern und Figuren.

»Machen Sie sich bereit«, sagte der Trompeter zu meiner
Mutter. »Ihr Sohn wird Sie bald verlassen, um den roten At-
tila anzuziehen.«

[...]

[74] Es war am 16. Juli 1870. Das ganze Regiment stand auf
dem großen Exerzierplatz. Jede Schwadron machte ihre
Übungen für sich, wie Wettrennen, Springen über Hindernisse als Graben, Block, Hürde, andere übten das Gefecht
zu Fuß; es war ein buntes Bild. Meine Schwadron stand an
einem Block und übte in Zügen das Nehmen der Schranke.
Der Major Witte stand mit unserem Rittmeister am Block,
ich stand neben ihm. Da kam eine Ordonnanz, was das
Pferd nur laufen wollte, aus der Stadt.

[...]

Der Husar konnte kein Wort sprechen, das Pferd stand zitternd, in Schweiß gebadet, und drohte zusammenzubre-
chen. Ich sah dem Major, als er das Telegramm las, gerade
ins Gesicht. Ein freudiger Zug ging darüber.

»Trompeter, blasen Sie Regimentsruf! Galopp!« sagte der
sonst so stille ritterliche Herr zu mir in heftigstem Kom-
mandoton.

Ich blies schnell hintereinander beide Signale und wiederholte sie mehrmals. Noch ehe die anderen Mannschaften
heran waren, rief der Major schon, die Depesche hochhal-
tend:

»Wir sind mobil! Krieg mit Frankreich!«

[...]

[90] In dieser Nacht kam der Befehl, in Eilmärschen nach
Sedan zu marschieren. Alles wurde beritten gemacht. Es gab
jetzt keinen Fußmarsch mehr. Vielen der gedrückten Pferde

lief der Eiter unter den Sätteln heraus. Immer vorwärts! Es wurde Tag und Nacht marschiert. Wir fühlten, es mußte sich etwas Großes ereignen.

Wir kamen am 1. September gegen Mittag vor Sedan an. Die Schlacht war in vollem Gange, die Erde erbebte von dem furchtbaren Kanonendonner. Wir erhielten gleich den Befehl, auf einer Anhöhe an der belgischen Grenze uns aufzustellen. Es sollte verhindert werden, daß die Franzosen über die Grenze gingen. Wir standen nun auf einem ziemlich hohen Berg und hatten den Blick über das ganze Schlachtfeld. Unsere roten Uniformen leuchteten weithin.

Gegen Abend kam der Befehl, wir sollten uns auf dem schnellsten Wege der Kavalleriedivision anschließen, welche beordert war, die Artillerie, die mit sechsundneunzig Geschützen auf einer Höhe östlich von Sedan stand, zu dekken. Um diese Zeit zogen die Franzosen die weiße Flagge. Im starken Galopp ritten wir den Berg hinunter, so ging es etwa eine halbe Stunde über Hecken, Zäune, Wassergräben, ohne das Tempo zu kürzen, so daß uns der Schmutz aus den Gräben über die Köpfe spritzte. Ich dachte an Lützows wilde Jagd. Oben saßen wir dann ab und brachten das Sattelzeug wieder in Ordnung. Mit uns stand die ganze Kavalleriedivision da. Nun kam die Mel-[91]dung, die Offiziere sollten nach vorn reiten, um die Lage zu überschauen. Der Rittmeister nahm mich als Cheftrompeter mit, und so hatte ich nun auch das Bild, das einen so tiefen Eindruck auf alle machte. Wir sahen auf Sedan hinab. Drunten in den Straßen war ein Gewirr und Geringe, ein Knäuel von Menschen und Pferden, daß es schlimm anzusehen war. Zwischen den Leichen von Pferden und Menschen sah man Frauen, Männer und Kinder, da lag, lief und lamentierte es durcheinander. [...]

»Sedan hat kapituliert, der Kaiser Napoleon und die ganze französische Armee ist gefangen. Seine Majestät, unser allerhöchster Kriegsherr, König Wilhelm, er lebe! Hurra!«

Jetzt ritten wir – nein, wir faßten unsere Pferde am Zügel

und führten sie zu Fuß den Bergeshang hinunter, den wir
zwei Stunden vorher in Karriere hinaufgeritten waren. Dabei sagten wir uns, in vierzehn Tagen würden wir zu Hause
sein.

[. . .]

[99] Wir lebten in dem schönen Juvisy so sorglos, wie wir es
im Vaterlande nicht so gut gehabt, und vermuteten, daß wir
dauernd zur Umzingelung von Paris verwendet würden.
Daß die Franzosen nicht so gutwillig nachgeben würden
und daß wir auf eine lange Dauer des Krieges rechnen müßten, war uns allen ja nun klar geworden. Mit den Friedens-
hoffnungen von Sedan war es bald vorbei gewesen. Da kam
plötzlich der Befehl, daß die zweite Kavalleriedivision mit
dem ersten bayrischen Armeekorps unter General von der
Tann nach Orleans marschieren solle, um der französischen
Loire-Armee, die sich dort in aller Eile zum Entsatz von
Paris bildete, entgegenzutreten. Wir sollten nun ein Leben
voll Entbehrungen und Strapazen finden, wie wir es bisher
nicht kennen gelernt hatten.

[. . .]

[134] Unmittelbar am Walde, links vom Engpaß, führte ein
Feldweg gerade in das Dorf Ormes hinein. Wir sahen einige
Häuser des Dorfes. Rechts von dem Wege war eine kleine
mit Wein bepflanzte Anhöhe, die uns den größten Teil des
Dorfes verdeckte.

[. . .]

[135] Wir ritten mit Hurra. Es war ein ohrenbetäubendes
Gebrüll und Hallo, als wären wir alle wild geworden. So
ging es auf den Feind – es waren afrikanische Reiter –,
kaum noch dreißig Schritte waren sie von der Batterie.
Schon waren unser dritter und vierter Zug auf der Chaussee
und auf der Grabenböschung mit dem Feind im Handge-
menge. Die Wucht, mit der wir anritten, ließ den Feind
stutzen, seine Leute, die noch nicht im Kampf waren,
schwenkten über den Graben links ab, auf einen Acker. Der
war mit alten Obstbäumen bestellt, deren Zweige zur Erde

Kotzde: Geschichte des Stabstrompeters Kostmann   467

reichten. Weiter nach dem Dorf war ein freier Platz, dort
stand eine Kirche, [136] die im Bau war, dahinter ein Weinberg, zwischen dessen hohen Stöcken man nur einzeln reiten konnte. Hier war eine Verbindung nach der Chaussee.
Wir waren hinterdrein, und nun kam es zum erbitterten
Einzelkampf. Die fünfte Schwadron hatte den Feind in der
Flanke gefaßt und ihm den Rückzug abgeschnitten. Kämp-
fend trieb sie feindliche Reiter vor sich her. Vor jedem Steig
im Weinberg hielten zehn und mehr Franzosen, die alle
zwischen den Reben hindurch wollten. Wir stürmten in
diese Haufen hinein, und alle, die nicht hindurchkamen,
wurden von den Pferden gehauen und niedergeritten. Es
war ein grausiges Ringen. Man sah nur Knäuel von fünf
oder sechs Mann, Freund und Feind durcheinander, kämp-
fend bis zur Vernichtung.
[...]
[138] Ein Franzose stand vier Schritte links von mir und
hielt seinen Revolver auf mich. Ich warf mein Pferd nach
links, ein Sprung des Tieres, ein Hieb nach unten, der Kerl
lag am Boden. Er streckte seine Hände hoch und bat um
Gnade. Ein Husar, der sein Pferd verloren hatte, sprang
herzu und nahm ihm den Revolver ab. Ich sah den Franzosen hernach mit verbundenem Kopf unter den Gefangenen.
Der Revolver wurde mir als Andenken gegeben. Der Si-
cherheitsstock steckte im Kugelloch, so daß die Trommel
sich nicht drehen konnte; sonst wäre ich wohl nicht mit
dem Leben davongekommen.
[...]
[141] Beim Anblick der toten Kameraden, ob Feind, ob
Freund, war jede Siegesfreude vergessen, aber ein Gefühl
war in uns, die Dankbarkeit. Mit Tränen in den Augen umarmte und liebkoste fast jeder sein Pferd, als ob damit
gesagt sein sollte: Dir danke ich es, daß ich dem Morden
lebend entkommen bin, daß ich nun neben dir stehe. Und
die Tiere ließen die Köpfe hängen und sich streicheln. Sie
fühlten mit uns. Auch ich konnte mich der Tränen nicht er-

468 *Historische Erzählungen und Lebensbilder*

wehren; hatte ich doch einen treuen Berater, einen mir stets freundlichen Kameraden, den verheirateten Trompeter Gersdorff von der fünften Schwadron verloren. Da fuhren sie mit ihm hin; da lag er mit den anderen, alle wie Strohbündel aufgeschichtet, um weit von den Seinen in fremder Erde bestattet zu werden.

Der Mann sein Schlachtroß umarmend, mit Tränen in den Augen, ein Bild der Dankbarkeit zu Gott und seinem treuen Tier und Kampfgenossen, so sich und die anderen zu sehen, das ist ein Augenblick, wie ihn nur der Reiter durchleben kann, wie er einem Krieger nach solcher Stunde im Feindesland unvergeßlich ist.

[...]

[160] Jetzt kam die Sehnsucht nach der Heimat. Ich wandte mich an den Stabstrompeter der zweiten Gardedragoner, um dort eingestellt zu werden. Mein ältester Bruder, der bei diesem Regiment gestanden hatte, war vor Paris verwundet worden. Man hatte ihn nach der Garnison zurückgeschickt; dort war er seinen Wunden erlegen. Ich dachte nun, wenn ich bei den zweiten Gardedragonern eingestellt würde, dann hätte ich Gelegenheit zum theoretischen Musikstudium. Mein Brief ging aber verloren, und ich erhielt keine Antwort. Trotzdem wollte ich bei den Blücherhusaren nicht mehr kapitulieren. Als im Herbst 1871 ein großes Kommando Reservisten Lunéville verließ, war auch ich dabei. Heimat, süße Heimat!

Die Heimfahrt glich unserer Fahrt in den Krieg. Wir wurden auf den Bahnhöfen herzlich begrüßt. In Stolp hatten wir vor allem einen warmen Empfang. Zwei Wochen [161] lang waren wir Tag für Tag zu Bürgern eingeladen. Wir kamen aus dem Trubel gar nicht heraus. Dann fuhr ich der Heimat zu.

Und da war die Freude am größten. Mein Bruder war nicht zurückgekehrt. Auch mich hatte man schon eine Zeit lang tot geglaubt. Während unserer Kämpfe um Orleans hatten wir einmal sechs Wochen keine Postverbindung gehabt.

Dann aber kam doch der Jammer bei der Mutter, daß mein
Bruder, den man verwundet nach Berlin brachte, hatte sterben müssen. Sie erzählte mir, wie der Bruder dort bestattet
worden. Es war schwer gewesen für sie und für die junge
Frau meines Bruders, und nur der Gedanke, daß er sein Leben für das Vaterland gegeben, konnte sie aufrecht erhalten.
Und sie mußte sich noch trösten, daß sie doch die Stätte sah,
wo er begraben wurde. Wie viele waren es, die den Sohn nie
wieder sahen, die nicht wußten, wo er in die Erde gebettet
war! Das hatte ihr auch ein General gesagt, der am Grabe
meines Bruders stand, und sie war ihm dankbar für seine
Worte. »Ach, mein Sohn, ich bin doch stolz auf mein totes
Kind und danke dem lieben Gott, daß er mir noch eins wiedergegeben!« sagte sie schließlich in völliger Auflösung und
fand jetzt die Tränen, welche ihr bei meiner Reise gefehlt
hatten.

FELIX SALTEN

Kaiser Max der letzte Ritter

1912; 2. Aufl. 1913

[1] In der Burg zu Wienerisch-Neustadt gebar die schöne,
feurig-lebhafte und muntere Eleonore von Portugal ihrem
Gatten, dem römisch-deutschen Kaiser Friedrich III., am
22. März des Jahres 1459 ein Knäblein, das den Namen Ma-
ximilianus erhielt, und das in der Folge seines Lebens nebst
vielen glänzenden Kronen noch manchen anderen ruhmrei-
chen Namen tragen sollte.
Maximilians erste Kindheit aber war recht eigentlich trübse-
lig, und seine Eltern mögen sich ihres Sprößlings nur wenig
gefreut haben. Denn Maximilian blieb beinahe fünf Jahre

lang gänzlich stumm. Er konnte nicht reden wie andere
Kinder; ja er unternahm nicht einmal den Versuch, die paar
Worte nachzusprechen, die ihm vorgesagt wurden, sondern
er lallte wie ein Neugeborenes. Erst später begann er, unbe-
holfen und schwerfällig, Laute und Silben zu formen, doch
war er bis in sein zwölftes [2] Jahr der Sprache noch nicht
ganz mächtig.
[...]
Dann aber erwachte sein Geist mit einemmale. Eine merkwürdige Starrheit schien es gewesen, die das Kind so lange
umklammert gehalten, die nun plötzlich von ihm wich und
sein Wesen frei gab, das nun anfing sich erstaunlich zu regen und zu beleben. Beinahe ließe sich der Spruchvers, den
Goethe über sich und sein elterlich Erbteil gedichtet hat,
auch auf Maximilian anwenden, denn auch in Maximilian
waren die Charaktereigenschaften der Eltern seltsam ineinander gemischt. Vom Vater hatte er nämlich, wie Goethe,
»des Lebens ernstes Führen«, einen ausgesprochenen Sinn
für das königliche Handwerk der Politik, und, wiederum
wie Goethe, hatte er »vom Mütterlein die Frohnatur und
Lust am Fabulieren«.
[...]
Nun aber war er kein Sorgenkind mehr, sondern ein fröhlicher, bildhübscher, lebhafter Junge, [4] der viel mehr zu wissen verlangte, als seine Lehrer ihm boten. Um jene ferne
und finstere Zeit lernte solch ein kleiner Prinz Religion und
daneben auch ein wenig Medizin. Nur muß man freilich
auch bedenken, daß die Medizin damals noch arg im Dunkeln tappte, daß es da also nicht besonders viel zu lernen
gab. Außerdem wurden die jungen Prinzen auch noch in je-
nen Lehren des Aberglaubens unterrichtet, die man die
»schwarze Kunst« nannte. Da gab es langwierige Auseinan-
dersetzungen über Hexen, Magier, böse Geister, Dämonen
und schwierige Formeln, wie man sie beschwören und ban-
nen müsse. Allein nicht jeder Prinz war so gebildet. Dies alles genügt dem jungen Maximilian nun aber ganz und gar

nicht. Er hatte jetzt einen beweglichen, munter auf die Welt ringsumher gerichteten Verstand und er besaß eine spielende, ruhelos umherschweifende Phantasie. Er wollte etwas Nützliches wissen, deshalb fing er aus eigenem Antrieb das Studium des Bergwerkswesens und des Kriegshandwerks an. Voll Eifer war er dabei und hat es denn auch in seinem folgenden Leben in der »Artollerie-Wissenschaft«, wie man diese Dinge damals nannte, viel weiter gebracht als irgendein anderer Fürst seines Jahrhunderts.

Am liebsten aber stöberte er in den alten Heldenbüchern, las jede Chronik, die er zur Hand bekam; und [5] wenn darin von vielen Abenteuern, von Gefahren und Kämpfen die Rede ging, ergötzte sich sein feuriges, stürmisches Herz. Er befaßte sich mit Architektur, er zeichnete voll Eifer und studierte die Kunst der Maler, und er hatte einen ebenso starken Hang zur Musik. Alle die schönen Künste hat er zeit seines Lebens geliebt. Ihnen wandte er sich als Knabe schon zu; sie erheiterten ihn, und er war gerne heiter; sie regten ihn an, sie erfrischten seinen Geist; und – als er Kaiser war – halfen sie ihm oft die Sorgen verscheuchen.

[...]

[7] In Burgund herrschte um jene Zeit Herzog Karl, den die Geschichte den Kühnen nennt. Das war ein wilder, ehrgeiziger Mann, streitsüchtig und hochfahrend, und voll stolzer Pläne. Obwohl er nur eine Herzogskrone trug, war er doch so mächtig wie nur irgendein König in Europa. Denn er gebot nicht bloß über Burgund, das er als ein Lehen von Frankreich besaß, sondern noch über eine Menge anderer blühender Länder und reicher Städte. Flandern und Brabant, der Hennegau, Seeland und Holland, Limburg, Namur, Amiens, Boulogne und andere mehr waren durch Reichslehen, durch Heirat, durch Verträge und Eroberungen an sein Haus gefallen und seinem Willen untertänig.

[...]

[8] Der Herzog träumte denn auch von einer neuen Weltherrschaft, die er aufrichten wollte. Er pflegte zu sagen: das

römische Reich sei zu Ende, das burgundische werde beginnen. Da er aber laut genug redete, da ferner kein anderer Fürst so kriegsbereit und gerüstet war wie er, und da man seine gewalttätige Art kannte, ist es nicht wunder zu nehmen, wenn man vor ihm zitterte. In Deutschland erzählte sich das Volk, Karl der Kühne werde eines Tages in das Reich einbrechen wie der Wettersturm; er werde die Kaiserkrone an sich reißen, die festen Burgen der Edlen und die Mauern der Städte schleifen, er werde alle Freiheit vernichten und wie der böse Feind regieren. In Deutschland saß gerade damals der bedächtige, ruhig standhafte Kaiser Friedrich, Maximilians Vater, und erwog bei sich, daß Karl der Kühne keinen Sohn und Thronerben, wohl aber eine einzige Tochter hatte. Er überlegte bei sich: Wenn Karl der Kühne seine Tochter dem jungen Maximilian vermählen wolle, dann wären wohl auch alle ehrgeizigen Pläne des Herzogs [9] ganz friedlich erfüllt.

[...]

Als dies geschah, waren Maximilian und Maria noch Kinder. Friedrich aber richtete nun sein Hoffen auf den Sohn, der ihm jetzt so frisch und stattlich erblühte. Denn Kaiser Friedrich III. war nicht minder ehrgeizig als Karl der Kühne, wenn er auch bei weitem nicht so tapfer, nicht so gewaltsam und so rasch von Entschlüssen war wie dieser. Voll weitausschauender Pläne und trotz seines bedächtigen Zauderns von einer niemals wankenden Beharrlichkeit, hatte er immer nur die Größe und die Macht seines Hauses, den Ruhm und die Weltherrschaft Österreichs als höchstes Ziel vor Augen. Er hatte die fünf Selbstlaute des Alphabets A E I O U in seine Majestätssiegel aufgenommen, als kabbalistisches Zeichen und zugleich als seine Devise. Die Deutung aber, die er diesen Buch-[10]staben gab, war die folgende: *Austria Est Imperare Orbi Universo* (Österreich besteht, um den Erdkreis zu beherrschen). Oder auch deutsch: Alles Erdreich Ist Österreich Untertan. Wie er die Vokale auch anwandte, in lateinischer oder deutscher Sprache, im-

mer ergaben sie ihm denselben prophetischen Schicksals-
spruch, an den er sein Leben lang glaubte und festhielt.
[. . .]
[11] So ward denn dieser Bund geschlossen. Es wird erzählt,
Maria von Burgund habe ein Bildnis des jungen Maximilian
gesehen und sich in seine Jünglingsschönheit verliebt. Andere wieder berichten, sie sei schon in frühen Jahren mit
ihm zusammengetroffen und hätte ihn von da an stets in
zärtlichem Andenken behalten. Jedenfalls erwartete sie mit
Ungeduld die Ankunft ihres Erwählten.
[. . .]
[29] Sein Vater war alt, war mehr als vierzig Jahre an der Regierung, und Maximilian wollte sich nach Friedrichs Tod die
deutsche Kaiserwürde sichern. Man weiß ja, daß die rö-
misch-deutsche Kaiserkrone damals noch nicht durch Erb-
folge vom Vater auf den Sohn überging. Für Maximilian gab
es nur einen Weg, um sein Ziel zu erreichen. Die Kurfürsten
mußten ihn noch bei Lebzeiten seines Vaters zum römischen König erwählen, dann konnte er gewiß sein, dereinst
auch Kaiser zu werden.
[. . .]
[32] In Frankfurt am Main, wo von altersher die römischen
Könige und Kaiser gewählt wurden, strömten nun im Feber
1486 die Kurfürsten zusammen. Auch Kaiser Friedrich und
Maximilian waren aus Aachen herangezogen. Jetzt aber
stellten sich eine Menge Schwierigkeiten ein. Die Ungarn
suchten die Wahl Maximilians ebenso heftig zu vereiteln,
wie die Franzosen zu dem gleichen Zweck bemüht waren.
Denn die Ungarn wie die Franzosen sahen beide mit Angst
und Eifersucht das Haus Habsburg in der deutschen Macht
fester und fester werden. Auch hätten sie es lieber gehabt,
wenn bei Kaiser Friedrichs Tod ein Nachfolger noch nicht
bestimmt gewesen wäre. Dann dachten sie, wie schon oft
vorher, die Kaiserwahl zu beeinflussen und zu verwirren,
hofften die Krone Karls des Großen dem Hause Habsburg
wieder abzujagen, jedenfalls aber hofften sie, während die

Kurfürsten zu [33] solch einer Zeit untereinander uneinig
wären, ihre Eroberungszüge in das Reich ohne viele Stö-
rung zu unternehmen.
Alle diese Wünsche und Hoffnungen wurden ihnen nun
zunichte, wenn Maximilian die römische Königswürde gewann und damit schon als künftiger Kaiser neben seinem
Vater auf dem Throne saß. Deshalb waren ihre Sendlinge
und Boten in Frankfurt so eifrig an der Arbeit, streuten
Versprechungen aus, drohten, liefen heimlich umher, unter-
redeten sich mit den Fürsten und suchten sie von Maximilian abzuziehen.
[. . .]
Den besten und wirksamsten Freund aber hatte Maximilian
an sich selbst. Kaum war er in Frankfurt angelangt, als er
auch schon vor die versammelten Kurfürsten trat und zu ihnen redete. Und sein Anblick war so bezwingend, seine feurig edle Beredsamkeit so unwiderstehlich, daß [34] er alle im
Sturm für sich eroberte. Einstimmig wählten sie ihn am
16. Februar zum römischen König.
[. . .]
[36] Kaiser Friedrich brach kurz darauf mit seinem Sohn von
Frankfurt am Main auf, zur Krönung. Sie zogen nieder-
wärts, den Rhein entlang, nach der alten Stadt Karls des
Großen, nach Aachen. Alle Kurfürsten, viele Fürsten des
Reiches, eine glänzende Ritterschaft bildeten ihr Gefolge.
[. . .]
Als Maximilian mit seinem Vater zur Krönung in Aachen
einritt, war Albrecht Dürer fast noch ein Knabe, kaum
fünfzehn Jahre alt. Aber die Triumphzüge, die er dann gezeichnet hat, um das Leben Maximilians zu verherrlichen,
sind in ihrem unerschöpflichen Reichtum an Formen, Gestalten und Gruppen keineswegs bloße Ge-[37]bilde der
Phantasie, sondern wir dürfen sie ohne weiteres als Schilderungen und Illustrationen jener glanzvollen Tage betrachten.
[. . .]

[85] Das Jahr 1492, das der Erhebung Maximilians zum römisch-deutschen Kaiser voraufging, fügte der alten europäischen Welt eine neue Welt hinzu: Columbus entdeckte Amerika. Das Theater der Geschichte schien sich ins Grenzenlose zu erweitern, die Szene war so unermeßlich, daß die Sonne über ihr nicht unterging. Und jenes andere Jahr, in welchem Maximilian zu Augsburg vor seinem Tod den letzten Reichstag hielt, sah Martin Luther zum erstenmal in den Kreis der deutschen Fürsten treten.

Diese beiden gewaltigen Ereignisse, die Entdeckung Amerikas und die beginnende Spaltung der christlichen Kirche kündigten das Herannahen eines neuen Zeitalters an. Zwischen diesen beiden denkwürdigen Geburtsjahren einer großen modernen Epoche fällt die Regierung Maximilians. Das Mittelalter verdämmerte, und in [86] einzelnen Flammenzeichen, die noch niemand zu deuten vermochte, stand schon das Morgenrot kommender Tage am Himmel.

Auch Maximilian wußte diese Zeichen noch nicht zu deuten. Hätte er es gekonnt, er wäre ein Prophet und ein übermenschliches Genie gewesen. Aber er war ein genialischer Mensch, er hatte undeutliche Visionen und er war kein erweckter Prophet. Die Ahnung künftiger Dinge lag ihm wie Frühlingsfieber im Blut und machte ihn rastlos. Er war ein Sohn seiner Zeit, aber er war ihr unruhigster Sohn, denn seine Instinkte und seine Phantasie verkündigten ihm, was sein Geist doch nicht mehr erfassen konnte. Das Mittelalter, dem er entsprossen war, ließ ihn nicht los, aber es war eine Witterung in ihm und ein Trieb, auf die Suche zu gehen. Deshalb hat er, weil er beständig ein Suchender war, nacheinander vielfältig verschiedene Ziele gehabt, aber kein Ziel. Deshalb war er nur erfüllt von dem Drang vorwärtszueilen und ist auf vielen Wegen gegangen, ohne je einen Weg zu finden. Er war ein Mann der Sehnsucht, seines Lebens Arbeit ist bunt gestickt von hundert Plänen. Einen einzigen großen Plan hat er nicht gehabt. Aber alle seine vielen, krausen, kühnen Entwürfe sind aus einer einzigen, tief atmenden Sehnsucht geboren.

[87] Von dem umfassenden Verstehen seiner ohnehin schwer verständlichen Zeit war Maximilian auch durch seine persönlich habsburgischen Bestrebungen abgetrennt. Er sah in sich den geborenen Herrscher Europas, sah in seiner Familie die auserwählten Gebieter des Erdkreises, er sah im Hause Habsburg die göttliche Mission, das Schicksal dieser Welt bis in die fernsten Zeiten zu lenken. Das A E I O U seines Vaters war auch Maximilians Leitspruch geworden.

[. . .]

[112] Klare Vernunft und ungezügelte Phantasie mengen sich in ihm. Verheißungen der Zukunft beflügeln seine Seele und eherne Bande der Vergangenheit bilden seinen Schritt. Eine herrliche Gestalt, die aus der Dämmerung hervortretend zu Dämmerungen hinwandelte, zieht er in wundervoll wechselnden Beleuchtungen an uns vorüber. Es ist sein Zauber und sein Verhängnis, daß er in der Zeitenwende stand, daß er einen Anfang bedeutet und einen Abschluß, daß er der erste moderne Mensch gewesen ist und zugleich der letzte Ritter.

Anhang

Zu dieser Ausgabe

Die vorliegende Edition schließt unmittelbar an den Band über die *Kinder- und Jugendliteratur vom Biedermeier bis zum Realismus* in Reclams Universal-Bibliothek (Stuttgart 1985) an, der die Entwicklung bis etwa 1870 verfolgt. Zweifelsohne darf mit Blick auf die Jahre 1870/71 von einem Einschnitt gesprochen werden – und zwar sowohl auf drucktechnischer und ökonomisch-verlegerischer Ebene wie auch in ideologischer Hinsicht. Es finden sich jedoch auch Kontinuitäten: Die Kinderwelt trägt – jedenfalls in ihrer bürgerlichen Inszenierung – auch in der Kaiserzeit noch ein biedermeierliches Gepräge. Der vorliegende Band hat die Kinder- und Jugendliteraturentwicklung bis zum Ende des Ersten Weltkrieges zum Gegenstand. Obwohl der dokumentierte Zeitraum mit dem des »Kaiserreichs« identisch ist, wurde davon abgesehen, der Edition den Titel »Kinder- und Jugendliteratur des Kaiserreichs« zu geben. Diese Titelformulierung weckt die Erwartung, daß es schwerpunktmäßig um die Dokumentation der ideologisch konformen Literatur geht. Dies aber ist nicht die vorrangige Intention dieser Textsammlung.

Was bereits für den Vorgängerband galt, trifft auch, ja sogar vermehrt, für die vorliegende Edition zu: Der Kinder- und Jugendliteraturbereich dieses Zeitraums ist im Rahmen eines solchen editorischen Projektes nicht mehr in allen seinen Gliederungen abbildbar. Mehrere Gattungsbereiche mußten ganz unberücksichtigt bleiben – das Kinderschauspiel etwa, die fortlebende Verhaltens- und Benimmliteratur, der Bereich der Sacherzählungen vornehmlich zu naturwissenschaftlichen und technischen Gegenständen u. v. m. Daß sich die Entwicklung des Bilderbuchs und der Kinderbuchillustration im Rahmen einer solchen Publikation nicht dokumentieren läßt, ist offenkundig. Die hier wiedergegebenen Abbildungen können nicht mehr leisten als Neugierde zu entfachen für die illustrationsgeschichtliche Seite des Gegenstands. Die Mädchen- bzw. »Backfisch«-Literatur dieser Zeit wird innerhalb eines separaten Bandes zur *Mädchenliteratur* (Stuttgart 1994) dokumentiert und bleibt aus diesem Grunde hier ausgespart. Statt eines lückenlosen Abbildes vermag diese Edition also nur eine Reihe einzelner Ansichten des Gegenstandes zu bieten. Hierfür waren nicht allein Umfangsgründe entscheidend, sondern auch didaktische Erwägungen: Der Band soll unter anderem auch eine zu bewältigende Seminargrundlage abgeben.

Die Texte bzw. Textauszüge sind nach Gattungen angeordnet, innerhalb der einzelnen Gattungsabschnitte chronologisch nach dem Jahr des Ersterscheinens – selbst dann, wenn auf eine spätere Auflage zurückgegriffen werden mußte. Orthographie und Interpunktion wurden prinzipiell gewahrt. Initialien wurden nicht übernommen, offenkundige Druckfehler stillschweigend verbessert. Die originale Paginierung der Texte ist in eckigen Klammern eingefügt; wo solche fehlen, ist der Text einer unpaginierten Publikation entnommen. Auslassungen sind entsprechend gekennzeichnet. Aus Umfangsgründen wurde der Apparat so knapp wie möglich gehalten und auf die Wiedergabe von Vorworten und dergleichen mehr verzichtet, die im späten 19. Jahrhundert ohnehin an Bedeutung verloren haben, da die kinder- und jugendliteraturtheoretische Diskussion weitgehend in den Fachzeitschriften und Rezensionsorganen stattfindet.

Verzeichnis der Autoren, Titel und Druckvorlagen

Das Titelverzeichnis ist alphabetisch nach Verfassern angeordnet. Mehrere Titel eines Verfassers sind chronologisch angeordnet, wobei das Jahr des Ersterscheinens maßgeblich war. Die bibliographischen Angaben stellen jeweils eine Abschrift des Titelblattes dar. Die biographischen Angaben wurden so knapp wie möglich gehalten; der Benutzer sei bezüglich weitergehender Informationen auf die einschlägigen Autorenlexika wie das vierbändige »Lexikon der Kinder- und Jugendliteratur« (hrsg. von Klaus Doderer, Weinheim/Basel 1975–82) verwiesen.

ERNST ALMSLOH (d. i. Heinrich Schulz, 1872–1932)

Geb. in Bremen. Lehrerausbildung in Bremen. Gab 1893 den Lehrerberuf auf und wurde als Mitarbeiter an der Arbeitsbildungsschule Berlin in der sozialdemokratischen Bildungsarbeit tätig. Ab 1907 Leiter der Parteischule in Berlin, 1920 Vorsitzender der Reichsschulkonferenz. Verfaßte zahlreiche programmatische Schriften zur Jugendschriftendebatte.

In: Für unsere Kinder. Beilage zur Gleichheit. Verantwortlich für die Redaktion: Klara Zetkin. Nr. 9. Verlag und Druck von Paul Singer. Stuttgart 1906.

GERDT VON BASSEWITZ
(d. i. Gerdt Bernhard von Bassewitz-Hohenluckow, 1878–1923)

Geb. in Allewind. Leutnant der preußischen Landwehr, Schauspieler, Direktionsassistent am Kölner Stadttheater. Lebte als freier Schriftsteller in Berlin.

In: Gerdt von Bassewitz. Peterchens Mondfahrt. Ein Märchenspiel. Ernst Rowohlt Verlag. Leipzig 1912. [Auszug aus dem 1. Bild.]

482 Verzeichnis der Autoren, Titel und Druckvorlagen

RUDOLF BAUMBACH (1840–1905)

Geb. in Kranichfeld. Studierte Naturwissenschaften in Leipzig,
Würzburg und Heidelberg. 1864 Promotion zum Dr. phil. Anschließend Hauslehrer in Wien, Graz, Brünn und Görz. Lebte ab
1881 als freier Schriftsteller in Triest. Ab 1885 Verwalter der Privat-
bibliothek Herzog Georgs II. von Sachsen-Meiningen.

Die Gäste der Buche 65

In: Was der Jugend gefällt. Deutsche Gedichte aus neuerer und neuester Zeit. Ausgewählt und zusammengestellt von Alwin Freudenberg. Mit Bildern und Buchschmuck von Felix Elßner. Dreizehntes
bis siebzehntes Tausend. Alexander Köhler. Dresden und Leipzig
1921. – Die erste Auflage erschien 1904.

OTTO JULIUS BIERBAUM (1865–1910)

Geb. in Grünberg (Schlesien). Studierte in Leipzig, München und
Berlin Germanistik, Jura und Sinologie. Zog 1891 nach München;
Herausgeber des »Modernen Musenalmanachs« (1891–94). Lebte
seit 1894 in Berlin, Redakteur der Zeitschrift »Die freie Bühne«,
Mitbegründer der Zeitschrift »Pan« (1894). Ab 1899 Mitherausgeber
der Zeitschrift »Die Insel«. Kehrte 1898 nach München zurück.
Mitwirkung am Kabarett »Die elf Scharfrichter«. Verfasser von Er-
zählungen, Satiren, Komödien. Seine Gedichte wurden ab 1896 vor-
wiegend in den Münchner Wochenschriften »Simplicissimus« und
»Jugend« veröffentlicht.

Die kleinen Mädchen tanzen und singen 64

In: Was der Jugend gefällt. Deutsche Gedichte aus neuerer und neuester Zeit. Ausgewählt und zusammengestellt von Alwin Freudenberg. Mit Bildern und Buchschmuck von Felix Elßner. Dreizehntes
bis siebzehntes Tausend. Alexander Köhler. Dresden und Leipzig
1921. – Die erste Auflage erschien 1904.

Zäpfel Kerns Abenteuer 119

In: Zäpfel Kerns Abenteuer. Eine deutsche Kasperlegeschichte in
dreiundvierzig Kapiteln. Frei nach Collodis italienischer Puppen-
historie Pinocchio von Otto Julius Bierbaum. Mit fünfundsechzig
Zeichnungen von Arpad Schmidhammer. Georg Müller. München
und Leipzig 1905. [Auszüge aus Kap. 1, 2, 3, 34, 43.]

VICTOR BLÜTHGEN (1844–1920)

Geb. in Zörbig. Theologiestudium in Halle, anschließend als Haus-
bzw. Privatlehrer tätig. Von 1878–80 Redakteur bei der Zeitschrift
»Die Gartenlaube«. Lebte ab 1881 als freier Schriftsteller zunächst in
Freienwalde an der Oder und in Berlin. Mitarbeiter bei der von Julius Lohmeyer herausgegebenen »Deutschen Monatszeitschrift für
das gesamte Leben der Gegenwart« und der von Julius Lohmeyer
gegründeten Zeitschrift »Deutsche Jugend«. Schrieb vorwiegend
Kinderlyrik, Märchen und Erzählungen für Kinder; seine theoretischen Überlegungen zur Jugendliteratur formulierte er als Jugend-
buchkritiker.

In: Deutsche Jugend. Jugend- und Familien-Bibliothek. Hrsg. von
Julius Lohmeyer. Verlag von Alphons Dürr. Leipzig. Sechster Band
1875; Neunter Band 1877.

In: Deutsche Jugend. Jugend- und Familienbibliothek. Hrsg. von
Julius Lohmeyer. Neunter Band. Verlag von Alphons Dürr. Leipzig
1877.

In: Victor Blüthgen. Buben und Mädel's. Ein ABC für's Haus. Fünfundzwanzig Originalzeichnungen von Oscar Pletsch. Verlag von
Alphons Dürr. Leipzig 1879.

In: Gedichte von Victor Blüthgen. 4. Abt.: Im Kinderparadies. Verlag von Edwin Schloemp. Leipzig 1880.

In: Im Flügelkleide. Bilder und Reime aus der Kinderwelt. Von
J. Kleinmichel und V. Blüthgen. Zweite Auflage. A. Hofmann & Co.
Berlin 1881. – Die erste Auflage erschien 1881.

In: Im Kinderparadiese. Kinder-Lieder und Reime von Victor Blüthgen. Mit dem Porträt des Dichters, sowie zwölf Zeichnungen von Oskar Pletsch. Friedrich Andreas Perthes. Gotha 1905.

GEORG BÖTTICHER (1849–1918)

Geb. in Jena. Besuch des Freimaurerinstituts und der Kunstgewerbeschule in Dresden. War zeitlebens als Musterzeichner und Schriftsteller tätig. Herausgeber von »Auerbachs Deutscher Kinderkalender«, Vater von Joachim Ringelnatz.

In: O diese Kinder! Lustige Bubenstreiche. Mit Illustrationen von Th. Grätz, Adolf Hengeler, Adolf Oberländer, E. Reinicke, H. Schließmann und Knittelreimen von Georg Bötticher. Siebzehnte Auflage. Braun & Schneider. München [um 1910]. – Die erste Auflage erschien 1894. Die Zeichnungen zu »Die gute Gouvernante« stammen von E. Reinicke.

HANS BÖTTICHER (Pseud.: Joachim Ringelnatz, 1883–1934)

Geb. in Wurzen (Sachsen) als Sohn von Georg Bötticher. Verließ 1901 die Schule und verbrachte die folgenden Jahre als Schiffsjunge, Matrose, kaufmännischer Lehrling und Mariner, 1912 bis 1913 als Privatbibliothekar. Nach dem Ersten Weltkrieg Kabarettauftritte in München und Berlin.

In: Kleine Wesen. Text von Hans Bötticher. Bilder von Fritz Petersen. Verlag von J. F. Schreiber. Eßlingen und München [1912].
Die Gedichte sind heute enthalten in: Joachim Ringelnatz: Das Gesamtwerk in 7 Bdn. Hrsg. von Walter Pape. Bd. 1: Gedichte 1. Berlin: Henssel, 1984. – © 1994 Diogenes Verlag AG, Zürich.

WALDEMAR BONSELS (1881–1952)

Geb. in Ahrensburg (Holstein). Unternahm zahlreiche Reisen durch europäische Länder, Ägypten, Indien und Nord- und Südamerika. 1914–18 Kriegsberichterstatter. Lebte seit 1919 in Ambach am Starnberger See. Verfaßte neben seinen naturmystischen Erzählungen bzw. Tier- und Pflanzengeschichten, Gedichte und Dramen.

In: Waldemar Bonsels. Die Biene Maja und ihre Abenteuer. Ein Roman für Kinder. Schuster und Loeffler. Berlin und Leipzig 1912. [Auszüge aus Kap. 1.] – Mit freundlicher Genehmigung der Deutschen Verlags-Anstalt GmbH, Stuttgart.

JÜRGEN BRAND (d. i. Emil Sonnemann, 1869–1950)

Geb. in Peine. Ausbildung zum Lehrer, ab 1896 Hauslehrer in Bremen. Mitglied der sozialdemokratischen Partei. 1913 Entlassung aus dem Schuldienst aufgrund seiner politischen Tätigkeiten. Von 1906 bis 1910 Mitarbeiter der sozialistischen Frauenzeitschrift »Die Gleichheit«, ab 1914 Redakteur der »Bremer Bürgerzeitung«. Von 1919 bis 1946 Leiter der Strafvollzugsanstalt Oslebshausen in Bremen (1933–45 von den Nationalsozialisten amtsenthoben).

In: Gerd Wullenweber. Die Geschichte eines jungen Arbeiters. Von Jürgen Brand. Verlag von J. H. W. Dietz. Stuttgart. 1915.

WILHELM BUSCH (1832–1908)

Geb. in Wiedenstahl bei Hannover. Maschinenbaustudium. 1851 Wechsel an die Kunstakademie in Düsseldorf. 1852 Kunststudium in Antwerpen, 1854 bis 1864 in München. Von 1859 bis 1871 arbeitete er für die »Fliegenden Blätter« und den »Münchner Bilderbogen«. Lebte seit 1867 einige Jahre in Frankfurt am Main, ab 1872 wieder in Wiedenstahl. Er verbrachte seine letzten Lebensjahre in Mechtshausen im Harz.

In: Plisch und Plum von Wilhelm Busch. München. Verlag von
Fr. Bassermann. Zweite Auflage 1882. – Die erste Auflage erschien
ebenfalls 1882.

PAULA DEHMEL (1862–1918)

Geb. in Berlin. 1889 bis 1899 verheiratet mit Richard Dehmel. Sie
stand in enger Verbindung u. a. mit Else Lasker-Schüler, Johannes
Schlaf, Arno Holz und Otto Julius Bierbaum. Verfaßte zahlreiche
Kindergedichte, Kindergeschichten und Märchen.

In: Fitzebutze. Allerhand Schnickschnack für Kinder von Paula und
Richard Dehmel. Mit Bildern von Ernst Kreidolf. Im Insel-Verlag
bei Schuster & Loeffler. Berlin und Leipzig. 1900.

In: Rumpumpel. Ein Buch für junge Mütter und ihre Kleinsten von
Paula Dehmel. Mit Bildern von Karl Hofer. 3tes bis 5tes Tausend.
Bei Hermann & Friedrich Schaffstein in Köln am Rhein. 1919. – Die
erste Auflage erschien 1903.

In: Der Buntscheck. Ein Sammelbuch herzhafter Kunst für Ohr
und Auge deutscher Kinder. Hrsg. von Richard Dehmel bei Schaffstein & Co. Köln am Rhein 1904.

In: Paula Dehmel. Das grüne Haus. Im Verlag Hermann Schaffstein.
Köln 1925. – Die erste Auflage erschien 1907.

In: Auf der bunten Wiese. Kindergedichte von Paula Dehmel. Mit
bunten Bildern von E. Rehm-Vietor. Alfred Hahn Verlag. Leipzig
1912.

RICHARD DEHMEL (1863–1920)

Geb. in Wendisch-Hermsdorf. Studium der Naturwissenschaften, Philosophie und Nationalökonomie in Berlin und Leipzig. 1888 Promotion zum Dr. phil. Bis 1895 als Sekretär eines Versicherungsverbandes tätig. 1889 Heirat mit Paula Oppenheimer. Seit 1891 Freundschaft mit Detlev von Liliencron. 1899 Trennung von seiner ersten Frau und Heirat mit Ida Auerbach. Lebte ab 1902 als freier Schriftsteller in Blankenese. Unternahm Reisen in süd- und nordeuropäischen Ländern. Von 1914–16 Teilnahme am Ersten Weltkrieg als Kriegsfreiwilliger. Veröffentlichte in der von ihm mitbegründeten Zeitschrift »Pan« wie in den Zeitschriften »Jugend« und »Die Insel«.

In: Aber die Liebe. Ein Ehemanns- und Menschenbuch. Von Richard Dehmel. S. Fischer. Berlin. Zweite, völlig veränderte Ausgabe 1907. – Die erste Auflage erschien 1893.

In: Fitzebutze. Allerhand Schnickschnack für Kinder von Paula und Richard Dehmel. Mit Bildern von Ernst Kreidolf. Im Insel-Verlag bei Schuster & Loeffler. Berlin und Leipzig. 1900.

In: Knecht Ruprecht. Illustriertes Jahrbuch für Knaben und Mädchen. Herausgegeben von Ernst Brausewetter. Band II. Verlag von Schaffstein & Comp. Köln 1900.

HANS DOMINIK (1872–1945)

Geb. in Zwickau. Studierte in Berlin Maschinenbau und Elektrotechnik. Zunächst als selbständiger Ingenieur tätig, später in der Rüstungsindustrie. Lebte ab den zwanziger Jahren als freier Schriftsteller in Berlin. Verfasser zahlreicher Sachbücher und technischer Zukunftsromane für die Jugend.

In: John Workmann der Zeitungsjunge. Eine Erzählung für die Jugend von Hans Dominik und Kurt Matull. Hugo Steinitz Verlag. Berlin 1909. [Auszüge aus Kap. 1, 3, 5, 6, 7, 8, 10, 11.] – Mit freundlicher Genehmigung von Peter Jansen, Berlin.

HEINRICH EILDERMANN (1879–1955)

Geb. in Bremen. Gründungsmitglied der KPD. 1919 Mitglied der Bremer Räteregierung als Volkskommissar für das Schulwesen. Verfaßte pädagogische und schulreformerische Schriften. 1949 Übersiedlung in die DDR.

In: Unsere Jungs. Geschichten aus der Stadt Bremen. Von F. Gansberg und H. Eildermann. Mit Buchschmuck von Th. Herrmann. Herausgegeben vom Bremer Jugendschriftenausschuß. Vierte Auflage. Verlag B. G. Teubner. Leipzig und Berlin [um 1925]. – Die erste Auflage erschien 1906.

GUSTAV FALKE (1853–1916)

Geb. in Lübeck. Ausbildung zum Buchhändler. Arbeitete in diesem Beruf u. a. in Hamburg, Essen und Stuttgart. Musikstudium in Hamburg. Von 1877–1903 als Musiklehrer tätig. Erhielt ab 1903 als freier Schriftsteller eine Ehrenpension des Hamburger Senats. Freundschaft mit Detlev von Liliencron, Kontakte zu Ernst Otto, Paul Heyse und Richard Dehmel.

In: Otto Speckters Katzenbuch. Mit Gedichten von Gustav Falke. Fünfte Auflage. Alfred Janssen. Hamburg 1908. – Die erste Auflage erschien 1899.

In: Otto Speckters Vogelbuch. Mit Gedichten von Gustav Falke. Hamburg 1901.

In: Hohe Sommertage. Neue Gedichte von Gustav Falke. Hamburg 1902.

In: Drei gute Kameraden von Gustav Falke. Mit Bildern von Georg A. Stroedel. Mainzer Volks- und Jugendbücher. 9.–11. Tausend. Verlegt bei Jos. Scholz. Mainz 1911. – Die erste Auflage erschien 1908. [Auszüge aus Kap. 2, 4, 5, 7, 13, 14, 15, 17, 18, 19, 20, 23, 25.]

C. FALKENHORST (d. i. Stanislaus von Jezewski, 1853–1913)

Geb. in Zakrzewo (Westpreußen). Studium der Naturwissenschaften. Lebte ab 1904 als freier Schriftsteller in Jena. Bis zu seinem Tod Redakteur bei der Familienzeitschrift »Die Gartenlaube«.

In: In Kamerun. Zugvogels Reise- und Jagdabenteuer. Der reiferen Jugend erzählt. Brockhaus. Leipzig. Zweite Auflage 1887. – Die erste Auflage erschien ebenfalls 1887. [Auszüge aus dem Vorwort und Kap. 1, 2, 4.]

MARIE VON FELSENECK (d. i. Maria Luise Mancke, 1847–1926)

Geb. in Leipzig. Besuch der Bürgerschule in Leipzig. Übersiedlung nach Dresden, 1896 nach Berlin. Verfaßte zunächst naturhistorische Aufsätze für Zeitschriften. Schrieb seit 1893 als Jugendschriftstellerin vorwiegend Erzählungen für junge Mädchen und kulturhistorische Schriften.

In: Fürst Bismarck. Ein Lebensbild nach authentischen Quellen bearbeitet von Marie von Felseneck. Druck und Verlag von U. Weichert. Berlin 1899.

ANTON FENDRICH (1868–1949)

Geb. in Offenburg. Studierte einige Semester Nationalökonomie in Zürich, Eintritt in die sozialdemokratische Partei. Als Redakteur bei verschiedenen sozialdemokratischen Zeitungen u. a. in Frankfurt am

Main und Braunschweig tätig. 1897 Abgeordneter der sozialdemokratischen Partei im badischen Landtag. 1909 Austritt aus der sozialdemokratischen Partei. Lebte ab 1914 als freier Schriftsteller in Frei-
burg, langjähriger Mitarbeiter der »Frankfurter Zeitung«.

In: Für unsere Kinder. Beilage zur Gleichheit. Verantwortlich für die
Redaktion: Klara Zetkin. Nr. 11. Verlag und Druck von Paul Singer.
Stuttgart 1905.

CARL FERDINANDS (d. i. Karl Ferdinand van Vleuten, 1874–?)

Geb. in Bonn, Studium der Medizin, Naturwissenschaft und Kunst-
geschichte in Bonn. Promotion zum Dr. med. Ab 1899 als Arzt in
einer Heilanstalt bei Berlin tätig. Herausgeber der »Drei-Bogen-
Bücher«, »Velhagen & Klasings Volksbücher der Kunst« und
»Flemmings Saatbüchern«. Kinderlyriker und Autor historischer
Abenteuerromane für Jugendliche.

In: Ri-Ra-Rutsch. Von Carl Ferdinands. Mit Bildern von S. R. Volkmann. B. Behr's Verlag. Berlin 1904.

In: Bruder Lustig. Kinderlieder von Carl Ferdinands mit bunten
Bildern von Hans von Volkmann. Verlegt bei Hermann und Friedrich Schaffstein. Köln 1907.

ILSE FRAPAN (d. i. Ilse Akunian, geb. Levien, 1852–1908)

Geb. in Hamburg. Dort zunächst als Volksschullehrerin tätig. Beginn einer lebenslangen Freundschaft mit der Malerin Emma Mandelbaum. Von 1883–87 Gasthörerin bei Friedrich Theodor Vischer
in Stuttgart. Kontakt zu Paul Heyse, der sie bei der Publikation ihrer literarischen Schriften unterstützt. Zieht 1892 mit Emma Mandelbaum nach Zürich, Studium der Botanik und Zoologie. Lebt von
1901 bis 1907 mit ihrer Freundin und dem Schriftsteller und Lehrer

Iwan Akunian in Genf. Nennt sich seit dieser Zeit Frapan-Akunian. Läßt sich 1908, unheilbar erkrankt, von Emma Mandelbaum erschießen.

In: Hamburger Bilder für Kinder von Ilse Frapan. Verlag von Otto Meissner. Hamburg 1899.

GUSTAV FRENSSEN (1863–1945)

Geb. in Barlt (Holstein). Theologiestudium in Tübingen, Berlin und Kiel. Anschließend Pfarrer in Norddeutschland. Lebte ab 1902 als freier Schriftsteller zunächst in Meldorf und Blankenese, ab 1919 in Barlt. Seit 1933 Mitglied der Deutschen Akademie für Dichtung, enge Verbindung zum Nationalsozialismus. Erhielt 1938 die Goethemedaille für Kunst und Wissenschaft.

In: Peter Moors Fahrt nach Südwest. Ein Feldzugsbericht von Gustav Frenssen. Hundertvierundvierzigstes Tausend. G. Grote'sche Verlagsbuchhandlung. Berlin 1909. – Die erste Auflage erschien 1906.

ALWIN FREUDENBERG (1873–1930)

Geb. in Kamenz. Lehrer, zuletzt Volksschuloberlehrer. Gestorben in Radebeul.

In: Kreuz und quer durchs Kinderland. Gedichte für die Jugend und ihre Freunde von Alwin Freudenberg. Bilder und Buchschmuck von Johannes Gehrts. Sechstes bis zehntes Tausend (verbesserte und vermehrte Auflage). Verlag von Alexander Köhler. Dresden 1921. – Die erste Auflage erschien 1910.

FRITZ GANSBERG (1871–1950)

Geb. in Bremen. Lehrerseminar in Bremen. Seit 1890 Lehrer in Bremen. 1902 erste Veröffentlichungen. Von 1910 bis 1915 vom Schuldienst beurlaubt, um sich der vorwiegend pädagogischen Schriftstellerei zu widmen. Herausgeber der »Wissenschaftlichen Volksbücher«. Ab 1918 wieder Lehrer. 1936 Versetzung in den Ruhestand.

In: Unsere Jungs. Geschichten aus der Stadt Bremen. Von F. Gansberg und H. Eildermann. Mit Buchschmuck von Th. Herrmann. Herausgegeben vom Bremer Jugendschriftenausschuß. Vierte Auflage. Verlag B. G. Teubner. Leipzig und Berlin [um 1925]. – Die erste Auflage erschien 1906.

ROBERT GRÖTZSCH (1878–1946)

Geb. in Naunhof, Ausbildung als Klempner. Ab 1906 Redakteur der »Sächsischen Arbeiterzeitung«, ab 1919 Chefredakteur der »Dresdner Volkszeitung«. 1933 Emigration nach Prag, 1938 nach Paris, ab 1940 lebte er in New York. Mitarbeit an der Zeitschrift »Der neue Vorwärts«.

In: Robert Grötzsch. Nauckes Luftreise und andere Wunderlichkeiten. Kaden & Co. Dresden 1908.

RICHARD HENNINGS (1879–?)

In: Klein Heini, ein Großstadtjunge. Geschichten aus dem Leben eines sechsjährigen Jungen, erzählt für andere kleine Jungen und Mädchen von Richard Hennings. Mit Federzeichnungen von Arpad Schmidhammer. 26. bis 45 Tausend. Hermann & Friedrich. Köln. – Die erste Auflage erschien 1912.

OSKAR HÖCKER (1840–1894)

Geb. in Eilenburg an der Saale. Chemiestudium in Leipzig. 1859 Abbruch des Studiums. Schauspieler in Dresden, Bremen und Rostock. Anschließend Engagements in Berlin am Deutschen Theater (1883–86), am Königlichen Schauspielhaus (1887–89), anschließend am Lessingtheater.

In: Der Erbe des Pfeiferkönigs. Das Ahnenschloß. Vier kulturgeschichtliche Erzählungen von Oskar Höcker. Bd. 1. Ferdinand Hirt und Sohn. Leipzig 1879. [Auszüge aus Kap. 2, 4, 5, 6.]

ADOLF HOLST (1867–1945)

Geb. in Branderoda. Besuch des Pädagogiums in Halle, Studium der Theologie und Philologie in Tübingen, Geschichte, Geographie und Philosophie in Berlin. 1893 Promotion zum Dr. phil. in Tübingen. Ab 1895 Hauslehrer in Florenz und Rom, von 1898 bis 1900 Lehrer und Direktor der deutschen Schule in Genua. Von 1901 bis 1907 Direktor der deutschen Schule in Florenz und Erzieher des Prinzen zu Schaumburg-Lippe. Hofbibliothekar in Bückeburg, lebte dort seit 1918 als freier Schriftsteller. Verfasser zahlreicher Kinderverse, insbesondere für das Bilderbuch, enge Zusammenarbeit mit der Illustratorin Gertrud Caspari.

In: Was der Jugend gefällt. Deutsche Gedichte aus neuerer und neuester Zeit. Ausgewählt und zusammengestellt von Alwin Freudenberg. Mit Bildern und Buchschmuck von Felix Elßner. Dreizehntes bis siebzehntes Tausend. Alexander Köhler. Dresden und Leipzig 1921. – Die erste Auflage erschien 1904. – © 1904 Herold Verlag, München.

OTTO KAMPE (Lebensdaten nicht ermittelt.)

In: Otto Kampe. Ein Korb voll Kirschen. Kleine Geschichten. 63.
bis 82. Tausend. Marholds Jugendbücher, 2. Bändchen. Carl Marhold
Verlagsbuchhandlung. Halle. – Die erste Auflage erschien 1914.

WILHELM KOTZDE (d. i. Wilhelm Kottenrodt, 1878–1948)

Geb. in Gohlitz (Brandenburg). Studium an der Präparandenanstalt
in Berlin. Ab 1899 Lehrer in Berlin. Gab aus gesundheitlichen
Gründen 1907 den Beruf auf und lebte ab 1909 als freier Schriftsteller in Rathenow. Herausgeber der im Mainzer Scholz Verlag erscheinenden Reihen »Mainzer Volks- und Jugendbücher« (ab 1908),
»Vaterländische Bilderbücher« (ab 1912) und »Jungmädchenbücher«
(ab 1913).

In: Die Geschichte des Stabstrompeters Kostmann. Nach seinen
Aufzeichnungen dargestellt von Wilhelm Kotzde. Mainzer Volks-
und Jugendbücher. Verlegt bei Jos. Scholz. Mainz 1910.

ERNST KREIDOLF (1863–1956)

Geb. in Bern. Lithographenlehre in Konstanz, ab 1883 Gebrauchs-
graphiker in München. Besuchte dort neben der beruflichen Tätigkeit die Kunstgewerbeschule, anschließend die Kunstakademie.
Nach Aufenthalten u. a. in Garmisch-Partenkirchen 1914 Rückkehr
nach Bern. Künstlerische Zusammenarbeit mit Paula und Richard
Dehmel und A. Frey.

In: Ernst Kreidolf. Blumen-Märchen. Piloty & Loehle. München
1898. Schaffstein & Co. Köln 1900. – © arsEdition, Zug und München.

MANFRED KYBER (1880–1933)

Geb. in Riga. Schulausbildung in Riga und Petersburg. Philosophie-
studium in Leipzig, dort auch Kontakte zu Max Klinger, Hans-
Heinz Ewers und Erich von Wolzogen. 1909 bis 1919 Leiter der

»Deutschen Volksbühne« und des Kabaretts »Marabu«. Beeinflußt von Rudolf Steiner, verfaßte er neben seinem literarischen Werk auch Schriften über den Okkultismus.

In: Drei Waldmärchen. Von Carl Manfred Kyber. Mit Zeichnungen von Paul Haase. Hermann Seemann Nachfolger. Leipzig 1903. – © Weiss Verlag GmbH – Hesse und Becker Verlag, Dreieich.

RICHARD LEANDER (d. i. Richard von Volkmann, 1830–1889)

Geb. in Leipzig. Medizinstudium in Leipzig. Vorübergehende Tätigkeit als Chirurg in Berlin, anschließend Niederlassung als praktischer Arzt in Halle. 1867 Leiter der chirurgischen Klinik in Halle. 1870/71 Teilnahme am deutsch-französischen Krieg und Beginn literarischer Tätigkeiten. 1878 bis 1879 Rektor an der Universität in Halle.

In: Träumereien an französischen Kaminen. Märchen von Richard Leander. Zehnte Auflage. (Prachtausgabe.) Leipzig, 1871. Druck und Verlag von Breitkopf & Härtel. Prachtausgabe 1878.

DETLEV VON LILIENCRON
(d. i. Friedrich Adolf Axel Freiherr von Liliencron, 1844–1909)

Geb. in Kiel. Militärische Ausbildung. Offizier in Mainz. Teilnahme an den Feldzügen 1864, 1866 und 1870/71. 1875 Austritt aus der Armee wegen Verschuldung. Anschließend Aufenthalt in Amerika. 1877 Rückkehr nach Deutschland. 1882 Hardesvogt der Nordseeinsel Pellworm, 1884 bis 1887 Kirchspielvogt in Kellinghusen (Holstein). Lebte ab 1887 als freier Schriftsteller in München, von 1889 bis 1899 in Ottensen bei Hamburg, später in Alt-Rahlstedt bei Hamburg. Bezieher eines Ehrengehalts von Friedrich Wilhelm II. Freundschaft u. a. mit Richard Dehmel und Gustav Falke.

In: Kriegsnovellen von Detlev von Liliencron. Auswahl für die Jugend. Fünfzigste Auflage. Verlag von Schuster & Loeffler. Berlin und Leipzig [o. J.] (Deutsche Jugendbücherei Heft 1). – Die erste Auflage erschien 1899.

496 Verzeichnis der Autoren, Titel und Druckvorlagen

JAKOB LOEWENBERG (1856–1929)

Geb. in Niederntudorf. 1870 bis 1873 Lehrerseminar in Münster.
1873 bis 1881 Volksschullehrer, dann Studienaufenthalte in London
und Paris. Studium der neueren Philologie in Marburg und Heidelberg (Dr. phil.). 1886 bis 1892 Lehrer in Hamburg, dann Leiter einer
privaten höheren Mädchenschule. 1891 zusammen mit Léon Gold-
schmidt Gründer der »Literarischen Gesellschaft«, Zusammenarbeit
mit Otto Ernst, Detlev von Liliencron, Gustav Falke. Schrieb neben
seinen Novellen, Gedichten und Dramen auch pädagogische Abhandlungen.

In: Was der Jugend gefällt. Deutsche Gedichte aus neuerer und neuester Zeit. Ausgewählt und zusammengestellt von Alwin Freudenberg. Mit Bildern und Buchschmuck von Felix Elßner. Dreizehntes
bis siebzehntes Tausend. Alexander Köhler. Dresden und Leipzig
1921. – Die erste Auflage erschien 1904.

JULIUS LOHMEYER (1835–1903)

Geb. in Neiße. Apotheker. 1865 bis 1872 Mitarbeiter des »Kladderadatsch«, ab 1868 dort Redaktionsmitglied. Umzug nach Berlin-
Charlottenburg. 1872 Austritt aus der Redaktion. 1873 Gründung
der Zeitschrift »Deutsche Jugend«, ab 1898 Herausgeber der Wochenschrift »Illustrierte Kinder Zeitung« und der Reihe »Vaterländische Jugendbücher für Knaben und Mädchen«. Verfaßte selbst Kindergedichte und Texte für Bilderbücher.

In: Deutsche Jugend. Jugend- und Familien-Bibliothek. Hrsg. von
Julius Lohmeyer. Verlag von Alphons Dürr. Leipzig. Elfter Band
1878, Sechsundzwanzigster Band 1885.

HERMANN LÖNS (Pseud.: Fritz von der Leine, 1866–1914)

Geb. in Kulm (Westpreußen). Studium der Naturwissenschaft und
Medizin in Münster, Greifswald, Göttingen, arbeitete als Redakteur
u. a. bei der »Hannoversche Allgemeine Zeitung«. Konvertierte

1902 zum Protestantismus. Lebte ab 1912 als freier Schriftsteller in Hannover, in der Schweiz und in den Niederlanden. Starb 1914 als Kriegsfreiwilliger bei Reims.

In: Was da kreucht und fleucht. Ein Tierbuch von Hermann Löns. Hermann Paetel. Berlin 1909.

ERNST LORENZEN (1876–?)

Geb. in Wellsee bei Kiel. War Hilfsschullehrer in Hagen (Westfalen) und lebte im Ruhestand in Pommerby-Langfeld. Verfasser pädagogischer Schriften und Essays.

In: Was der kleine Heini Will vom Weltkrieg sah und hörte. Geschichten und Stimmungen aus großer Zeit. Herausgegeben von Ernst Lorenzen. Mit Bildern von E. Mickelait. 2. Auflage. Verlag der Dürr'schen Buchhandlung. Leipzig 1917. – Die erste Auflage erschien 1917.

ERNST FRIEDRICH WILHELM MADER
(Pseud.: Ernst Friedrich, 1866–1947)

Geb. in Nizza (Frankreich). 1884 bis 1889 Theologiestudium in Tübingen. Veröffentlichte erste Gedichte in »Über Land und Meer« und »Münchner Fliegende Blätter« und gehörte zu den ersten Mitarbeitern der »Meggendorfer Blätter«. Ab 1897 Pfarrer in Eschelbach und Bönnigheim. Lebte seit 1917 als Schriftsteller in Stuttgart.

In: Wunderwelten. Wie Lord Flitmore eine seltsame Reise zu den Planeten unternimmt und durch einen Kometen in die Fixsternwelt entführt wird. Erzählung von Friedrich Wilhelm Mader. Mit einem farbigen Titelbild und acht Tondruckbildern. Elfte Auflage. Union Deutsche Verlagsgesellschaft. Stuttgart, Berlin, Leipzig [um 1925]. – Die erste Auflage erschien 1911. [Auszüge aus Kap. 1, 9, 10, 12, 13.]

KURT MATULL (1872–?)

Geb. in Treptow. Maler und Schriftsteller in Berlin. 1901 Hausdiener
in Frankreich. Wanderte ein Jahr später in die USA aus und arbeitete
bei verschiedenen Zeitungen in New York. 1905 Dramaturg am
»Berliner Theater«, ab 1907 freier Schriftsteller in Berlin.

In: John Workmann der Zeitungsjunge. Eine Erzählung für die Jugend von Hans Dominik und Kurt Matull. Hugo Steinitz Verlag.
Berlin 1909. [Auszüge aus Kap. 1, 3, 5, 6, 7, 8, 10, 11.]

KARL FRIEDRICH MAY (1842–1912)

Geb. in Ernstthal (Erzgebirge), Ausbildung am Lehrerseminar in
Waldenburg (1856–60) und in Plauen (1860–61). Anschließend
Hilfslehrer in Glauchau, dann Fabrikschullehrer in Chemnitz. Nach
mehreren Haftstrafen ab 1875 Zeitschriftenredakteur, dann Redak-
teur im Kolportageverlag H. G. Münchmeyer. Ab 1877 freier
Schriftsteller. Seit 1879 ständiger Mitarbeiter der Familienzeitschrift
»Deutscher Hausschatz«. 1880 Heirat mit Emma Pollmer. Lebte seit
1896 in Radebeul. 1899 bis 1900 Orientreise. 1903 Scheidung und
Heirat mit Klara Plöhn. Pressekampagnen wegen Vorstrafen und
angeblich sittenwidriger Romane. 1908 Amerikareise.

In: Der gute Kamerad. Spemanns illustrierte Knaben-Zeitung.
5. Jahrgang [1891], Nr. 1 ff.

HULDA MICAL (1879–1957)

Geb. in St. Pölten. Volksschullehrerin und später Volksschuldirek-
torin.

In: Wie Julchen den Krieg erlebte. Buchschmuck von Maria Grengg.
Schulwissenschaftlicher Verlag A. Haase. Prag, Wien, Leipzig 1916.

CHRISTIAN MORGENSTERN (1871–1914)

Geb. in München. Studium der Volkswirtschaft und Jura, später Philosophie und Kunstgeschichte in Breslau und München. 1893 Tuberkuloseerkrankung. Lebte nach dem Abbruch des Studiums 1894 in Berlin. 1895 Veröffentlichung des ersten Gedichtbandes. 1903 bis 1905 Redakteur bei der Zeitschrift »Das Theater«, freier Lektor bei Ernst Cassirer. Beschäftigte sich seit 1909 mit der Anthroposophie Rudolf Steiners. Übersetzte Werke von Knut Hamsun, Henrik Ibsen und August Strindberg.

In: Neue Kinderlieder. Gesammelt von Emil Weber. 1. bis 5. Tausend. Verlagsanstalt & Druckerei vorm. J. F. Richter. Hamburg 1902.

In: Melancholie. Neue Gedichte. Von Christian Morgenstern. Berlin 1906.

BERTHOLD OTTO (1859–1933)

Geb. in Bienowitz (Reg. Bez. Liegnitz, Schlesien). Studium in Kiel und Berlin. Hauslehrer, ab 1890 Redakteur im Brockhaus Verlag, 1906 Gründung der »Hauslehrerschule« in Berlin. Reformpädagoge, Verfasser von Erzählungen für Kinder, pädagogischer und sozial- bzw. wirtschaftsreformerischer Schriften.

In: Kinder-Geschichten. Von Kindern und für Kinder. Mit einem Vorwort von Berthold Otto. Verlag des Hauslehrers. Berlin-Lichterfelde 1913.

FRIEDRICH JOACHIM PAJEKEN (1855–1920)

Geb. in Bremen. 1873 bis 1876 kaufmännische Lehre in einem Bremer Großhandelshaus. Verbrachte mehrere Jahre in Venezuela und Nordamerika. Rückkehr nach Bremen, 1869 Übersiedlung nach

Hamburg. Lebte seit 1879 als freier Schriftsteller in Berlin-Charlottenburg.

In: Bob der Fallensteller. Eine Erzählung aus dem Westen Nordamerikas für die reifere Jugend von Friedrich J. Pajeken. Mit acht Bildern nach Zeichnungen von Johannes Gehrts. Neunte Auflage. Jugendschriftenverlag von Dr. Max Gehlen. Leipzig 1914. – Die erste Auflage erschien 1890. [Auszüge aus Kap. 1, 2, 3, 7, 8, 9, 11, 12.]

FRITZ PISTORIUS (d. i. Robert Eule, 1864–1932)

Geb. in Prettin. Dr. phil., Lehrer, Studienrat und Professor am Friedrichs-Real-Gymnasium in Berlin.

In: Von Jungen, die werden. Neue Geschichten vom Dr. Fuchs. Von Fritz Pistorius. Trowitzsch & Sohn. Berlin 1909.

In: Die Kriegsprima und andere Geschichten vom Dr. Fuchs. Von Fritz Pistorius. Trowitzsch & Sohn. Berlin 1915.

SOPHIE REINHEIMER (1874–1935)

Geb. in Brüssel. Übersiedlung nach Leipzig, 1886 nach Frankfurt am Main, dort Ausbildung zur Kindergärtnerin. Veröffentlichte seit 1913 bei dem im gleichen Jahr gegründeten Franz Schneider Verlag.

In: Sophie Reinheimer. Von Sonne, Regen, Schnee und Wind und anderen guten Freunden. Mit Buchschmuck von Adolf Amberg. Franz Schneider Verlag. Berlin 1913. – Die erste Auflage erschien 1907.

JOACHIM RINGELNATZ (s. Hans Bötticher)

PETER ROSEGGER (1843–1918)

Geb. in Alpl (Obersteiermark). 1858 Schneiderlehre, anschließend Buchhändler in Laibach, 1865 bis 1869 Besuch der Handelsakademie in Graz. Reisen u. a. in die Niederlande und die Schweiz (1870), 1872 nach Italien. 1873 Gründung der Monatszeitschrift »Heimgarten«, die er bis 1910 leitete. 1870 Bekanntschaft mit Ludwig Anzengruber, 1878 mit Berthold Auerbach.

In: Deutsches Geschichtenbuch. Für die reifere Jugend gewählt aus den Schriften von P. K. Rosegger. Mit 14 Farbdruckbildern. U. Hartleben's Verlag. Wien, Pest, Leipzig 1890.

FELIX SALTEN (1869–1947)

Geb. in Budapest. Studierte in Wien. Von 1893 bis 1898 Burgtheaterreferent und Feuilletonist der »Wiener Allgemeinen Zeitung«. 1906 Chefredakteur der »Berliner Morgenpost«. 1910 Rückkehr nach Wien. Während des 1. Weltkrieges im Kriegsarchiv beschäftigt. 1925 bis 1934 Präsident des österreichischen P.E.N.-Clubs, emigrierte 1938 in die Schweiz.

In: Kaiser Max der letzte Ritter. Von Felix Salten. Mit Illustrationen nach zeitgenössischen Bildern von Albrecht Dürer und Hans Burgkmair. Verlag von Ullstein & Co. Berlin 1913. (Ullstein-Jugend-Bücher Bd. 4.)

AGNES SAPPER (1852–1929)

Geb. in München. 1875 Heirat mit dem Lokalpolitiker und Notar Eduard Sapper. Lebte nach dem Tod ihres Mannes 1898 in Würzburg. Verfaßte neben ihren Erzählungen und Romanen für Kinder auch einige populäre Schriften zur Erziehung.

In: Die Familie Pfäffling. Eine deutsche Wintergeschichte. Von Agnes Sapper. 81.–90. Tausend. Verlag von Gundert. Stuttgart 1910. – Die erste Auflage erschien 1907. [Auszüge aus Kap. 1, 4, 5, 7, 14.] © 1946 D. Gundert Verlag, München.

In: Werden und Wachsen. Erlebnisse der großen Pfäfflingskinder. Von Agnes Sapper. 6.–10. Tausend. Verlag von Gundert. Stuttgart 1911. – Die erste Auflage erschien 1910. [Auszüge aus Kap. 1, 6, 7, 13, 14.] © 1910 D. Gundert Verlag, München.

FRIDA SCHANZ (d. i. Frida Soyaux, 1859–1944)

Geb. in Dresden. Lehrerausbildung in Dresden. 1885 Heirat. Arbeitete nach dem Tod ihres Mannes 1905 als Redakteurin bei der Zeitschrift »Daheim«. Lektorin bei »Velhagen und Klasings Monatsheften«.

In: Schulkindergeschichten. Zwanzig Erzählungen für die Jugend von Frida Schanz. Mit vier Farbdrucken nach Aquarellen von Fritz Bergen. Verlag von Levy & Müller. Stuttgart. 6. Auflage 1910. – Die erste Auflage erschien 1901.

HEINRICH SCHARRELMANN (1871–1940)

Geb. in Bremen. 1878–1886 Ausbildung am Lehrerseminar in Bremen. 1891 Lehrer in Bremen. 1902 erste Veröffentlichung pädagogischer Schriften. 1908 Disziplinarverfahren. Gesuch um Pensionierung. Schied 1909 aus dem Schuldienst aus, Einstellung des Disziplinarverfahrens. Als Privatlehrer und Schriftsteller in Kreßbronn am Bodensee tätig. Lebte von 1910 bis 1912 in Hamburg. Lehrer am Privatinstitut von Jakob Loewenberg. Seit 1913 freier Schriftsteller in Hamburg. 1917 Wiedereinstellungsgesuch bei der Bremer Senatskommission für das Unterrichtswesen. 1920 Leitung der ersten »Gemeinschaftsschule«. 1927 Versetzung in den Ruhestand. Als Parteimitglied der NSDAP vorübergehend »Kommissar für das Volksschulwesen« in Bremen. Starb 1940 in Leipzig.

In: Ein kleiner Junge. Was er sah und hörte, als er noch nicht zur Schule ging. Erzählt von Heinrich Scharrelmann. Mit Bildern von Theodor Herrmann. 4. bis 6. Tausend. Alfred Janssen. Hamburg 1909. – Die erste Auflage erschien 1908. – Mit freundlicher Genehmigung von Klaus Scharrelmann, Caputh.

WILHELM SCHARRELMANN (1875–1950)

Geb. in Bremen. Bruder von Heinrich Scharrelmann. Lehrerausbildung. Von 1896–1921 im Bremer Schuldienst tätig. Ließ sich 1921 aus gesundheitlichen Gründen pensionieren. Lebte anschließend als Schriftsteller in Bremen, ab 1928 in Worpswede.

In: Großmutters Haus und andere Geschichten von Wilhelm Scharrelmann. Mit vier farbigen Einschaltbildern und zwölf Textbildern von Rolf Winkler. Zweite Auflage 1913. Verlag von Georg Westermann in Braunschweig. – Die erste Auflage erschien ebenfalls 1913. – Mit freundlicher Genehmigung der GbR Scharrelmann, Heerstedt.

BERNHARDINE SCHULZE-SMIDT (1846–1920)

Geb. in Bremen. Längerer Englandaufenthalt, lebte in verschiedenen Orten Norddeutschlands, nach dem Tod ihres Mannes (1886) zeitweise in München. Unternahm Reisen nach Frankreich, Italien, dem Balkan und in die Alpen. Veröffentlichte zu Beginn ihrer schriftstellerischen Tätigkeit (1875) unter dem Pseudonym E. Oswald.

In: Jugendparadies. Eine wahre Geschichte für die Kinder und ihre Freunde von Bernhardine Schulze-Smidt. Mit 6 Tonbildern von W. Zehme. Verlag von Velhagen & Klasing. Bielefeld und Leipzig 1895. [Auszüge aus Kap. 5 und 6.]

TONY SCHUMACHER (d. i. Antonie Schumacher, 1848–1931)

Geb. in Ludwigsburg. 1875 Heirat mit Karl Friedrich Schumacher, Hofrat und Vermögensverwalter der Prinzessin Monie von Württemberg in Stuttgart. Verfaßte neben ihren kinder- und jugendliterarischen Schriften auch populärpädagogische Abhandlungen.

In: Schulleben. Eine Geschichte für jung und alt zum Lachen und Weinen. Von Tony Schumacher. Verlag von Levy & Müller. Stuttgart. Dritte Auflage 1910. [Auszüge aus Kap. 2 und 4.] – Die erste Auflage erschien 1897.

HEINRICH SEIDEL (1842–1906)

Geb. in Perlin (Mecklenburg). Studium an der Technischen Hochschule in Hannover und Gewerbeakademie in Berlin. 1868 bis 1880 tätig als Ingenieur einer Maschinenbau- und Eisenbahngesellschaft, ab 1880 freier Schriftsteller. Kontakte auch zu Paul Heyse, Theodor Fontane und Johannes Trojan. Ehrendoktor der Universität in Rostock.

In: Deutsche Jugend. Jugend- und Familien-Bibliothek. Hrsg. von Julius Lohmeyer. Achtzehnter Band. Verlag von Alphons Dürr. Leipzig 1881.

In: Neues Glockenspiel. Gesammelte Gedichte von Heinrich Seidel. Gesammelte Schriften, Band XI. A. G. Liebeskind. Leipzig 1893.

In: Kinderlieder und Geschichten. Von Heinrich Seidel. Mit Buchschmuck von Carl Röhling. Zweite Auflage. Union Deutsche Verlagsgesellschaft. Stuttgart, Berlin, Leipzig [um 1905]. – Die erste Auflage erschien 1903.

ALBERT SERGEL (1876–1946)

Geb. in Peine. Studium der Germanistik und Altphilologie. 1907 Promotion zum Dr. phil. in Rostock.

In: Ringelreihen. Kindergedichte von Alfred Sergel. C. J. E. Volck-mann Nachfolger. Rostock 1907.

JOSEPHINE SIEBE (1870–1941)

Geb. in Leipzig. Schulbesuch in Halle und Leipzig. Begann eine Mal- und Zeichenausbildung. Ab 1904 Schriftleiterin der Frauen-beilage des »Leipziger Wochenblatts«, später des Frauenteils von »Reclams Universum«, verfaßte zahlreiche Kindergeschichten und Mädchenbücher.

In: Oberheudorfer Buben- und Mädelgeschichten. Erzählung für die Jugend von Josephine Siebe. Mit vier farbigen Vollbildern und zahl-reichen Textillustrationen von Karl Schmauk. Verlag von Levy & Müller. Stuttgart. 9. Auflage [um 1925]. – Die erste Auflage erschien 1908. – © 1908 Herold Verlag, München.

HEINRICH SOHNREY (1859–1948)

Geb. in Jühnde. 1876 Besuch des Lehrerbildungsseminars Hanno-ver, 1879 Lehrer, seit 1885 Studium in Göttingen und Berlin, Schrift-leiter der »Freiburger Zeitung«, Herausgeber der »Deutschen Dorf-zeitung« (1898–1918) und »Sohnreys Dorfkalender« (1902–32). Ehrendoktor der Universitäten in Tübingen und Königsberg.

In: Draußen im Grünen. Dorfjugendgeschichten von Heinrich Sohnrey. Mit einem Titelbild von H. Vogeler und Illustrationen von F. Müller-Münster. Deutsche Landbuchhandlung. Berlin. Dritte Auflage 1913. – Die erste Auflage erschien 1910.

JOHANNA SPYRI (1827–1901)

Geb. in Hirzel (Kanton Zürich). 1841 bis 1843 Aufenthalt in Zürich bei einer Verwandten, erhält dort Privatunterricht. Erste Kontakte zu C. F. Meyer und seiner Schwester Betsy Meyer. 1843 bis 1845 Besuch eines Pensionats in Yverdon am Neuenburger See, Rückkehr ins Elternhaus. 1852 Heirat mit dem Rechtsanwalt und späteren Stadtschreiber von Zürich Johann Bernhard Spyri. 1855 Geburt des Sohnes Bernhard. 1879 Veröffentlichung ihrer ersten Erzählungen. 1882 Beginn des Briefwechsels mit C. F. Meyer. 1884 Tod des Sohnes und des Ehemanns.

In: Heidis Lehr- und Wanderjahre. Eine Geschichte für Kinder und auch für solche, welche die Kinder liebhaben. Von Johanna Spyri. Achte Auflage mit drei Bildern. Friedrich Andreas Berthes. Gotha 1887. [Auszüge aus Kap. 12 und 13.] – Die erste Auflage erschien 1880.

HELENE STÖKL (1845–1929)

Geb. in Brandenburg. Lehrerinausbildung, arbeitete von 1864 bis 1866 als Erzieherin. Lebte seit 1866 in Wiener Neustadt, heiratete dort 1869. Beginn ihrer schriftstellerischen Tätigkeit nach dem Tod ihres Mannes 1873. Verfaßte neben ihren Kinder- und Jugendschriften auch Ratgeberbücher.

In: Ich will! Lebensbilder hervorragender Männer unserer Tage. Von H. Stökl. Mit 16 Porträts. Friedrich Andreas Perthes Aktiengesellschaft. Gotha 1909.

THEODOR STORM (1817–1888)

Geb. in Husum. 1837 bis 1842 Jurastudium in Berlin und Kiel. 1843 Advokat in Husum. 1846 Heirat mit Konstanze Esmarch. 1852 von der dänischen Besatzungsmacht entlassen, 1853 bis 1856 Assessor in Potsdam. Bekanntschaft mit Theodor Fontane, Paul Heyse und Joseph von Eichendorff. 1856 Kreisrichter in Heiligenstadt auf dem Eichsfeld, 1864 Landvogt in Husum. 1865 Tod der ersten Ehefrau,

1866 Heirat mit Dorothea Jenssen. 1867 Amtsrichter in Husum, später Oberamtsrichter, 1879 Amtsgerichtsrat, 1880 Übersiedlung nach Hademarschen.

In: Deutsche Jugend. Jugend- und Familien-Bibliothek. Hrsg. von Julius Lohmeyer. Vierter Band. Verlag von Alphons Dürr. Leipzig 1874.

JULIUS STURM (Pseud.: Julius Stern, 1816–1896)

Geb. in Köstritz (Thüringen). Theologiestudium in Jena, 1841–43 Hauslehrer in Heilbronn, Bekanntschaft mit Nikolaus Lenau und Justinus Kerner, Erzieher des Erbprinzen Heinrich XIV., ab 1850 Pfarrer in Jöschitz bei Schleiß, später in Köstritz.

In: Deutsche Jugend. Jugend- und Familien-Bibliothek. Hrsg. von Julius Lohmeyer. Verlag von Alphons Dürr. Leipzig. Zweiter Band 1873.

In: Kinderlieder. Von Julius Sturm. Verlag der Jugend-Gartenlaube. Nürnberg 1893.

KARL TANERA (1849–1904)

Geb. in Landshut (Niederbayern). Besuch des Gymnasiums in Regensburg und Speyer. 1866 Eintritt in das bayrische Heer bei Kriegsausbruch. Besuch der Kriegsschule in München, erwirbt 1870 das Leutnantpatent. 1870/71 Teilnahme am deutsch-französischen Krieg. Unternahm ab 1873 Reisen u. a. nach England, Belgien, Ungarn, Polen und Nordafrika. 1882 bis 1887 Berufung an die Kriegsakademie in Berlin. Lebte nach ersten literarischen Erfolgen als freier Schriftsteller in Berlin. 1891 erschien seine erste Jugenderzählung. Bereiste Indien, Japan, Nordamerika und China.

In: Der Freiwillige des »Iltis«. Erzählung aus unseren Tagen. Der
reiferen Jugend gewidmet. F. Hirt & Sohn. Leipzig. Zehnte Auflage
1906. [Auszug aus Kap. 4.] – Die erste Auflage erschien 1900.

LUDWIG THOMA (Pseud.: Peter Schlemihl, 1867–1921)

Geb. in Oberammergau. Studium der Forstwirtschaft in Aschaffen-
burg, später Jurastudium in München und Erlangen, 1894 bis 1899
Rechtsanwalt in Dachau und München, ab 1899 Redakteur beim
»Simplicissimus«. Mitarbeiter der »Jugend«. 1907 gemeinsam mit
Hermann Hesse Herausgeber der Zeitschrift »März«. Lebte als
freier Schriftsteller in München und Rottach. Freiwillige Teilnahme
am Ersten Weltkrieg als Krankenpfleger.

In: Ludwig Thoma: Lausbubengeschichten. Aus meiner Jugendzeit.
Elftes bis fünfzehntes Tausend. Albert Langen Verlag für Literatur
und Kunst. München 1906. – Die erste Auflage erschien 1905.

JOHANNES TROJAN (1837–1915)

Geb. in Danzig. Studierte in Göttingen Medizin, in Bonn und Berlin
Germanistik. 1862 Hilfsredakteur bei der »Berliner Montagszeit-
schrift«, Mitarbeiter der »Deutschen Jugend« und der »Nationalzei-
tung«, 1862 bis 1909 Mitarbeiter der Zeitschrift »Kladderadatsch«,
ab 1886 dort Chefredakteur. 1898 zweimonatige Inhaftierung wegen
eines Pressevergehens. Erhält 1907 den Professorentitel, 1912 die
Ehrendoktorwürde der Universität Rostock.

In: Kinderlust. Ein Jugend-Album mit Reimen von J. Trojan. Illu-
striert von Rudolf Geißler. Julius Hoffmann. Stuttgart. Zweite Auflage 1875. – Die erste Auflage erschien 1873.

In: Hundert Kinderlieder von Johannes Trojan. Verlag von Freund &
Jeckel. Berlin 1899.

ROBERT WALSER (1878–1956)

Geb. in Teufen. 1892 bis 1895 Banklehre in Biel, Schauspielversuche in Stuttgart. 1904 Bankangestellter in Zürich. Lebte von 1905 bis 1913 mit seinem Bruder Karl Walser in Berlin. Mitarbeiter an verschiedenen Zeitschriften. Von 1913 bis 1920 in Biel, 1915 Militärdienst, 1921 Übersiedlung nach Bern, 1929 Ausbruch einer Schizophrenie-Erkrankung, Eintritt in die Heilanstalt Waldau, lebte von 1933 bis zu seinem Tod in der Heil- und Pflegeanstalt Herisau.

In: Der Buntscheck. Ein Sammelbuch herzhafter Kunst für Ohr und Auge deutscher Kinder. Hrsg. von Richard Dehmel bei Schaffstein & Co. Köln 1904. – © 1978 Suhrkamp Verlag, Zürich und Frankfurt am Main. Mit Genehmigung der Inhaberin der Rechte, der Carl Seelig-Stiftung, Zürich.

EMIL WEBER (1877–1944)

Geb. in Hamburg. War dort seit 1894 tätig als Lehrer.

In: Sonne und Wind. Gedichte für Kinder von Emil Weber. Mit bunten Bildern von César Klein. Alfred Hahns Verlag. Leipzig. Zweite Auflage 1910. – Die erste Auflage erschien 1905.

CHRISTOPH DAVID FRIEDRICH WEINLAND (1829–1915)

Geb. in Grabenstetten bei Urach (Württemberg). Besuch der Lateinschule in Nürtingen und des Internatsseminars in Maulbronn. Studium im Tübinger Stift. Neben der Theologie verfolgte er auch ein naturwissenschaftliches Studium. 1852 Abschluß mit einer Dissertation. Assistent am Zoologischen Institut in Berlin. 1855 Berufung an die Harvard Universität in Cambridge bei Boston. 1857 Forschungsaufenthalt auf Haiti. 1859 wissenschaftlicher Direktor am Zoologischen Garten in Frankfurt am Main. Lebte seit 1863 in Hohenwittlingen bei Urach.

In: Rulaman. Erzählung aus der Zeit der Höhlenmenschen und des Höhlenbären. Der Jugend und ihren Freunden gewidmet von Dr. D. F. Weinland. Sechste durchgesehene Auflage mit vermehrten Anmerkungen. Mit 48 Textabbildungen nach Zeichnungen von H. Leutemann. Verlag Otto Spamer. Leipzig 1906. – Die erste Auflage erschien 1878. [Auszüge aus Kap. 1, 3, 5.]

ERNST VON WILDENBRUCH (1845–1909)

Geb. in Beirut. Verbrachte die Kindheit in Athen und Konstantinopel. Ausbildung u. a. in der Kadettenschule in Potsdam, 1865 Abbruch der Offizierslaufbahn, 1870 Jurastudium in Berlin. Von 1871 bis 1875 Gerichtsreferendar in Frankfurt an der Oder. Von 1877 bis 1900 im Auswärtigen Amt in Berlin tätig. Erhielt 1883 den Grillparzer-Preis, 1884 den Schiller-Preis.

In: Der deutsche Spielmann. Band 1: Kindheit. Des Kindes kleine und große Welt, seine Lust und sein Leid. Gesammelt von Ernst Weber. Bildschmuck von Ernst Weber. Zweite veränderte Auflage. Verlag des deutschen Spielmanns. Georg D. W. Callwey. München 1911. – Die erste Auflage erschien 1903.

S. WÖRISHÖFFER (d. i. Sophie Andresen, 1838–1890)

Geb. in Pinneberg. Kusine von Detlev von Liliencron. 1866 Heirat mit Albert Fischer Wörishöffer. 1870 Tod ihres Mannes. Beginnt für die Zeitschriften »Daheim« und »Reform« zu schreiben und veröffentlichte bis zur Mitte der siebziger Jahre einige Novellenbände. Schrieb anschließend für den Verlag Velhagen & Klasing vorwiegend Abenteuerbücher.

In: Robert des Schiffsjungen Fahrten und Abenteuer auf der deutschen Handels- und Kriegsflotte. Von S. Wörishöffer. Mit über 100 Illustrationen von B. Woltze. Fünfte Auflage. Verlag von Velhagen & Klasing. Bielefeld und Leipzig 1887. – Die erste Auflage erschien 1877. [Auszüge aus Kap. 6, 7.]

Der Verlag Philipp Reclam jun. dankt für die Nachdruckgenehmigung den Rechteinhabern, die durch den Quellennachweis oder einen folgenden Copyrightvermerk bezeichnet sind. Für einige Autoren waren die Rechteinhaber nicht festzustellen. Hier ist der Verlag bereit, nach Anforderung rechtmäßige Ansprüche abzugelten.

Abbildungsnachweis und Illustratorenregister

Literaturhinweise

Bibliographien, Kataloge, Dokumentationen

ABC und Abenteuer. Texte und Dokumente zur Geschichte des deutschen Kinder- und Jugendbuchs. 2 Bde. Hrsg. von Alfred Clemens Baumgärtner und Heinrich Pleticha: München: Deutscher Taschenbuch Verlag, 1985.

Ausbruch und Abenteuer. Deutsche und englische Abenteuerliteratur von Robinson bis Winnetou. Ausstellungskatalog. Bearb. von Kevin Carpenter und Bernd Steinbrink. Oldenburg: Bibl. und Informationssystem, 1984.

Deutscher Jugendschatz. Wochenschrift für Arbeiterfamilien im 19. Jahrhundert. Ausgew. von Werner Lesanovsky. Frankfurt a. M. [u. a.]: Lang, 1994.

Deutschsprachige Kinder- und Jugendliteratur der Arbeiterklasse von den Anfängen bis 1945. Zusammengestellt von Heinz Wegehaupt. Berlin: Der Kinderbuchverlag, 1972.

Die Diskussion um das Jugendbuch. Ein forschungsgeschichtlicher Überblick von 1890 bis heute. Hrsg. von Jörg Becker. Darmstadt: Wissenschaftliche Buchgesellschaft, 1986. (Wege der Forschung. Bd. 457.)

Erziehung zum Krieg – Krieg als Erzieher 1870–1945. Mit dem Jugendbuch für Kaiser, Vaterland und Führer. Ausstellungskatalog. Oldenburg: Stadtmuseum, 1979.

Göbels, Hubert: Hundert alte Kinderbücher 1870–1945. Eine illustrierte Bibliographie. Dortmund: Harenberg, 1981. (Die bibliophilen Taschenbücher 265.)

Henschen, Jörg / Richter, Dieter / Vietor, Reinhild: 200 Jahre Kinder- und Jugendlektüre in Bremen. Ausstellungskatalog. Bremen: Verl. Klaus Gasseleder, 1985.

Das Kinderbuch in Hamburg um 1900. Lichtwark, Wolgast und Dehmel und der Umkreis der Kunsterziehungsbewegung. Ausstellungskatalog. Hamburg: Stadt- und Universitätsbibliothek, 1989.

Kinderbücher der Jahrhundertwende. Ausstellungskatalog. Bearb. von Martina Ridloff. Bremen: Gerhard Marcks-Haus, 1983.

Kinderbücher des 19. Jahrhunderts aus den Beständen der Oldenburger Universitätsbibliothek. Ausstellungskatalog. Bearb. von

Wolfgang Promies. Oldenburg: Bibliothek und Informationssystem, 1980.

Kinderschaukel 2. Ein Lesebuch zur Geschichte der Kindheit in Deutschland 1860–1930. Hrsg. von Marie-Luise Könneker. Darmstadt/Neuwied: Luchterhand, 1976. (Sammlung Luchterhand 217.)

Darstellungen

Altner, Manfred: Die deutsche Kinder- und Jugendliteratur zwischen Gründerzeit und Novemberrevolution. Berlin: Der Kinderbuchverlag, 1981. (Studien zur Geschichte der deutschen Kinder- und Jugendliteratur 5.)

Bamberger, Richard: Jugendlektüre. Jugendschriftenkunde. Leseunterricht. Literaturerziehung. Wien: Jugend und Volk, ²1965.

Berg, Christa: Familie, Kindheit, Jugend. In: Handbuch der deutschen Bildungsgeschichte. Bd. IV: 1870–1918. Von der Reichsgründung bis zum Ende des ersten Weltkrieges. Hrsg. von Christa Berg. München: Beck, 1991. S. 91–145.

Cloer, Ernst / Klika, Dorle / Seyfarth-Stubenrauch, Michael: Versuch zu einer pädagogischen-biographischen historischen Sozialisations- und Bildungsforschung. Kindsein in Arbeiter- und Bürgerfamilien des Wilhelminischen Reiches. In: Kinderwelten. Hrsg. von Christa Berg. Frankfurt a. M.: Suhrkamp, 1991. S. 68–102.

Dahrendorf, Malte: Kinder- und Jugendliteratur im bürgerlichen Zeitalter. Beiträge zu ihrer Geschichte, Kritik und Didaktik. Königstein: Scriptor, 1980.

Die boshafte Heiterkeit bei Wilhelm Busch. Hrsg. von Michael Vogt. Bielefeld: Aisthesis, 1988.

Diesel, Eugen: 75 Bände »Das neue Universum« 1880–1958. Würdigung einer Epoche und eines Buches. Stuttgart: Union, 1958.

Doderer, Klaus: Klassische Kinder- und Jugendbücher. Kritische Betrachtungen unter Mitarbeit von Peter Aley [u. a.]. Weinheim/Berlin/Basel: Beltz, 1969.

Doerry, Martin: Übergangsmenschen. Die Mentalität der Wilhelminer und die Krise des Kaiserreichs. Weinheim/München: Juventa, 1986.

Dyrenfurth-Graebsch, Irene: Geschichte des deutschen Jugendbuches. 3., neubearb. Aufl. Zürich/Freiburg: Atlantis, 1967.

Eckhardt, Juliane: Imperialismus und Kaiserreich. In: Geschichte der deutschen Kinder- und Jugendliteratur. Hrsg. von Reiner Wild. Stuttgart: Metzler, 1990. S. 179–219.

Erich, Gotthard: Der deutsch-völkische Gedanke im Jugendschrifttentum. Nachdenkliches und Grundsätzliches zum deutschen Jugendbuch. Leipzig: Dieterich'sche Verlagsbuchhandlung, 1914.

Flecken, Margarete: Arbeiterkinder im 19. Jahrhundert. Eine sozialgeschichtliche Untersuchung ihrer Lebenswelt. Weinheim/Basel: Beltz, 1981.

Frank, Horst Joachim: Dichtung, Sprache, Menschenbildung. Geschichte des Deutschunterrichts von den Anfängen bis 1945. München: Hanser, 1973.

Friedrich, Wolfgang: Die ersten sozialistischen Jugendschriften. In: Beiträge zur Kinder- und Jugendliteratur, H. 11 (1968) S. 43 bis 48.

Fröhlich, Roswitha / Winkler, Jürg: Johanna Spyri. Momente einer Biographie. Ein Dialog. Zürich: Arche, 1986. (Neue Arche Bücherei 16.)

Fronemann, Wilhelm: Die beherrschenden Ideen im Jugendschrifttum und in der Volksbildung von Wolgast bis heute und ihre Träger. In: Begegnung mit dem Buch. Ratingen: Henn, 1950. S. 7 bis 27.

Gleim, Bernhard: Der Lehrer als Künstler. Zur praktischen Schulkritik der Bremer und Hamburger Reformpädagogen. Weinheim/Basel: Beltz, 1985.

Grüntz-Stoll, Johannes: Schreiliesel, Eispeter und Gaukellinchen. Abschreckende Beispiele kindlichen Ungehorsams in der Kinderliteratur des 19. Jahrhunderts. In: Kindheit 5 (1983) H. 1. S. 2 bis 16.

Hammerschmidt, Fritz: Entstehung und Entwicklung der ersten Jugendzeitschriften der deutschen Arbeiterjugendbewegung vor dem Ersten Weltkrieg. In: Jahrbuch für Erziehungs- und Schulgeschichte 2 (1962) S. 133–216.

Hermann, Ulrich: Der »Jüngling« und der »Jugendliche«. In: Geschichte und Gesellschaft 11 (1985) H. 2. S. 205–216.

– Pädagogisches Denken und Anfänge der Reformpädagogik. In: Handbuch der deutschen Bildungsgeschichte. Bd. IV: 1870–1918. Von der Reichsgründung bis zum Ende des Ersten Weltkrieges. Hrsg. von Christa Berg. München: Beck, 1991. S. 147–178.

Hussong, Martin: Mythen der Technik im »Neuen Universum«. Fortschrittsideologie in einem Jugendjahrbuch 1890–1980. Frankfurt a. M.: Haag und Herchen, 1983.

Holtz-Baumert, Gerhard: »Überhaupt brauchen wir eine sozialistische Literatur ...« Eine Skizze über die Anfänge sozialistischer deutscher Kinderliteratur mit einem Dokumenten-Anhang. Berlin: Der Kinderbuchverlag, 1972.

Hopster, Norbert: Beständigkeit und Wandel. Zur Geschichte der Kinder- und Jugendliteraturkritik seit Ende des 19. Jahrhunderts. In: Sprache und Literatur in Wissenschaft und Unterricht 62 (1988) S. 33–43.

Jahnke, Manfred: Von der Komödie für Kinder zum Weihnachtsmärchen. Untersuchung zu den dramatischen Modellen der Kindervorstellungen in Deutschland bis 1917. Meisenheim a. G.: Hain, 1977.

Zur Jugendschriftenfrage. Eine Sammlung von Aufsätzen und Kritiken. Hrsg. von den Vereinigten deutschen Prüfungsausschüssen. Leipzig: Wunderlich, 1903. 2., verm. Aufl. 1906.

Der Kampf um die Jugendschrift. Zugleich ein Schlußwort. Hrsg. von Wilhelm Kotzde und Josef Scholz. Mainz: Scholz, 1913.

Karstädt, Otto: Schlagworte gegen Kunsterziehungs- und Jugendschriftenbewegung. In: Jugendschriftenwarte 17 (1909) Nr. 6. S. 21–22. Nr. 7. S. 25–26.

Kehrli, Jakob: Ernst Kreidolf. Der Maler und Dichter. Bern: Haupt, 1949. (Schweizer Heimatbücher 28/29.)

Key, Ellen: Das Jahrhundert des Kindes. Studien. Autoris. Übertr. [aus dem Schwed.] von Francis Maro [d. i. Marie Franzos]. Berlin: S. Fischer, ⁶1904 [1902]. Nachdr. Weinheim/Basel: Beltz, 1992.

Klika, Dorle: Erziehung und Sozialisation im Bürgertum des Wilhelminischen Kaiserreichs. Eine pädagogisch-biographische Untersuchung zur Sozialgeschichte der Kindheit. Frankfurt a. M. / Bern / New York: Lang, 1990.

Knopf, Sabine: Berliner Kinderbuchverlage des 19. Jahrhunderts. In: Börsenblatt für den Deutschen Buchhandel Nr. 17 vom 28. 2. 1992.

Koch, Artur: Die Verwirklichung sozialistischer Kindererziehung mit Hilfe der ersten deutschen proletarischen Kinderzeitschrift »Für unsere Kinder« (1905–1917). In: Jahrbuch für Erziehungs- und Schulgeschichte 7 (1967) S. 47–131.

Koppen, Erwin: Pinocchio im Reich des Simplicissimus. Otto Julius Bierbaum als Bearbeiter Collodis. In: Stimmen der Romania. Festschrift für W. Theodor Elwert zum 70. Geburtstag. Wiesbaden: Heymann, 1980. S. 225–241.

Köster, Hermann Leopold: Das Geschlechtliche im Unterricht und in der Jugendlektüre. Leipzig: Wunderlich, 1903.
– Die literarischen Interessen der Übergangszeit. In: Archiv für Pädagogik 1 (1913) Nr. 8. S. 449–466.
– Geschichte der Jugendliteratur in Monographien. 2 Tle. Hamburg: Janssen 1906–1908. 2. unveränd., berechtigter Nachdr. der 4. Aufl. von 1927. München-Pullach/Berlin: Verlag Dokumentation, 1971.
Kotzde, Wilhelm / Scholz, Josef: Der vaterländische Gedanke in der Jugendliteratur. Eine Streit- und Wehrschrift. Mainz: Scholz, 1912.
Krahé, Hildegard: Lothar Meggendorfers Spielwelt. München: Hugendubel, 1983.
Kuhn, Andrea / Merkel, Johannes: Sentimentalität und Geschäft. Zur Sozialisation durch Kinder- und Jugendliteratur im 19. Jahrhundert. Berlin: Basis Verlag, 1977. (Basis Theorie 6.)
Lang, Paul: Jugendschrift und Tendenz. Ein Beitrag zur Theorie der Jugendlektüre. Leipzig: Wunderlich, 1907.
Lange, Marianne: Die fortschrittliche bürgerliche Jugendschriftenkritik am Jugendbuch des 19. Jahrhunderts und ihre Auswirkungen auf die Bildungsarbeit der Arbeiterklasse. Diss. [Masch.] Leipzig 1957.
Lerch, Edith / Mühlbauer-Hülshoff, Renate: Aufwachsen zwischen Sedantag und 1. Mai. Politische Indoktrination von Kindern im Kaiserreich. In: Kinderwelten. Hrsg. von Christa Berg. Frankfurt a. M.: Suhrkamp, 1991. S. 155–186.
Lesanovsky, Werner: »Deutscher Jugendschatz« – die erste proletarische Jugendzeitschrift. In: Weimarer Beiträge 30 (1984) Nr. 10. S. 1678–86.
– Der »deutsche Jugendschatz« – die erste deutsche proletarische Wochenschrift für Kinder und Jugendliche. In: Beiträge zur Kinder- und Jugendliteratur H. 70 (1984) S. 15–40.
Lichtenberger, Franz: Die geschichtliche Entwicklung der Idee der Kindertümlichkeit im Jugendschrifttum. In: Jugendschriftenwarte 45 (1940) Nr. 9/10. S. 65–70.
Linde, Ernst: Kunst und Erziehung. Gesammelte Aufsätze. Leipzig: Brandstetter, 1901.
– Die Bildungsaufgabe der deutschen Dichtung. Leipzig: Brandstetter, 1927.
Mieth, Annemarie: Literatur und Sprache im Deutschunterricht der

Reformpädagogik. Eine problemgeschichtliche Untersuchung. Frankfurt a. M. [u. a.]: Lang, 1994.

Mörchen, Helmut: Notizen zu Wolgast. Anmerkungen zur Rezeption von »Das Elend unserer Jugendliteratur« (1896). In: Literatur für Kinder. Hrsg. von Maria Lypp. Göttingen: Vandenhoeck & Ruprecht, 1977. S. 13–20. (Zeitschrift für Literaturwissenschaft und Linguistik. Beiheft 7.)

Müllers, Wilhelm: Die Pädagogik Heinrich Scharrelmanns. Ein Beitrag zur Historiographie der reformpädagogischen Bewegung. Diss. [Masch.] Duisburg 1974.

Nassen, Ulrich: Kategorien kulturkonservativer Jugendbuchkritik von der Jahrhundertwende bis zum Ende der 50er Jahre. In: Kinderliteratur und Moderne. Hrsg. von Hans-Heino Ewers, Maria Lypp und Ulrich Nassen. Weinheim/München: Juventa, 1990. S. 261–269.

Nipperdey, Thomas: Deutsche Geschichte 1866–1918. Bd. I: Arbeitswelt und Bürgergeist. München: Beck, 1990.

Oelkers, Jürgen: Die Reformpädagogik. In: Pädagogische Epochen. Hrsg. von Rainer Winkel. Düsseldorf: Schwann, 1987. S. 187 bis 228.

– Reformpädagogik und die Literatur des Fin de Siècle. In: Erziehung als Paradoxie der Moderne. Aufsätze zur Kulturpädagogik. Hrsg. von J. O. Weinheim: Deutscher Studien Verlag, 1991. S. 143–160.

– Das Bild des Kindes als ästhetisches Objekt. Überlegungen zum Verhältnis von moderner Kunst und Reformpädagogik. In: Ebd. S. 161–178.

Pape, Walter: Der mißverstandene Satiriker: Wilhelm Busch oder der Mythos ohne Hoffnung. In: Walter Pape: Das literarische Kinderbuch. Studien zur Entstehung und Typologie. Berlin / New York: de Gruyter, 1981. S. 303–368.

– Wilhelm Busch. Stuttgart: Metzler, 1977. (Sammlung Metzler 163.)

Paur-Ulrich, Marguerite: Johanna Spyri. Ein Lebensbild. Zürich: Waldmann, 1927.

Pech, Klaus-Ulrich: Fiktion – nicht Mimesis! Die Arbeitswelt in der Jugendliteratur des 19. Jahrhunderts. In: Der Deutschunterricht 42 (1990) H. 3. S. 44–60.

Reulecke, Jürgen: Jugend – Entdeckung oder Erfindung. Zum Jugendbegriff vom Ende des 19. Jahrhunderts bis heute. In: Schock

und Schöpfung. Jugendästhetik im 20. Jahrhundert. Darmstadt/
Neuwied: Luchterhand, 1986. S. 21–25.

Ries, Hans: Illustration und Illustratoren des Kinder- und Jugendbuchs im deutschsprachigen Raum 1871–1914. Das Bildangebot
der Wilhelminischen Zeit. Osnabrück: Wenner, 1992.

– Großstadt in der Kinderliteratur (1900–1933). In: Fundevogel
Nr. 109. 1993. S. 33–48.

– Die Großstadt im Bilderbuch der Jahrhundertwende. In: Julit. Informationen / Arbeitskreis für Jugendliteratur 20 (1994) H. 3.
S. 33–39.

Roth, Lutz: Die Erfindung des Jugendlichen. München: Juventa,
1983.

Rüttgers, Severin: Über die literarische Erziehung als ein Problem
der Arbeitsschule. Ein Beitrag zur Reform des Sprachunterrichts
und der Lesebücher und zu einem Leseplan für die deutsche Jugend. Leipzig/Berlin: Teubner, 1910.

Schenda, Rudolf: Volk ohne Buch. Studien zur Sozialgeschichte
der populären Lesestoffe 1770–1910. Frankfurt: Klostermann,
1970.

– Schundliteratur und Kriegsliteratur. Ein kritischer Forschungs-
bericht zur Sozialgeschichte der Jugendlesestoffe im Wilhelminischen Zeitalter. In: Historische Aspekte zur Jugendliteratur. Hrsg.
von Karl Ernst Maier. Stuttgart: Thienemann, 1974. S. 72–85,
132–138.

– Die Lesestoffe der Kleinen Leute. Studien zur populären Literatur
im 19. und 20. Jahrhundert. München: Beck, 1976. S. 78–102.

Schmidt, Joachim: Zur Geschichte der bürgerlichen Jugendschriftenbewegung in Deutschland: Heinrich Wolgasts reformpädagogi-
scher Standort als Grundlage für seine Jugendschriftentheorie und
-kritik. In: Beiträge zur Kinder- und Jugendliteratur H. 7 (1965)
S. 117–130.

– Die Jugendschriftenfrage und die deutsche Sozialdemokratie. In:
Beiträge zur Kinder- und Jugendliteratur H. 9 (1967) S. 80–89.

Schubert-Geller, Christoph: Vormilitärische Jugenderziehung. In:
Handbuch der deutschen Bildungsgeschichte. Bd. IV: 1870–1918.
Von der Reichsgründung bis zum Ende des Ersten Weltkrieges.
Hrsg. von Christa Berg. München: Beck, 1991. S. 503–515.

Seyfarth-Stubenrauch, Michael: Erziehung und Sozialisation in Arbeiterfamilien im Zeitraum 1870 bis 1914 in Deutschland. 2 Bde.
Frankfurt a. M. / Bern / New York: Lang, 1985.

Ueding, Gert: Wilhelm Busch. Das 19. Jahrhundert en miniature. Frankfurt a. M.: Insel, 1977.

Victor Blüthgen. Ein Gedenkbuch zu seinem 70. Geburtstag. Herausgegeben von seinen Freunden. Leipzig: Walther, 1913.

Von den Anfängen der Jugendschriftenbewegung. Die Jugendschriftenausschüsse und ihr »Vorort« Hamburg um 1900. Hrsg. von Geralde Schmidt-Dumont. Weinheim/München: Juventa, 1990. (Informationen Jugendliteratur und Medien. 1. Beiheft 1990.)

Weber-Kellermann, Ingeborg: Die Kindheit. Kleidung und Wohnen – Arbeit und Spiel. Eine Kulturgeschichte. Frankfurt a. M.: Insel, 1979.

Wilkending, Gisela: »Kind und Kunstwerk: Sind das nicht gewaltige unvereinbare Gegensätze?« Historische Anmerkungen zu einer unerledigten Streitfrage. In: Sub tua platano. Festgabe für Alexander Beinlich. Emsdetten: Lechte, 1981. S. 279–292.

– Volksbildung und Pädagogik »vom Kinde aus«. Eine Untersuchung zur Geschichte der Literaturpädagogik in den Anfängen der Kunsterziehungsbewegung. Weinheim/Basel: Beltz, 1980. (Beltz Forschungsberichte.)

Winkler, Jürg: Johanna Spyri. Aus dem Leben der ›Heidi‹-Autorin. Rüschlikon-Zürich [u. a.]: Müller, 1986.

Wolgast, Heinrich: Das Elend unserer Jugendliteratur. Ein Beitrag zur künstlerischen Erziehung der Jugend. Hamburg: Selbstverlag, 1896. [2]1899 (3. und 4. Tsd.). [3]1903.

– Die Bedeutung der Kunst für die Erziehung. Vortrag, gehalten auf der Deutschen Lehrerversammlung in Chemnitz, Pfingsten 1902. Leipzig: Wunderlich, 1903.

– Vom Kinderbuch. Gesammelte Aufsätze. Leipzig: Teubner, 1906.

Kinderlyrik

Altner, Manfred: Tradition und Wirklichkeit in Lyrik und Liedgut der Arbeiterjugend. Grundzüge ihrer Entwicklung von 1890 bis 1933. Diss. [Masch.] Jena 1979.

Arndt-Wolgast, Elisabeth: Gustav Falke. Ein paar Striche zu seinem Bildnis. In: Jugendschriftenwarte N. F. 18 (1966) H. 5. S. 19 f.

Castelle, Friedrich: Gustav Falke. Leipzig: Hesse [1909] (Max Hesses Volksbücherei Nr. 538–539.).

Ewers, Hans-Heino: Kinderlyrik im bürgerlichen Zeitalter. Ein

Rückblick auf die Ära des Kindergedichts. In: JuLit. Informationen / Arbeitskreis für Jugendliteratur 19 (1993) H. 2. S. 32–46.

Gelbrich, Dorothea: Bürgerliche Kindergedichte des 20. Jahrhunderts von Dehmel bis Krüss. Versuch einer kritischen Wertung. In: Beiträge zur Kinder- und Jugendliteratur H. 16 (1970) S. 49–61.

Hoffmann, Ferdinand: Julius Sturm. Hamburg: Verlagsanstalt und Druck, 1898.

Kliewer, Heinz-Jürgen: Deutsche Kinderlyrik des 20. Jahrhunderts zwischen Pädagogik und Ästhetik. In: Kinderliteratur und Moderne. Hrsg. von Hans-Heino Ewers, Maria Lypp und Ulrich Nassen. Weinheim/München: Juventa, 1990. S. 39–54.

Kretschmer, Ernst: Die Welt der Galgenlieder Christian Morgensterns und der viktorianische Nonsense. Berlin [u. a.]: de Gruyter, 1983.

Liede, Alfred: Christian Morgenstern. Studien zur Unsinnspoesie an den Grenzen der Sprache. In: A. L.: Dichtung als Spiel. 2 Bde. Berlin: de Gruyter, 1963. Bd. 1. S. 273–349.

Lottig, William: Fitzebutze. Ein neues deutsches Kinderbuch. Berlin: Schuster & Loeffler, 1900.

Neumann, Friedrich: Christian Morgensterns Galgenlieder. Spiel mit der Sprache. In: Wirkendes Wort 14 (1964) S. 332–350.

Neumann, Peter-Horst: Morgensterns Galgenlieder als poetologische Modelle betrachtet. In: Sprachkunst 4 (1973) S. 53–64.

Pape, Walter: Joachim Ringelnatz. Parodie und Selbstparodie in Leben und Werk. Mit einer Joachim Ringelnatz-Bibliographie und einem Verzeichnis seiner Briefe. Berlin [u. a.]: de Gruyter, 1974.

Sichelschmidt, Gustav: Richard Dehmel und das Kindergedicht. In: Das gute Jugendbuch 13 (1963) H. 2. S. 9–12.

– [Gustav Falke] Ein Klassiker des Kindergedichts. In: Jugendschriftenwarte 3 (1966) S. 9.

– Joachim Ringelnatz als Kinderdichter. In: Jugendschriftenwarte N. F. 18 (1966) H. 7/8. S. 25.

Spanier, Meier: Gustav Falke als Lyriker. Eine Einführung. Hamburg: Janssen, 1907.

Märchen und Tiergeschichten

Adler, Fritz: Waldemar Bonsels. Sein Weltbild und seine Gestalten. Frankfurt a. M.: Rütten & Loening, 1925.

Apel, Friedmar: Die Zaubergärten der Phantasie. Zur Theorie und Geschichte der Kunstmärchen. Heidelberg: Winter Universitäts-

verlag, 1978. (Reihe Siegen. Beiträge zur Literatur- und Sprach-
wissenschaft. Bd. 13.)

Bäuerle, Dorothea: Das nach-romantische Kunstmärchen in der
deutschen Dichtung. Diss. [Masch.] Heidelberg 1937.

Bleich, Erich: Zur neueren deutschen Kunstmärchendichtung. In:
Eckhart 4 (1909/10) S. 426–440.

Doderer, Klaus: Verquaste Ideale in Kinderbüchern vor dem Ersten
Weltkrieg. Über wahrhafte Naturverbundenheit in »Peterchens
Mondfahrt« und der »Biene Maja«. In: Beiträge Jugendliteratur
und Medien. 4. Beiheft 1993. S. 85–94.

Ewe, Brigitte: Das Kunstmärchen in der Jugendliteratur des 20. Jahrhunderts. Diss. [Masch.] München 1965.

Funcke, Eberhard Wolfgang: Manfred Kybers Märchen. Diss.
[Masch.] Pretoria 1970.

Jehle, Mimi Ida: Das deutsche Kunstmärchen von der Romantik
bis zum Naturalismus. Urbana, University of Illinois Bulletin
Vol. 32, 1935.

Klotz, Volker: Das europäische Kunstmärchen. Fünfundzwanzig
Kapitel seiner Geschichte von der Renaissance bis zur Moderne.
Stuttgart: Metzler, 1985.

Pröbstl, Ellen: Neuromantische Prosamärchendichtung. Diss.
[Masch.] München 1950.

Reisdorff, Inge: Märchen und Mythos im Werk Waldemar Bonsels.
Diss. [Masch.] Bonn 1953.

Tismar, Jens: Das deutsche Kunstmärchen im 20. Jahrhundert. Stuttgart: Metzler, 1981. (Germanistische Abhandlungen 51.)

Erzählende Kinder- und Jugendliteratur

Frommholz, Rüdiger: Theodor Storms »Pole Poppenspäler« – Kin-
der- oder Künstlergeschichte? In: Schriften der Theodor-Storm-
Gesellschaft 36 (1987) S. 19–36.

Gansberg, Fritz: Belehrende Jugendschriften. In: Jugendschriftenwarte 22 (1914) Nr. 2. S. 5–7. Nr. 3. S. 13–15.

Gleim, Bernhard: Großstadtträume. Fritz Gansberg, ein Erzähler
der Reformpädagogik. In: Erzählen. Die Wiederentdeckung einer
verlorenen Kunst. Hrsg. von Johannes Merkel und Michael Nagel.
Reinbek: Rowohlt, 1982. S. 297–309.

Günther, Karl-Heinz: Der lebensphilosophische Ansatz der Bremer

Schulreformer Gansberg und Scharrelmann. Diss. [Masch.] Tübingen 1957.

Gutter, Agnes: Umweltgeschichte und realistisches Jugendbuch. In: Trends in der modernen Jugendliteratur. Hrsg. von Richard Bamberger. Wien: Leinmüller, 1969. S. 93–108.

Hein, Jürgen: Dorfgeschichte. Stuttgart: Metzler, 1976.

Kraft-Schwenk, Christa: Ilse Frapan. Eine Schriftstellerin zwischen Anpassung und Emanzipation. Würzburg: Königshausen und Neumann, 1985.

Lange, Robert: Ludwig Thoma und Wilhelm Busch. In: Jahrbuch der Wilhelm-Busch-Gesellschaft 1961/62. S. 19–33.

Lenhard, Alwin: Überlegungen zur sogenannten Umweltgeschichte. In: Aspekte zur Vermittlung von Jugendliteratur. Hrsg. von Helmut Fischer und Reinhard Stach. Essen: Arbeitskreis Das gute Jugendbuch, 1980. S. 80–87. (Jugendbuchmagazin-extra 1.)

Lichtenberger, Sigrid: Das realistische Kinderbuch. In: Kinder- und Jugendliteratur. Zur Typologie und Funktion einer Gattung. Hrsg. von Gerhard Haas. Stuttgart: Reclam, 1974. S. 242–263.

Mieles, Myriam: Geschichten aus der Großstadt. Historische Streifzüge durch die Kinderliteratur des 20. Jahrhunderts. In: Julit. Informationen / Arbeitskreis für Jugendliteratur. 20 (1994) H. 2. S. 34–55.

Radeck, Heide: Zur Geschichte von Roman und Erzählung in der »Gartenlaube« (1853–1914). Heroismus und Idylle als Instrument nationaler Ideologie. Diss. [Masch.] Erlangen/Nürnberg 1967.

Rossbacher, Karl-Heinz: Heimatkunstbewegung und Heimatroman. Zu einer Literatursoziologie der Jahrhundertwende. Stuttgart: Klett, 1975.

Scharrelmann, Heinrich: Die Technik des Schilderns und Erzählens. Braunschweig/Hamburg: Westermann, 1919.

Schroeder, Horst: »Pole Poppenspäler« und die »Schule«. In: Schriften der Theodor-Storm-Gesellschaft 24 (1975) S. 36–56.

Thiel, Bernd-Jürgen: Die realistische Kindergeschichte in der Bundesrepublik Deutschland und in der Deutschen Demokratischen Republik. Frankfurt a. M. [u. a.]: Lang, 1979. (Europäische Hochschulschriften R. 1: Deutsche Literatur und Germanistik 294.)

Wagner, Karl: Die literarische Öffentlichkeit der Provinzliteratur. Der Volksschriftsteller Peter Rosegger. Tübingen: Niemeyer, 1991. (Studien und Texte zur Sozialgeschichte der Literatur. Bd. 36.)

Historische und Abenteuerliteratur

Altner, Manfred: Abenteuer und Kinderliteratur. In: Beiträge zur Kinder- und Jugendliteratur H. 22 (1972) S. 5–13.

Baumgärtner, Alfred Clemens: Das Abenteuer und die Jugendliteratur. Überlegungen zu einem literarischen Motiv. In: Sub tua platano. Festgabe für Alexander Beinlich. Emsdetten: Lechte, 1981. S. 218–225.

Bertlein, Hermann: Das geschichtliche Buch für die Jugend. Herkunft – Struktur – Wirkung. Zur Entstehung und Bestimmung eines Jugendbuchzweiges. Frankfurt: dipa-Verlag, 1974.

Böhm, Victor: Karl May und das Geheimnis seines Erfolges. Wien: Österreichischer Bundesverlag für Unterricht, Wissenschaft und Kunst, 1955.

Bröning, Ingrid: Die Reiseerzählungen Karl Mays als literaturpädagogisches Problem. Ratingen/Kastellaun/Düsseldorf: Henn, 1973.

Brüggenthies, Ursula: Die Pflicht zu töten. Kriegserziehung im Jugendbuch: Peter Moors Fahrt nach Südwest. In: Literatur und Erfahrung H. 24/25 (1992) S. 96–111.

Christadler, Marie-Luise: Kriegserziehung im Jugendbuch. Literarische Mobilmachung in Deutschland und Frankreich vor 1914. Frankfurt a. M.: Haag und Herchen, 1978. (Studien zur Kinder- und Jugendmedienforschung 3.)

Eggebrecht, Harald: Sinnlichkeit und Abenteuer. Die Entstehung des Abenteuerromans im 19. Jahrhundert. Berlin/Marburg: Guttandin und Hoppe, 1985.

Elster, Hanns Martin: Gustav Frenssen. Sein Leben und sein Schaffen. Leipzig: Eichler, 1912.

Hermann, Wolfgang: Der allein ausziehende Held. Zur Problematik literarischer Wertung am Beispiel des Abenteuer- und Wildwestromans. In: Deutsche Vierteljahrsschrift für Literaturwissenschaft und Geistesgeschichte 46 (1972) S. 320–358.

Karl May – der sächsische Phantast. Studien zu Leben und Werk. Hrsg. von Harald Eggebrecht. Frankfurt a. M.: S. Fischer, 1987. (Fischer Taschenbuch 6873.)

Klotz, Volker: Abenteuer-Romane. Eugène Sue, Gabriel Ferry, Sir John Ratcliffe, Karl May, Jules Verne. München: Hanser, 1979.

Kohlmann, Theodor: Vaterländische Jugendschriften. In: Historische Aspekte zur Jugendliteratur. Hrsg. von Karl Ernst Maier. Stuttgart: Thienemann, 1974. S. 110–120, 141–144.

Lexikon der Reise- und Abenteuerliteratur. Hrsg. von Friedrich Schegk. 4 Bde. Meitingen: Corian, 1988.

Markmann, Hans-Jochen: Das historische und politische Jugendbuch vom 18.–20. Jahrhundert. Autoren, Themen, Kontinuitäten. Berlin: Pädagogisches Zentrum, Referat IIE, 1988.

Oel-Willenborg, Gertrud: Von deutschen Helden. Weinheim/Basel: Beltz, 1973.

Pleticha, Heinrich: Das Abenteuerbuch. In: Kinder- und Jugendliteratur. Zur Typologie und Funktion einer literarischen Gattung. Hrsg. von Gerhard Haas. Stuttgart: Reclam, 1974. S. 312–334.

– Das Abenteuerbuch in der Vergangenheit. Würzburg: Arena, 1978.

– Das Abenteuerbuch im 19. Jahrhundert. Über die Entwicklung einer Gattung. In: Ansätze historischer Kinder- und Jugendbuchforschung. Hrsg. von Alfred Clemens Baumgärtner. Baltmannsweiler: Schneider, 1980. S. 39–50.

Plischke, Hans: Von Cooper bis Karl May. Eine Geschichte des volkskundlichen Reise- und Abenteuerromans. Düsseldorf: Droste, 1951.

Rutschmann, Verena: Fortschritt und Freiheit. Nationale Tugenden in historischen Jugendbüchern der Schweiz seit 1880. Zürich: Kronos, 1994.

Schmiedt, Helmut: Karl May. Studien zu Leben und Werk eines Erfolgsschriftstellers. Königstein i. Ts.: Hain, 1979.

Sichelschmidt, Gustav: Liebe, Mord und Abenteuer. Eine Geschichte der deutschen Unterhaltungsliteratur. Berlin: Haude und Spener, 1969.

Steinbrink, Bernd: Abenteuerliteratur des 19. Jahrhunderts in Deutschland. Studien zu einer vernachlässigten Gattung. Tübingen: Niemeyer, 1983. (Studien zur deutschen Literatur. Bd. 72.)

Steinlein, Rüdiger: In finstern und blutigen Gründen. Das Indianerbuch als Jugendmassenlektüre. In: Jack, die Bärenklaue. Eine Erzählung aus dem wilden Westen von Major von Krusow. Neu hrsg. von Johannes Merkel und Dieter Richter. München: Weismann, 1979. (Sammlung alter Kinderbücher. Bd. 4.)

Wollschläger, Hans: Karl May. Grundriß eines gebrochenen Lebens. Zürich: Diogenes, 1976. (detebe 112.)

Textsammlungen zur Kinderliteratur

IN RECLAMS UNIVERSAL-BIBLIOTHEK

Kinder- und Jugendliteratur der Aufklärung

Hrsg. von Hans-Heino Ewers. 504 S. 25 Abb. UB 9992

Kinder- und Jugendliteratur der Romantik

Hrsg. von Hans-Heino Ewers. 640 S. 25 Abb. UB 8026

Kinder- und Jugendliteratur
vom Biedermeier bis zum Realismus

Hrsg. von Klaus-Ulrich Pech. 462 S. 22 Abb. UB 8087

Kinder- und Jugendliteratur
von der Gründerzeit bis zum Ersten Weltkrieg

In Zusammenarbeit mit Myriam Mieles hrsg. von Hans-Heino Ewers. 527 S. 24 Abb. UB 9328

Kinder- und Jugendliteratur. Mädchenliteratur
vom 18. Jahrhundert bis zum Zweiten Weltkrieg

Hrsg. von Gisela Wilkending. 550 S. 28 Abb. UB 8985

Philipp Reclam jun. Stuttgart